古川孝順
社会福祉学著作選集

第6巻

社会福祉改革の
構想

中央法規

第6巻　はしがき

著作選集の第6巻にあたる本書は、一九九〇年代に刊行した『児童福祉改革――その方向と課題――』（誠信書房、一九九一年）、『社会福祉改革――そのスタンスと理論――』（誠信書房、一九九五年）、『社会福祉基礎構造改革――その課題と展望――』（誠信書房、一九九八年）の三冊を合本化したものである。三冊を合本にしたのは、ビジュアルなレベルでいえば、いずれも書名に「改革」という語句を含んでいることによる。いわば福祉改革三部作を一冊に取りまとめるという体裁である。内容的にいえば、三部作のすべてが、『社会福祉基礎構造改革』に収録している国際比較や社会福祉分析の方法論に関する論文を除いて、いずれも社会福祉、なかでも社会福祉援助の提供システムに関する改革のありようについての分析とあるべき方向についての提言、そのために必要とされる分析の視点と枠組についての考察から成り立っている。やや平たくいえば、三部作とも、福祉改革のありようをめぐる議論の遣り取りを分析の対象として扱い、それにたいするコメントやオルタナティブの提案という実際的、実践的な議論を内容としている。

外形的な話になってしまったが、もう少し付言しておきたい。収録した三部作のうち、『児童福祉改革』と『社会福祉基礎構造改革』の原本には巻末に若干の資料が添付されている。しかし、それらを含めて合本すると大変なページ数となるため、『児童福祉改革』につけた年表「現代社会福祉年表」を除き、すべて割愛することにした。ただ、それぞれが改革論議の基礎になる資料であるため、以下にそのタイトルを記載しておきたい。

◆児童福祉改革関連資料

1．高齢者保健福祉推進十か年戦略（ゴールドプラン）

2．老人福祉法等の一部を改正する法律

3．子どもの権利に関するジュネーブ宣言

4．子どもの権利宣言

5．子どもの権利に関する条約

◆社会福祉基礎構造改革関連資料

1．今後の社会福祉のあり方について（意見具申）

　平成元年三月三〇日　福祉関係三審議会合同企画分科会

2．社会福祉の基礎構造改革について（主要な論点）

　平成九年一一月二五日　社会福祉事業等の在り方に関する検討会

3．社会福祉基礎構造改革について（中間まとめ）

　平成一〇年六月一七日　中央社会福祉審議会社会福祉基礎構造改革分科会

4．審議資料：社会福祉事業の範囲・措置制度

さて、本書改革三部作を読み返しながら考えさせられることは、なんといっても時代の流れである。『社会福祉基礎構造改革』を刊行したのは一九九八年である。それから二〇年が経過している。社会福祉に関心をもつ人であっても、基礎構造改革といってもすぐには思い起こしてもらえないかもしれない。基礎構造改革というフレーズは、第二次世界大戦後の戦後福祉改革（筆者の造語で、戦後改革の一環としての社会福祉制度の再編成のこと）以来の、社会福祉の基礎的な骨格（構造）の改革を意味している。基礎構造改革は、戦後間もない時期に構築された社会福祉が五〇年余を経過するなか

でわが国の社会経済、政治や文化の変化、福祉ニーズの変化に対応しきれない状況になっており、基礎となっている構造（スケルトン）そのものから改革する必要があるとして、厚生省（現・厚生労働省）によって提起され、推進されてきた改革である。

しかし、わが国における社会福祉の改革は一九九〇年代の末に始まったというわけではない。八〇年代の後半以来、社会福祉の見直しが始まっており、基礎構造改革はその最後の仕上げともいえるものであった。本書に収録した改革三部作は、そのような改革に並行するかたちで執筆し、刊行したものである。

そうしたなかで最初に執筆したのが『児童福祉改革』である。これについては児童福祉改革と銘打っているが児童福祉のことを十分に理解していない、その意味において外在的な改革論であるという論評もあったように記憶している。その折には、そのような蛸壺的な論評がなされるようでは児童福祉の改革も容易には実現しないだろうと思ったことである。しかし、改めて『児童福祉改革』の目次をみると、「児童福祉体系再編成の課題」と題して、以下のような事項を取りあげている。すなわち、改革の課題として設定している課題は、「国、地方自治体および保護者の児童養育責任」「児童福祉サービスをめぐる事務の分担関係」「児童福祉サービスの計画化」「審議・連絡調整機関の拡充」「相談と措置の機関」「施設体系・機能の再編成」「措置基準・最低基準の再検討」「措置と措置委託費制度」「費用負担問題」「マンパワーの問題」「営利生活サービスの規制」に及んでいる。さらに筆者は、「児童福祉機関と施設の改革」と題して「児童相談所と利用者の権利」（利用者サイドの供給体制の確立）、「児童福祉施設の将来展望」（福祉施設の多機能化・複合施設化）、「サービス・マネージャーとしての民生委員・児童委員」、という事項を取りあげている。

こうしてみると先の論評は思いの外的中していたのかもしれない。児童養育責任という事項を自己責任と社会的（公的）責任に置き換え、児童福祉とあるところを社会福祉に置き換えてしまうと、児童福祉改革の課題として論じようとした課題は、社会福祉改革の課題、基礎構造改革の課題としてそのまま受け継がれているからである。

それでは、筆者が『児童福祉改革』のなかで提起した改革の課題あるいは論点は、基礎構造改革以後、どのように展開してきたのか。基礎構造改革以後、筆者は数冊の著作を刊行し、そのなかで改革その後ともいえる状況に多少言及してきたつもりである。その一部は、今回の著作選集にも収録している。しかしながら、残念なことに、筆者は、基礎構造改革以後二〇年を経過しながらも、一九九一年に提起した改革の課題や論点を網羅するようなかたちで、改革その後を考察し、評価するという仕事をなしえていない。

時代や社会の変動は避けられず、改革もこれでよい、という状況を迎えることはありえないであろう。その意味においては、福祉改革は常に現在進行形である。読者諸氏には、筆者がこの改革三部作『社会福祉改革の構想』で取りあげ、論じてきた改革の課題なり論点なりを、社会福祉の現状と将来をどのように捉え、現実に働きかけるかを考える手掛かり、ゆかりにして戴くことができれば、幸いこれに優るものはないであろう。

さて、本書刊行にあたっては、多数の人びとにお世話になった。なかでも、校正については門美由紀（東洋大学非常勤講師）氏と西田恵子（立教大学教授）氏の協力をえることができた。校閲その他については、中央法規出版編集部の照井言彦氏と三浦功子氏にお世話になった。あわせ記して感謝の意を表したい。

二〇一九年一月

古川　孝順　記す

目次

社会福祉改革―そのスタンスと理論―

社会福祉基礎構造改革―その課題と展望―

初出

児童福祉改革

―その方向と課題―

発行日：1991年10月25日
発行所：誠信書房
判　型：四六判
頁　数：286頁

はしがき

一九八一年の第二次臨時行政調査会の設置に始まり一九九〇年の「福祉関係八法改正」に終わる一九八〇年代は、福祉改革の一〇年間であった。

一九八〇年代の一〇年間を通じて、わが国の社会福祉は戦後改革の時代につぐ第二の改革を経験したといっても過言ではない。これからの一〇年間、二一世紀を眼前にした一九九〇年代は、その福祉改革の成否、あるいは功罪が問われる一〇年間になるはずである。

一九八〇年代、なかでもその後半期以降における改革は、広く、そして深く、社会福祉の根幹にかかわるものであり、戦後福祉改革期から七〇年代にいたるわが国社会福祉の展開過程とその所産に再検討を迫るものであった。端的にいえば、八〇年代福祉改革の骨子は、行財政改革の導入を契機にしながらも、わが国における社会福祉の施設福祉型から地域福祉型への転型を促進しようとするものであった。たしかに、それは戦後福祉改革につぐ大がかりな改革となった。ただ、周知のように、そのような福祉改革も、一九九一年の時点でみる限り、老人福祉サービスや身体障害者福祉サービスを中心とするものにとどまっている。社会福祉サービスの残りの領域、なかんずく児童福祉サービスの領域においては、改革の範囲はごく限定されたものとなっている。

福祉改革の要否や方向については、こんにちにおいてもさまざまに議論がわかれている。改革を既定のこととして推進しようとする見解もあれば、その対極では根源的な批判が展開されている。そのことを知らないわけではない。しかし、われわれはそのような二者択一的な議論のしかたに与しようとするものではない。その端緒においていかに理念的、理想的に構築された施策や制度であっても、長い年月のうちには現実に適合しえない部分もうまれてこよう。また、あらかじめ設定されていなかったような課題に直面させられるという状況も十分にありうることである。

いかなる施策や制度であれ、現実世界からの要請に対峙し、その固有の機能を維持していこうとすれば、自律的なものであれ他律的なものであれ、さまざまに改革を積み重ねていくことにならざるをえないであろう。そのことを避けて通ることはできないし、また避けて通るべきものでもないのである。ただ、それを推進していくにあたっては、過去の経験や成果のなかからなにを承継し、なにを変革するべきなのか、理論的にも、また実際的にも、慎重な議論と合意形成努力を積み重ね、そのうえで決断に至るという手続きが不可決であろう。

さて、児童福祉サービスの領域では、老人福祉サービスや身体障害者福祉サービスの領域に比べて、なお戦後改革以来の伝統的な枠組が維持されようとしているかにみえる。しかし、老人福祉サービスや身体障害者福祉サービスの領域で改革を必要としたようなさまざまな要素は、児童福祉サービスの領域においても、ほぼ同様に関与し、新たな対応が求められているはずである。われわれは、そのような状況認識を前提に、児童福祉サービスの領域における改革の要否、その基本的な方向や課題について論じてみたいと考えている。さらに、児童福祉サービスの領域において福祉改革のあり方を論じるとともに、その試みを通じて、八〇年代を特徴づけてきた福祉改革のあり方、その政策意図や内容、またその前提にある思想や理論について論じることができればと考えている。

本書は、このような意図から、すでに別の機会に公にしたいくつかの文章に大小の加筆と修正を加え、さらに新たにいくつかの文章を追加してとりまとめたものである。各章を構成する文章のうち、序章の「戦後日本の児童福祉施策」は一九八九年に資生堂社会福祉事業団『世界の児童と母性』（第二七号）に「日本における家族の変容と対応」として掲載された。第2章の「児童福祉体系再編成の課題」は、一九九一年二月に公刊された全国社会福祉協議会児童福祉法研究会の報告書『児童福祉法制改革の方向と課題』に「児童福祉体系の再編成の課題」として収録されたものである。第3章2節の「児童福祉施設の将来展望」は、一九八八年に児童手当協会の機関誌『児童手当』の一一、一二月号に「これからの福祉施設」として掲載されたものである。3節の「サービス・マネージャーとしての民生・児童委員」は、一九八九年に東京都社会福祉協議会の『福祉展望』（第八号）に同名で掲載された。執筆の機会を与えられ、さらにこのたび快く加筆転載を了とされた関係団体ならびに編集担当者にたいして深く感謝するものである。

第1章の1節「福祉改革の動向と争点」、2節「児童福祉改革の視座と方向」および第3章1節「児童相談所と利用者の権利」は、それぞれ複数の研修会や研究会で報告の機会を与えられた折の報告要旨をもとに書き下ろしたものである。いちいち明記することをしないが、報告の機会を与えられた研修会や研究会およびそのメンバーに改めて感謝申しあげたい。

なお、巻末には、福祉改革関係ならびに「子どもの権利に関する条約」関係の資料を一部収録しておいた。いちいち関連箇所をあげて議論するというかたちをとっていないが、参照していただければ幸いである。

ところで、私事になるが、筆者はこの四月から、二〇年間勤務してきた日本社会事業大学の職を辞し、新たに東洋大学社会学部に勤務することになった。大学での研究者生活もすでに四半世紀ということになる。いま、新しい仕事の場を与えられたことを好機に、社会福祉とはなにか、改めて問い直してみたいと考えている。もとより、これまでにもそれほど明確に研究の方法や分野を定めて取り組んできたわけではない。しかし、稚拙な取り組みではあっても、歳月の流れのなかで、それはそれなりのかたちをとり、逆にそのことによって縛られるという側面もでてきたように思われる。そのため、最近では、いくつか実証的共同研究の機会を与えられたということもあり、かなり意図的に研究の方法や分野を広げようと試みてきた。

本書を構成する文章は、そのような試みのなかからうまれてきた所産の一部である。それらは、近年よくもちいられるタームでごく大雑把にいえば、社会福祉の政策科学論的研究、あるいは福祉計画論的研究、これらに批判的なスタンスをとる議論のタームでいえば、政策技術論のジャンルに含まれる研究ということになろうか。ただ、かりにそのように分類することができるにしても、政策科学論的あるいは福祉計画論的研究は、多様に考えられる社会福祉の研究方法の一つであるに過ぎない。蛇足を承知でいえば、社会福祉の歴史的な研究、社会福祉施策や制度に関する法則定立的な研究、さらには社会福祉処遇に関する実際的研究、これらもまた重要な社会福祉研究の分野である。そして、そうした研究の方法やその成果がなければ、政策科学論的研究や計画論的研究もまた豊かな内容をもつことはできないであろう。

本書が、われわれの意図したような児童福祉改革としてどこまで研究、行政、現場の専門家の批判に耐えうるのか、またどの程度福祉改革論にたいする適切なコメントになりえているのか、あるいはまた、社会福祉研究の方法論としてみたときにどれほどの新味をもちえているのか、読者諸賢による忌憚のないご批判、ご叱正をいただくことができれば、望外というべきであろう。

最後になってしまったが、いくつもの無理難題をお願いしたにもかかわらず、それを快く受け容れていただいた誠信書房の柴田淑子社長、そしていつものことながらなかなかさきのみえてこない遅筆を督励し、かたちにしていただいた編集部の松山由理子さん、長林伸生さんのお二人に心からお礼を申し上げなければならない。ここに深く感謝の意を表するしだいである。

一九九一年　初秋

著者　識す

序章

戦後日本の児童福祉施策

はじめに

こんにち、わが国の子どもたちは危機的な状況にあるといわれる。多くの心ある人びとが、そのことを憂えている。しかし、子どもたちの危機が叫ばれるのは、なにもこんにちだけのことではない。過去にもそのように論じられた時代があった。

それは、所得倍増計画以来、高度経済成長政策が推進されるなかで、わが国の経済社会の基盤にも及ぶような変動の影響がようやく表面化しはじめた一九六〇年代中頃のことであった。このとき、政府は、後にも先にもこの一回限りとなった「児童福祉白書」を刊行し、子どもたちが危機的な状況にあることを世論に訴え、警鐘をうちならした。

それからおよそ三〇年、いまふたたび、わが国の子どもたちとその生活は危機的な状況のなかにあるといわれる。以下、この三〇年間のわが国の社会と家族の変容ぶりをみながら、現代における家族と子どもたちの危機とその背景について考え、あわせて家族と子どもたちを支える社会的支援施策(ソーシャル・サポート・システム)のあり方について若干の検討を試みることにしよう。

1　現代社会の変貌

現代社会の特徴をいささかキーワード的に要約していえば、それは産業社会、都市社会、雇用者社会、高齢化社会であり、そして均等化社会ということになろう。

わが国の社会が大きく変化しはじめたのは、高度経済成長の始期、一九五五(昭和三〇)年前後のことであった。それ以来三五年、わが国の産業構造は著しく変化した。第一次産業は大幅に減少し、第二次、第三次産業、なかでも第三次産業（サービス産業）の急激な拡大がみられた。わが国の社会は、かつての農業社会から第三次産業（サービス産業）を中心とする産業社会へ大きく変貌をとげたのである。

産業社会化の進展はまた、都市に居住する人びとの割合を著しく増加させた。産業の発展が大量の労働力を農村から都市に移動させたのである。一九八八（昭和六三）年現在、わが国の人口のうち六四・〇％は、東京、大阪、名古屋を中心とする三大都市圏に生活するようになっている。

さらに、現代の社会を特徴づけているのは、一九七〇年代以降における人口構造の著しい高齢化傾向である。年少人口の急激な減少と平均余命の延伸が、外国にも例をみない速度で、わが国の社会を高齢化させてきている。

そして、現在のみならず将来の社会を展望するとき、なお一層重要な意味をもつと考えられるのは、女性、とくに既婚女性による就労の増加である。男性支配社会から均等化社会への移行は、すでにわが国の生活構造や生活様式をその根底から変化させていくような予兆をみせはじめているのである。

2 家族の変容

このような広く、深く、そしてドラスティックな経済社会の変動は、人びとの生活の基礎的単位としての家族の形態や構成、機能を変化させずにはおかなかった。

まず、社会の産業化は、必然的に自営者家族の減少と雇用者家族の増加をもたらした。一九六〇（昭和三五）年に五三・四％であった雇用者は、八八（昭和六三）年には七五・九％に達した。自営者家族と雇用者家族とでは、その生活構造や生活様式は基本的なところで違ってくる。家業と家産をもつ自営者の家族は、家業や家産のうみだす収益の一部によって、その生計を維持する。これにたいして、雇用者家族は、家族を維持する立場にある所得稼得者（夫または父親）の賃金（給与）によって、その家計を賄うのである。賃金は、労働力の価格であり、原則として労働市場におけるその需要と供給のせめぎあいという、個々人の制御能力をこえた要因によって、規定されている。賃金は、原則として、家族の規模やその構成員の年齢、性別などにはかかわりなく、決定され、支給されるのである。自営者の家計と雇用者の家計とでは、どうしても前者のほうに、家族構成の変動や生活の節目における支出の増加などにともなうリスクに対応していくうえでの柔軟性、あるいは耐性が認められる。自営者の家計は、家族の規模や状況によってある程度伸縮しうるだけの余力を潜在的にそなえている。それにたいして、雇用者やその家族は、稼得（賃金）の許容する範囲において、生活の水準も様式も選択せざるをえない。家族の規模、子どもの数でさえも、所得の大きさによって規定されるという側面を強くもつのである。

雇用者家族の増加は、必然的に核家族の増加をもたらすことになった。核家族という家族の形態は雇用者の生活にたいしてより適合的であり、自営者の生活には拡大家族（三世代家族）がより適合的である。理論的にみても実際的にみても、雇用者たちの得ている賃金には、労働市場から引退した老親を長期間にわたって扶養するだけのゆとりは、含まれていない。雇用者たちの住宅事情もまたそれを許さない。賃金の制約は別としても、多くは転勤を前提とせざるをえない雇用者たちの家族にとって、三世代同居のための住宅を建築することなどまず夢物語に近いのである。

こうして、雇用者の家族は核家族世帯にならざるをえないし、他方においては老夫婦だけの世帯や高齢単身者世帯が増加せざるをえない。今後、この傾向が一層強まっていくであろうことは、誰の目にも明らかであろう。

家族の形態にかかわるいま一つの変化は、母子家族や父子家族などのいわゆるひとり親家族の増加である。敗戦直後の母子家族は、戦争未亡人とその子どもたちからなる家族を意味していた。両者はほとんど同義的であった。やがて、高度経済成長期になると、雇用の拡大とそれによる生活水準の向上という社会的な機会を十分に享受しえない死別母子家族が、社会的な関心を集めるようになってきた。そして、こんにちの母子家族のなかでは、離婚や非婚などの理由によって、独立して生計を維持する女性たちとその子どもたちの比率が増加しつつあるといわれる。一時期、増加の傾向にあった離婚率は、一九八三（昭和五八）年を頂点に、現在では減少から横ばい状態に転じている。しかし、それによって将来における母子家族の減少が約束されているというわけではない。

離婚や死別は、当然のこととして、母子家族だけでなく、その一方において父子家族をうみだすことになる。両者の数を比較すれば、もとより父子家族の数はずっと少なくなる。従来、父子家族は、母子家族に比較すると、短期間のうちに再婚し、家族を再形成する機会に恵まれていたといって過言ではない。けれども、近年においては、それは必ずしも容易なことではない。逆に、家族を再形成するよりも、子どもたちとの生活を選択する父親も増加してきているようである。

家族規模の縮小もまた現代家族の特徴の一つである。晩婚化や単身生活者の増加にともなう結婚・出産適齢年齢層の有配偶率の低下、希望出産児数の減少、ディンクス（DINKS）という流行語に象徴されるような夫婦中心の生活の維持を希望する家族の増加などによって、出生率は久しく低下の傾向にある。一九五五（昭和三〇）年に一九・四であった出生率は、八七（昭和六二）年には一一・一を示した。また、この年実施された出産力調査によると、一人の女性がその生涯において出産する子どもの数の平均を示す合計特殊出生率は一・七二に低下していた[(1)]。

このような出生率の低下は、一家族あたりの子ども数の減少、すなわち小家族化の傾向をもたらすことになった。一九八九（平成元）年現在、子どものいる家族の八三・六％はその数が二人以下であり、平均世帯人員数は三・一〇人であった。

3　家族機能の変容と福祉ニーズ

現代における家族の雇用者家族化、核家族化、家族構成の多様化、小家族化は、都市化にともなう地域的、共同体的紐帯の希薄化ともあいまって、家族の扶養（養育）機能のあり方にさまざまの影響をもたらすことになった。

家族の歴史を振り返ってみると、かつて家族は、生産共同体、消費共同体、愛情共同体、扶養共同体、祭祀共同体、教育共同体、医療共同体などとして機能していた。しかしながら、よく知られているように、このような家族の機能のうち、祭祀、教育、医療などの諸機能は、歴史的にもかなり早い時期から外部化し、それぞれに家族の外側に専門的な社会制度を発展させてきた。家族の中心に位置し、その存続を支える機能であった生産機能でさえも、近代的な産業組織の発展とともに、一部の自営者家族の場合を除いて、しだいに外部化していった。そして、この生産機能の外部化は、祭祀、教育、医療などの諸機能の外部化とは違い、その後の家族生活のあり方に決定的ともいえる変化をもたらすことになった。生産機能の外部化が進行するにしたがって、家族のなかから、生産共同体として一定の目標を設定し、家族を構成する成員全体の分業と協業によってその達成のために努力するという、家族員相互間の、それじたい本来的に社会的で全人格的な人間関係が徐々に姿を消しはじめていったからである。

現代家族の大多数をしめる雇用者の家族は、いまではもっぱら消費、愛情、さらには扶養のための共同体として存在している。そして、これらの残された家族機能のうち、こんにちもっとも重要視されているのは、愛情と扶養の機能である。けれども、そのように愛情＝扶養共同体として理念化され、理想化される家族のあり方は、それじたい現代社会のうみだした虚構の一つであるにすぎない。生産的機能の外部化とともに、妻は、そして多分に子どもたちも、生産的機能から分離され、経済的依存者として夫（父親）の主宰する消費共同体のなかに埋没させられてしまった。そこでの女性の地位は、自立的、協業者的なそれではなく、性別分業と重ね合わされたかたちでの、自立の能力に欠け、経済的に依存するものとしての従属的な妻（主婦）としてのそれである。愛情＝扶養共同体としての家族の理念化には、このような家族の基本的構造を維持し、それを強化しようとする意味あいが込められていることが多い。

他方、家族の現実をみれば、女性の就労その他のかたちでの社会参加の増加とともに、経済的自立の能力をもつ妻が多くなりつつある。そこでは、家族は愛情共同体としてますます単機能化する傾向にあり、アーティフィシャル（人工的）な集団に転化しつつある。子どもを育てることさえも選好の対象となっている。しかも、そのプライオリティ（優先度）は決して高くはない。

こうして、現代家族による子どもの扶養（養育）は、さまざまに緊張や葛藤をはらむ営みにならざるをえないのである。まず、都市社会のなかで血縁的ネットワークや地縁的ネットワークに恵まれない現代の家族にとって、育児文化、育児の知識や技術の世代的な継承ですら、必ずしも容易なことではない。そして、そのことは、明らかに、現代の子どもたちのなかに、栄養や嗜好の極端なかたより、身体的あるいは精神的発達の歪みや遅延、母子密着による自立の障害など、さまざまな母子保健的、発達心理学的な諸問題がうみだされてくる理由の一つになっている。また、核家族化、少子化、さらには住宅の集合・高層化の傾向にともない、社会的接触から切り離されがちな一部の専業主婦母子のあいだには、しばしば母子密着的＝共棲的な母子関係がつくりあげられ、密室保育とよばれるような状況がうみだされることにもなってきている。

密室的、非社会的な家族生活のなかで、家族間の緊張や葛藤がその適切なはけ口をみいだしえないままに、妻（主婦）のアルコール嗜癖や薬物への依存、子どもにたいする身体的、精神的虐待などの病理現象をうみだす引きがねになっているような事例も数多くみうけられる。家族の解体（離婚）と再形成（再婚）がくりかえされるような場合には、新しい父母と子どもたちとのあいだや、親を異にする子どもたちのあいだに、根深い緊張や葛藤がうまれ、そのことが家庭内暴力、登校拒否、非行行動、性的虐待などにつながっている。そのような事例は、決して乳児院や養護施設で生活する子どもたちに特異なものではない。

現代の家族にとって、子育ての理念や教育目標のつかみにくさは大きな悩みの種である。現代家族が直面させられている最大の苦悩の一つだといって過言ではない。そのことは、激烈な受験競争や偏差値信仰、いじめ、不登校など、教育の場にみられるさまざまな病理現象にも密接に関連しているように思われる。社会の近代化、産業化の過程で生産的な機能から分離されてしまった家族は、子どもたちにたいして、自信をもって、しかも具体的に、社会化（ソーシャリゼーション）の目標――子どもの側からいえば成長の目標――を提示することができにくい状況におかれている。かつて、親たちの多くは、家業の継承を前提に、子どもたちによき農民、商人、職人、あるいは医者、弁護士などになることを期待し、督励してきた。そのような目標の与え方が子どもたちにとって幸いであったかどうか、ことは簡単ではないかもしれない。けれども、かつての親たちの子育ての目標は具体的であり、ある種の信念によって裏打ちされていた。それに比べて、いま、親が子どもたちに与える目標はきわめて抽象的というほかはない。信念というほどの自信もない。現代の親たちの多くは、幼稚園以前の時期から、少しでもいい成績、いい学校への進学、そしていい就職先を、というかたちで、日々子どもたちを督励している。有名校への入学、有名会社への就職という目標は一見具体的にみえる。しかしながら、実際にはこのうえなく漠然とした目標であるにすぎない。子どもたちは、こうして、過当な受験競争に駆りたてられ、明確な成長の目標もつかみえぬままに、学業中途にして逸脱し、あるいは脱落していくほかはないのである。

最後に、都市化、核家族化の一層の進行、そして均等化社会への移行は、職業をもつ女性を中心に、出産や入院、冠婚葬祭、さらには夜間勤務、出張、などにともなう短期的な施設利用（ショートステイ）、夜間保育、休日保育などにたいするニーズなど、これまでにない新しい福祉ニーズをうみだしてきている。このような福祉ニーズは、伝統的に、通常の、あるいは平均的な家族による、扶養（養育）機能の部分的ないし全面的な欠損にともなうものとみなされてきた保育ニーズとは、明らかにその性格を異にするものである。

4　社会的支援施策

さて、このような家族や子どもたちの福祉ニーズに対応する社会的支援施策として、わが国は、戦後福祉改革以来、児童福祉法、母子及び寡婦福祉法、母子保健法、児童手当法、児童扶養手当法、特別児童扶養手当法など、さまざまの法令にもとづく制度を創設してきた。そのほか、生活保護法、身体障害者福祉法、精神薄弱者福祉法その他の福祉関係法令も、関与の仕方は異なっても、家族と子どもたちの福祉の向上に寄与してきた。さらには、社会福祉法人や近年にいう非営利民間団体など、民間による制度や活動も活発に展開されてきている。

これらの社会的支援施策は、第一に子どもの養育をめぐる環境条件の整備や健全育成活動などを通じて家族の養育機能を支援していくための、もっとも基礎的で基本的な支援的サービス、第二に医療、療育、職業訓練など高度の知識や技術を要する専門的援助を提供して家族の養育機能を補完する専門的サービス、第三に生活の全般にかかわる援助の提供によって家族の養育機能を全面的に肩代わりする代替的サービス、に大別することができる。

歴史的にみれば、この三通りのサービスのうち、最初にその発展がみられたのは、乳児院や養護施設など、第三の代替的サービスの系譜に属する施策であった。つぎに発展してきたものは、精神薄弱児施設、肢体不自由児施設、重症心身障害児施設など、第二の専門的サービスの体系である。そして、最後に登場するのが、第三の体系に属する施策である。現代社会と家族の変化、それにともなう家族や子どもたちの福祉ニーズの変化にてらして、いまもっとも必要とされ、しかもその立ち遅れがめだつのは、この第三の養育環境整備的、あるいは育児支援的な施策である。

育児支援的サービスは、家族や子どもたちにたいする社会的支援施策のなかでも、もっとも基礎的で、基本的な部分を構成するはずのものである。そのような育児支援的サービスが立ち遅れてしまった背景には、さまざまの要因が考えられる。しかし、そのうちでもとりわけて重要な意味をもつのは、社会保障や社会福祉にかかわる諸施策の前提となり、その発展の方向や水準を規定してきた、わが国に特有ともいえる独特の家族観である。

わが国の社会保障や社会福祉にかかわる諸施策の背後には、現在、大別して二通りの家族観がみられる。第一の家族観は、最近の年金制度の改革にみられるような、専業主婦を含めて家族の一人びとりに年金の受給権を認め、家族ではなく個人を基礎的な単位として生活の保障を提供しようとする家族観である。第二の家族観は、家族による扶養義務（子どもにたいする監護教育義務）の履行を第一義的なものとし、社会保障や社会福祉を第二義的なものとみようとする家族観である。

このような二通りの家族観のうち、第一の家族観は、現代社会において商品経済の原理が家族を単位とする消費生活の枠の内部にますます奥深く浸透し、個人を単位とする消費生活のあり方を一層拡大させる傾向にあることや単身生活者の増加という近年の家族形態の変化にたいして積極的に対応しようとする姿勢をもつものといってよい。しかしながら、このような家族観はこんにちではまだ周辺的な地位にとどまっている。

第二の家族観は、伝統的に、わが国に固有の醇風美俗を象徴するものとして強調されてきたものであり、そしてこんにちにおいてなお支配的な家族観である。この家族観は、自営者家族に親和的な家族観であるといってもよい。それは、家業や家産の維持継承を重視し、家族間の扶養責任を強調する伝統的な家族観であり、扶養責任の範囲は直系家族間はいうまでもなく、成人した兄弟姉妹間やさらには甥や姪にまでも及ぶものとみなされることがある。わが国の社会保障や社会福祉施策の主要な部分は、いまでもこのような家族観を前提に展開されている。

わが国に限らず、西欧社会においても、市民法的、私法的な世界では、歴史的伝統的に、家業と家産を基礎に、自立的かつ自律的に生活する自営者家族をもって典型的な家族とみなしてきた。しかしながら、西欧社会では、自営者の家族が衰退し、雇用者の家族が増加してくるにしたがい、扶養義務の適用範囲も生活の実態に則して夫婦と未成年の子の間の扶養に限定される傾向にある。

これに比べて、わが国の場合には、旧態依然、ときによってはむしろ逆行的というほかないような状況も散見される。わが国では、家族や子どもたちの福祉ニーズにたいする施策の導入が課題になる場合、従来、ややもすれば家族や子どもたちのおかれた生活の実態にいかに即応してその解決をはかるかという判断よりも、あるべき、あるいはそこに回帰すべき家族や家庭の姿をえがき、それをよりどころにしながら生活の現実に逆転を求めるような発想の仕方が支配的であったように思われる。

かつて、子どもたちのおかれた危機的状況にたいして警鐘を打ちならしたとき、政府は家族や子どもたちの福祉ニーズに即応した施策を導入するのではなく、逆に母親の就労の増加を問題にし、「母親よ家庭に帰れ」と説いた。しかし、それでも母親の就労は増加し続け、保育ニーズは拡大していった。そうして、結局のところ、高度経済成長がその第二の段階を迎えた一九六〇年代の後半、政府は、女性の就労を促進する経済成長圧力と要保育児童の増加にうながされ、一転保育所の整備拡充に転じることになった。子どもの危機が強調された当時、要保育児童や非行児童が増加した背景には、個別的な母親による生き方の選択という範囲をこえて、家族と子どもたちの危機を必然的なものとするだけの社会経済的な状況が存在していたのである。社会と家族の変化、子どもたちをとりまく諸状況の変化を直視しようとしない施策が有効性をもちえなかったのは、むしろ当然の帰結であったというべきであろう。(2)

子どもたちを現代社会の危機的状況から解き放つために必要なことは、すでに実態的な基盤を喪失してしまった伝統的な家族観（家制度イデオロギー的な家族観）に固執し、家族（親や保護者）の扶養（養育）の義務や責任を観念的、道徳主義的に強調することではない。こんにちの家族と子どもたちが求めているのは、いくつかの突出した状況について、いたずらに悲憤慷慨することではない。現代の家族とそれをとりまく社会のドラスティックで、深刻な変化を直視し、それぞれの家族が、それぞれに多様な目標と方法にもとづいて、子どもたちにたいする責任と義務を果たしていけるような養育環境条件を整備すること、それこそがいま求められている施策である。

すでに、一部の保育所、乳児院、養護施設、あるいは障害児施設は、従来の、伝統的な家族観を前提とする行政の枠をこえて、育児相談、ショートステイ・サービス、休日保育、終夜保育などの新たな福祉サービスを供給しはじめている。これらの新しい試みが定着し、基幹的な施策としての位置を獲得するようになったときにはじめて、わが国の家族や子どもたちにたいする社会的支援施策は時代の要請に即応したものになりうるであろう。

notes

(1) 合計特殊出生率は、一九八九（平成元）年には一・五七に低下した。そして、そのことが明らかになった一九九〇（平成二）年には、児童人口の減少は今後の経済や社会に及ぼす影響を懸念する政財界や官界に一・五七ショックとよばれる社会現象をうみだした。一九九一（平成三）年の児童手当法の改正や育児休業法の成立は、その産物である。一九九〇（平成二）年の合計特殊出生率はさらに低下し、一・五三となった。たしかに、このような児童の出生率の低下は、わが国社会の将来に容易ならざる影響をもたらすことになろう。けれども、一・五七ショック以来の、この問題の取り上げ方は、おしなべて児童を高齢社会の担い手、将来の労働力の源泉、あるいは社会保障拠出の担い手という観点から捉えようとするものである。しかし、本来、児童は、なにかのための手段や道具として生命を与えられたわけではない。出生率の低下にたいする対応策は、なによりもわれわれ成人が、子どもたち自身のために、いかにすれば、物質的のみならず、精神的にも、豊かでゆとりのある生活と発達を確保しうるのかという観点から講じられなければならないはずのものである。昨今の議論には、そのことがすっぽり抜け落ちているように思えてならないのである。

(2) このような、社会や家族の現実をみるのではなく、伝統的な家族観や地域社会観に依存して社会経済的危機を克服しようとする時代逆行的ともいうべき試みは、一九七九（昭和五二）年の「新経済社会七か年計画」の提起する日本型福祉社会論のなかで、再び登場してくる。よく知られているように、この「計画」は、わが国が西欧の福祉国家の病弊という前者の轍を踏まないようにするためには、「高度経済成長下の行財政を見直し」、「個人の自助努力と家庭や近隣・地域社会等の連帯」によって「わが国独自の道を選択創出する、いわば日本型ともいうべき新しい福祉社会」を形成することを提唱した。わが国の、「独自な」家庭や近隣、地域社会のあり方は、別のところでは、わが国に固有の「福祉の含み資産」として高く評価された。けれども、現実には、そのような独自な家庭も、また近隣・地域社会も、「計画」が一方において重視してやまないその市場メカニズムによる自由な商品経済の拡大浸透によって、その根底から掘り崩され、そこから多様な福祉ニーズがうみだされてきていた。「わが国独自の道を選択創出」しようにも、その基盤そのものが、すでに姿を消しつつあったのである。

第1章

社会福祉改革と児童福祉

第1節　福祉改革の動向と争点

はじめに

一九八〇年代は、まさに福祉改革の時代というに相応しい一〇年間であった。[1]

わが国の社会福祉は、この改革と転型の一〇年間を画期として、こんにち新しい段階の入口にさしかかっている。一九八九年の「高齢者保健福祉推進十か年戦略」[2]や九〇年の「福祉八法改正」は、そのことを宣言するものであった。

一般に、この間におけるわが国の社会福祉の顕著な変化は、たとえば①普遍化、②自助化、③多元化、④地域化、⑤自由化（脱規制化）、⑥分権化、⑦計画化、⑧総合化、⑨専門職化などとして把握することができる。このような改革の多くは、高度成長期以降におけるわが国の人口構造、経済社会、地域社会、家族の構成や規模、生活の構造や様式などの諸変化、それらを前提とする福祉ニーズの変化、社会福祉理念や施策の動向、さらには諸外国における社会福祉理念や施策の動向などからしても、ある程度は予期されえたものである。その限りでは、改革の方向や予測される結果の一部に関して一定の留保条件をつけることを前提にしていえば、このたびの改革はその大筋において肯定的にうけとめられて支障ないものと考えられる。

たしかに、すでに具体化された、あるいは、いままさにその途上にある諸改革のなかには、国民一般や社会福祉の潜在的、顕在的な利用者に利益をもたらす、あるいはもたらすであろうと考えられるような数多くの改革が包摂されている。国民や社会福祉関係者の多くは、福祉改革が社会福祉の新しい時代を拓く契機になることを確信しはじめている。しかし、明らかに福祉改革のなかには、その帰趨によっては国民や利用者にたいして著しい不利益をもたらすことにもなりかねない要素が数多く含まれている。そのこともまた、否定しがたい事実である。福祉改革をできるだけ冷静にうけとめ、客観的に評価していくという視座に立つとしても、われわれは、現在進行中の福祉改革のなかにそのような難点や問題点の多数介在していることについて、十分に敏感でなければならないのである。

以下、児童福祉改革の方向や課題についての検討を試みるにあたって、まず福祉改革の全体の動向について箇条書き的に整理しながら、いくつかの論点と課題を明らかにしていくことからはじめることにしよう。

1 社会福祉の普遍化――その光と陰

わが国の社会福祉は、一九七〇年前後の頃から、顕著に普遍化あるいは一般化とよばれるような傾向を強めてきたように思われる。

より具体的にいえば、社会福祉の普遍化あるいは一般化は、第一には福祉サービスが沿革的には淵源をともにする生活保護制度から徐々に自立し、貧困階層や低所得階層だけでなく、一般階層についても利用の機会が提供されるように改められたことによって促進されてきた。第二に、この傾向は、福祉公社や生活協同組合その他のいわゆる非営利民間団体による福祉サービスが有償ないし有料のサービスとして供給されるようになったことによって促進された。そして、この福祉サービスの普遍化ないし一般化は、福祉サービスからスティグマ（烙印）を取り除き、一般階層による福祉サービスの利用に大きく途を開くことになった。

けれども、逆に、こうした福祉サービス（およそ一九七〇年代頃から社会福祉という用語はもっぱら福祉サービスのことを意味するようになった）の普遍化は、それが本来的にもっていた貧困階層や低所得階層にたいする施策としての性格を希薄化させるという結果をもたらすことにもなっている。なかでも低所得階層については、福祉サービスの普遍化がかえって福祉サービスの利用を妨げるような傾向がみうけられる。そうした事実は、たとえばホームヘルプ・サービスの実施状況に関して一部指摘されているところである。

周知のように、ホームヘルプ・サービスは、その普遍化と引き換えに「有料化」された最初の福祉サービスとなった。その結果、たしかに福祉サービスの利用者は一般階層に拡大したものの、逆に低所得世帯の利用は抑制されたといわれる。「有料化」の結果、設定された時間単価は一般階層にとっては取り立てていうほどの額ではなく、無料でないことそのことが利用を促進する要素になったといってよさそうである。しかしながら、低所得階層にたいしては、一般階層よりは減額した料金設定にはなっているものの、「有料化」は利用を抑制する傾向をうみだしたように思われる。「有料化」によって設定された料金尺度が、低所得階層にたいしては逆進的な効果をもったものと考えられるのである。

普遍化ないし一般化は、こうして、料金徴収方式のあり方によっては、副次的ではあれ、逆機能的で、利用抑制的な効果をともなうことがある。普遍化ないし一般化は、そのことに十分配慮したうえで推進されなければならない。

2 社会福祉の地域化①——二通りの「在宅福祉サービス」

一九七〇年代にはじまり、八〇年代の福祉改革のなかで一挙に加速されようとしてきた社会福祉の変化の基本的な潮流は、簡潔にいえば、社会福祉の施設福祉型社会福祉から地域福祉型社会福祉への転型（トランスフォーメーション）として把握することができる。

よく知られているように、遅ればせながらわが国においても、一九八〇年代以降、福祉サービスを必要とする高齢者、障害者、ひとり親家族、児童その他の利用者にたいして、そこで生まれ、育ち、生活してきた地域社会のなかで、そのまま自立的な生活を維持しつづけることを可能にするような援助を提供することが求められるようになってきている。このような社会福祉援助の新しい理念、すなわち福祉サービス利用者の地域社会への統合化（インテグレーション）と常態化（ノーマライゼーション）という理念からすれば、社会福祉の施設福祉型から地域福祉型への転型は歓迎すべき、必然的な変化とみなされるべきであろう。

けれども、ここでも留意が必要である。地域における、すなわち地域を基盤とする福祉サービスの供給という新しい社会福祉供給体制を構築していくうえで、その中核的な施策として期待されているのは、いうまでもなく「在宅福祉サービス」である。われわれは、九〇年代、さらに二一世紀における社会福祉の方向を展望するとき、この「在宅福祉サービス」をどのようなものとして理解するのか、改めて確認しておかなければならない。

従来、「在宅福祉サービス」というとき、それは明示的にも、黙示的にも、同居の家族による介護や支援の提供を前提に供給される福祉サービスを意味するものとして理解されてきたように思われる。これにたいして、これからの「在宅福祉サービス」は、家族による介護や支援を期待しえないような利用者たちにとっても利用可能な内容をもつ福祉サービスとして構想され、それにふさわしい供給体制の構築がなされなければならないであろう。

来るべき高齢社会においては、都市においてはいうまでもなく、地方においても、高齢者世帯や、高齢単身者世帯、高齢の子が高齢の親を介護する超高齢者世帯、障害者世帯、障害者単身世帯などの増加が予測されている。こうした人びとにとって必要なのは、家族や親族の存在を「福祉の含み資産」とみなし、家族による介護や援助を前提的に期待するような「在宅福祉サービス」ではない。これからの社会において求められるのは、家族による介護や支援を期待できない利用者であっても、地域社会のなかで自立的な生活を営むことのできるような自己完結的な「在宅福祉サービス」の提供である。

将来ともに、家族による介護や支援を前提として提供される、いわば家族補完的「在宅福祉サービス」を中心に据えた地域福祉型福祉サービスが展開されつづけるとすれば、高齢者や重度の障害児・者の場合には自立的生活の実現が危ぶまれるだけでなく、介護する家族や親族がいても結局は共倒れの悲劇を頻発させるようなことになりかねないであろう。

3　社会福祉の地域化②──地域差への対応

たしかに、社会福祉の施設福祉型から地域福祉型への転型は、新しい社会福祉の理念であるノーマライゼーション（人間の多様性を人間社会の常態として受容するような社会生活のあり方）の実現として、歓迎されるべき改革である。しかしながら、その地域福祉型社会福祉といえども、どのような地域においても、同等の積極的な効果を期待しうるというわけではない。よく知られているように、都市部と人口過少な農山村部を比較すれば、一般的に老人ホームにたいする入所率は、後者においてより高くなるという傾向がみられる。そして、農山村部におけるホームヘルプ・サービスの立ち遅れは周知の事実である。

こうした状況がうまれてくる背景には、農山村部において、ホームヘルプ・サービスにたいする認識不足や誤解、またホームヘルプ・サービスに限らず、福祉サービスを利用することにたいするある種の抵抗感もあるようである。さらに、農山村部では、ホームヘルパーの供給源である若年層・中年層の顕著な流出がみられる。結果として、農山村部では、高齢者世帯が滞留し、ホームヘルプ・サービスも整わないままに、病気や事故で身辺の自立が困難になれば直ぐにも老人ホームに入所せざるをえないということになってしまうのである。

都市においても農山村部においても、うまれ育った土地での自立的な生活をできるだけ持続させ、老人ホームなどへの入所の時期を遠ざけていくには、まず在宅福祉サービスにたいする理解を進め、その活用を促進していかなければならないであろう。しかし、それと同時に施設福祉型社会福祉の地域福祉型社会福祉への転換を一般的かつ画一的に推進することの危険性と不毛性についての十分な留意が必要である。在宅福祉サービスへの転換は、それぞれの地域の実情に沿うかたちで、推進されなければならないのである。

4 社会福祉の分権化①——権限の移譲と負担の転嫁

一九八〇年代の福祉改革のなかで、社会福祉の地方分権化が大幅に推進された。より具体的にいえば、社会福祉に関する事務のうちそのほとんどが機関委任事務から団体（委任）事務に移行され、同時に老人福祉サービスおよび身体障害者福祉サービスの二つの領域ではその権限がほぼ完全に都道府県から市町村の水準に委譲されることになった。

このように、社会福祉の行政に関する権限の多くが中央政府から地方政府へ、地方政府のなかでも住民自治の基礎的な単位であり、国民（地域住民）の生活にもっとも近く、その実態を把捉しやすい位置にある市町村に移行されたということ、そのこと自体は十分歓迎されてよいことである。社会福祉における地方自治体の権限が強化されることによって、福祉ニーズの地域的差異、多様性を重視し、福祉サービスを画一的に供給することにともなう無駄や非効率を避けるという効果も期待しうるからである。

けれども、実はその一方、社会福祉の分権化に先行して地方自治体による費用負担率の引き上げが実施された。この事実は、分権化の実現を高く評価する風潮のなかで、ややもすれば、あるいは意識的にか、忘れられがちにみえる。周知のことながら、一九八九（平成元）年以降、国庫補助率の引き下げが恒久化され、福祉サービスに関する地方公共団体の負担は一九八四（昭和五九）年までの一〇分の二から一〇分の五に改められた。地方自治体の負担は二・五倍に増額されたことになる。老人福祉サービスならびに身体障害者福祉サービスの実施主体になることが期待されるなかで、市町村は実に容易ならぬ重荷を背負い込むことになったわけである。

福祉改革の意図からいえば、社会福祉の分権化は、必然的に自治体住民や利用者の利益に結びつくはずのものであった。けれども、すでに一部には、この分権化にともなって強化された地方自治体の権限が、結果的に自治体住民による福祉サービスの利用を抑制し、自治体による費用負担の増大を回避するための権限に転化されかねないような徴候もみうけられるのである。たとえば、ホームヘルプ・サービスの供給に関連して、市町村の窓口における抑制的な応援、厳格な利用基準の運用、煩雑な手続きなどのため、地域住民の福祉ニーズが「非顕在化」させられてしまっている。その事実を、政策担当者自身、自認せざるをえないような状況が、限られた自治体においてであれ、すでにあらわれてきているのである。

もともと、市町村の水準においては、社会福祉関連施策は住民の投票行動に直接的に働きかけるような実績にはなり難い。したがって、福祉関連施策の自治体施策としての優先度（プライオリティ）は必ずしも高いものではない。おのずと、予算の配分も限られたものになりやすい。しかも、福祉八法改正においても、在宅福祉サービスの実施が市町村に義務づけられたわけではない。実施について努力義務を課すという段階にとどめられている。いくつかの財政的に有力な地方自治体を除けば、分権化が逆機能し、地域的特性の差の重視が地域間格差に転化してしまいかねない条件は、十分に整っているといわなければならない。

5　社会福祉の分権化②——不透明な福祉サービス最低限

ところで、社会福祉のなかでも生活保護行政に関する権限は、そのまま、機関委任事務として残されている。都道府県や市、福祉事務所を設置する町村の首長は、生活保護行政については、従来通り、国の機関としてその事務を実施する。また、費用負担についても、国は支弁された費用の一〇分の七・五を負担する。地方自治体の費用負担は、従来に比較して、比率にして〇・五ポイント分増加しただけである。福祉サービスに関する費用負担の比率と比較すれば、相対的にみて、この増額は軽微なものといいうるかもしれない。

このように、福祉改革のなかでも生活保護については福祉サービスと異なった措置がとられた。その理由は、生活保護制度が国の国民にたいする最低生活保障の義務を実施するための制度だということに求められている。生活保護の制度は、日本国憲法第二五条にいう国民の生存権を保障するための最終的な砦であり、したがって国みずからが直接国民生活についてナショナル・ミニマムを維持する責任を引き受ける、というわけである。

これにたいして、福祉サービスについては、制度の全国的な統一や最低限水準の設定ということよりも、福祉ニーズの地域間格差や多様性、あるいは特殊性とそれに対応する福祉サービスの多様性を確保することに主要な関心が払われたようである。そのことが、福祉サービスにおいて分権化を促進するべき主要な根拠であると主張されてきた。けれども、福祉サービスにおける地域性や多様性の重視が、逆に福祉サービスにおける地域間格差をもたらすようなことになるとすれば、ことは重大であるといわなければならない。

たしかに、最低生活についてナショナル・ミニマムを設定するということ、すなわち生活保護基準の設定という課題と比較していえば、福祉サービスについてナショナル・ミニマムを設定することには、多くの困難が予想される。なかには、ナショナル・ミニマムを設定するという構想それ自体が、福祉サービスの機能や性格になじみにくいという見解もみうけられるところである。[3] この見解にも理由がないわけではない。その本来的な課題からいって、福祉サービスにおいて追求されるべき課題は、ナショナル・ミニマムではなく、むしろ個々の地域社会に居住する福祉サービス利用者にとってのマキシマム、あるいはアメニティであるとも考えられるからである。そのかぎりでいえば、結果としてうまれる福祉サービスの地域間格差は、これを甘んじて享受するべきもの、ということになろう。

しかしながら、ここで懸念されるのは、そのような積極的な意味での格差ではなく、地方自治体による意図的なサービス利用の抑制や不作為の結果としての消極的、否定的な地域間格差である。あるいは、地方自治体の費用負担能力の大小の結果として不可避的にうみだされてくる地域間格差である。基本的にいって、これらの格差は許容されるべきものではない。同一の国民でありながら、その居住する地方自治体の違いによって享受しうる福祉サービスに格差がうまれるという事態は、社会的公平という観点からみて受忍しがたいところであろう。福祉サービスにおいて許容されていい格差は、ナショナル・ミニマムの設定とその充足を前提に、それを基盤にしたうえで、福祉ニーズの地域性や多様性を充足し、さらにはコミュニティ・マキシマム、あるいはアメニティを追求したことの結果としてうみだされてくる格差だけである。

こうした分権化のもたらす不合理な格差を回避するには、第一には、一部の財政能力に欠ける地方自治体にたいする国の、また都道府県による、積極的、調整的な財政援助の方策を確立する措置が必要である。そして、第二には、福祉サービスにおけるナショナル・ミニマムの基準やそれを構成する福祉サービスプランを確定し、地方自治体にたいしてその確保を義務づけるような法律的その他の措置を講じることが必要である。

6　社会福祉の計画化——施設体系の見直しと利用体制の整備

福祉八法改正によって、老人福祉サービスおよび老人保健サービスについては、両者の連携と調整を前提に、老人福祉計画と老人保健計画の策定が義務づけられた。社会福祉の計画化が義務づけられたことは、伝統的に事後的、問題後追い的な施策として展開されてきた社会福祉の歴史のなかで画期的な意義をもつできごとであったといって過言ではない。現時点では、計画化の義務づけが老人福祉サービスおよび老人保健サービスの領域に限定されているという制約はあるものの、将来それが児童福祉、母子及び寡婦福祉、身体障害者福祉、精神薄弱者福祉の領域にも適用されるようになることを期待しつつ、この改革措置を歓迎しておきたい。

老人保健福祉の計画化については、さまざまに論点がある。ここでは、とくにそのなかから施設体系の見直しと利用者のアクセス保障をめぐる問題についてとりあげておきたい。まず、社会福祉の施設福祉型から地域福祉型への転型に関わる問題である。周知のように、社会福祉の施設福祉型から地域福祉型への転型が促進される過程において、養護老人ホームや特別養護老人ホームにたいして、生活型、長期滞在型の施設から高度に専門的な介護や訓練を提供する短期滞在型、通過型の施設への転換が期待されてきた。しかしながら、その実態は、こんにちにおいてもなおほとんど変化していないように思われる。その原因の一つは、入所型施設の側において、社会福祉の転型という新しい要請にみあう方向への自己変革の努力が必ずしも十分になされてきていないということである。いま一つの原因は、入所型施設を専門的通過型施設に転換するための受け皿、すなわち高齢者を地域にうけいれるための在宅福祉サービスを供給する地域体制の整備がまだ十分になされていないということにある。

もとより、ここにいう在宅福祉サービスは、さきに指摘した在宅福祉サービスの二通りのあり方でいえば、後者の、親族による介護や支援を期待する家族補完型ではない、自己完結型の在宅福祉サービスである。入所型施設を利用する高齢者の家族的、社会的な背景からすれば、単身での生活を可能にするような在宅福祉サービスが十分に供給されなければ、高齢者の地域社会における自立的生活への期待は画餅に近い。さらに、これに関連していえば、自己完結型在宅福祉サービスを前提に、高齢者の自立的生活の維持を促進していくためには、医療や保健との連携もさることながら、住宅政策との連携によって高齢者向け住宅の確保をはかることが不可欠の前提的条件となろう。

社会福祉の施設福祉型から地域福祉型への転型については、その重要性や必然性がやや一面的に強調されてきたあまり、入所型施設への関心を不当に低めてきたきらいがある。入所型施設は、すでに指摘したような、専門的な援助を集中的に提供するための施設として必要なだけではない。たとえば、自己完結的な在宅福祉サービスを中心とする地域福祉型の供給体制がどれほど行き届いたとしても、高齢者の自立的生活にはいずれ限界が訪れてこざるをえない。徐々に増加しつつあるホスピス型ケア施設に限らず、広い意味での、人生の終着期を快適に過ごせるような、ケアつき高齢者生活施設にたいする需要は、今後なお一層高まるものと考えられる。福祉施設体系の見直しには、このような観点が不可欠であろう。

ところで、戦後、社会福祉行政の基本的枠組は戦前の職権主義から申請主義に改められ、社会福祉利用にたいするアクセスの機会が拡大され、利用者の権利が尊重されるようになったといわれる。しかしながら、厳密にいえば、それは、国民の保護請求権の行使を前提にする生活保護行政に限ってのことである。児童福祉サービスをはじめとする福祉サービスの領域では、国民による福祉サービスの利用は、法律的には行政庁による給付実施の決定（措置）の結果として享受しうる利益（法の反射的利益）として位置づけられている。行政庁の決定にたいする不服申立ての制度も、生活保護に比較して、著しく不十分である。もとより、福祉サービス行政は、実態的には、国民が行政庁にたいして福祉サービスの利用を申請することを認めている。しかしながら、それは、生活保護の場合とは異なって、国民の福祉サービス請求権にもとづく行為として容認されているのではない。換言すれば、福祉サービスの享受は、少なくとも法律論的にいえば、国民の権利として確立されていないというのが実情である。往々にして官僚的、画一的として批判される福祉サービス供給機関の窓口事務のあり方や福祉サービス利用にたいして国民の一部にみられるかたくなな抵抗感の背景には、このような福祉サービスの供給＝利用をめぐる行政構造が伏在しているのである。

その生活の実態からみて、福祉サービスの利用を必要とし、かつ利用の資格要件を十分に充足しながら、社会のなかで孤立する傾向にある高齢者その他の福祉サービスの潜在的利用者を支援していくためには、基本的、根源的には福祉サービス利用の法律的な性格を「法の反射的利益」から「国民の請求権に依拠する利益」に改めることが必要である。国民の福祉サービスへのアクセスとの関連でいえば、「職権主義」の供給体制から文字通りの「申請主義」の供給体制に改めることが必要である。同時に、行政庁をはじめとする福祉サービスの供給者には、職権主義を前提に利用者の「申請」を座して待つような「待ちの姿勢」を改め、国民による福祉サービスの利用を積極的に促進する「利用促進戦略＝アウトリーチ戦略」への転換が、強く期待されるところである。

7　社会福祉マンパワー——ホームヘルパーの確保と支援

在宅福祉サービスを中核とする地域福祉型社会福祉を支える各種のマンパワーのうち、その中核部分として期待されているのは、周知のように、ホームヘルパーである。「高齢者保健福祉推進十か年戦略」が、この一〇年の間に、ホームヘルパーを大幅に増員し、二一世紀のはじめには一〇万人体制を実現することをうちだしているのは、そのためである。しかし、この計画を予定通りに達成することは、おそらく容易なことではないであろう。さらにいえば、ホームヘルプ・サービスの拡充は、ホームヘルパーが量的に確保されればそれで約束されるという性格のものではない。

まず、ホームヘルパーの量的な確保という側面については、その供給母体の動向に留意しておくことが必要である。これまで、ホームヘルパーの供給源として多くは中高年のハウスワイノ（専業主婦）層が想定されてきた。近年、少子化傾向が定着し、専業主婦の子育て期間も短縮する傾向を強め、その後の長い人生の有意義な過ごし方として社会的活動にたいする関心がとみに高まってきている。ホームヘルプ活動は、そのような社会的活動の有力なジャンルの一つであるとみなされてきた。けれども、一方においては、専業主婦のうち就労するものの比率も顕著に高まってきている。今後とも、この傾向には一層の拍車がかかるものと予想されている。また、近年の合計特殊出生率の逓減傾向からみて、中・長期的には中年層人口自体の減少も予測されるところである。したがって、これからのホームヘルパー供給源は、前期高齢期に属する人びと、すなわち六〇歳前後の退職の時期から七〇歳代の前半に属する女性に求めざるをえないであろう。さらには、中高年男性のホームヘルパーとしての動員も早晩現実的な課題となろう。

こんにちでは、行政改革の影響もあり、各地方自治体ともホームヘルパーをフルタイムの公務員として雇用することには消極的である。また、これからのホームヘルプ・サービスには、早朝や夜間の勤務など勤務時間にフレキシビリティが求められること、必要とされるホームヘルパーの人員規模からみて、ホームヘルパーについてそのすべてをフルタイムの公務員として雇用することが現実的な選択といえるかどうか、議論の余地を残す問題である。けれども、ボランティア・ヘルパーに多くを期待し過ぎることもまた決して現実的ではないであろう。さきにみたように、ボランティア・ヘルパーを確保すること自体が困難になってきているというだけではない。仕事にたいする責任感や勤務のしかたなどからみて、ボランティア・ヘルパーに多くを頼ることの限界も指摘されている。

これからの地域福祉型社会福祉の展開のためには、基幹的な職員については公務員あるいは社会福祉協議会職員として雇用することを前提に、パートタイム労働者としての位置づけの可能性の検討を含め、多様なホームヘルパーのあり方を追求していくことが必要であろう。

老人福祉の領域では、在宅福祉サービスの充実のために在宅介護支援センターを活用することが期待されている。ホームヘルプ・サービスをめぐる利用者とヘルパーとの間をコーディネートする機能とともに、ヘルパーにたいするスーパービジョン機能は在宅介護支援センターの重要な機能でなければならない。ホームヘルプ・サービスが利用者との個別的な関係のなかで、しかも個人の家庭という第三者の視線に触れにくい場所で供給されるだけに、ヘルパーにたいする専門的指導的支援は在宅福祉サービスの拡充にとって不可欠の要素である。

8 社会福祉の専門職化――地域福祉型社会福祉確立の基盤

これまで検討してきたことからも明らかなように、地域福祉型社会福祉すなわち地方自治体なかんずく市町村の自治機能を機軸に据え、在宅福祉サービスを中心に、地域住民の参加をえながら、地域のなかで展開される社会福祉を確立するうえでの最大の課題は、いかにしてそれを支えるマンパワーを確保するかということである。なかでも、地域福祉型社会福祉を実現していくうえでのキーパーソンになるのは、民間団体や住民の参加に多くが期待されるとはいえ、やはり市町村の吏員である。これから福祉サービスの実施主体となる市町村に人を得ることができるかどうかということが、基本的に地域福祉型社会福祉の成否を決める条件となるといって過言ではないであろう。

社会福祉の専門職としては、一九八七年に社会福祉士及び介護福祉士法が制定された。名称独占にとどめられ、業務独占にはいたらなかったとしても、社会福祉の専門職化促進にむけての大きな一歩となったことは、十分に評価されてよいことである。けれども、一九九〇年の福祉八法改正は専門職資格についてまったく言及しなかった。もとより、社会福祉士や介護福祉士について業務独占を認めるということは、いまは将来的な課題というべきであろう。しかしながら、それでも社会福祉主事や身体障害者福祉司の任用資格のなかに「社会福祉士の資格を有する者」の一項を追加する程度の配慮は必要ではなかったろうか。
地域福祉型社会福祉の確立のためには、市町村、さらには民間において中心となる市町村社会福祉協議会における社会福祉専門職員の確保、現任訓練や研修の充実も不可欠の条件となろう。

第2節　児童福祉改革の視座と方向

はじめに

児童福祉のこれからを考えるということになれば、すぐにも二つの論点が浮かびあがってくる。第一には、児童福祉を社会福祉の一つの領域として捉えたうえで、改革の方向について検討するということである。児童福祉の今後のあり方は、広くはすでにみてきたような福祉改革の一環にあるものとして、検討がなされなければならない。第二に、しかし児童福祉は、社会福祉のなかでも相対的には固有の政策的・実践的な課題と、それらを達成するための独特の方法・技術を発展させてきており、そのことを十分に踏まえたうえで検討が進められなければならないということである。そこでは、社会福祉の全体にかかわる改革議論の場合とは幾分か趣を異にするような、児童福祉に固有の視点や課題も設定されることになろう。

第一の論点との関係でいえば、一九九〇（平成二）年の福祉八法改正のなかで、児童福祉の領域は、母子及び寡婦福祉、精神薄弱者福祉の領域とともに、老人福祉や身体障害者福祉の領域とは明らかに異なった展開を示した。この社会福祉内部における改革の不均等な展開という事実は、おそらくは不可避的といって過言ではないようなかたちで、児童福祉の今後のあり方に重大な影響を及ぼすことになるものと考えられる。そのことの細部にわたるやや詳細な検討は、つぎの

第2章において行う予定である。

まず、ここでは、第二の論点にかかわらせつつ、第一の論点を検討するうえでの前提となるような視座、さらには視点について、若干の議論を試みておきたい。

1　児童福祉と子どもの権利

1　子どもの権利――その三通りの水準

わが国の児童福祉サービスに法制的な根拠を与える児童福祉法が生活保護法やその他の福祉サービス立法、すなわち老人福祉法、母子及び寡婦福祉法、身体障害者福祉法、精神薄弱者福祉法とともに、憲法第二五条にいう生存権の保障を目的とする法体系の一部をなすことはよく知られている。

こんにちの児童福祉サービスの実態を権利保障の制度とみなしうるか否かについては、さまざまに議論のあるところである。しかしながら、児童福祉法第一条第二項の規定（すべて児童は、ひとしくその生活を保障され、愛護されなければならない）をもって憲法第二五条にいう生存権に「照応する」規定とみなす解釈は、すでにそのような議論を超えて国民のあいだに定着しているといって決して過言ではないであろう。現在、後にやや詳しくとりあげる国際連合の子どもの権利条約の批准の促進が期待されているときでもあり、児童福祉の今後のあり方について検討する出発点として、児童福祉サービスが子どもの権利の保障を課題として発展させられてきたという歴史的な事実をここで再確認しておくことにしよう。

ところで、子どもの権利の内容についてはこれまでにも多様な角度から論じられてきているが、子どもの権利には三通りの水準（レベル）ないし局面（アスペクト）が存在するように思われる。第一の水準は、子どもを一個の市民とみなすところにうまれてくる権利である。市民的生活の確保をめざす権利といってもよいであろう。第二の水準は、子どもが子どもであり、一般的にその生活を保護者（親）その他の成人に依存しているという事実のなかで追求される権利である。いわば、発達環境の確保をめざす権利である。第三の水準は、子どもの経済社会的な生活の実態に着目し、その克服をめざして展開されはじめた権利である。社会的生活の確保をめざす権利といってよい。

これら三通りの水準ないし局面に分類される権利のうち、第一のグループは市民権的基本権に属する諸権利である。子どもといえども一個の市民、「小さな市民」とでもいうべき存在であり、広く市民に認められる基本的諸権利、自由、平等、私的所有などの諸権利は子どもの場合にも基本的には成人たる市民と同等に認められなければならない。第三のグループは、社会権的基本権に属する諸権利である。子どもについては、成人の場合とは異なり、労働基本権に直接的に関与することはないであろう。子どもの場合には、入職年齢、労働時間など労働生活からの積極的な保護、あるいは労働条件の規制などが課題となる。社会権的基本権のなかで子どもの生活ともっとも密接に関わりをもつのは、いうまでもなく社会生活の最後の防波堤としての生存権ないし生活権の保障であろう。第二のグループは、まず端的にいえば、子どもが成人にたいして成育の過程にあり、その生存も生活も保護者——主要には親——に依存してはじめて成り立ちうる。したがって、家族そのものを求める権利、家族的成育環境の確保を求める権利、成人による虐待、搾取などからの保護を求める権利などが、いずれもこのグループに属する権利となる。第三のグループに属する権利は、いわば子どもが社会経済的な意味での弱者であることに要求の根拠をもつ権利である。それにたいして、この第二の権利グループの成立の根拠は、子どもが身体的にも、精神的にも成人に比較して弱い立場にあり、しかもそれゆえに成人に依存せざるをえないという子どもの本来的な特性に求められる。

これら三通りの子どもの権利のうち、所得、現物、役務の給付など直接的、具体的な援助の提供というかたちで児童福祉サービスが関与するのは、第二、第三の権利グループである。しかしながら、それら第二、第三の権利グループの保障が適切かつ十分に実施されるためには、まず第一のグループに属する諸権利の保障がその前提的な条件とならなければならない。

2 子どもの権利条約

よく知られているように、国際連合は、一九八九（平成元）年一一月二〇日、「子どもの権利に関する条約」を採択した。

国際連合は、その前身である国際連盟の時代から子どもをとりまく社会経済的、また政治文化的諸条件の動向やそのなかでの子どもの生活や発達の状況に強い関心をもち、一九二四年には「子どもの権利に関するジュネーブ宣言」を採択し、一九五九年には「子どもの権利宣言」を採択して国際社会にたいして子どもの保護や福祉の増進を訴え続けてきた。このたびの「子どもの権利に関する条約」の採択はそのような国際連合の伝統を継承するものであるが、内容的にみると子どもの権利の諸側面が従来よりも一層具体的に、精緻かつ厳格に条文化されている。しかも、それぞれは子どもの権利にたいして国際社会の関心を喚起し、その遵守をよびかける「宣言」の段階からさらに一歩を進め、批准国にたいして内容の履行を義務づける「条約」として採択されている。

一九九一（平成三）年五月一日現在、条約を批准（または加入）した国は八五カ国、将来の批准の意思があることを表明した署名国は一三二カ国に達している。わが国は一九九〇（平成二）年九月二一日に署名し、現在批准にむけて国内的な調整が進められているようである。国際社会の大勢や国内の「条約」をめぐる政府や関係諸団体の動向などからして、早晩わが国もこれを批准することになると予測される。批准が実現すれば、その内容からみて、「条約」は間違いなく、さまざまのかたちで、わが国における児童福祉サービスのあり方、さらには広く教育、医療保健、青少年指導など児童関連施策のあり方にたいして強いインパクトをもたらすことになると考えられる。基本的な水準において見直しを求められるような局面も十分に考えられることである。以下、少し長くなるが、「子どもの権利に関する条約」のうち、児童福祉改革の方向や課題を考えていくうえでの重要な視座や視点に関連し、とりわけ重要な意味をもつと思われる諸条項を紹介しておきたいと思う[4]（なお、条項の一部を省略しているものがある）。

「子どもの権利に関する条約」のなかにとりあげられている子どもの権利は広い範囲に及んでいる。ここではそれらの諸権利を三通りの権利グループに分類しながらみていくことにする。分類の基準となるのは、さきに一部示しておいた、第一に「小さな市民としての権利」＝「市民権的生活保障への権利」、第二に「成育過程にある人間としての権利」＝「成育的環境保障への権利」、そして第三に「社会経済的弱者としての権利」＝「社会権的生活保障への権利」というわれわれの枠組である。

A　市民権的生活保障への権利

子どもの権利のうち、まず第一のグループは、子どももこれを一個の市民として捉えたときに、すなわち子どもを近代市民社会を構成する市民の一人として捉えたときに、成人たる市民の場合と同様に承認されるべき権利である。子どもの市民権的基本権に属する諸権利が、ここに含まれる。

第二条　（差別禁止）

締約国は、児童又は児童の親若しくは法定保護者の人種、皮膚の色、性、言語、宗教、政治的意見その他の意見、国民的、民族的若しくは社会的出身、財産、障害、出生又はその他の地位にかかわらず、いかなる差別もなしに、締約国の管轄内にある児童一人一人に対し、この条約に掲げる権利を尊重し、及び確保する。

第六条　（生存と発達）

締約国は、すべての児童が、生命に対する固有の権利を有することを認める。

締約国は、児童の生存及び発達を可能な範囲において最大限確保しなければならない。

第七条　（名前と国籍）

児童は、出生後直ちに登録される。児童は、出生の時より名前を持つ権利及び国籍を取得する権利を有し、かつ、可能な限り親を知り、及び親に養護される権利を有する。

第一二条（児童の意見）

締約国は、自らの意見をまとめる能力のある児童が、その児童に影響を与えるすべての事柄において自由に自らの意見を表明する権利を確保する。この場合、児童の年齢及び成熟度に従いつつ、児童の意見を適切に酌量する。

第一三条（表現の自由）

児童は表現の自由についての権利を有する。この権利は、口頭、筆記若しくは印刷物、芸術の形態により、又は自ら選択するあらゆる伝達手段を用いて、国境とかかわりなく、あらゆる種類の情報及び考えを求め、受け、及び伝える自由を含む。

第一四条（思想、良心及び宗教の自由）

締約国は、児童の思想、良心及び宗教の自由についての権利を尊重する。

第一五条（結社・集会の自由）

締約国は、児童の結社及び平和的集会の自由についての権利を認める。

第一六条（プライバシーの保護）

いかなる児童も、プライバシー、家族、住居又は通信に対し、恣意的若しくは不法に干渉され、又は名誉及び信用を不法に侵害されない。

第一七条（適切な情報の利用）

締約国は、マスメディアの果たす重要な役割を認め、児童が多様な国内的及び国際的情報源から、情報及び資料、特に自己の社会的、精神的及び道徳的福祉並びに心身の健康の増進を目的とするものを利用することを確保する。

差別の禁止（無差別平等権の確保）、生命への権利、生存と発達への権利、名前と国籍への権利、これらの権利は、小さな市民としての子どもにとっていわば当然の権利である。生命への権利は、市民権的権利としてもっとも基本的な権利でありながら、子どもの場合には容易に奪われてきた、そして現在もなお奪われることの多い権利である。生存と発達への権利は、生命への権利の延長線上に位置づけられるべき権利である。子どもの場合には、この生命への権利は、そのことにとどまることなく、日常的な生存、さらにはその積み重ねとしての発達への権利として認識されなければならない。われわれは、そのことのなかに、小さな市民の権利を子どもの権利として認識することの意義を象徴的にみいだすことができる。

さらに、「子どもの権利に関する条約」を特色あるものとしているのは、子どもの「意見の表明」、「表現の自由」、「思想、良心及び宗教の自由」、「結社・集会の自由」にかかわる諸権利である。これらの諸権利は、一般的にはいずれも日本国憲法の承認するところである。その限りでは、改めて子どもについてもこれらの諸権利を確認したということになる。年齢や成熟度にたいする適切な配慮を前提にするとはいえ、これらの諸権利を子どもについて再確認したということの意義および影響は、おそらく計り知れないものとなろう。教育の世界のみならず、子どもの生活の場である地域社会、児童福祉機関・施設における処遇の過程においても、これらの諸権利に照らし、そのあり方が根源的に問い直されなければならない。

今後、社会の情報化が一層進行することが予想されるなかで、プライバシーやマスメディアに関する権利をとりあげたことも時宜をえたものであり、状況認識の深さを印象づけるものである。

B　成育的環境保障への権利

子どもの権利の第二のグループは、身体的にも、精神的にも、もとより社会経済的にも、本来的に弱者としてうまれでる子どもにたいして、第一義的にその適切な成育の環境を準備すること、そのことにかかわる諸権利である。適切な成育環境を求めることは、子どもにとってもっとも基本的な権利であり、子どもにたいしてそのような成育環境を提供することは親と社会、そして国の基本的な義務である。

第九条　（親からの分離の禁止）

締約国は、児童が親の意思に反して親から分離されてはならないことを確保する。ただし、司法審査に服する権限ある機関が、適切な法及び手続きに従い、その分離は児童の最善の利益のために必要であると決定する場合はこの限りでない。その決定は、親が児童を虐待し若しくは放任する場合又は親が別居しており児童の居所を決定しなければならない場合など特別の場合に必要となる。

第一八条　（親の責任）

締約国は、両親が児童の養育及び発達に対する共通の責任を有するという原則の認識を確保するため最善の努力を払う。親、場合により法定保護者は、児童の養育及び発達に対する第一次的責任を有する。児童の最善の利益が基本的関心事となる。

この条約に掲げる権利の保障及び促進のため、締約国は、親及び法定保護者が児童の養育責任を遂行する際に適切な援助を与え、かつ、児童の養護のための機関、施設及びサービスの発展を確保する。

締約国は、親が就労している児童が、保育サービス及び保育のための施設を利用する権利を有することができるよう、あらゆる適切な措置をとる。

第一九条　（虐待及び放任からの保護）

締約国は、親、法定保護者その他児童の養護を行う者が児童の養護を行う際にあらゆる形態の身体的若しくは精神的な暴力、侵害又は虐待、放任又は怠慢な取扱い、性的虐待を含む不当な処遇又は搾取から児童を保護するため、あらゆる適切な立法上、行政上、社会上及び教育上の措置をとる。

第二〇条　（家庭環境を奪われた児童の保護）

一時的若しくは恒久的に家庭的環境を奪われた児童又はその最善の利益のためその環境にとどまることを容認することができない児童は、国による特別の保護及び援助を受ける権利を有する。

子どもがその親によって育成されることは、子どもにとっての基本的な権利であり、またその子どもを自ら育成することは親の基本的な権利であり、同時に子どもにたいする義務である。その意味で、特例にあたる場合を除き、親と子どもの分離を禁止し、子どもの養育と発達にたいする第一次的責任を親に求める考えかたは、妥当かつ適切なものである。けれども、過去および現在の経験に照らしていえば、この親に課せられた第一次的養育責任は、その履行が、親の生活の状況や人間としての成熟度などを看過し、一面的に、あるいは無原則的に、追求されるとき、飢餓、虐待、子殺しなど、さまざまの悲惨な児童問題をうみだしてきている。その意味では、「子どもの権利に関する条約」が虐待や放任された児童や家庭環境を奪われた児童の保護に先立ち、締約国にたいして「親及び法定保護者が児童の養育責任を遂行する際に適当な援助を与え」、「児童の養護のための機関、施設及びサービス」を発展させることを求めていることは、きわめて重要な意味をもつものといわなければならない。

子どもの育成をめぐる親と社会、あるいは国との関係は、無原則的に親に第一次的養育責任の履行を求め、親の養育の失敗や放棄、家族関係の崩壊などの緊急事態を待って第二次的に社会や国が育成の責任を引き継ぎ、あるいは代替するということではなく、親の第一次的養育責任を前提に社会や国が親による養育責任の適切かつ十分な履行を可能にするような環境条件を整備し、必要に応じて適切な援助を提供するという役割を積極的に引き受け、そのための諸施策を発展させる新しいパートナーシップのあり方を根幹に据えたものでなければならないのである。

C　社会権的生活保障への権利

子どもの権利の第三のグループは、子どもの社会的生活の確保、あるいは保障を求める諸権利であり、いずれも社会保障の制度や児童福祉サービスのあり方と直接的にかかわっている。

第二三条（障害児の権利）

締約国は、精神又は身体に障害を持つ児童が、尊厳を確保し、自立と地域社会への積極的な参加を促進する諸条件の下で、十分かつ相当な生活を享受すべきであることを認める。

締約国は、障害児の特別の養護についての権利を認め、利用可能な資源の範囲内で、援助を受ける資格を有する児童及び児童の養護に責任を負う者に対し援助の申請がなされた場合において、児童自身及び親又は児童を養育するその他の者の状況に適した援助を拡充することを奨励し、かつ確保する。

第二四条（健康と保健サービス）

締約国は、児童が、到達可能な最高水準の健康を享受し、並びに、疾病の治療及び健康の回復のための便宜をうける権利を有することを認める。締約国は、いかなる児童も、この保健サービスを利用する権利を奪われないことを確保するよう努める。

第二六条（社会保障）

締約国は、すべての児童に対し、社会保険を含む社会保障の給付を受ける権利を認め、かつ、国内法に従いこの権利の完全な実現を達成するため、必要な措置をとる。

第二七条（生活水準）

締約国は、すべての児童に対し、その身体的、心理的、精神的、道徳的及び社会的発達のために十分な生活水準についての権利を認める。

親その他児童に責任を負う者は、その能力及び資力の範囲で児童の発達に必要な生活条件を確保する第一次的な責任を負う。

締約国は、国内の条件に従い、かつ財源の範囲内で、親その他児童に責任を負う者がこの権利を実現することを援助するための適切な措置をとり、かつ、必要な場合には、特に栄養、衣服及び住居に関して物的援助計画を策定する。

締約国は、親その他児童に対し財政的責任を負う者から、国内及び国外を問わず児童の養育費を償還させるため、あらゆる適切な措置をとる。

第三一条（余暇、遊び及び文化的活動）

締約国は、児童が、休息し及び余暇を持つ権利、年齢に適した遊び及び娯楽活動を行う権利並びに文化的生活及び芸術に自由に参加する権利を認める。

第三二条（経済的搾取からの保護）

締約国は、児童が、経済的搾取から保護される権利並びに危険があり、児童の教育を妨げ、又は、児童の健康若しくは身体的、心理的、精神的、道徳的、若しくは社会的発達に有害ないかなる労働からも保護される権利を認める。

第三九条（心身の回復及び社会復帰）

締約国は、あらゆる形態の放任、搾取又は虐待の犠牲になった児童、拷問その他のあらゆる形態の残虐な非人道的な若しくは品位を傷つける取扱い若しくは刑罰の犠牲になった児童又は武力紛争の犠牲になった児童が身体的に及び心理的に回復し並びに社会復帰することを促進するため、あらゆる適切な手段をとる。この回復及び復帰は児童の健康、自己尊重心及び尊厳を育む環境において行われる。

第四〇条（少年司法）

締約国は、刑事法に違反したとして申し立てられ、罪を問われ、又は認定された児童が、尊厳及び価値についての その認識を促進するのにふさわしい方法により取扱われる権利を認める。その方法は、児童の他者の人権及び基本的自由に対する尊重の念を強化し、かつ、児童の年齢及び児童の社会復帰を促進し、児童が社会において建設的な役割を果たすことが望ましいことを考慮したものとする。

この第三のグループに分類した諸権利は、わが国の場合にはおおむね社会保障や社会福祉、その他の関連諸制度を通じて実現への経路が準備されているといってよいであろう。そうした諸制度にもとづく給付や福祉サービスの質量についても、児童手当制度などの一部を除けば、国際的にみても一応の水準に到達しているといって過言ではないように思われる。

もとより、障害児の社会参加や余暇活動などへの権利の保障という側面などについては、まだ緒に就いたばかりという段階であり、それ以外の既存の制度についてもなお一層の拡充が求められよう。周知のように、近年の経済摩擦のなかでとみに激しさを増しつつあるわが国にたいする諸外国の批判のなかには、わが国において社会資本の投下が不十分であり、またそのことが国民のなかでさして話題になることもなしにそのまま受け入れられ、そのような国情がわが国の諸外国にたいする洪水のような輸出を可能にしているという指摘が含まれている。わが国においては経済成長や生産力の拡大がいわば自己目的化しており、未曾有の経済力も国民の生活を豊かにし、ゆとりをもたらすような方向にはむけられていないという、痛烈な批判である。そのような観点からいえば、障害児の社会参加、子どもたちの余暇活動や文化活動への権利だけでなく、国民生活の全体にかかわる社会保障や社会福祉の水準や内容がわが国の経済的生産力の水準に十分にみあったものになっているかどうか、改めて検討し直してみなければならないであろう。

さて、以上紹介してきた子どもの諸権利は、「子どもの権利に関する条約」の掲げる権利のすべてではない。「条約」のなかで約束された義務の実現を促進することを任務とする「子どもの権利委員会」の設置・運営に関する規定や署名・批准などの手続きに関する規定を別にしても、多くの重要な権利に関する条項が紹介されていない。それらの諸権利のなかでは、教育に関する諸権利や難民の子どもの保護、国内の、また国際的な養子縁組に関する諸権利に関する規定がとくに重要である。「条約」に先行し、国際連盟および国際連合によって採択された二種類の「児童権利宣言」、さらにわが国の

「児童憲章」とあわせて、「子どもの権利」についての理解が一層深まることを期待したい。

2 児童福祉改革の基本的視点

さて、児童福祉改革は、基本的には、これまでみてきたような多様な子どもの諸権利について、その実現をはかるという視点から推進されなければならないと考えられる。

しかしながら、基本的な視点としてはその通りであるが、総論的、一般的に子どもの権利の実現を訴えるだけでは、児童福祉改革の具体的な方向や課題は明らかになりにくい。そこで、つぎには、すでにみた社会福祉改革の動向や現時点における児童福祉サービスの実態を思い起こしながら、児童福祉改革の具体的な推進をはかるうえで必要になると思われる視点や課題について、若干の敷衍を試みる。

1 児童養育にたいする公的責任＝公的養育責任の再構成

(1) 社会・家族の変化と公的養育責任

従来、児童養育については、保護者の責任を第一義的なものとし、国および地方自治体による公的責任を第二義的なものとする二分法的な見解がとられてきた。(5) しかしながら、この見解は戦後間もなくの社会経済や地域社会の状況、家族の就労の形態、規模、構成、親族ネットワークの状態、それらを前提とする特有の児童福祉ニーズのあり方、そして当時の政策思想を前提とするものであり、現在の家族や子どもたちを取り巻く状況にたいしては、すでにその適合性を喪失しているといわなければならない。

親によって養育されることは、子どもにとって基本的な権利である。親にとって、子どもの養育はその第一次的な責任であり、同時に権利である。この認識の重要性はいうまでもない。しかしながら、このような子どもの権利、親の権利と責任についての考えかたが親にたいする自助的養育努力の一面的、無原則的な要請になることは避けられなければならない。「子どもの権利に関する条約」のなかでも指摘されていたように、国や地方自治体は、親の子どもにたいする養育責任が十分に遂行されるように、その過程を支持し、援助するための施策を積極的に展開していく必要がある。

現代および来るべき二一世紀社会の要請に耐えうるような児童福祉サービスの新しい体系を構築していくには、その前提条件として、国民のあいだに子どもの養育についての親と国（および地方自治体）とのパートナーシップのあり方に関して共通の認識と理解が確立されている必要がある。

(2) 地域福祉型社会福祉と公的養育責任

また、保護者の私的養育責任を第一義的とし、国や地方自治体による公的養育責任を第二義的とする伝統的な見解は、児童福祉サービスの提供がほぼそのまま児童福祉施設（養護施設や乳児院、あるいは障害児施設など）への入所の措置を意味していた時期を背景にしたものである。しかしながら、この点においても状況は大きく変化してきている。こんにちでは、児童福祉サービスに限らず、社会福祉サービスの全体が、地域社会における在宅福祉サービスを中心に位置づけながら、再編、推進されようとしている。

一九九〇（平成二）年社会福祉八法改正の一部として実施された社会福祉事業法の改正のなかで、社会福祉サービスの基本理念を明らかにした第三条は、つぎのように改められた。

国、地方公共団体、社会福祉法人その他社会福祉事業を経営する者は、福祉サービスを必要とする者が、心身ともに健やかに育成され、又は社会、経済、文化その他あらゆる分野の活動に参加する機会が与えられるとともに、その環境、年齢及び心身の状況に応じ、地域において必要な福祉サービスを総合的に提供されるように、社会福祉事業その他の社会福祉を目的とする事業の広範かつ計画的な実施に努めなければならない。

この改正第三条の規定のなかには、「あらゆる分野の活動に参加する機会」、「地域において必要な福祉サービスを総合的に提供」、「社会福祉事業その他の社会福祉を目的とする事業の広範かつ計画的な実施」など、今後の社会福祉サービスのあり方を示唆する重要な観念が組み込まれている。

これからの児童福祉サービスには、当然のことながら、このような近年の社会福祉理念の変化を前提に、新しい考え方と方法を導入していくことが求められているのである。

2 供給体制の地方分権化と地域化

(1) 市区町村中心の児童福祉サービス

一九八〇年代、なかでも八五年以降の福祉改革の潮流のなかで、社会福祉は、老人・障害者福祉サービスを中心に、より国民の生活の場に近く、その実態を知悉しうる立場にある地方自治体、なかでも市区町村を主要な担い手とするように、その改革が進められてきた。

児童福祉サービスについても、これと同様の方向が追求されなければならない。とくに、子どもたちの場合には、義務教育就学前の時期についてはいうまでもなく、就学後においても、その生活のほとんどすべてが、近隣の地域社会のなかで営まれる。すなわち、児童福祉サービスは、この事実を前提にすれば、老人福祉サービスや身体障害者福祉サービスの領域における以上に、国や都道府県の委任・監督指導を中心とする集権的なそれとしてではなく、市区町村を中心とする分権的自主的な施策・施設の体系として、その再編、拡充がはかられなければならないはずである。

しかしながら、現実には、一九九〇（平成二）年の福祉八法改正にみるかぎり、児童福祉サービスにおける地方分権化の歩みは、地域福祉の三本柱のうちのホームヘルプ・サービスおよびデイ・サービスに相当する部分を除けば、従来の枠組のままにとどめられている。老人福祉サービスや身体障害者福祉サービスの分野と比較すれば、その違いは明らかである。

われわれは、その理由について考察してみるとともに、さらに一歩を進めて児童福祉サービスにおける分権化を推進するための枠組について検討してみる必要があろう。

(2) 地域社会を基盤とする児童福祉サービス

児童福祉サービスは、その対象となる子どもたちが自立的な生活管理能力を欠くため、伝統的に入所型の施設を中心に発展してきた。こんにちにおいても、保護者の保護をうけることのできない子どもたちや保護者による保護が適切でない子どもたちの存在を否定することはできない。しかしながら、こんにちにおいては、福祉サービスの顕在的ならびに潜在的な利用者のほとんどは、保護者のもとに起居する子どもたちである。しかも、児童福祉サービスの本質的な機能は、予防的、促進的な機能、すなわち育成的な施策である。したがって、これからの児童福祉サービスは、伝統的な入所施設を中心としたものではなく、地域社会における援助の体系を前提とする地域福祉型のそれに転化させられなければならない。

地域社会における児童福祉サービスといえばすぐに思い起こされるのが、いわゆる「健全育成」活動である。健全育成というタームの用いられ方は、よく知られているように、必ずしも厳密なものではない。一方では、健全育成は、小学校高学年から中学にかけての学童を念頭に、非行防止活動という意味で用いられている。他方では、就学前児童や小学校低学年児童にたいする遊びの指導なども、健全育成活動とよばれることがある。いずれにせよ、健全育成というタームは、かなり多義的に用いられている。

しかし、われわれが、地域社会を基盤とする児童福祉サービスという場合、念頭にあるのはそのような伝統的、限定的な地域における健全育成活動ではない。非行児童をうみださないための予防的活動だけでなく、要養護児童についても、障害児についても、それらの子どもたちやその家族の生活の基盤となっている地域社会のなかで、その生活の維持に必要とされるだけの援助を提供し、自立をはかっていくということである。そして、なによりも重要なことは、そのことを可能にするような児童養育支援のシステムを、国と当該地方自治体の責任において、地域社会のなかにつくりあげていくということである。

児童福祉サービスの地域化は、このような視点から推進されなければならないのである。

3 サービス体系の再編成

(1) サービスの多品目・高品質化

伝統的な児童福祉サービスのあり方は、保護者のいない子どもたちについては乳児院や養護施設への入所措置、障害のある児童については障害児施設への入所措置というように、子どもたちの全生活に変更をもたらすような単品的かつ定型的な福祉サービス、いわばオールインワン的な福祉サービスであったといえよう。

これにたいして、地域社会のなかでの居宅生活の維持を前提に、子どもたちの特殊、個別的で、多様な福祉ニーズに対応するということになると、福祉サービスの内容は子どもたちの生活に部分的にかかわるものとなり、したがって特殊多品目化されたものにならざるをえない。

福祉サービスを利用する子どもたちや親は、そのような複数の、多品目化された福祉サービスのなかから、一つ、あるいは複数のサービスを選択し、利用することになる。そこに、いわゆる福祉サービスの多品目化、メニュー化とよばれるような現象がうまれてくる。そして、このような傾向は、今後一層強まることが予想される。

また、児童福祉サービスには、多品目化が求められるとともに、高品質化が求められるようになってきている。近年の生活水準の向上や生活様式の変化にともなって、より質の高い福祉サービスが求められるようになってきている。その一例は、夜間ないし終日保育サービス、医療的配慮をともなう保育サービス、期間について自由に契約できるような短期宿泊サービス、ベビーシッターないしホームヘルパー的派遣保育サービスなどにみられる。

これからの児童福祉サービスの供給体制に期待されている課題の一つは、このように多品目化、高品質化を求める児童福祉ニーズに対応しうるだけの児童福祉サービス・メニューをいかにして開発し、提供するかということである。また、それにともなう、利用申請手続き、利用決定手続き、利用料などにかかわる利用体制をいかにして整備するかということである。

(2) 施設体系の再編成――入所型施設の新しい役割

すでに再三にわたって指摘してきたように、こんにちの社会福祉サービスは、老人福祉サービスや身体障害者福祉サービスを先行領域としながら、急速に在宅福祉サービスを中心とする施策施設の体系に転換してきている。現在はともかく、将来的には、この転換は、児童福祉サービスの領域にも急速に波及し、児童福祉サービスもまた市町村による、在宅福祉サービスを中心とする地域福祉型福祉サービスの体系に転換していくものと予測される。

しかしながら、このようなサービス体系の転換は、従来の施設福祉サービスを中心とする体系にたいして、通所型福祉サービス、宅配型福祉サービス、訪問型福祉サービスなどの在宅福祉サービスを、ただ追加することによって可能になるというものではない。

サービス体系の転換は、一方において施設福祉サービスにたいして高度専門化を要求し、他方において在宅福祉サービスとの有機的な融合および連携化を可能にする新たな機能の追加開発を要求する傾向をもつ。伝統的な入所型施設にたいして専門病院的ないし専門的訓練指導的機能をもたせようとする試みは高度専門化の例であり、ショートステイ部門の開設は在宅福祉サービスとの融合連携化の例である。

(3) 施設の多機能化と地域開放化

従来、社会福祉施設、なかでも児童福祉施設は、利用者の福祉ニーズの多様性に対応するかたちで専門分化していくことを、その必然的な発展の方向として位置づけ、福祉ニーズの種類ごとに多種多様な施設を創設してきた。そして、そのように多様化した施設群は、その一つひとつをみれば、いずれも専門的な高度の機能をもつが、しかし単機能的な施設として、自己完結的に運営される傾向をみせてきた。そういって過言ではないであろう。

しかしながら、児童福祉サービスが施設福祉型から地域福祉型に転換しはじめるとともに、児童福祉施設と地域社会との関係が改めて問い直され、施設の多機能＝複合機能化と地域開放化が求められるようになってきている。

児童福祉施設の多機能化は、児童福祉施設の固有機能である専門的児童処遇技術を水平的に拡張し、地域開放化を追求する機能拡張型と、その固有機能とは別に地域社会の需要、たとえば集会施設へのニーズを充足するなど新たな機能を取り込みながら多機能化していく地域機能摂取型に分類することができる。

児童福祉施設の地域開放化については、施設の機能がその立地する地域の福祉ニーズにほぼ対応する地域立地型の施設と必ずしも両者が重なり合わない広域立地型の施設とでは、地域開放化の方向や方法にも違いがでてこよう。地域開放化は、そのことに留意し、かつ入所児童の専門的養護という施設本来の機能との調和をはかりつつ、推進されなければならない。

4 施策の総合化と個別化

(1) 関連領域との連携

子どもたちの生活に関わる社会的な施策や制度、すなわち社会福祉、教育、保健、医療、労働、住宅、文化、警察、司法などの諸施策や制度は、社会の高度化・多様化・複雑化、ニーズの多様化・高度化が進行するにともない、こんにちではますます専門分化する傾向をみせながら、同時に、それぞれその内部に自律的に解決することの困難な深刻な課題を抱えるようになってきている。

子どもたちのかかえる福祉ニーズの多様化・高度化が進行するにともない、その解決や緩和のためには、これらの施策や制度の緊密な連携、連絡、調整を前提とする対応の仕方が求められるようになってきている。子どもたちの生活の多様化・複雑化、それにともなう福祉ニーズの多様化・高度化は、多様な専門家たちの施策や制度の枠組を越えた連携を基礎にする課題解決の方法を求めるようになってきているのである。

(2) 児童福祉ニーズと児童福祉サービスとの媒介と調整

さらに、子どもたちの福祉ニーズがますます多様化・高度化する傾向をみせ、他方において福祉サービスが単品定型型から多品目選択型に変化し、関連諸領域の提供するサービスとの調整連携が求められるという状況のなかで、福祉サービスの供給と利用という過程のなかに、福祉ニーズと福祉サービスとの間をどのようにして媒介調整し、両者の最適な結び付きをみいだしていくかという新しい援助方法的課題がうみだされてきている。

ここでも、施策や制度の枠組みを越えた専門家たちのチームワークによる新たな課題解決の方法が求められているわけである。多種多様な福祉関連サービスの供給が所定の成果を十分にあげうるかどうかは、関連領域を含めて多様なかたちで提供されている多数のサービスを、いかにして個別化し、それをどれだけ効果的に利用者の特殊個別的な福祉ニーズの解決や緩和に結びつけることができるかということにかかっている。

5 専門職化と住民参加

(1) 専門職化

社会福祉サービスは、基本的には人間の労働を通じて実現される役務の提供である。この、役務の提供、すなわち役務サービスは、専門的なテクニカル・スキルやそれを効果的に駆使する前提としてのヒューマン・リレーションズ・スキル、さらに最終的には援助過程にたいする全人格的な関与から構成されている。

社会福祉サービスの充実のためには、このような役務サービスを職業的に提供する人材の養成と確保が不可欠の要件となる。児童福祉サービスの領域においても、児童福祉司、児童指導員、保母など、比較的資格要件の明確な職種が数多く配置されている。しかしながら、個々の職種に求められている専門職としての資質は、必ずしも高くはない。

こんご、社会福祉士や介護福祉士制度とのかみあわせを含め、資質やそれにみあう労働条件の改善など、一層推進されていく必要があろう。

(2) 住民参加

社会福祉サービスの領域では専門職への期待は大きく、こんごその期待は一層強まるものと考えられる。しかしながら、社会福祉サービスにとって、専門職の確保に劣らず重要なのは、一般地域住民の参加である。

従来、住民参加に期待されてきたのは、ややもすれば単純な補助的労働の供給源としての住民参加であった。けれども、これからの地域福祉型の社会福祉において期待されるのは、そうした便宜的で、安上がり的な住民労働力の利用のしかたではない。

これからの社会福祉サービスのなかで期待されていることは、より、主体的で、自発的な、しかも片務的ではない、自己実現の機会ともなり、同時に地域社会への貢献ともなりうるような、住民参加のあり方である。それは、社会福祉サービスへの住民参加というよりは、地方自治の時代に期待される住民の社会参加そのものであり、その一環として社会福祉サービスへの参加があるといったほうがよい。一例をあげれば、地域社会の自発的自主的なプログラムとして展開される社会支援ネットワークなどへの参加がそうである。

これから期待されるのは、地域住民が相互に、みずからの知識や労力、時間の一部を提供しあいながら、福祉コミュニティを組織し、その活動のなかで、ときには社会福祉サービスの利用者として、またときには社会福祉サービスの提供者として、あるいは第三者の立場から、地域社会やそこにおける公的な、あるいは民間の社会福祉サービスのあり方をモニタリングし、それらの改善に寄与するような主体的で能動的な住民参加のあり方である。

行政の役割は、そのような住民の参加と自主的な活動にみずからの責務の一部を委ねてしまうというのではなく、それらを下支えするような施策を提供することを通じて、住民の参加と自主的な活動の一層の活性化をはかることにある。

notes

(1) 現代（戦後）社会福祉展開史のなかでの一九八〇年代、あるいは福祉改革期の位置づけについては、本書第一部末尾に収めた年表を参照されたい。われわれは、現代（戦後）社会福祉の展開過程をまず大きく、第Ⅰ期＝社会福祉定礎期（一九四五〈昭和二〇〉年～五九〈昭和三四〉年）、第Ⅱ期＝社会福祉拡大期（一九六〇〈昭和三五〉年～七三〈昭和四八〉年）、第Ⅲ期＝社会福祉転型期（一九七四〈昭和四九〉年～一九九〇〈平成二〉年）に区分し、一九九一（平成三）年以降を第Ⅳ期＝地域福祉展開期として位置づけたいと考えている。ただし、もとより第Ⅳ期は仮の呼称であり、そういいうるかどうかは二一世紀の判断に委ねるほかはない。

(2) 具体的な内容については、「高齢者保健福祉推進十か年戦略」を参照されたい。

(3) 周知のように、三浦文夫教授は、公的扶助の場合には最低生活水準とか貧困線とかいうかたちでナショナル・ミニマムを設定することができる、しかし、こと社会福祉サービスについては、公的扶助の場合と同じような意味で、ナショナル・ミニマムを設定することは困難である、と主張されている。公的扶助におけるナショナル・ミニマムは最低生活水準のように貨幣的な尺度によって定量的に設定可能であるが、社会福祉サービスについては、その課題が生活の多様性や多側面性に深くかかわっているがため、公的扶助において最低生活水準を設定するように単一の尺度をもって定量的に設定することはできない、というのがその理由のようである。三浦教授は、健康概念の尺度化の困難性や医療における最低基準設定の困難性に例をとりながら、さらに所説を敷衍されている。その部分をいささか乱暴に要約してみると、つぎのようになろうか。三浦教授は、まず「社会福祉サービスにおいては、定量的にも定性的にも、ミニマムを設定することは困難、あるいは不可能である。したがって、そこに公的扶助の場合と同様の論理を適用してナショナル・ミニマムを設定することは困難もしくは不可能である」と主張される。もとより、三浦教授は、「社会福祉サービスにナショナル・ミニマムを設定する必要がない」といわれているわけではない。三浦教授は、社会福祉サービスにおいてナショナル・ミニマムを論ずるとすれば、それは内容の水準で論じるのではなく、所与の状況のなかで提供される社会福祉サービスの種類や規模のあり方について論じることになると指摘され、公的扶助のナショナル・ミニマムに照応するような概念として新たに社会福祉ミニマムという概念をもちいることを提案されている（三浦文夫『増補・社会福祉政策研究』全国社会福祉協議会　昭和六二年）。

このような三浦教授の所説が理解できない、というわけではない。社会福祉サービスの達成しようとしているものの定量的、あるいは定性的な尺度化の困難性については、たしかに指摘されている通りであろう。ただ、三浦教授の議論のしかたには、ナショナル・ミニマム設定の過程に尺度化の困難性というなに分か技術的な性格をもつ要因が介在してくること、そのことをもって社会福祉サービスにおけるナショナル・ミニマム設定の困難性、あるいはその不可能性の根拠とされている、という印象が強い。しかしながら、いうまでもなく、事柄の核心は尺度化の難易性のいかんというところにあるわけではない。結果的にいえば、われわれは、社会福祉サービスの内容にかかわってナショナル・ミニマムを設定することは困難であるという三浦教授の結論に同意することができる。ただし、それはミニマムの設定が技術的に困難だという理由によるものではない。もともと、社会福祉サービスにとって重要なのは、そのミニマムの達成ではない。むしろ、事柄の核心はそのマキシマムを追求するということにある。三浦教授の例にならって、医療に範を求めていうならば、社会福祉サービスの課題は、一定の時代と社会のなかで、費用的にも技術的にも実現が可能な範囲で、最高、最善、最適の内容をもつサービスを提供すること、そのことにあるといわなければならない。したがって、社会福祉サービスについてはミニマムという発想そのものが本来的になじまないのである。三浦教授の指摘がこのような意味でなされているとすれば、それは十分に妥当適切な主張だといわなければならない。しかしながら、残念なことに、三浦教授の立論はそうではない。教授の指摘は、社会福祉サービスには最低生活水準的な意味でミニマムを設定することは困難ないし無意味であるということ、そのことにつきるのである。

ただし、三浦教授は、さきにも紹介しておいたように、社会福祉サービスに関してナショナル・ミニマムの設定が全く無用だといわれているわけではない。三浦教授は、個別の社会福祉サービスに定量的ないし定性的な意味でのナショナル・ミニマムを設定することは困難であるとされる。しかし、同時に、社会福祉サービスの供給の仕方に、それを必要とするだれもが、いつでも、どこでも、必要なサービスを利用することのできるような体制をつくりあげるというかたちで、ナショナル・ミニマムを設定しうる可能性を否定されてはいない。そして、そのような意味でのナショナル・ミニマムを「社会福祉ミニマム」とよぶことを提案されるのである。この指摘と関連して興味深いのは、田端光美教授らによるコミュニティケア・ミニマムに関する研究である。田端教授らは、在宅福祉サービスに関してコミュニティケアのミニマム、すなわちコミュニティケア・ミニマムを設定しようと試みておられる。田端教授らは、在宅福祉サービスの内容に関してではなく、その規模（適用範囲）、種類、組み合わせなど、コミュニティケアの供給体制のあり方についてミニマムを設定することに関心がむけられている（在宅福祉サービス研究委員会報告書『在宅福祉サービスのミニマム策定のために』東京都社会福祉協議会平成元年）。このような田端教授らによる研究は、三浦教授の社会福祉ミニマムの議論を一歩具体化し、ナショナル・ミニマム論の希薄化に歯止めをかけようとする試みとしての意味をもつようにも考えられる。しかし、田端教授らの議論にも、どの水準でミニマムを設定しようとしているのか必ずしも明確でないようなところがみうけられる。つまり、いうところのコミュニティケア・ミニマム論は、それぞれの地域社会のなかでそれぞれにつくりあげられるべきコミュニティケアのミニマムについて論じようとしているのか、それとも地域差を越えて「ナショナル」なレベルに適用可能なコミュニティケアのミニマムを求めているのか、そのところがもう一つ明確ではないように思われるのである。

三浦教授のいわれるように、社会福祉サービスの内容においては「ミニマム」という発想はなじみにくいかもしれない。けれども、その制度的側面についていえば、ミニマムはありうるし、その設定は分権化、地域化を前提にする地域福祉型社会福祉の時代においても、あるいは地域福祉の時代においてこそ重要な意味をもっている。その意味では、コミュニティケア・ミニマムは、なによりも「ナショナル」・コミュニティケア・ミニマムでなければならない。そして、そのミニマムが充足されたうえに、それぞれの地域社会の特殊性に対応するようなサービス・メニューが追加されていく必要がある。社会福祉サービスの分権化・地域化はそのような方向と内容をもつものとして構想され、追求されなければならない。

(4) 「条約」の邦訳には、現在、全国社会福祉協議会・国際社会福祉協議会日本国委員会によるもの、国際連合児童基金（ユニセフ）駐日代表事務所、また国際教育法研究会によるものなどがある。前二者は邦訳が仮りのものであることを明記している。いずれをとっても、訳文には推敲を要すると考えられるような難点も多い。ここではとりあえず、全国社会福祉協議会・国際社会福祉協議会日本国委員会の訳業によることにした。なお、各条文の見出しは訳出の過程において追加されたものであって、原文には存在していない。

(5) この見解は、児童福祉法第二条（児童育成の責任）「国及び地方公共団体は、児童の保護者とともに、児童を心身ともに健やかに育成する責任を負う」に関する解釈というかたちで示されている。すなわち、たとえばこうである。

「保護者とともに」とは、まず第一に、保護者が、その責任を果たすことが経済的な理由や理解不足でうまくゆかず、公の機関に相談し援助を求めた場合に、またそのような理由や、自己の無関心のために児童の健全な育成のできない保護者を発見した場合に保護者みずからにその責任を果たさせるよう努めることを意味し、第二にこのような活動によっても児童の健全な育成のできないときは、保護者にかわって国や地方公共団体が直接児童の保護にあたることを意味する（厚生省児童家庭局編『児童福祉法・母子及び寡婦福祉法・母子保健法・精神薄弱者福祉法の解説』時事通信社　一九八八年　三七～三八ページ）。

この第二条の理解にとって重要なことは、保護者と国（および地方公共団体）の児童養育責任にかんしていずれが第一義的で、いずれが第二義的であるかを争うことではない。問題なのは、相談機関（国および地方公共団体）が「保護者みずからにその責任を果たさせるよう努める」段階の以前と以後において、とりわけ以後において、いかなる援助を、どのような方法によって、どの程度の期間、提供したかということであり、またいかなる状況をもって「このような活動によっても児童の健全な育成のできないとき」と判断するのか、ということである。

　これからの児童福祉サービスにとって肝要なことは、保護者の自助的養育努力を鼓舞し、その限界が露呈された段階においてはじめて国（および地方公共団体）が保護者にかわって養育機能を代替するというのではなく、保護者の養育困難が表面化する以前の段階から保護者の育児責任の遂行を援助することに重点をおくような予防的な施策を重視した施策体系に児童福祉サービスの体系を組み換えていくことである。すなわち、これからの児童福祉サービスにとって重要なことは、保護者の努力が限界に達してのち、その養育機能を代替する代替的サービスから予防的促進的サービスに、その比重を可及的速やかに移行させることである。新しい児童福祉理念の構築という視点からみても、施策の有効性・効率性という視点からみても、すでに喫緊の課題としてその転換が求められているのである。

第2章

児童福祉体系再編成の課題

第1節　国、地方自治体および保護者の児童養育責任

1　責任分担関係の再構成

児童福祉法第二条の「児童養育の責任」に関する規定は、児童養育の第一義的責任は保護者にあり、国および地方自治体の責任は第二義的であると解するのが行政解釈である。(1) この解釈は、児童福祉法制定後しばらくのあいだの、入所施設中心の児童福祉行政が展開されていた時期においてはともかく、こんにちではすでに現実的妥当性を喪失してしまっている。こんにちにおける児童と家族の生活実態、地域社会や経済社会の動向を前提にすれば、児童養育の第一義的責任はむしろ国および地方自治体にあると解するのが妥当であろう。ただし、このように児童福祉法第二条についての解釈が変更されたとしても、それはただちに国や地方自治体にたいして事実的行為としての児童養育を全面的に引き受けることを求めるものではない。

保護者の監護教育の権利は、これを市民法的権利としての側面において捉えれば、十二分に尊重されなければならない。公権力が直接、無原則的に私的領域としての家族の生活に関与、介入することは、厳に慎まれなければならない。しかしながら、監護教育権を社会権の側面において把握し、国による生存権保障に先行する私的な生活保障システムの法的な表現として理解するならば、逆に、国および地方自治体は、かたちのうえのみならず内容的にも、保護者による監護教育権の行使を確実かつ十分なものとするため、必要とみなされるあらゆる措置を講じることが求められることになろう。これらの措置のなかには、経済的生活の保障および身体・精神的な事実的養育の保障、保護者をはじめとする成人による虐待、親権の濫用にたいする人身と人権の擁護が含まれる。とくに、虐待、施設入退所に関わる親権の濫用については、国や地方自治体によるより積極的な介入を可能とするような権限の強化とそのための枠組が用意されてしかるべきで

ある。

このように、児童福祉法第二条の「児童養育の責任」に関する原理は、児童と保護者にたいして義務としての自助的扶養を強制する原理としてではなく、児童と保護者にたいしその権利としての自立的生活を維持していくための前提となる諸条件を保障するための原理として、再構成されなければならない。そして、そのような第二条の再構成から引きだされる保護者と国および地方自治体それぞれの児童養育責任についての理解は、おのずとこれまでのそれとは異なったものになろう。

2 保護者の責任

保護者は、親権者であると否とに関わらず、市民法的な秩序のなかでは、児童にたいする第一義的な養育の義務を負うとする見解は、それ自体としては妥当なものである。保護者は、児童にたいして経済的のみならず身体的、人格的などその全領域について、最適な生活、そして発達の条件を準備し、提供する責務を負わなければならない。監護教育権の不作為や懲戒権の濫用による虐待、自己の利益や享楽のための児童の心身にたいする嗜虐的行為などは厳に慎まれなければならず、そのような行為のある保護者は児童の自己の身体および人格の保持、不可侵にたいする基本的権利を侵害する存在として適切な社会的規制や治療の対象とみなされなければならない。

この種の問題についての、社会の認識や対応は、これまで必ずしも十分なものではなかったように思われる。

つぎに、保護者には、児童の福祉に関わる問題について、関係機関にたいして積極的に援助を求める義務が課せられるべきである。児童福祉法は、その第三〇条第三項で、保護者に、経済的理由のために児童をそのもとにおいて養育しがたい状況に陥った場合には、児童相談所、福祉事務所、児童福祉司、児童委員に相談することを義務づけている。この規定は、経済的に危機的状況にある場合のみならず、児童の養育の全般にわたってその監護教育の責任を全うしえない状況に直面した場合においても、拡大して適用されてしかるべきである。

もとより、この関係機関への相談の義務づけは、保護者の監護教育権を制限するものではなく、むしろ保護者による監護教育権の行使を援助するための措置として位置づけられるべきものである。

3　市町村・都道府県の責務

生活保護法のように法令上に明示されているわけではないが、福祉サービス諸立法もまた憲法第二五条第一項にいう生存権の規定および同第二項にいう国の責務についての規定を前提とするものである。従来児童福祉をはじめとして、福祉サービスは、まず国の責任に帰属すべき事務として位置づけられ、しかるのちにその事務の執行が都道府県知事や市町村長にたいして委任されるというかたちで実施されてきた。それは、福祉サービスにたいする最終的な責任は国にあるとしても、実際の事務は国民、すなわち児童、高齢者、障害者などの生活にもっとも近く、その生活実態をもっともよく掌握しうる立場にある都道府県知事や市町村長に委ねるのが適切だとする理由にもとづいていた。

このように、国と地方自治体との責任の分担関係についての考えかたは、国の最終的責任を前提としながらも、その実施の過程においては基本的には地方自治体の存在とその意義を尊重するというものであった。しかしながら、この考えかたは、戦後福祉国家体制の整備が進み、福祉国家の一側面である行政国家化が進行していくなかで、中央集権主義と官僚主義の潮流にのみこまれてしまい、三割自治ともいわれるように地方自治体の役割はきわめて限定的なものになってしまった。

こうした経緯からいえば、近年の福祉改革のなかで社会福祉における地方分権化や脱規制化が追求されてきたことは、高く評価されてよい。しかしながら、この分権化や脱規制化は老人福祉や身体障害者福祉の領域を中心に推進されてきたといっても過言ではない。児童福祉、母子及び寡婦福祉、精神薄弱者福祉の領域では、ややそれとは異なった結果となっているのである。そのことについては、以下の行論のなかで繰り返し取り上げることになる。

さて、ここで、これからの議論の前提として明らかにしておきたいことは、社会福祉における分権化の意味である。分権化は、まず第一には、福祉改革のなかで、社会福祉の実施に関する権限が、国から都道府県、都道府県からさらに市町村へと、より下位の統治団体に委譲されてきたという事実に関わっている。第二に、分権化には、権限の単なる下方委譲ではなく、その一方において地方自治体の権限、すなわち自治の範囲を多少とも拡大するような措置が含まれている。要するに、分権化のねらいは、社会福祉に関する権限とその配分関係を、国民の生活実態にもっとも近いところにあり、かつもっとも基礎的な自治＝統治の単位である市町村を中心に再構成しようとするものといえよう。

すなわち、社会福祉に関して市町村に求められる責務は、国から委任された事務の単なる執行団体としてのそれではなく、まさに住民自治＝統治の基礎的な単位として、実質的にはそれに固有の公共事務の一環としての社会福祉に率先して取り組む、ということでなければならない。市町村は、このたびの福祉改革によって、社会福祉に関する事務をそれに固有の公共事務の重要な一環として位置づけ、地域住民としての児童、母子、父子、高齢者、障害者などの生活を、その量の側面だけでなく、質の側面においても、最高限度の水準にまで引き上げ、維持していくことに総力を尽くすよう要請されたのである。市町村の責務は、一言にしていえば、社会福祉に関して市町村がそれぞれの計画と方法によってそのコミュニティ・マキシマムを達成することにある。

これにたいして、都道府県の責務は、国との調整を前提に、①都道府県の水準における社会福祉に関する総合的計画の策定、②施策や制度の運用に関する規則の策定や調整、③市町村間の利害の調整および格差の是正、④市町村にたいする助言や援助、⑤市町村に属さない施策や市町村の能力を超える施策の実施、⑥費用の調達と支弁、などを引き受けることである。都道府県の責務は、従来と異なって、直接的、実務的なサービス供給事務から、間接的、政策的なそれに、徐々に移行していくことになろう。

老人福祉や身体障害者福祉の領域だけでなく、児童福祉の領域においても、このような分権化の方向と内容、そしてその結果としてうまれてくる都道府県と市町村とのあいだの事務配分関係の変化を前提にしながら、供給体制のあり方に関して、総合的、かつ全面的な再検討がなされなければならない。

4　国の責務

国の責務は、総論的にいえば、児童の養育に最終的な責任をになうものとして、(1)保護者による自律的な児童養育を実現するに必要な所得、住宅、地域生活環境施設など、いわば生活インフラストラクチャー的な生活環境基盤的な諸条件を整備するに必要とされる諸施策を策定すること、(2)保護者による児童養育が部分的ないし全面的に困難に陥ったり、より高度の知識や技術を必要とするようになった場合に、これに即応しうるだけの、必要にして十分な施設設備や職員等を確保するための諸施策を策定すること、(3)これらの諸施策の実施に必要な費用を調達し、支出すること、などである。

より具体的には、①全国的な水準における児童福祉計画の策定、②施策や制度の運用に関するガイドラインの策定や調整、③都道府県間の利害の調整ならびに格差の是正、④都道府県にたいする助言や援助、⑤都道府県に属さない施策や都道府県の能力を超える施策の実施、⑥費用の調達と負担、などが国に求められる責務である。

福祉改革の一環として一九八六（昭和六一）年に行われた法改正によって、生活保護に関する事務およびごく一部の福祉サービスに関わる事務を除いて、従来の機関委任事務が大幅に団体（委任）事務に改められた。従来の都道府県知事や市町村長にたいする機関委任事務は、都道府県知事や市町村長が国の機関として、国の事務を実施するということであり、国はこの経路を通じて行われる都道府県や市にたいする援助、指導助言、監督というかたちで福祉サービスの実務と密接に関わってきた。このたびの福祉改革にともない、国はこの実務的責務から解放されたことになり、今後は政策官庁としての機能の拡充が期待されるところである。

ところで、いま一つの、そして地域福祉型の社会福祉という福祉サービスのこれからのあり方に照らしてもっとも重要な国の責務は、福祉サービスに関するナショナル・ミニマムの確立である。いうまでもなく、ここにいうナショナル・ミニマムの確立は、全国的に画一的、定型的な福祉サービスを提供するということではない。そうした方向でナショナル・ミニマムを設定しようとすることは、過度の中央集権的な行政関与や官僚主義を排除しようとする福祉改革の趣旨にもとることになる。

しかしながら、他方において、福祉サービスの分権化が合理的かつ許容の範囲を超えて市町村間の格差をうみ、それが分権化の名前によって放置され、追認されるような事態がうみだされるとすれば、ことは重大である。同じ国民である児童、高齢者、障害者が、福祉サービスの享受に関して、その居住する都道府県、さらには市町村によって著しく均衡を欠くような状況におかれるとすれば、それは憲法およびそれを前提とする福祉関係立法の無差別平等の理念にも著しく抵触するものといわなければならない。国は、そのような事態のうまれることを防止するために、地方自治体の実施する福祉サービスに関するガイドラインを設定し、それを維持するに必要な財政的援助その他の手段を動員しながら、福祉サービスにおけるナショナル・ミニマムの設定とその維持に努めなければならない。これは、まさしく、国に固有の、他に委譲することの許されない重要な責務である。

5 児童福祉サービスにおける「公」・「私」の関係

ところで、よく知られているように、福祉改革の過程において、福祉サービスの供給主体、「公」と「民」、あるいは「私」について、それぞれの役割や両者の関係のあり方が議論の課題になってきた。こんにちにおいても議論のゆくえは必ずしも明確ではなく、不透明な部分が残されている。ここではそれをとりあえず**図1**のように整理しておこう。

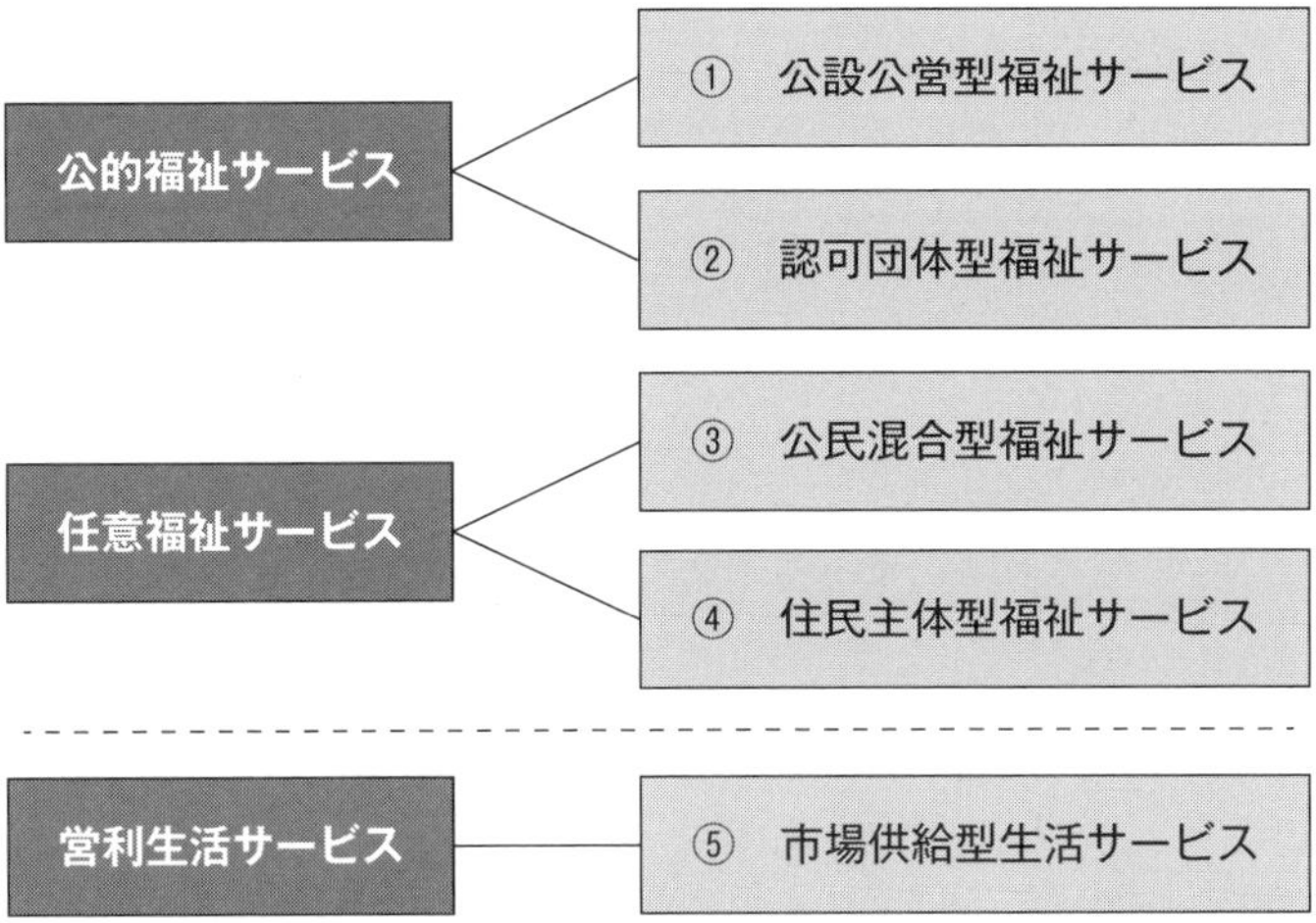

図１　福祉サービスの供給主体別分類　　古川孝順　作成

1 福祉サービスの供給主体別分類

(1) 公的福祉サービス

公的福祉サービスとは、社会福祉に関する法令に依拠して供給される福祉サービスであり、①公設公営型福祉サービス、②認可団体型福祉サービスから構成されている。より具体的にいえば、①公設公営型福祉サービスは、国、都道府県、市町村の直営事業として供給されている福祉サービスである。②認可団体型福祉サービスは、社会福祉法人その他の法人によって供給されている福祉サービスである。[(2)]

公的福祉サービスは、換言すれば法令にもとづく（スタテュートリィな）福祉サービスであり、もっとも公共的な性格の強い福祉サービスである。社会福祉法人による福祉サービス、すなわち認可団体型福祉サービスは、慣例的にはその主体が国や地方自治体という公的（政府）機関ではないという意味で民間福祉サービスともよばれるが、ここではそれが提供する福祉サービスの内容が法令にもとづく福祉サービスであるという側面に留意して、公的福祉サービスとして分類する。

(2) 任意福祉サービス

任意福祉サービスとは、社会福祉に関する法令に依拠せず、いわゆる第3セクター方式あるいは民間組織をベースにして供給される福祉サービスである。これは、さらに③公民混合型福祉サービスと④住民主体型福祉サービスに分類することができる。公民混合型福祉サービスの典型は、いわゆる福祉公社型の福祉サービスである。ただし、この類型で活発な活動がみられるのは老人福祉や身体障害者福祉の領域であり、児童福祉サービスの領域では、これまでのところこれに該当する供給機関はみあたらない。住民主体型福祉サービスは、当事者団体、互助団体、生活協同組合、農業協同組合などによる福祉サービスである。この類型においても、もっとも活発な動きがみられるのは老人福祉や身体障害者福祉の領域であり、児童福祉の領域では一部に先駆的な例がみられる程度である。

(3) 営利生活サービス

具体的には、ベビーホテルやベビーシッター事業などの、いわゆるチャイルド・ビジネスである。営利（型）福祉サービスあるいは市場（型）福祉サービスという用語もみられるが、ここではあえて営利生活サービスとよぶことにする。たしかに、ベビーホテルやベビーシッター事業などの提供するサービスのなかには、外見的にみて福祉サービスに類似する生活サービスが含まれている。しかしながら、それらは、基本的、本質的には、生活サービス「商品」であり、福祉サービスとは明確に区別されるべきものである。

周知のように、理論的にはともかく、実態的には、営利生活サービスはすでに相当の事業規模に達しており、多くの人びとがこれを活用している。児童の人権、生活、発達にたいするその影響はすでに無視しえない状況にある。それが結果としてであれ、ベビーホテルやベビーシッター事業を児童福祉サービスに類縁する事業として法的に認知することはたしかに適切ではない。しかしながら、その実態はすでに法的規制の一層の強化を必要とする段階に達していると思われる。

2 「公」「私」の役割分担と福祉ニーズとの対応関係

福祉サービスにおける公私役割関係については、行財政改革主導の福祉改革の議論のなかでは、「公」の部分をできるだけ縮小し、「民」さらには「私」の活力を活用すべきだとする指摘がなされてきた。しかも、「私」の活用という場合にもその実態は、ここでの分類にいう任意福祉サービスの活用ではなく、市場経済の場で供給される営利生活サービスの拡大を意味していた。

しかしながら、かりに営利生活サービスが量的に一層拡大し、質的にも多様な商品を供給することに成功したとしても、そのことによって公的福祉サービスの必要性が縮減するわけではない。将来、生活サービス商品が市場を通じて不断に供給されるという状況が出現したとしても、すべての人びとが市場を通じて必要な生活サービスを確保できるわけではない。個人や家族のもつ特有の属性や環境的条件によって市場を通じて必要な生活サービスのすべてを獲得しえない人びとはこれからも存在しつづけるであろうし、市場もまた多様な個人や家族の生活ニーズのすべてに対応する生活サービスをつねに最良の質と適正な価格において供給しうるというわけではない。公的福祉サービスや任意福祉サービスにたいする需要は存続しつづけざるをえないのである。

こうして、「公」—「民」関係論（あるいは「公」—「私」関係論）の争点は、公的福祉サービス、任意福祉サービス、そして営利生活サービスの位置関係をどのように設定するかという問題にしぼられてくる。さらに煎じ詰めていえば、問題の核心は、公的福祉サービスの守備範囲、換言すればその性格をどのように設定するかということにある。

そのことについては、これまでに大別して二通りの考え方が提起されてきているように思われる。第一には、公的福祉サービスの守備範囲を貧困低所得階層（たとえば、生活保護受給世帯ならびに住民税・所得税非課税世帯）に限定し、それ以外の一般階層については任意福祉サービスや営利生活サービスの活用を予定するという見解である。つぎに、第二には、公的福祉サービスの守備範囲を、生活ニーズのなかでも基礎的なニーズを充足することに限定し、拡張的あるいは選択的ニーズの充足については任意福祉サービスや営利生活サービスの活用を予定するという見解である。

ここにいう三通りの生活ニーズのうち、基礎的ニーズとは、児童や家族が一般的文化的な最低限度の生活を維持していくうえでその充足が必要不可欠な要件となるようなニーズである。拡張的ニーズとは、家族の非定型的、特殊的な生活ニーズに対応するためにその充足が必要となるようなニーズである。選択的ニーズは、拡張的ニーズの範囲を超えて、もっぱら生活のゆとりや快適さを追求するうえでその充足が求められるような生活ニーズである。たとえば、保育に関わる生活ニーズでいえば、一般の保育、乳児保育、早朝や夕刻の時間外保育などにたいするニーズは基礎的ニーズであり、深夜保育、ショートステイ保育、昼間の一時預かり保育などにたいするニーズは拡張的ニーズ、ベビーシッターなどの訪問保育にたいするニーズは選択的ニーズに分類することができる。

さて、さきほどの第一の見解は、伝統的な救貧法的、抑制的な発想であり、時代の趨勢に逆行するものといわなければならない。こんにちでは、公的福祉サービスは国民の生存権の保障をめざす政策の一環に位置するものであり、その利用は国民一般に開放されてしかるべきものである。実際、現実問題として、家族や地域社会が急激に変貌するなかで、福祉ニーズは貧困低所得階層というかぎられた階層を越えて、一般階層に普遍化あるいは一般化し、しかも多様化、高度化してきている。現代社会における生活環境や生活様式の顕著な変化、それらを背景とする児童問題や高齢者問題の動向をみれば、福祉ニーズの普遍化、多様化、高度化はもはや自明というべき傾向である。第一の見解は、もはやそのような福祉ニーズの実態に適合しうるものではない。

第二の見解についても、基礎的、拡張的、選択的ニーズの範囲をいかに設定するかなど、それなりに論ずべき問題は多い。しかしながら、こんにちの福祉ニーズの動向や国民の福祉意識の動向などを考慮すれば、現実的な選択としてはこの第二の見解に落ち着かざるをえないであろう。

このような生活ニーズ理解を前提に、供給主体別に福祉サービスと生活ニーズの類型を相互に関連づけたものが**図2**である。公共的な性格をもつ公的福祉サービスおよび任意福祉サービスのうち、公的福祉サービスが対応するのは福祉ニー

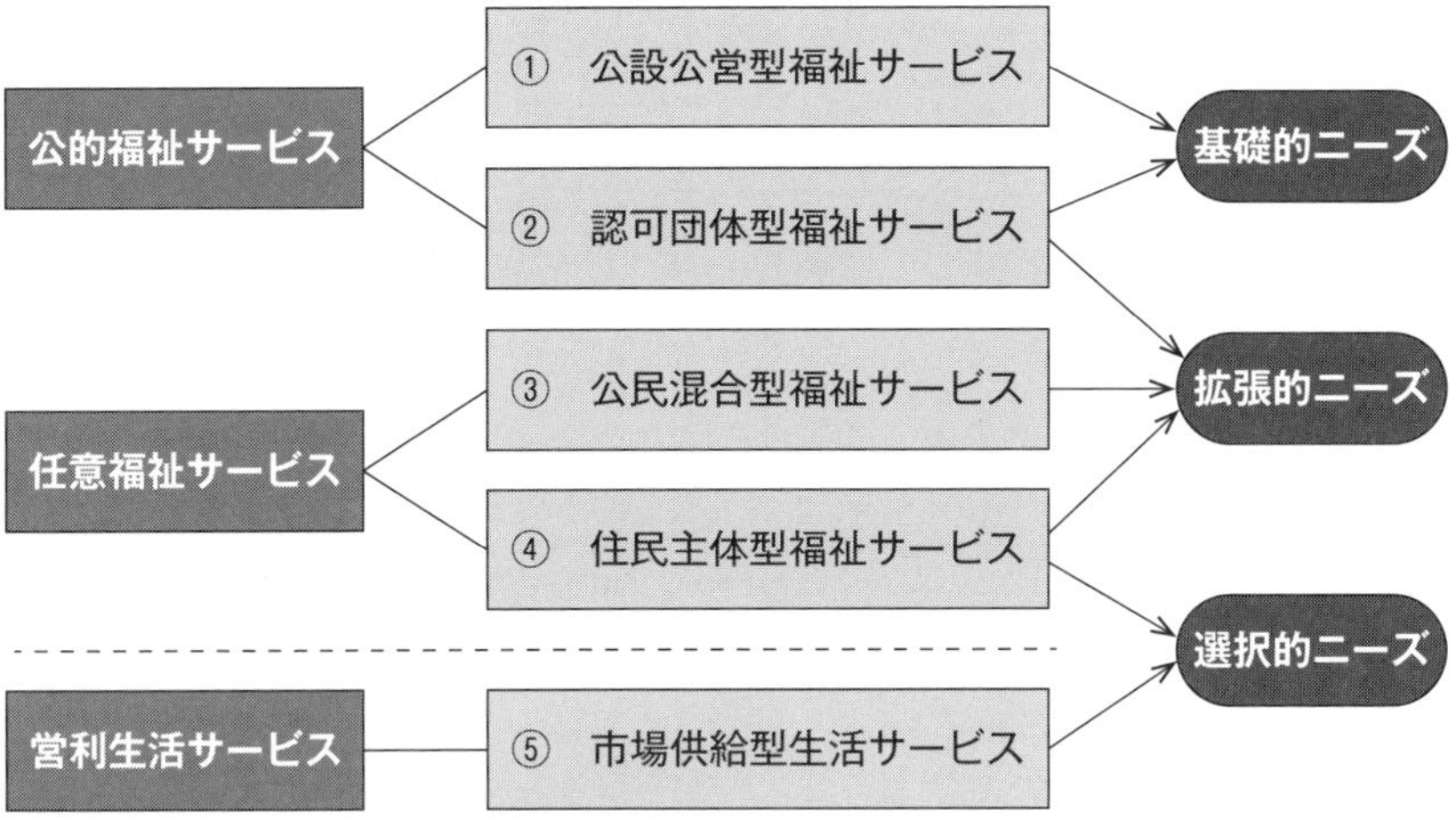

図２　福祉サービスの供給主体別分類と福祉ニーズ　古川孝順　作成

ズの前提に存在する生活ニーズのなかでも主に基礎的ニーズであり、任意福祉サービスが対応するのは主に拡張的ニーズである。営利生活サービスは、主に選択的ニーズに対応する。ただし、公的福祉サービスのなかでも認可団体型福祉サービスは、一部では拡張的ニーズに対応し、任意福祉サービスは部分的には選択的ニーズにも対応する。営利生活サービスは選択的ニーズにのみ対応する。

よく知られているように、現実にはベビーホテル業やベビーシッター業などの営利生活サービスが対応している生活ニーズのなかに、公的福祉サービスのメニューの櫛の歯から落ちこぼれているような基礎的ニーズが含まれている。そのような生活ニーズは、もともと公的福祉サービスや任意福祉サービスの拡充によって充足されるべきものである。公的福祉サービスや任意福祉サービスが拡充されれば、営利生活サービスにたいする需要はおのずと減少するものと考えられる。

3　公的責任と供給体制

従来、公的責任をめぐる議論には、公的責任と公設公営型のサービスの供給、つまり都道府県や市町村の直営方式によるサービスの供給とを同一視する傾向がみうけられた。たしかに、福祉サービスにおける公共性をそのマキシマムにおいて確保するということになれば、その最終的な型態は公設公営型福祉サービスということになろう。そのことに異論があるわけではない。しかしながら、現実態をみると、公設公営型にも限界がないわけではない。運営における柔軟性の確保、提供されるサービスの質の維持、援助過程における創意工夫、アフターケアなどという側面では認可団体型福祉サービスや任意福祉サービスに及ばないようなところもでてきている。

福祉ニーズの普遍化、多様化、高度化という近年の傾向を考えれば、営造物については地方自治体が準備し、専門職員の確保や専門的援助過程の運営については実績のある民間の社会福祉法人などに委託するという、いわゆる公設民営型供給システムの活用も、安上がり福祉行政にたいする歯止めをきちんとかけるという留保条件をつけていえば、これからは一層促進されてよい方式であろう。公設公営型福祉サービスにとっても、供給過程の質的向上、効率的経営の確保は重要な課題である。

すなわち、これからの福祉サービスのあり方を考えれば、公的責任の意義も、それを公設公営型サービスの供給に限定することなく、公設公営型福祉サービスを中心にしながらも、そのときどきの福祉ニーズにたいして十分に対応していけるだけの公的福祉サービスと任意福祉サービスをその総量において確保することにたいする責任として、これを理解することが必要になってこよう。

第2節　児童福祉サービスをめぐる事務の分担関係

1　機関委任事務の団体（委任）事務化

一九八六（昭和六一）年の法改正によって、従来都道府県知事や市町村長にたいする機関委任事務とされてきた児童福祉施設にたいする入所措置の権限が都道府県や市町村にたいする団体（委任）事務に移管された。いうまでもなく、実質的には法が改正された以後においても地方自治体の長が措置権を行使する。その事実に変わるところはない。しかしながら、行政組織論的にいえば、機関委任事務方式のもとにおける都道府県知事や市町村長は、地方自治体の首長としてではなく、国の機関として措置の権限を行使してきた。これにたいして、機関委任事務が団体（委任）事務に移行されたのちにおいては、地方自治体の首長は、当該地方自治体の行政（統治＝自治）に責任を負うべきものとしての権限にもとづいて、措置権を行使することになる。その分だけ、地方自治体の首長として行使しうる裁量権の範囲が拡大したことになる。また、これに関連して、自治体の実情を考慮した、相対的に独自の条例を制定するという経路を通じて、地方議会が社会福祉の施策に関与する余地も開かれてきた。いずれも、社会福祉における地方分権化を制度的に担保する措置である。

このような地方自治体の権限の拡大は、それぞれの地域の実態に即応した児童福祉サービスの展開を可能にしていくうえで重要な意味をもっている。たとえば、保育所の入所基準については、従来は国が基準を設定し、それがそのまま適用されてきた。けれども、一九八六（昭和六一）年の法改正を契機に、国の基準はガイドラインとしての性格をもつものに改革され、それぞれの市町村は、このガイドラインの許容する範囲で、独自に、市町村の実情に応じた基準を設定できるようになった。

これからの児童福祉サービスがより一層地域の実情に即応したものとして発展させられていくためには、市町村の権限の拡大がさらに広い範囲に及ぶことが期待される。しかしながら、このような権限の拡大は、積極的な方向だけでなく、ときには消極的な方向にも作用する可能性をあわせもっている。国基準のガイドライン化による選択の幅の拡大は、理念的、理論的には地方自治体による上乗せ的ないし横だし的な部分を含む、より高い水準における基準の設定を可能にする。しかしながら、それは同時に、財政状況というこれまた地方自治体の実情に規定されて、より低い水準での基準設定を許容する方向にも道を開くことになるからである。現実の問題として、すでにそのような消極的な方向に作用する例がうまれてきている。裁量範囲の拡大がこうしたより低位の、あるいはより厳格で、抑制的な基準の選択という期待されざる結果に陥ることを防止するためには、地方自治体職員および住民の意識改革、財政的基盤にたいするテコ入れなど積極的な措置が講じられなければならない。

2　児童福祉サービスにおける都道府県と市町村の権限配分

一九八六（昭和六一）年および一九九〇（平成二）年の二度にわたる法改正によって、老人福祉サービスや身体障害者福祉サービスの領域では、ホームヘルプ・サービス、ショートステイ・サービスならびにデイ・サービスを柱とする在宅福祉サービスだけでなく、入所型社会福祉施設にたいする入所措置権限についても、完全に市町村に移行されることになった。これにたいして、児童福祉サービスの領域では、主要な入所型児童福祉施設の措置権限は従来通り都道府県の水準にとどめられた。

児童福祉サービスの中核的な存在である児童福祉施設のなかで、利用施設である児童厚生施設を除いた一三種類の施設のうち、入所措置の権限が完全に市町村に委任されているのは従来通り保育所だけである。助産施設と母子寮にたいする入所措置の権限は、都道府県、市および福祉事務所を設置する町村に委任され、残りの施設の入所措置権限はいずれも都道府県に委任されたままである。

そして、そのことに関連して、児童福祉サービスの領域では、在宅福祉サービスについてもその利用決定の権限が市町村に委任されたのは、いわゆる地域福祉の三本柱のうちでも、ホームヘルプ・サービスとデイ・サービスだけである。入所型施設を利用するショートステイ・サービスに関わる措置権限は、都道府県にとどめられたままである。

措置権限の所在がこのような内容に落ち着いた理由については、①児童は、高齢者や身体障害者に比較し、異議申立てや苦情申立ての能力に欠けるだけでなく、②福祉ニーズの内容からしてその解決・緩和にはより高度の専門的資質をもつ職員および施設設備が必要なこと、さらには、③児童福祉施設には地域立地型の施設より広域立地型の施設が多く、市町村を中心とした運用にそぐわないこと、④児童福祉サービスの中心的相談・援助機関である児童相談所が都道府県（指定都市）によって設置され、かつ都道府県（指定都市）から入所措置権限の委任をうけていること、また⑤福祉事務所に比較して児童相談所の設置数も限られ、一県一カ所という地方自治体もみうけられること、などが考えられる。

しかしながら、これらの想定されうる理由のうち、①、②、③は必ずしも児童福祉サービスの領域においてとくに問題になる制約事項というわけではない。

まず、①利用者による不同意や異議の申立て、利益の確保に関する諸問題、別の観点からいえば、福祉サービス利用者の人身の保護、あるいは人権の擁護に関わるような諸問題は、児童福祉サービスの領域だけでなく、精神薄弱者福祉サービスや老人福祉サービスの領域においても同様に懸案事項となっている。一部では、そのための専門的機関の設置も提案されている。したがって、児童福祉サービスの領域においてだけ、この種の制約が自治体のどの水準に措置権限を帰属させるべきかという問題に直接的に関わりをもってくるとは考え難いであろう。

つぎに、②専門的職員や施設設備の確保の問題であるが、これについてはたしかに市町村よりも都道府県のほうが有利であるように思われる。しかしながら、それとて、ある程度の時間をかければ、市町村で不可能ということではないであろう。少なくとも、一定の規模と行政の能力をもつ市であれば、現状においても必要な職員と施設設備を確保することはそれほど困難なことではないはずである。

③の施設の立地条件についても①の場合と同様である。個々の市町村が自己の圏域内の児童福祉ニーズを処理するために、その管轄区域内にすべての種別にわたって児童福祉施設を確保するということは、たとえそれが理想的なかたちであるにしても、まず実現の不可能な議論である。しかしながら、この種の制約は、老人福祉サービスや身体障害者福祉サービスの領域においても決して例外ではない。市町村をベースにする福祉サービスが円滑に運用されていくためには、一部事務組合方式の導入などを含め供給体制に関する新たな工夫が必要である。

3　市町村の権限拡大と児童相談所の機能

事柄の核心は、④の児童相談所が都道府県によって設置され、都道府県の児童福祉施設にたいする入所措置権が児童相談所の長に委任されていること、そして⑤児童相談所の設置数そのものが限定されていること、に関わっているように思われる。

都道府県の入所措置権限を市町村に移行することを前提にしたうえで④の難点を克服するには、端的にいえば、つぎのような方策が考えられる。第一の解決策は、現在都道府県（指定都市）に義務づけられている児童相談所の設置を市町村に義務づけるように改めることである。第二の解決策としては、児童相談所は現状にとどめ、従来通り都道府県の設置としながら、その児童相談所にたいして市町村が措置権限を委任するという形態が考えられる。しかし、おそらく、この第一案、第二案ともに、現実的な解決策とはいえないであろう。

まず第一案であるが、現状で一七〇カ所ほどの児童相談所を三二〇〇を越える市町村に一挙に設置するなどということは、財政的にみても、専門的職員の確保という側面からみても、とうてい考えられることではない。また、現実的な問題として市町村における福祉ニーズとの見合いで実際にそれだけの児童相談所の設置が必要かどうかについても議論が必要であろう。つぎに、第二案は市町村に委任された入所措置の権限を都道府県の設置する児童相談所の長に委任するというかたちとなり、行政の仕組みとしてそれがなじむかどうか若干疑問が残る。

そこで、第三の解決策は、都道府県（指定都市）についてのみ義務づけられている児童相談所の設置を都道府県（指定都市）のみならず市にたいしても義務づけ、町村については任意設置に改め、さらに市町村による措置権限の行使と児童相談所の相談援助機能とを分離することである。

実際問題として、将来的に、児童福祉サービスの領域においても市町村による在宅福祉サービスが中心になっていくということになれば、児童福祉施設にたいする措置権限も早晩、市町村に移行されざるをえないであろう。在宅福祉サービスのなかでもショートステイに関わる利用の決定権だけが都道府県に帰属するというのでは、市町村をベースとする児童福祉サービスのあり方として一貫性を欠く恐れがあるだけでなく、サービスの迅速な供給に支障をきたすというような事態も十分に起こりうるからである。

措置入所（利用）権限と児童相談所の機能に関連して早急に検討されるべき課題は、第一には、児童福祉サービスに関わる措置（利用）決定権限を全面的に市町村に委譲するとともに、各市町村に児童福祉司を設置し、児童相談所に協力と援助を求めることを前提に、在宅福祉サービスと施設福祉サービスに関する業務を一元的に運営管理することができるように、現行の制度を大幅に改めることである。第二に、指定都市以外の市にたいしても設置義務が課されることを前提に、都道府県の児童相談所にも現行通り児童福祉司を設置し、児童相談所を設置しない町村に設置される児童福祉司との協業と分業にもとづき、児童福祉サービスの円滑な運用がはかられるように、現行制度を改めることである。

こうした二通りの改革が実施されることによってはじめて、児童福祉サービスにおける地方分権化はより実質的なものになるものと考えられる。また、児童相談所についても、この改革を契機に、その裾野を広げ、同時により高度に専門的な相談・指導・治療の機関として発展していくことが期待されうるであろう。

4　社会福祉行政の一元性・一貫性の確保

一九九〇（平成二）年の法改正の内容が所定のように実施されれば、児童福祉行政は二通りの、一貫性を欠くことにもなりかねないような難題を抱え込むことになる。その第一は、児童福祉サービスの内部で在宅福祉サービスと施設福祉サービスとの一元性、一貫性、総合性をいかにして確保するか、という問題である。これについては、すでに一部について検討を試みたところである。

第二は、児童福祉行政とそれ以外の社会福祉行政の分野との一元性、一貫性、総合性をいかにして確保するかという問題である。すでに再三指摘してきたように、社会福祉サービスのなかでも老人福祉サービスや身体障害者福祉サービスの領域については、徹底して市町村を中心とする地域福祉型の福祉サービスに移行することが予定されている。これにたいして、児童福祉サービス、母子及び寡婦福祉サービス、さらに精神薄弱者福祉サービスの領域では、都道府県中心の現行供給体制がそのまま維持されることになった。いま、そのような不均衡そのことについて論じる余裕はないが、しかしこのたびの均衡を欠く改革は、将来少なからず深刻な問題にも発展しかねない。そのような火種を残したように思われる。

いずれにしても、都道府県の水準における社会福祉行政の一貫性を確保するための十二分な配慮が必要である。都道府県は、老人福祉サービスや身体障害者福祉サービスの領域においては、政策官庁に移行することが求められている。しかしながら、児童福祉サービス、母子及び寡婦福祉サービスや精神薄弱者福祉サービスの領域では、引き続き実務官庁であることが求められているのである。この溝を埋める作業は容易なことではないように思われる。最終的な打開の途は、児童福祉サービス、母子及び寡婦福祉サービスおよび精神薄弱者福祉サービスの領域における分権化を一層推進することをおいてほかにはないであろう。

第3節　児童福祉サービスの計画化

1　計画化の必要性

社会福祉の領域において、地域福祉を中心にその計画化が議論の対象になりはじめてからおよそ一五年ほどになる。一九九〇（平成二）年の法改正によって老人福祉および老人保健サービスの領域では、老人福祉計画および老人保健計画が法制化され、それぞれ都道府県ならびに市町村の水準において、策定されることになった。計画化の必要なことは、児童福祉サービスにおいても同様である。最近における児童人口の減少傾向や家族規模の縮小、生活の水準と様式の変化などを考えれば、計画的な対応の必要性は、ある意味で老人福祉サービスの領域以上に、大きいはずである。

1 後追い施策からの脱皮

計画化が必要とされる第一の理由は、後追い施策的な対応からの脱皮をはかるということである。従来、ややもすれば、児童福祉サービスは、道路補修の事業にも似て、問題が起こればそれに対処するという作業を繰り返し、全体を見通して事前に計画をたてるという方法をとってこなかった。新しい制度を創設するにも、いわば道路網全体の完成図を前提にそのあり方を検討するという方法をとらず、児童福祉ニーズの生起した順序や充足要求（＝福祉需要）の強さなどによって、そのつど判断を下し、実施するという方法をとってきた。こうして、その場その場の対応の積み重ねとして拡大してきた児童福祉サービスは、結果的には全体としての均衡を欠き、組織的・体系的というには程遠いものにならざるをえなかった。

2 増分主義からの脱皮

第二の理由は、増分主義からの脱皮をめざすということである。毎年度の予算配分に関連して、前年度の費用にたいして一定の比率を乗じて加算していくという方法を増分主義という。この方法は、事業の全体が均衡をたもち、安定した発展が期待でき、予算増額の原資も十分に存在しているという時期には、ある意味では客観的で、公平な方法だともいえる。けれども、逆に、予算の重点的配分の必要がでてきた場合や原資に限界がある場合には、多くの制約がうまれてくる。また、増分主義は予算対策至上主義の弊害をうみやすい。

3 総合的視点と重点的資源配分

第三に、このような後追い的施策や増分主義の限界を克服するような福祉施策を展開するためには、児童福祉サービスの全体を総合的に展望し、しかも同時に重点的な資源の配分を盛り込んだメリハリの効いた計画的な予算編成を実現していくことが求められる。

4 合意形成の前提条件

そして、最後に、これからの児童福祉サービスは、行政や関係諸団体のみならず、地域社会の住民を含めて、可能な限り広い範囲の関係者相互間に合意の形成がなされたうえで展開されていく必要がある。従来、児童福祉サービスに関わる予算編成の過程においては、一部の利害や地域組織による強い要求などもあり、総合的、長期的な視点に立つ施策の展開が妨げられるという懸念がなかったわけではない。児童福祉サービスの計画化は、そうした要因をできるだけ遠ざけ、広い範囲の合意を形成するうえでも欠くことのできない手続きである。

これからの児童福祉に求められることは、総合的、長期的な観点に立つ計画的なサービスの供給である。その実現には、ただ単に後追い主義や増分主義を克服するだけでなく、施策の優先度の序列化や組み換えなどを含む、単年度主義の枠を越える年次計画の策定を実現し、地域住民を含め、広い範囲の合意と支持を確保する努力が必要である。

2 計画策定の水準

さて、児童福祉計画は、国、都道府県、区市町村、さらに地域住民という三通りの水準において、それぞれ策定される必要がある。(3) 児童福祉サービスの実施の過程において中心となるべき位置にあるのは、いうまでもなく市区町村の計画である。しかし、ここでは、その前提となる諸計画とその課題について、より上位の水準にあるものからとりあげていくことにする。

(1) 児童福祉基本計画

国に期待されることは、およそ一〇年を単位とし、三年ごとの見直しを含む、長・中期的な「児童福祉基本計画」を策定することである。長期的政策目標、年次達成計画、計画達成の方法と手続き、資金調達の方法、マンパワー計画などの策定、ナショナル・ミニマムの設定、都道府県間の調整や格差是正策の策定などが、国の定めるべき「基本計画」の内容となる。

(2) 児童福祉推進計画

都道府県に期待されることは、「児童福祉推進計画」の策定である。ほぼ五年を単位に策定し、二年程度の間隔で見直すことが必要であろう。計画の内容は、都道府県としての基本的政策目標、年次達成計画、達成の方法と手続き、資金調達の方法、マンパワー計画などの策定、リージョナル・ミニマムの設定、市町村間の調整や格差是正策の策定などである。

(3) 地域児童福祉計画

市区町村に期待されることは、「地域児童福祉計画」の策定である。期間は三年間程度を見越して策定し、毎年度見直しを行うことが必要であろう。内容的には、国の「児童福祉基本計画」、都道府県の「児童福祉推進計画」を前提に、市区町村ごとにコミュニティ・マキシマムとしての政策目標、年次計画、達成の方法と手続き、資金調達の方法、マンパワー計画などの策定が求められる。市区町村が児童福祉サービスの実際的な供給責任主体となることを考えれば、「地域児童福祉計画」の要点は、それが日常的な児童福祉サービスの供給過程を視野にいれた、具体的、実際的な計画になっているかどうかということにある。

⑷ 児童福祉地域活動計画

さらに、これからの児童福祉が地域福祉型の在宅福祉サービスを中心とする福祉サービスにその方向を転換させられ、しかも地方分権化や住民参加の拡大によって福祉サービスが地方自治のもっとも重要な課題の一つとして位置づけられるということになれば、その一層の充実のためには行政サイドの「児童福祉基本計画」、「児童福祉推進計画」、「地域児童福祉計画」に加えて、利用者を含む住民参加の児童福祉計画、すなわち「児童福祉地域活動計画」の策定が必要であろう。「活動計画」には、供給サイドの福祉計画にたいして利用者サイドの福祉計画という視点を包摂し、地域社会の水準において両者を調整し、統合するような内容をもつものとなることが期待される。このような「活動計画」は、市町村社会福祉協議会などを中心に、行政、関係機関、社会福祉関係団体、地域団体、地域住民、当事者などの参加をえながら、それぞれの地域社会ごとの実際的な福祉計画としてとりまとめられる必要がある。

児童福祉諸計画のうち「児童福祉地域活動計画」を除いて、「児童福祉基本計画」、「児童福祉推進計画」、「地域児童福祉計画」は、いずれも行政計画として策定される。その限りでは、計画策定の責任は行政庁にあるということになろう。しかしながら、いうまでもないことであるが、その策定の過程においては、それぞれの水準における議会、社会福祉関係団体、当事者団体、民間団体、地域住民などの意見を十分に聴取し、可能な限り広い範囲の合意と支持を獲得しうるだけの手続きと内容をもった計画に練りあげていく努力が求められる。

第4節　審議・連絡調整機関の拡充

1　児童福祉審議会

かつて児童福祉法は、国および都道府県にたいして児童福祉審議会の設置を義務づけ、市町村についてはこれを任意設置としていた。しかし、一九八六（昭和六一）年の法改正によって、都道府県の児童福祉審議会の機能については、都道府県の社会福祉審議会に包摂することができると改められ、こんにちにいたっている。

一九八六（昭和六一）年の法改正は、行政の簡素化をもとめる行政改革の一環として都道府県は独立した機関としての児童福祉審議会を設置せず、その機能を社会福祉審議会に包摂しうるものとした。しかしながら、児童福祉審議会は、その重要性に鑑み、都道府県にたいする設置義務を原状に復帰させるとともに、新たに市町村にも児童福祉審議会の設置を義務づけることが必要である。児童福祉の領域においても市町村の役割がすでに拡大してきており、将来的にはその重要性は一層増大するものと考えられる。都道府県、市町村がそれぞれの水準において児童福祉計画を策定し、計画的な行政を推進していくためには、児童福祉審議会は従来にも増して重要な役割をになわなければならない。

2　児童福祉推進連絡協議会・児童福祉連絡調整委員会

現代社会における家族や児童の生活はますます多様かつ複雑なものになってきている。社会の産業化、都市化とともに地域共同体が解体し、家族の小家族化・核家族化が進行してきたことはよく知られている。こんにちでは、大衆消費社会化、情報化、就労女性の増加、居住環境の変化、価値観の多様化、さらには生活様式の変化などにともない、家族生活の複雑さ、脆弱さが一層増大し、児童福祉サービスにたいするニーズも多様化、高度化し、従来のようにすべてのニーズを児童福祉の内部において独力で充足し、解決をはかることはしだいに困難になり、医療・保健、教育、警察・司法、労働など広い範囲の関連領域との連携ならびに協働が不可欠なものとなってきている。

現状では、児童福祉サービスとこれら関連領域との連携や協働は極めて不十分な状況におかれている。たとえば、青少年の非行問題については、これまでにも児童福祉サービスと教育、あるいは少年警察との連携の必要性がたびたび指摘され、部分的には実施もされてきている。しかしながら、実際には小・中学校は児童の非行をできるだけ内部的に処理しようと試み、その努力が破綻したときにのみ、その一切を児童福祉機関に委ねようとする。他方においては、その内部的な努力もないままに、すぐにも問題児童を少年警察に委ねてしまおうとするような傾向も、しばしばみうけられるところである。おそらく、小・中学校からみれば、児童相談所、児童福祉司、児童委員などの児童福祉サービスのしくみは、少年警察の機構と権能に比較してははなはだしく脆弱で、信をおきがたいようにみえるのであろう。

こうした状況を改善するため、一部の地区では、児童福祉司、児童委員、教育委員会の生活指導主事、生活指導担当教員、さらには警察の少年係などが定期的に会合をもち、連絡調整や事例の検討を試みるということが行われてきている。しかしながら、残念なことには、この先駆的な試みもいまだ十分な成果をあげるにはいたっていない。その理由はさまざまに考えられるが、最大の障壁の一つは、児童福祉と関連領域の連絡調整が、施策や制度を立案企画し運用する水準での調整や合意の形成なしに、いきなり現業の水準で実施されようとしていることにある。後述するように、現業水準でのネットワークは第一義的に重要である。しかし、現状の打開をはかるうえでまず必要なことは、都道府県の水準において、関連する施策や制度間の連携や協働のあり方について審議決定し、かつそれを具体化していくだけの権限をもつ常設の連絡調整機関を設けることである。非行問題など、児童問題の現状は、こうした都道府県水準における組織的でかつ十分な権限をもった連絡調整機関による介入がなければ、もはや改善を望みえない状況にあるといって決して過言ではない。

(1) 都道府県児童福祉推進連絡協議会

都道府県に設置が期待されるのは、「都道府県児童福祉推進連絡協議会（仮称）」である。周知のように、すでに一九八九（平成元）年度から都道府県に「家庭支援総合推進委員会」が設置されはじめている。けれども、この委員会は、家庭支援電話相談（子ども・家庭一一〇番）事業を核にするものであり、機能的にも当該事業に関する連絡・調整の範囲にとどめられている。むしろ、これからは、都道府県の児童福祉推進計画にしたがい、児童福祉問題の全般にわたって関係機関相互の連携・調整のあり方について協議し、それを推進し、具体化していくだけの権限をもつ調整媒介機構が必要なのである。

都道府県児童福祉推進連絡協議会は、児童福祉、医療、保健、教育、警察・司法、労働などの各行政部門、各種専門家、相談機関・施設等関係者ならびに地域住民などを代表する委員をもって構成し、都道府県の水準における児童福祉推進計画、各制度間の連携、連絡調整のあり方、さらには児童福祉の啓蒙活動のあり方などについて審議し、その結果にもとづいて勧告、意見具申などを行うとともに、実際的な調整活動を推進することをもって、その責務とする。「家庭支援総合推進委員会」のこのような方向での再編成が期待されるところである。

(2) 市町村児童福祉連絡調整委員会

市町村にあっては「市町村児童福祉連絡調整委員会（仮称）」を設置する。「市町村児童福祉連絡調整委員会」は児童福祉司、児童委員、児童福祉施設関係者、保健婦、生活指導教員、保護観察官、保護司、警察の少年相談担当者、家庭裁判所調査官、地域住民代表などをもって構成される。「市町村児童福祉連絡調整委員会」の機能は、児童福祉サービスの供給過程に責任を負うという水準で、各制度間の連携、連絡調整のあり方などについて検討し、勧告、意見具申、調整などの実効をともなう活動を推進することにある。すでにこの側面についても、さきの家庭支援総合推進委員会の下部組織として、市町村に「家庭児童問題連絡会議」を設置する方針が示されている。「家庭支援総合推進委員会」の場合と同様に、この「家庭児童問題連絡会議」についてもより実質的な機能と権限をもたせる方向での再編成が期待される。

3　児童養護支援センター

さらに、直接、児童や家庭にたいする処遇・援助活動の水準において、①児童福祉サービスの供給の組織・機関・施設などと利用者（地域住民）とのあいだの媒介調整、および②直接的なサービスの提供に関わって供給組織・機関・施設相互間の連携調整を実施するため、市町村に「児童養護支援センター（仮称）」を設置することが必要である。[(4)]「児童養護支援センター」は、市町村の人口、福祉ニーズの状況など実情に応じて、ほぼ中学校の校区ごとに1カ所を設置する。複数の支援センターを設置する場合には、その一つを「中央児童養護支援センター」とし、それ以外の支援センターにたいする助言、援助、支援センター間の調整にあたらせる。センターには、児童福祉に関連する情報の提供、面接、助言などの専門的業務を担当しうる職員二名以上を配置し、「中央児童養護支援センター」については二四時間の対応を可能にする体制を整備することが望ましい。

このような媒介調整機関の必要性はかなり早い時期から指摘され、具体化の試みもなされてきている。しかし、近年における児童福祉ニーズの多様化と高度化の増進、それに対応する児童福祉サービスの多品目化、細分化、メニュー化の増進によって、利用者のニーズを適切に評価し、それをもっとも適切な福祉サービスの選択に結びつけていく過程を専門的に担当するケース・マネジメント的機関の必要度は一層高まってきているように思われる。さらに、擬制的に申請主義を前提とする供給体制の落とし穴ともいえる「待ちの姿勢」を克服し、福祉ニーズを掘り起こし、潜在的な利用者を福祉サービスのネットにすくいあげていくような供給体制のあり方を実現するためには、育児支援・相談事業の範囲を越えた総合的な媒介調整機関の設置が早急に具体化されなければならない。

「児童養護支援センター」に期待されるのは、つぎのような機能である。

(1) 児童福祉サービスに関する広報・啓蒙活動
(2) 個別的な児童福祉ならびに関連サービスについての情報の提供
(3) 児童福祉ニーズの掘り起こし
(4) 利用者のニーズの評価と児童福祉サービスの選択過程にたいする援助
(5) 児童福祉サービスプラン（援助計画）の策定
(6) 児童福祉サービス提供機関・施設への照会・送致
(7) 利用者の児童福祉サービス利用過程のバックアップとフォローアップ
(8) 関係機関・施設間の調整
(9) 児童福祉サービスに関する苦情・不服申立ての受理と対応
(10) その他、地域住民による児童福祉サービスの利用に資する援助活動

「児童養護支援センター」は、常勤の専門職員のほかに、児童福祉司、児童委員、保健婦、生活指導教員、保護観察官、保護司、警察の少年相談担当者、家庭裁判所調査官、地域住民代表などを含む専門委員をもって構成し、直接的に個々の利用者による児童福祉サービスの利用過程にたいする援助活動を行うことをその基本的な役割とする。

なお、ここにいう「児童養護支援センター」の機能の一部をになう現行機関として、すでにさきの「家庭支援総合推進委員会」に付属する「児童家庭専門家チーム」がある。このチームは都道府県の水準に設置され、高度の専門的な知識や技術をもつ専門家から構成されることになっているが、児童や家族の生活の場から地理的に距離が遠いだけでなく、活動の範囲も限定されている。「児童養護支援センター」は、在宅福祉サービスを中心とする地域福祉型児童福祉に相応しい、

新しい構成と機能をもった機関として設置されることが期待される。

第5節　相談と措置の機関

1　相談と措置の分離

一九九〇（平成二）年の法改正においても児童福祉施設にたいする入所措置権限は、そのかなりの部分が都道府県に残された。これは福祉サービスの分権化として不徹底であるだけでなく、児童福祉サービスは今後都道府県と市町村という二重の供給機構を通じて提供されることになり、効果的・効率的行政の実施、援助過程における一元性・一貫性・総合性の確保という側面で問題を残すことになったといって過言ではない。

すでに指摘しておいたように、このような制度改革の隘路を打開するには、児童相談所は、この際思い切って、相談機能と措置機能とを明確に分離すべきである。そのことは、分権化の徹底、援助過程の一元性や一貫性の確保という観点だけでなく、現行の制度的枠組のなかで窒息状況にある相談機能と措置機能のそれぞれを活性化するということのためにも必要と考えられる。

現行制度のもとでは、児童相談所は相談機関としてというよりも、むしろ措置機関として機能している部分が多い。このような状況は、児童相談所の本来の設置目的に照らして早急に改善されなければならない。

もともと、児童相談所は、児童福祉法の関連規定が示すように、相談、調査・判定、指導ならびに一時保護を行うための機関である。児童相談所は、その創設にあたって、アメリカのチャイルド・ガイダンス・クリニックをモデルにしたといわれるように、本来的には相談指導機関（あるいは臨床機関）として位置づけられている。そのうえで、手続きが煩瑣になることを避け、またできるだけ福祉ニーズの実情を知悉しうる場所で、しかも速やかに状況を把握し、決定を実施に移すことを可能にするという意図で、都道府県（知事）の措置権限が児童相談所長に再委任されてきたのである。児童福祉施設にたいする措置権が市町村に委譲され、現在実質的に児童相談所の機能とされている措置機能と本来的な相談機能とが分離されたとしても、手続き的、事務的にみてやや複雑になるということはあるにせよ、そのことによって特別に制度上の不都合がうまれるということにはならないはずである。むしろ、児童相談所は措置機能を分離することによって、より専門的に高度な相談援助の機関として発展することが期待されうるのである。

2　市町村・福祉事務所・家庭児童相談室の役割

児童福祉サービスの供給体制を市町村を中心とした体制に転換するうえで基本的に必要なことは、児童相談所の設置を都道府県や指定都市以外の市にも義務づけ、さらに町村についても任意に設置することができるように児童福祉法の規定を改め、同時に福祉事務所ならびに家庭児童相談室との連携をこれまで以上に強化し、市町村をベースにする一貫した児童福祉サービスの供給体制をつくりあげていくことである。

児童相談所が都道府県（指定都市を含む）の水準にのみ設置されているという現状を前提にしていえば、福祉事務所の児童福祉サービスに関わる機能の格段の強化がはかられなければならない。一九九〇（平成二）年の法改正によって、児童居宅生活支援事業の実施主体は市町村とされ、市町村はそれに関わる措置（利用決定）権限の一部または全部を当該市町村の設置する福祉事務所の長に委任できることになったからである。

これに加えて、福祉事務所の児童福祉サービスに関わる機能を強化するためには、家庭児童相談室の拡充・改革が重要になる。児童居宅生活支援事業に関わる事務を福祉事務所の従来業務の延長線上に位置づけるか、それとも新たにそのための部門を設置するのか、あるいはまた家庭児童相談室の業務として追加することになるのかということが、当面の重要な検討の課題となろう。

市および福祉事務所を設置する町村においては、児童福祉サービスに関する機能を強化するため、福祉事務所に児童福祉司を設置することが必要である。また、家庭児童相談室についても、家庭相談員を常勤に改め、その機能を格段に強化することが必要である。将来的には、児童福祉司を中心に家庭児童相談室を改組し、福祉事務所の児童福祉部門としてある程度の自律性をもたせることも考えられてよい方策である。

福祉事務所を設置しない町村については、町村に児童福祉司を設置し、児童福祉サービスに関する業務を専門的に統括・掌理させることが必要である。

いずれの場合にも、在宅福祉サービスに関する事務、とりわけ利用の審査・決定を行うにあたっては、市はその設置する児童相談所の、児童相談所を設置しない町村は都道府県の設置する児童相談所の、それぞれ助言と協力をうけて執行することが求められる。

3　児童相談機能の拡張と組織化

近年、既存の児童福祉施設のなかで、その本来的な機能を拡張ないし延長した福祉サービスとして、一般の児童や家族を対象にする相談機能をもつ施設が増加してきている。児童センターおよび市に設置されている「児童館による子ども家庭相談事業」、「保育所等による乳幼児健全育成事業」、「すこやかテレホン事業」などがその例である。地域社会や家族の変化にともなう育児知識・技術の継承や育児経験の不足が不幸な結果を招くことも多く、児童福祉施設がその本来の機能を拡張し、活用するかたちで相談機能をもつことは適切な試みである。

しかしながら、個々の児童福祉施設が個別に相談事業を拡張してみても、その内容にはおのずから限界があるように思われる。育児知識や経験の世代的な伝達が不足し、育児が必ずしも適切に行われていないという事実は、現代における児童問題の動向と特徴を象徴するような問題である。育児相談機能の拡大は十分に意義のあることである。けれども、育児相談の内容は電話で悩みを聞き、その場で助言を試みるだけですませられる、というものばかりではない。実際には、その背後に相当に深刻な問題が隠されていることが多いのである。そのような事例については、児童福祉施設の種別によっては、もっぱら施設本来機能の拡張として行われる児童相談で対応するには限界もあり、さらに別なかたちでの専門的な援助も必要となってくる。

こんにちの高度かつ多様な福祉ニーズに対応するためには、児童福祉施設の実施する相談事業の全体を掌握し、相互の連携や調整を促進するとともに、相談事業を実施する各種児童福祉施設にたいして、専門的、技術的な援助を提供するための連携組織(ネットワーク)が必要となってくる。これまで、そうした役割は児童相談所に期待されてきた。しかしながら、率直にいって全国で約一七〇カ所、県によっては一カ所のみという現状では、児童相談所に児童福祉施設による児童相談ネットワークを組織し、その核になるような活動を期待することは困難であるように思われる。児童相談所と個々の相談活動を実施する児童福祉施設との距離が地理的にも社会的にも遠すぎることが多いからである。また、児童相談所を中心に組織化がなされても、ハブ的な関係にとどまり、相談機能が市町村の水準で面として展開されることにはなりにくいように思われる。こんにち、その実現が期待されているのは、市町村水準の地域社会において、面として展開される児童相談のネットワークである。

地域社会のなかで児童相談のネットワークをつくりあげ、相互に協力し援助しあっていく中心的な機関としては、さきに検討しておいた市町村の「児童養護支援センター」をもってあてるのがもっとも適切だと考えられる。この市町村の「児童養護支援センター」を中心に児童相談ネットワークが構築運営されるとき、それぞれの市町村に立地する児童福祉施設が児童相談機能をもつという試みも、施設と地域社会の双方にとってより実りの多いものとなろう。

4　都道府県児童相談所の役割

都道府県に設置される児童相談所は、すでに繰り返し指摘してきたように、措置機能を明確に分離し、より高度で、専門的な相談援助の機関として、その将来を展望するべきである。

将来、市にたいして児童相談所の設置が義務づけられ、さらに町村についても任意設置の措置がとられたとしても、都道府県に設置された児童相談所の役割が縮減するわけではない。まず、財政規模その他の事情からみて、児童相談所を設置する町村はごく限られた数にならざるをえないとみられる。したがって、都道府県の児童相談所にはそのような町村に専門的、技術的な援助を提供したり、市の設置する児童相談所にたいして高度に専門的、技術的な援助を提供するという、これまでにない新たな役割と機能が求められることになろう。さらに、これに加えて、市町村の設置する児童相談所において十分な援助を提供することの難しい、重度の障害児童、非行児童、多問題家族などにたいする援助は、都道府県児童相談所に期待される固有の責務となる。市町村をベースとする児童福祉サービスが実現した段階では、都道府県の設置する児童相談所は、市町村児童相談所にたいするセンター的、専門病院的な機能を果たすことになり、その責務と役割はこんにち以上に大きなものとなるはずである。

第6節　施設体系・機能の再編成

1　在宅福祉サービスの拡充と入所施設の機能転換

伝統的に施設福祉サービスを中心にしてきた児童福祉サービスも、ここ一五年間を通じて在宅福祉サービスを中心とした新しいサービス体系に転換することが求められてきた。しかしながら、この転換は、従来の児童福祉施設体系に適宜在宅福祉サービスを追加することによって可能になるというものではない。それと同時に、施設福祉（入所施設）サービスの側の転換がなければ、在宅福祉サービスを中心にする新しいタイプの社会福祉としての地域福祉型社会福祉の体系を構築することは不可能である。施設福祉（入所施設）サービスの側になお一層の自己改革の努力が必要である。

入所施設の自己変革については二通りの方向で、その先行例がみられる。第一の方向は、施設の本来的機能の高度専門化と、それを背景に通過施設化をはかるという方向である。第二の方向は、施設の本来的機能を横だし的に拡張しながら、在宅福祉サービスとの連携融合化を追求するという方向である。

第一の方向に関連して、近年、施設機能の特化、高度専門化に成功している入所施設では、利用者の在所期間が短縮する傾向にあるといわれる。通過施設化への第一歩がはじまっているといってよい。入所施設の提供するサービスの高度専門化と在所期間短縮にたいするなお一層の努力が求められる。第二の方向は、短期入所部門の設置やデイ・サービス部門の付設などにみられる。たとえば、一部の養護施設による夜間一時養護の設置、通所施設である保育所を核にする一時的保育事業（保育センター）の実施などは、この類型に属する。現在、入所施設をはじめとする既存施設の自己変革の努力は、主要にはこの第二の方向に向けられているようである。

入所施設の自己変革には、一方においてそれを支える在宅福祉サービスの拡充がともなわなければならない。受け皿の準備されていない入所施設サービスの縮減は新たな問題をうみだしかねない。アメリカにおけるホームレス問題はその好例である。児童は、通常、高齢者や障害者よりもさらに自立的生活を維持するに必要な能力＝生活管理能力を欠く存在である。施設入所を回避し、居宅での生活維持を可能にするような在宅福祉サービス側での格別の充実がはかられることがなければ、地域福祉型児童福祉サービスへの転換は容易にはその成果を達成しえないであろう。

2　分類処遇主義の克服

周知のように、現在、児童福祉法は、児童福祉施設として一四種類の施設を規定している。これ以外にも、通達による施設として、肢体不自由児療護施設、自閉症児施設などが設置されている。これらの施設は、必ずしも、体系的な分類にもとづき、順を追って設置されてきたというものではない。

児童福祉法制定当初から設定されていた九施設、すなわち助産施設、母子寮、乳児院、保育所、児童厚生施設、養護施設、精神薄弱児施設、療育施設、教護院のうち、まず療育施設が盲ろうあ児施設、虚弱児施設、肢体不自由児施設として発展的に解体分化させられた。つぎに、そこに精神薄弱児通園施設、情緒障害児短期治療施設、重症心身障害児施設が追加され、一九六七（昭和四二）年以後、こんにちの一四種別に落ち着いている。通達による施設の追加はその後のことである。

児童福祉施設の種別が分化した経緯は、理論的ないし理念的というよりは、どちらかといえば現実的、実際的な理由によるものであった。しかしながら、それでもその分化の過程には、明らかに混合処遇から分類処遇への移行、すなわち児童の福祉ニーズや属性による施設の専門分化の方向を児童福祉処遇の進歩とみる観点が含まれていた。

けれども、この児童福祉施設の専門分化は新たな課題をうみだしてきた。児童福祉ニーズの実態は、必ずしも既存の児童福祉施設のいずれかに適合するような、単一な内容のものばかりではない。いずれの施設種別にも適合しないような、あるいは複数の施設種別にまたがるような福祉ニーズをもつ児童がみられるようになってきた。自閉症児施設は前者の事例に対応する施設であり、肢体不自由児療護施設は後者の分類処遇の限界を乗り越えようとする努力のなかからうみだされてきた施設である。

いずれにせよ、児童福祉ニーズの変化とともに、一方においてより高次に専門的な援助を提供する援助方法の一部分として分類処遇の枠組を残しながら、同時に他方では新しい意味での混合処遇＝統合処遇を実施できるような方向において既存施設の体系を再編成することが強く求められている。

現行の児童福祉施設については、まずこれをゆるやかに、①育成系施設、②療育系施設、③養護系施設に再編成することが望ましい。そのうえで、それぞれの系列の内部において、現行施設の種別を越えて複数の機能をもつ複合的ないし総合的施設の設置を可能にするように、枠組を改革することが必要である。①育成系施設には保育所、児童厚生施設が、②療育系施設には虚弱児施設、盲ろうあ児施設、精神薄弱児施設、精神薄弱児通園施設、肢体不自由児施設、重症心身障害児施設が、③養護系施設には乳児院、養護施設、情緒障害児短期治療施設、教護院が、それぞれ含まれる。助産施設や母子寮については、その位置づけについて別途検討することが必要であろう。

3　施設の地域社会化

社会福祉の地方分権化と地域化が具体化していくにつれて、また社会福祉施設の急速な増加が地域社会にたいして与えるインパクトが社会的な関心を惹起する機会が増加するにつれて、改めて社会福祉施設と地域社会との関係のあり方が問われてきている。

かつて、この課題は「施設社会化」論として検討された経緯があるが、こんにちの施設危険視（あるいは入所者危険視）傾向や迷惑施設扱いを含む社会福祉施設と地域社会との関係を社会福祉施設の側から、啓蒙主義的、一面的に把握し、園庭や体育館の利用を地域社会に開放し、理解を求めるという施設社会化論の延長線上の枠組で把握し、分析するということには明らかに無理がみられる。社会福祉施設と地域社会との関係は、密接に相互規定的な関係にあり、そのようなものとして把握されなければならない。このような社会福祉施設—地域社会関係の把握方法は、別の観点からいえば社会福祉施設を地域社会にとって不可欠の生活インフラストラクチャー（生活環境基盤）として位置づけようとするものである。

社会福祉施設には、保育所のように、施設利用者の分布が施設の立地する地域社会の圏域とほぼ重なりあう小地域立地型の施設と、教護院のように両者がほとんど重なり合わない広地域立地型の施設とが存在している。当然、小地域立地型と広地域立地型とでは、その施設と地域社会との関係は異なったものになってくる。基本的には、脱施設化論的な観点に立ち、施設の規模を縮小しながら、児童福祉施設を小地域立地型に変更していくことが望ましい。しかしながら、この方向がとりにくい広地域立地型施設の場合には、小地域立地型とは別の方法によって、地域社会との関係を積極的に構築し、拡大していく工夫が必要である。

4　施設機能の拡張＝多機能化と複合施設化

いかにして地域社会のニーズに応え、地域社会とのあいだに良好で、積極的な関係をつくりあげていくかということは、こんにちの社会福祉施設にとって、そのもっとも重要な課題の一つになっている。それは、単なる社会福祉施設生き残りのための戦略戦術というものではなく、社会福祉施設の存在の根拠そのものが、それが立地する地域社会との関係を抜きにしては成り立ちえなくなってきているからである。

こうした状況にたいして、社会福祉施設はさまざまの対応の仕方を試みてきている。地域社会化の第一の類型は、いわば本来機能拡張型である。この類型に属する社会福祉施設では、施設がその本来の機能の一部を拡張し、あるいは施設の営造物や設備を活用しながら周辺的な機能を新たに追加するというかたちで、施設の地域社会化を試みてきている。

地域社会化の第二の類型は、地域機能摂取型である。この類型に属する社会福祉施設においては、施設本来の機能のほかに、地域社会のなかの生活環境基盤整備ニーズに対応するような機能を新たに摂取追加するという試みを通じて、社会福祉施設の地域社会化が試みられている。

第一の類型が施設機能の拡張、すなわちその多機能化による施設の地域社会内展開というかたちでの地域社会化策であるとすれば、第二の類型は逆に地域社会機能の施設内摂取、すなわち複合施設化というかたちをとる地域社会化策だといってよい。障害児施設を供給基地とするデイ・サービスや短期入所サービスの導入、保育所による保育センター事業の展開は前者の例である。それにたいして、施設の一部に地域住民の利用を前提とする談話室や集会室を付設するのは後者の例である。

本来機能拡張型と地域機能摂取型とでは地域社会化の方向が異なっている。しかし、社会福祉の地域化、すなわち地域福祉型社会福祉を促進していくためには、在宅福祉サービスの拡充とともに、施設の地域社会化が不可欠の要件である。今後一層、行政による援助や助成が必要な分野である。

5　コミュニティ・ホームと専門施設——施設体系の重層化

施設の多機能化や複合施設化は、既存の児童福祉施設の地域化を促進していくための重要な自己変革の方向であり、一層その可能性が追求されなければならない。けれども、いずれの方向にも限界があり、既存児童福祉施設の地域化とは別に、第三の方向を模索することも必要である。地域社会には多様な福祉ニーズが存在している。既存の施設機能を軸にする多機能化や複合施設化がそれなりの成果をあげえたとしても、そのことによって地域社会の多様な福祉ニーズのすべてが充足されるというわけではない。逆に、既存施設の多機能化や複合施設化がある限度を越えれば、個々の児童福祉施設がその本来の機能、すなわちそこで蓄積してきた援助の知識や技術を見失ってしまうというような事態も起こりかねないのである。

そうした事態を回避するためには、既存の児童福祉施設を多機能化し、複合施設化するということだけではなく、児童福祉施設を地域社会の福祉ニーズに即応し、応急的に対応するコミュニティ・ホーム型施設と特定の福祉ニーズに選択的に、しかしながら専門的、中・長期的に対応していく専門施設型施設とに分離し、施設体系の垂直的重層化をはかるという方向も追求されてよいことである。

コミュニティ・ホームは、地域社会のなかで児童や家族の生活にもっとも近接した施設として位置づけられる。専門施設は、そのようなコミュニティ・ホームの存在を前提に、専門的なサービスを提供することを目的として設置される施設である。既存の施設は、将来的にはこれら二種類の施設のいずれかに分化することになろうが、その分化と分化後の施設配置を適正なものにするには、いうまでもなく市町村および都道府県水準における児童福祉サービスの全体的、総合的な計画化の推進が前提的な条件となる。

6　高齢児対策の拡充

児童福祉施設再編成のいまひとつの課題は、高齢児対策である。こんにちの児童福祉サービスは、四通りの意味で高齢児対策を必要としている。第一は、養護施設や教護院で義務教育を終了し、そのまま施設から高校に進学し、通学する高齢児にたいする対策である。第二は、養護施設や教護院で義務教育を終了し、施設を退園して就職した高齢児にたいする対策である。第三には、満二〇歳を超えて障害児施設に在籍する障害者にたいする対策である。第四に、一般青少年の健全育成に関する施策である。

これらの高齢児にたいする施策は、従来の児童福祉サービスの関心が義務教育の終了年次である中学三年生を上限に設定するという傾向にあったこともあって、現在その充実がもっとも立ち遅れている領域である。高齢児にたいする福祉サービスは、既存の施設や設備を前提に処遇の期間だけを延長するというだけでは対応が困難な領域であり、ハード的にもソフト的にも従来にない新しい施策のあり方が追求されなければならない。

7　児童養護支援ネットワーク

児童福祉サービスの地域化が推進されるには、公的福祉サービスの充実はいうまでもないとして、さらに非営利民間団体や地域住民の参加が不可欠である。とくに、育児の知識や経験の欠落する若い母親の増加、母子家族や父子家族の増加に対応するためには、昼間のみならず夜間においても育児の相談にのり、一時的な手助けを提供してくれるような地域住民を巻き込むかたちでの児童養護支援ネットワークの構築が必要とされる。

児童養護支援ネットワークは、民生・児童委員その他のボランティアなど広く地域住民の参加をえて組織化されるべきである。しかしながら、夜間における支援サービスの提供といった事態を考えれば、地域内の入所型施設や、その職員の積極的な参加を確保しうるかどうかが、児童養護支援ネットワークの成否を分ける鍵となろう。

児童養護支援ネットワークの育成を側面から援助する活動には、行政による財政的その他の後援あるいは助成策と同時に、行政と地域社会との接点にある市町村社会福祉協議会のリーダシップが強く期待される。

第7節　措置基準・最低基準の再検討

1　措置・利用基準の地域化

一九九〇（平成二）年の法改正にともなう児童福祉の分権化の推進によって、施設福祉サービスや在宅福祉サービスの措置や利用に関わる決定・措置の権限が地方自治体に委任されることになった。国が措置・利用のガイドラインを設定し、実際的、具体的な措置・利用を決定する細目は地方自治体に委ねられ、都道府県や市町村がその実情に応じて裁量するという方向が明確になった。

この方向は基本的に評価されてよい。けれども、つぎの二点についての留意が必要である。第一には、国はガイドラインを設定するにあたって、それを原則的基本的な水準と範囲にとどめるべきだということである。逆にいえば、地方自治体が地域の実情に応じて基準の細目を決定できる余地を十分に残しておくべきだということである。そうでなければ、機関委任事務を団体（委任）事務に移行した意味が見失われてしまうことにもなりかねないであろう。すでに、国のガイドラインが微細にわたりすぎ、地方自治体の設定する基準に地方自治体の実情を反映させるだけの余地がほとんど残されていないという指摘もみうけられるところである。

第二に、地方自治体は、それぞれの地域の実情に応じた基準を設定するにあたって、コミュニティ・マキシマムの実現を目指すべきだということである。地方自治体によって設定された保育所入所の入所基準などをみる限り、国のガイドラインよりもむしろ基準が厳格になる傾向もみうけられる。入所基準のあり方は利用者の範囲を規制し、当該地方自治体の財政的負担の大きさを決定する。財政的負担能力の小さな地方自治体では、入所や利用の基準が当該地域の福祉ニーズをめぐる諸条件よりもむしろ財政の状況に強く影響されるということも十分に考えられることである。

こうした地方分権化のいわば逆機能的な結果を回避するためには、一部の財政負担能力の低い地方自治体について国の財政的援助を確保するとともに、場合によっては地方自治体の職員、さらには地域住民について、社会福祉にたいする意識の変革をはかるよう改めて強く働きかけることも必要となってこよう。

2 脱規制化と最低基準

措置あるいは利用の基準と同様に、児童福祉施設最低基準についてもその緩和、簡素化の必要性が指摘されている。地域の実情にあった施設の設置や運用に途を開くべきだとする議論である。

児童福祉施設最低基準は、施設の規模、すなわち定員別に施設設立に必要な敷地面積、建物の規模、職員の種類と数、施設設備の内容などを規定している。このため、これまでにもたびたび、小規模な自治体では、最低基準の設定する施設の最小規模をもってしても地域の実情とかけ離れており、結果的に児童福祉施設の設置が制約されてしまうという事実が指摘されてきた。

端的にいえば、児童福祉施設最低基準の緩和・簡素化や再検討が求められるようになったことの背景にあるのは、施設ごとに設定されている定員規模が多様な特性をもつ地域の実情に必ずしも適合していないという批判である。たとえば、最小規模をもってしても当該地域の福祉ニーズにたいして過大にすぎ、そのことが施設の設置を妨げているという指摘である。たしかに、それぞれの地域社会の福祉ニーズの実情にきめこまかく対応していくためには、施設規模の最小限をさらに引き下げるなど、部分的には最低基準を緩和するような措置も必要であろう。

しかしながら、児童福祉施設最低基準は、つぎにとりあげる措置（費）制度とともに、実質的にはわが国の児童福祉サービスのナショナル・ミニマムを維持してきた施策的装置の重要な一部分を構成している。この観点からいえば、最低基準の緩和・簡素化には十分に慎重でなければならないであろう。とくに、戦後四〇年間を通じて、最低基準が最低基準としてではなく、実態的には常に最高基準として機能してきたことを考えれば、最低基準の緩和・簡素化の取り扱いについては十分に慎重であってこれに過ぎるということはないように思われる。

第8節　措置と措置委託費制度

福祉改革が議論される過程において、措置（費）制度もたびたび俎上にとりあげられ、一部においては「措置から利用へ」というかたちで、その撤廃を主張するようなむきもみうけられた。

わが国の社会福祉の根幹に位置する措置（費）制度について、ここで改めて検討を加えておくことにしたい。(5)

1　措置（費）制度問題の構造

措置（費）制度は、社会福祉の行財政の根幹に関わる制度であり、それだけに議論は多岐にわたり、ときには議論の混乱もあったように思われる。

従来の措置（費）制度をめぐる議論には、大別するだけでも、①措置制度とその運用に関する議論、②措置の対象が事実上貧困・低所得階層に限定されていることに関する議論、③措置委託（費）制度とその運用に関する議論、④措置（委託）費の水準や構成に関する議論、⑤措置機関のあり方に関する議論などが含まれている。これまでの議論では、これらの論点が必ずしも十分に整理されていなかったように思われる。

1 措置制度とその運用

措置制度とは、公的福祉サービスの供給に際して、措置機関の実施する、利用者のニーズの認知（申請・通告の受理、職権による認知）からその評価（調査・判定、審査）、ニーズに適合するサービスの選定と供給の決定、さらにはサービス提供機関・施設にたいする通知あるいは送致にいたるまでの手続きを意味している。

この制度には、措置が（A）福祉サービスの利用を国民による福祉サービス享受権の直接的な行使としてではなく、行政庁の決定にもとづく反射的利益の享受として位置づけられるという解釈を前提に成り立っていること、（B）措置の決定過程に利用申請者が関与する余地がなく、決定の結果にたいする不服申立ての制度が十分整備されていないことなど、総じて利用申請者の権利保障が不十分であるという重大な難点が含まれている。そして、この難点は、措置制度の運営のしかたが官僚的であればそれだけ、利用申請者にとって不安や苦痛、さらにはサービス享受権の制限などの具体的な不利益をもたらす要因になっているのである。

たしかに、措置制度は、措置の実施機関が自己の設定する基準にもとづいてその利用者を選別し、福祉サービス供給の範囲を制限するメカニズムである。しかしながら、それは同時に、措置の実施機関が利用申請者にたいして公的福祉サービスの提供を約束し、福祉サービス享受権の確保を保障するという効果をうみだす制度でもある。しかも、措置の決定は国や地方自治体の公費、すなわち措置費の支出を約束する。この後者の側面からいえば、措置制度は国や地方自治体の児童福祉サービスにたいする公的責任を担保し、具体化するための制度として位置づけることができる。

2 措置制度と措置対象の制限

公的福祉サービスの利用については、原則的、基本的には、利用申請者の経済的な状況のいかんに関わりなく、そのニーズについての判定にのみもとづいて供給の適否が決定される。これが公的福祉サービスが供給される場合の原則となっている。しかしながら、現実には、公的福祉サービスの供給には、明らかにそれが貧困・低所得階層に制限されるという傾向がみうけられる。それは、公的福祉サービスが公的扶助の一部分として萌芽し、そのなかから分離・発展してきたという、その沿革的、歴史的な背景にも関わる問題である。

措置制度に関する批判のなかには、この側面に向けられたものが多い。たとえば、公的福祉サービスは、措置制度によってその利用が貧困・低所得階層に制限されており、そのため一般階層の福祉ニーズに柔軟に対応しえなくなっているといわれる。実際問題としていえば、たしかにこの批判は妥当なものといえる。しかしながら、必ずしもその原因は措置制度そのものにあるわけでない。

公的福祉サービスの利用が貧困・低所得階層に制約されてきたのは、それが公的扶助と連動させられながら運用されてきたということの結果であるにすぎない。措置制度そのものと、実際の措置が貧困・低所得階層を中心に行われてきた事実とは、論理的には別個の問題として処理されなければならない。措置制度が導入されたがために公的福祉サービスの利用が貧困・低所得階層に制限されたというわけではない。逆に措置という制度を利用して公的福祉サービス供給の範囲が狭く限定されてきたともいいうるのである。

公的福祉サービスの利用の範囲を限定してきたものは措置制度それ自体ではない。むしろ、それは財政的事情と制度運用の背後にある価値意識に由来する制約である。伝統的にみて公的福祉サービスのために配分される予算が抑制されつづけてきたことが、措置制度をもっぱらその利用を引き締めるためのメカニズムとして機能させてきたのである。逆にいえば、国民や政府の価値意識が変化し、それを支える国民的合意が形成され、公的福祉サービスにたいする予算が大幅に増額されうるという状況がうまれてくれば、それが現実的であるかどうかを別にしていえば、措置制度をそのままのかたちで残しながら、公的福祉サービスの供給を一般階層に幅広く開放するということは十分に可能なはずである。

2　措置委託（費）制度の制約と効用

措置委託（費）制度は、戦後福祉改革の過程において、民間施設の経営に補助金を交付し、かつ民間施設を活用するために、便宜的に創設された制度である。

この制度によって、措置権者である地方自治体は、要保護児童を民間施設に委託することが可能になり、民間施設にたいしては委託後の児童の保護に必要な費用（措置委託費）が支給されることになった。そして、それとともに、公金の支出をうける民間施設の経営は公の支配、すなわち国および地方自治体の監督指導のもとに置かれることになった。

1　措置委託（費）制度の制約

措置委託（費）制度については、これまでさまざまに批判がなされてきた。第一に、この措置委託（費）制度によって一部民間施設の経営は、その自主性、独自性を喪失し、ほとんど公設公営型施設に等しい状態におかれてきた。民間施設は、独自の財源をもつことがほとんどなく、もっぱら措置費のみによって経営されるようになった。第二に、民間施設には形式的には自由契約による児童の受け入れが認められてきたとはいえ、実質的には措置児童のみを受け入れる施設として経営されることになった。第三に、措置委託（費）制度の制約によって、民間施設は入所児童の選択が事実上不可能になり、利用者も施設を選択することができなくなった。第四に、民間施設は措置児童を受け入れ、措置委託費の交付をうけるためには、児童福祉施設最低基準を充足していなければならず、措置権者による施設の監督指導は経営のみならず児童の処遇内容にも及ぶことになった。第五に、措置委託費が生活保護制度の保護基準に連動させられてきたために、民間施設における処遇の水準は長らく低位の水準に押しとどめられてきた。第六に、措置委託費の費目構成および運用に柔軟性が認められず、職員や入所児童の実態に応じた待遇や処遇を実施することが著しく困難であった。

表1　福祉ニーズと措置＝利用制度　　古川孝順　作成

ニーズの種類	決定の仕組み	事業の種類
基礎的ニーズ	措置制度	法律措置事業
拡張的ニーズ	利用制度	補助金／単独事業
選択的ニーズ	自由契約	任意事業

2 措置委託（費）制度の効用

このような措置委託（費）制度にたいする批判のなかには妥当な部分も少なくない。それらについては早期の改善が必要である。けれども、これら措置委託（費）制度の欠点とされるもののなかには、構造的というよりは運用上の問題というべきものも多い。それだけではない。むしろこの措置委託（費）制度こそが、戦後社会福祉の発展をその根幹において支えてきたともいいうるのである。

措置委託（費）制度の効用は、第一には、わが国の社会福祉施設の過半をしめる民間施設の経営を安定させ、ひいてはそのような民間施設に依存する部分の多いわが国の社会福祉の基盤を安定させたことである。第二に、措置委託（費）制度は、民間施設にたいして経済的基盤を担保することによって、高度成長期における福祉ニーズの爆発に対応する社会福祉施設の緊急整備を可能にした。第三に、措置委託（費）制度は、社会福祉施設最低基準とともに、事実上わが国の福祉サービスのなかにナショナル・ミニマムを設定し、それを維持するという機能を果たしてきたこと、などである。

このような措置委託（費）制度の功罪をみれば、とられるべき改革の方向は、いわれるように単純に措置委託（費）制度を廃止して「措置から利用へ」転換するということではない。むしろ、いま必要なことは、措置委託（費）制度を中核に残しながら、すでに一部予算措置方式で導入されてきているような利用制度の運用を一層緩和するなどの改善によって、全体としての措置・利用の仕組みに弾力性をもたせる方向で、改革の実際的な具体化をめざすことであろう。

3 措置＝利用制度の弾力化

措置＝利用制度を弾力化するにあたっての基本原則は、第一には、子どもや家族の基礎的ニーズにたいしては従来通り措置（費）制度を前提とする法律措置方式によって対応するということである。第二には、拡張的ニーズや選択的ニーズの一部については利用制度を前提に、国の補助金に依拠する予算措置方式や都道府県あるいは市町村による単独事業方式によってこれに対応するということである。第三には、選択的ニーズについては自由契約による対応の余地を開くということである。

このような福祉ニーズと措置＝利用制度との関係を簡潔に図示すれば**表1**のようになる。**表1**にみるような福祉ニーズの種類と福祉サービス提供＝利用決定の仕組みとの対応関係を具体化するためには、さらに二つの前提条件を充足しておくことが必要である。第一には、利用制度のあり方である。現行制度にみられる利用制度の運用のしかたは、実質的には措置制度とほとんど変わるところがない。拡張的ニーズに対応するには、申請意思の重視、審査決定の場所と権限をできるだけ利用者の接近しやすい機関に設定すること、審査決定に必要な期間の短縮、サービスの非定型的・部分的な利用を容認することなど、利用の基準や手続きについてなお一層緩和することが望ましい。第二には、児童福祉施設、なかでも民間児童福祉施設にたいして、本来の法律措置方式を前提とする事業とともに、追加的な補助金付単独事業、さらには任意の事業を自由に実施しうる余地を幅広く認める方向での改革が必要である。

3 利用者サイドの供給体制

すでに明らかなように、措置（費）制度の限界とされてきた問題の多くは、措置（費）制度それ自体の問題というよりも、そのことを含めて児童福祉サービスの供給体制がおしなべて供給者サイドの視点から構成されているという事実に起因しているといって過言ではない。換言すれば、措置（費）制度の限界といわれるものの多くは、供給体制を利用者の利益の擁護という観点から組み換えていくことによって克服することが可能なはずである。

従来の、ややもすれば供給者サイドの供給体制になりがちであった児童福祉サービスの供給体制を利用者サイドのそれに組み換えていくために必要とされる観点は、とりあえず以下の六点に集約することができる。

第一に、供給体制の運営原則を擬制的な申請主義と通告主義を前提とする「待ちの供給体制」から、積極的に福祉ニーズを発見し、掘り起こしながら福祉サービスの提供に結びつける「攻めの供給体制」、すなわち「アウトリーチ戦略（利用促進戦略）」に転換することである。申請主義は戦前の職権主義的、家父長主義的対応の欠点を克服するために導入されたものであり、利用者の自発的な利用申請意思を尊重するということでは、重要な改善を意味した。しかしながら、それは一面において申請主義の名のもとに「待ちの姿勢」をうみだしてくる結果になっている。近年の家族や地域共同体社会の変化、さらには生活様式の急激な変化とともに、児童福祉ニーズが家族だけでなく近隣社会にも認知されず、潜在化したままで深刻化するという傾向がみうけられ、供給体制の側に積極的な「攻めの姿勢」への転換が求められているのである。

第二に、児童福祉サービスの供給機関、なかでも利用申請の窓口をできるだけ利用者の生活に接近したところに設定し、利用者のアクセスにより便利なように利用の過程＝手続きを再編成する必要がある。その意味でも、入所施設を中心にする児童福祉サービスの利用手続きを都道府県の水準に、換言すれば全国に一七〇カ所、県によっては一カ所しか設置されていない児童相談所に、従来通りに委ねるということこのたびの改革措置については、疑問を残さざるをえないのである。利用者のアクセスという観点からいえば、児童相談所と福祉事務所との関係、福祉事務所とその内部機構である家庭児童相談室との関係、児童相談所と家庭児童相談室との関係、児童相談所や福祉事務所と首長部局の在宅福祉サービス窓口処理との関係など、早急な調整が必要である。

利用者によるアクセスの過程を改善するには、窓口を住民の生活に近いところに設定するだけではなく、同時に提供＝

利用に関する決定の権限をできるだけ第一線の機関に委譲することが必要である。最終的な決定に時間がかかり、臨機応変の対応ができないようでは、多様化し高度化する地域住民の福祉ニーズに適切に対応することは不可能であろう。とりわけ、利用申請の窓口対応については、定型的な執務時間以外の時間についても、十分な対応がなされうるような供給体制に整備することがいますぐにも必要である。

第三に、現行の児童福祉サービスの供給体制については、利用者の福祉サービス享受権の保障を確実なものにするような制度の見直しと改善を行うことが必要である。まず、申請の受理から利用の可否についての決定がなされるまでの時間を短縮し、その期間を明示することが必要である。児童相談所その他の機関において待機期間が無原則的に延引させられているという現状には、早急な改革が必要である。つぎには、不服申立て権の一層の拡大が必要である。また、利用者である児童や保護者の福祉サービスの選択権、具体的にいえば、たとえば入所施設選択に関して児童や保護者の意見表明権を尊重するような手続きの思い切った導入が必要である。さらには、申請のあった地区の内部において求められる児童福祉サービスの供給が不可能な場合には、代替的なサービスの確保について必要な手立てが講じられてしかるべきである。

第四に利用者間にうまれる利害の調整、たとえば児童本人の利益と保護者の思惑とを調整するしくみが必要である。児童福祉サービスにおいては、しばしば入所児童の処遇の方針をめぐって児童の保護者と児童相談所、あるいは施設側の考えかたとのあいだに食い違いがうまれるという状況がみうけられる。周知の、養護施設における中学卒業予定児童、なかでも女子児童の処遇をめぐる保護者の思惑と施設の見解の食い違い、両者の対立がその典型的な事例である。こうした事態がうまれてくることについては、利用の一方の当事者である保護者の思惑に無理のあることが多い。それにもかかわらず、ほとんどの場合、それが本来の利用者である児童の利益に反すると知りながらも保護者の思惑が実現してしまうという結果に終わっている。

このような状況を是正するためには、保護者の申立てが福祉サービスの直接的な利用者である児童の利益に反すると考えられるような場合には、より簡素な手続きによって児童の利益をより積極的に擁護することを可能にするような制度的枠組の整備が必要である。裁定にあたって弁護士、精神医学、心理学、社会福祉などの専門家からなるチームによる審議を前提に、施設利用にあらかじめ期限を設定し、その期間内であれば、施設長にたいして保護者の申入れを退けうるだけの権限を賦与するということも一つの方法であろう。児童の人権を擁護するためにもっと積極的に考えられてよいことである。もとより、現行の制度でも施設入所時に家庭裁判所の承認があれば、措置権者は保護者の意に反して入所の措置をとることができる。この措置がとられている場合には、退所についても同様に家庭裁判所の承認を前提にすべきであろう。

第五に、利用者サイドの供給体制をつくりあげていくためには、児童福祉施設や在宅福祉サービス提供機関の適正な地域内配置が重要である。現在、児童福祉法にいう一四種類の児童福祉施設のなかで、都道府県（指定都市）にたいして実質的にその設置が義務づけられているのは教護院ただ一施設だけである。それ以外の施設は、地方自治体や社会福祉法人などによる任意設置となっている。先般の福祉八法改正において児童福祉法による福祉の措置として改めて位置づけられた在宅福祉サービス（児童居宅介護等事業、児童デイ・サービス事業、児童短期入所事業）についても、その実施が市町村に義務づけられたというわけではない。実施の努力が求められただけである。

こうした状況は、児童福祉サービスに地域間格差をうみだしてくる主要な要因の一つであり、市町村水準における格差の現実は、すでに早急な改善を必要としている。しかしながら、いうまでもなく、すべての市町村が、その圏域の内部において、必要なあらゆる種類の児童福祉施設や在宅福祉サービス提供機関を準備するというようなことは、およそ非現実的な願望である。この限界を補うためには、複数の市町村をとりまとめて事業を実施する一部事務組合方式などによって中間的な圏域で児童福祉施設の適正な配置をはかり、利用の調整をはかるというような発想も必要となってこよう。

児童福祉サービスの計画化は、都道府県や市町村の水準だけでなく、その中間的な水準においても必要なのである。

第9節　費用負担問題

1　受益と負担の不均衡

社会福祉サービスの費用の増大、そして費用負担の問題が政治的、社会的な水準において議論の対象になりだしたのは、オイルショック以降のことであったといってよい。

戦後間もなくの時期から高度成長期までは、社会福祉において費用の負担がとくに問題になるようなことは少なかった。社会福祉サービスの受益者が「恵まれない貧困層や低所得階層」の範囲に限定されていた時代には、施設福祉サービスの供給に関わる費用の負担が社会的な争点になるようなことはほとんどなかったのである。費用の絶対額も少なく、それを一般租税によって賄うことに疑問をもつような人びとは、まずみられなかった。

高度経済成長期においても、それとは理由は異なるにせよ、社会福祉の費用負担が問題になることは少なかった。高度経済成長の時期を通じて福祉サービス費は顕著な拡大をみせた。しかしながら、高度経済成長の結果としてパイ（税収）が拡大している限りは、費用負担の増大が社会的な議論の対象になるようなことにはならなかったからである。けれども、オイルショックを契機に高成長が低成長に転じ、税収の低下が現実化する状態に陥るやいなや地方自治体による「バラマキ福祉」にたいする批判が一斉にはじまり、福祉サービスのコストと費用負担の問題が社会的な争点となった。

社会保障や社会福祉のコストとその負担にたいする強い懸念は、まず財界や政府にはじまった。そして、税収増をめざす税制改革が現実的な話題になってくると、国民のあいだにも社会福祉による受益と費用負担のあり方、なかでも両者の関係のあり方についての疑問がうまれてきた。その疑問は、より具体的にいえば、「負担のみで受益のない人びと」による「受益のみで負担をしない人びと」にたいする批判というかたちをとってうかびあがってきた。あるいは、そのような利害集団の対立という構図において論じられはじめたといって過言ではない。この費用負担をめぐる問題状況と議論の構図は、基本的にはこんにちにおいても変化していないように思われる。

社会福祉サービスは過去においても、しばしば一般に誤解されているように「無料」であったわけではない。受益者負担主義にもとづき、生活保護受給者層や住民税・所得税非課税層の場合を除けば、その負担額が受益に見合うものであったかどうか、あるいはまた社会的に容認されうる水準であったかどうかという疑問はあったとしても、常に原則として受益者の負担能力に応じた費用の負担が求められてきた。その意味では、本来「無料」であった福祉サービスが一挙に「有料化」されたという問題の立てかたは、いささか短絡的であったというべきであろう。無料といい、有料という場合にも、その内容は決して一様ではないからである。

けれども、いずれにしても、従来の費用負担の制度的な枠組と負担の実態を前提にしたままで福祉サービスの一層の拡大や高度化を追求することにはいささか無理があり、なんらかの国民的な合意を可能にするような改善が求められはじめていた。

2 費用負担問題に関する基本的選択肢

いまとりあえず、福祉サービスに関わる費用負担問題の処理方式として検討の素材になりうる選択肢は、およそつぎの五通りの方式である。第一には、一切の受益者負担なしに、普遍的に福祉サービスを供給する方式である。第二には、応能的受益者負担主義を前提に、普遍的に福祉サービスを供給する方式である。第三には、生活保護受給者や低所得者（住民税・所得税非課税世帯）には負担を求めず、それ以外については応益的に一定の費用の負担を求める方式が考えられる。第四には、利用者すべてについて一定の費用の負担を求め、社会保険方式その他の所得保障制度によって負担の軽減を行うという方式、これである。第五には、福祉サービスの供給を完全に市場ベースに委ねる方式である。

もとより、費用負担処理方式には、これ以外にもさまざまのバリエーションが考えられる。たとえば、費用負担の内容として、コストの全額を考えるか、そのうちの一定額か、またコストに敷地の取得費、建築費などを含めるのか、あるいは現行の措置費の範囲を前提にするのかによっても議論は異なってくる。ここでは、コストの積算基礎を現行措置費制度の範囲に限定し、さらに費用負担の最高限度を措置費の全額（いわゆる青天井）に設定するという前提で、以下の検討を試みる。

第一の方式は、現行の制度を越えて、福祉サービスの普遍的な性格を強化しようとするものである。類似の社会サービスのなかでこの方式をとるのは義務教育である。また、近接領域では、乳幼児母子保健サービス、そのなかでも相談・診査関係のサービスは、全くの費用負担なしの普遍的サービスである。

福祉サービスの普遍性、公共性をより一般的に追求するという観点からは、この方式への期待が大きい。しかしながら、同時に、この方式に否定的な見解も根強い。この方式を導入するには、福祉サービスのもつ公共性の内容や程度、顕在的あるいは潜在的な利用者の規模、必要とされる費用の規模、それを支える国民の価値意識など論点は少なくない。現状では受益者に直接的な負担を全く求めないか、ごく低額におさえる普遍的社会サービスという形態において全面的に福祉サービスを展開するという選択に国民的合意をとりつけることは、必ずしも容易なことではないように思われる。

福祉改革をめぐる議論のなかで行財政主導の改革案としてもっとも強い関心を集めてきたのは、第三の方式である。けれども、この方式をとれば、かりに負担の額がコストの全額ではなく、相対的に低めに設定された額であったとしても、一般階層のなかでも中位以下の国民のあいだでは、必要な福祉サービスの利用を制約される人びとが相当の数にのぼるものと推測される。また、費用負担を定額化するようなことになれば、逆進的な効果をもつことにもなってこよう。

これにたいして、第四の方式には若干ではあれ所得再分配的な効果を期待することができる。加えて、福祉サービスの支払いに保険方式を導入すれば、あるいは「措置（費）制度」からの解放も期待しうるかもしれない。けれども、この方式で福祉サービスの現在の規模と水準を維持し、さらにそれを拡充するということになれば、保険給付の範囲を大幅に拡大することが必要となり、必然的に拠出や税負担の増大を覚悟しなければならなくなってくる。また、健全な保険財政を維持し続けるという関心からいえば、福祉サービスの給付決定をどこで、どのような手続きにもとづいて実施するかということも、きわめて重要な問題となってくる。そのうえ、かりに事後的な償還方式が導入されるようなことにでもなれば、福祉サービスの利用は極端に抑制されることになろう。この方式も現実的というには程遠いということである。

第五の方式は市場価格による福祉サービスの供給である。しかしながら、すでに指摘しておいたように、この方式によって供給される「福祉サービス」は通常の商品と変わるところのない生活サービス商品である。それは、もはや福祉サービスの範疇に含めうるものではない。

このようにみてくると、結局のところ残るのは第二の方式である。すなわち、現行の費用負担制度の基本的枠組を前提に、これを改善するというのがもっとも現実的かつ妥当な方式だということになる。

現行の費用負担制度の根幹をなす受益者負担制度の論点は、第一には、受益者負担の算定基準について応能負担主義をそのまま維持するか、それとも応益負担主義的な要素を加味するのかという問題である。第二には、応能負担主義をとるとして、現行の逓増方式による徴収基準の刻み方、および負担額が妥当かどうかという問題である。第三には、徴収基準の刻み方の前提となっている税額転換方式が利用者の所得の実態を適切に把捉しているかどうかという問題である。第四には、受益者負担の徴収の範囲をめぐる問題である。第五は、負担の前提となるコストの範囲をどのように設定するのかという問題である。

第一の論点についていえば、かりに応益負担主義を加味した場合、応益の程度をどのように尺度化するかという問題が未解決である。実際問題として、たとえば、子どもを保育所に入所させることによって利用者（保護者）の享受する利益の程度は、保育の時間、内容、児童の年齢、健康状態、家族の構成や規模、職業、所得、健康状態など多様な要因によって異なり、利益享受の程度を一元的に尺度化するには相当の困難が予想される。単純に大枠で設定すれば逆進性がうまれ、社会的公正の維持が困難になることも考えられる。

第二の論点の現行受益者負担額にたいする評価の問題については、高すぎ、低すぎ、両面の評価がありうる。高すぎ、低すぎ、どちらの判断を妥当とするかは、理論的というよりも、むしろどちらの判断が社会的な合意に近いかという問題であろう。逓増方式を導入することそれ自体については、所得の再分配効果を考えれば妥当なところであろう。

ここで関連してくるのが、第三の税額転換方式の問題である。この問題の核心部分は税制に関わっている。たとえば、一般にいわれているように自営者の場合に税の捕捉率が低いとすれば、現行の税額転換方式には負担の社会的不公正の潜在する可能性が高い。

第四の論点については、児童福祉サービスの領域では比較的問題は少ない。先進諸国の傾向からいえば、親族扶養の範囲、したがって費用徴収の範囲は、利用者本人、および親と未成年の子という範囲に限定されるべきであろう。

第五の論点は、費用負担問題のもともとの前提に関わる問題である。費用負担という場合、現行制度は、入所後の保護に必要な費用の負担を意味している。これにたいして、費用の範囲に、敷地の取得に要する費用、営造物や設備備品に必要とする費用を含ませるべきだとする見解がみられる。また、現行の費用の範囲でも、地方自治体の経営する施設においては人件費など国や地方自治体の支弁すべき範囲を超えた支出が追加されており、たとえば、実際に支払われている人件費は、定員割れの顕著な施設などにおいてはとくに、措置費の人件費の総額をはるかに上回っているという指摘もみうけられる。さらに、これらの議論は、そうした多大の費用を支出して維持されている施設――この種の議論の素材となっているのは保育所であることが多い――を利用する利用者（母親）の所得は、多くの場合その利用者の児童を保育するために投入される費用＝公費を大きく下回っていると主張している。

これらの議論は、そうした事実をもとに、費用対効果の視点から、受益者負担の大幅な引き上げや、母親を雇用する企業による費用の一部負担制度の導入などを提案している。前者の提案についていえば、前提となる費用対効果の視点は必要としても、費用に敷地や建物、施設設備などの施設建設費を組み込み、効果を利用者（母親）の所得の額のみによって評価するということには疑問が残る。福祉ニーズのうまれてくる背景や施策の公共的性格などに留意すれば、費用負担は直接個々の児童の保護（保育）に必要な事務費と事業費、すなわち現行措置費の範囲に限定されてしかるべきであろう。また、保育所入所の効果は、母親の就労による所得の額だけでなく、子どもの発達にたいする集団保育の効果、家族の自立的生活の維持、家族生活の安定、社会的統合や分業、協業にたいする寄与などを含めて、多面的に評価されてしかるべきであろう。保育制度の維持運営に必要な費用の全部を利用者に、しかも個別的に負担させるというのではなく、費用を社会的なコストとして捉え、負担のあり方を別に工夫するという観点も必要であろう。

その意味では、既婚女性の労働力を必要とする企業にたいして費用の一部分を負担させるという提案は、それはそれとして興味深いものである。企業に負担させることは、既婚女性の雇用が可能になるという直接的な利益にたいする支払いというだけでなく、資本と労働とのあいだにおける広い意味での資源の再分配という効果も期待することができるからである。しかしながら、その場合にも、事柄は、個別企業にたいして使途制限的な費用の負担を求めるということではなく、企業活動全般にたいする課税強化による国の財政や地方自治体財政の拡大という経路によって処理されるべきものであろう。

また、費用の社会的負担という意味では、所得、ひいては社会的資源の所得階層集団間の再分配だけでなく、世代集団間の再分配、有子家族集団と非有子家族集団間の再分配なども考慮されなければならない。

3　福祉ニーズの種類と費用負担方式

ここまでの議論を再度簡潔に要約すれば、公的福祉サービスの費用負担については、現行の受益者負担制度を維持することがもっとも現実的で、しかも妥当な判断だということである。今後は、そのことを前提に、所得税の査定方式の見直しなどの改善を続けながら、そのときどきの賃金の水準や財政の状況、福祉ニーズの状況をみて、受益者負担の額についての社会的な合意をつくりあげていく努力が求められよう。

ところで、児童福祉ニーズのなかでも基礎的なニーズに対応する公的福祉サービスについては受益者負担制度を堅持していく必要があるとして、拡張的ニーズや選択的ニーズに対応する任意福祉サービスについてはどうか。この部分については、受益者負担主義とは異なる対応のしかたもありうるように思われる。**図3**はそのことを示したものである。

図3にみるように、まず基礎的ニーズについては、公的福祉サービスがこれに対応し、その費用は応能負担方式にもとづいて受益者が負担することになる。つぎに、拡張的ニーズについては、公的福祉サービスの一部と任意福祉サービスの一部が対応し、応益負担方式にもとづいて、受益者が費用を負担する。基礎的ニーズは生活の基礎的な部分に関わり、定型的、中・長期的なサービスの提供を必要とするようなニーズである。これにたいして拡張的ニーズは、生活のより高次の、あるいは分節化された部分に関わり、非定型的、特殊専門的、短期的なサービスによって対応すべきニーズである。

基礎的ニーズについては、対応するサービスが定型的で中・長期におよぶために、応能負担方式で、受益者の負担をできるだけ軽減しておくことが望ましい。しかしながら、拡張的ニーズについては、対応するサービスが非定型的特殊的で比較的短期間ですみ、応益負担方式で、定額的あるいはそれに近い負担方式であってもそれなりに許容されうるものと考えられる。

公的福祉サービスによって拡張的ニーズに対応する場合には措置費方式ではなく、予算措置による補助金つきの利用料方式が妥当であろう。そのほうがより弾力的な対応が可能になると考えられるからである。任意福祉サービスによって拡張的ニーズに対応する場合の利用料は、サービス供給機関の性格その他の条件によって無料からコストの全額に近い金額の範囲で適宜設定されることになろう。

最後に、選択的ニーズは、きわめて特殊なニーズや生活の高度の快適性を実現するために充足が求められるニーズであり、任意福祉サービスの一部や営利生活サービス（生活サービス商品）がこれに対応する。利用料は任意福祉サービスの場合には無料からコストの全額に近い金額の範囲において適宜設定され、営利生活サービス（生活サービス商品）の場合にはいうまでもなく市場価格そのものである。基礎的ニーズや拡張的ニーズであっても、利用者がより質の高いサービス

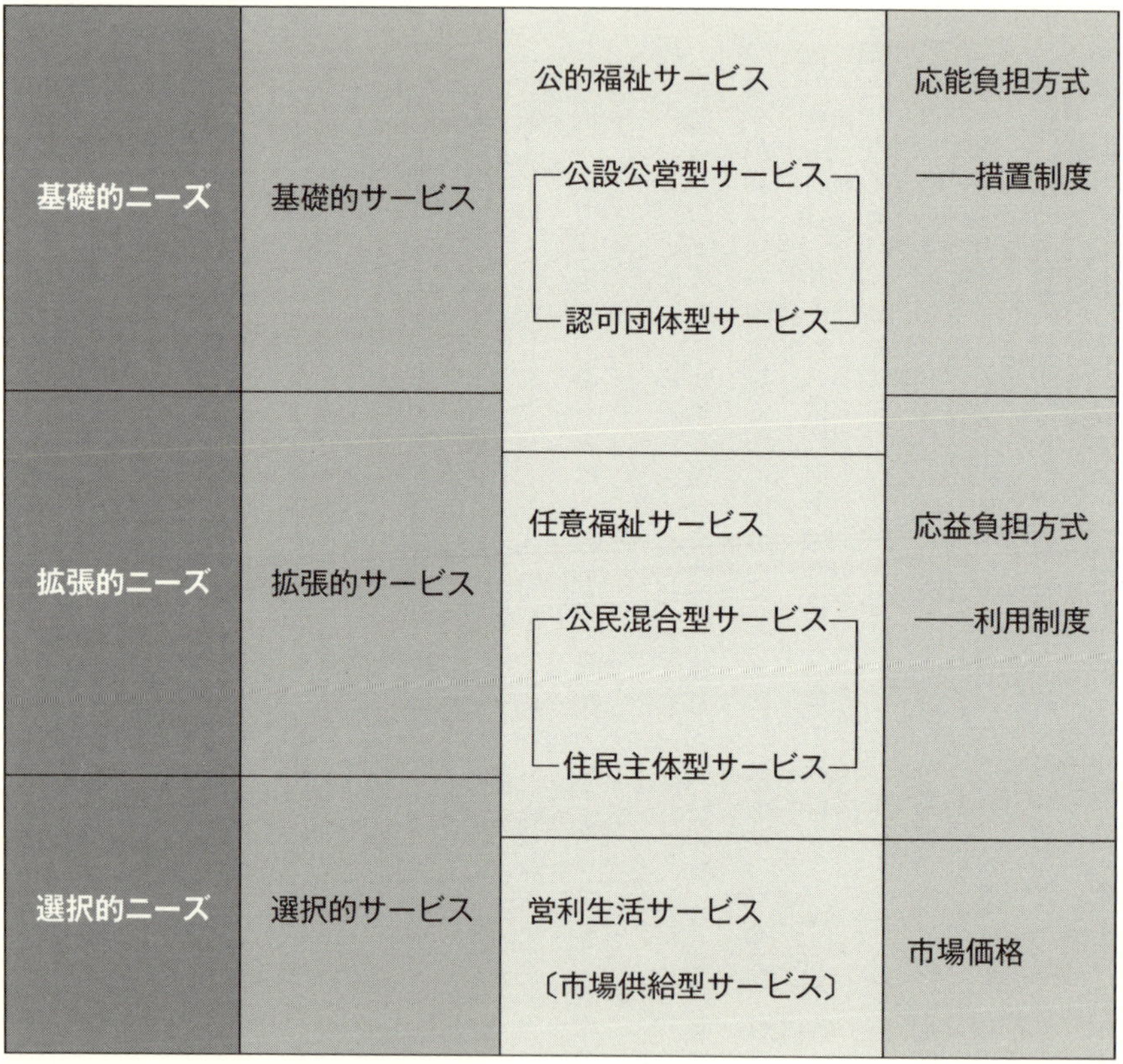

図３　福祉ニーズの種別と費用負担方式　　古川孝順　作成

を求める場合には、任意福祉サービスの一部や営利生活サービス（生活サービス商品）が公的福祉サービスと競合するようなサービスを供給するという事態も十分に考えられることである。

第10節　マンパワーの問題

1　専門職の充実

児童福祉サービスの領域には、児童福祉法や児童福祉施設最低基準などの関係法令にもとづいて児童福祉司、児童指導員、保母、児童厚生員、母子指導員、少年指導員、教護、教母など多種類の専門職員が設置されている。児童相談所の所長や職員の資格についても児童福祉法のうちに規定されている。社会福祉事業法にその資格が定められている社会福祉主事もまた児童福祉サービスに関わる重要な職員である。さらに、これらの狭義の社会福祉関係の職員以外にも、児童福祉関連施設・機関には医師、保健婦、心理療法を担当する職員、栄養士など、他の領域の専門的職員が関与している。

これらの職員のうち児童福祉関係職員については、前述のように、児童福祉法あるいは児童福祉施設最低基準において、それぞれ資格が定められている。国は教護職員、精神薄弱児施設関係の職員について直営の養成施設を設置する以外に、公私の大学、短大、専門学校の課程を指定して、関係職員の養成に努めている。しかしながら、保母資格を除くその他の資格は任用資格である。しかも、その任用資格がかなり厳密に規定されている場合にも、周知のように各種専門職員のほとんどはいわゆる「準ずる規定」によって任用されているというのが実態である。

結果的には、児童福祉関係専門職員の資質はこんにち必ずしも十分とはいえない状況におかれている。これにたいして、関係職員の資質を高めるために数多くの研修が実施されている。しかしながら、個々の職員の水準でいえば、その機会、内容ともになお不十分な状態にある。児童福祉サービスの一層の発展を期すためには、より資質の高い専門職員の充実確保が不可欠の要件であり、早急な改善が必要である。その場合、研修は部内や種別団体によるものだけでなく、大学や大学院、研究所などとの提携によって修士課程水準での研修を試みるなど、研修内容の拡充が求められる。

これに加えて、制度的な側面では、社会福祉士資格や介護福祉士資格との調整が必要である。社会福祉士および介護福祉士の資格は、国家資格としては保母につぐものであるが、内容的には一層普遍的な資格になっている。ただ、現状においては、社会福祉士および介護福祉士の資格は業務の独占をともなわない、名称独占だけの専門職資格にとどまっている。一九九〇（平成二）年の福祉八法改正のなかでも、児童福祉法をはじめとする各種の社会福祉立法に規定された専門職資格との調整は組み込まれなかった。

現状では、児童福祉関連専門職資格と社会福祉士資格とを結びつけようとしても、そこにはさまざまに隘路の存在することは認めざるをえない。しかし、遠からず、両者を統一した実質的な内容をもつ専門職制度が確立されることを強く期待しておきたい。

2　児童委員制度

児童福祉法が制定されて以来、地域社会のなかにあって児童福祉サービスの業務に協力する機関として児童委員が設置され、その活躍が期待されてきた。しかしながら、こんにちにおいても児童委員の活動は、必ずしも期待された水準および内容にはなりえていないように思われる。

そこにはいくつかの理由が考えられる。まず第一には、児童委員に期待される活動の水準および内容が必ずしも明確でなかったことが指摘されるべきであろう。第二には、児童福祉法における児童委員の委嘱が民生委員法にいう民生委員をもってあてるとされ、民生委員の側からみると児童委員の活動が二次的、副次的なものとして理解されかねない状況におかれてきたという事情が関与しているように思われる。第三には、民生委員の社会福祉供給体制における位置づけそれ自体に関わる問題である。民生委員は、旧生活保護行政の補助機関として位置づけられ、やがて生活保護法の大幅な改定にともなってその協力機関に改められた。このような経緯から、民生委員、ひいては児童委員としての位置づけおよび役割についての自己認識に混乱がうまれ、そのことが活動の偏りや停滞をもたらすということもあったように思われる。第四には、さらにそのことと関連して、民生委員・児童委員は、自らを地域社会の一員として位置づけるよりも、児童福祉行政機関との協力関係に比重をおくことになり、一部においては関係行政機関の要請があってはじめて活動するという受動的、消極的な活動のあり方がうみだされてきたように思われる。

近年における社会福祉の施設福祉型社会福祉から地域福祉型社会福祉への転換は、こうした従来の民生委員・児童委員活動のあり方に根源的な再検討を要請している。その基本は、社会福祉の施設福祉型から地域福祉型への移行、転換という戦後福祉改革以来の新しい事態のなかで、民生委員・児童委員を地域社会における重要なキーパーソンの一人として位置づけようというものである。おりしも、一九八九（平成元）年以後、新任の民生委員・児童委員は、民生委員と児童委員とを並記したかたちで委嘱されることになった。民生委員・児童委員にとって新しい時代がはじまったといって過言ではないであろう。

地域福祉型社会福祉を前提とする児童委員の活動のあり方については、全国民生委員・児童委員協議会による「七〇周年活動強化方策」の提唱をはじめとして、さまざまに議論がなされている。それに加えて、ここでは、これからの活動内容を規定すると考えられる民生委員・児童委員活動の基本的なあり方として、以下の諸点に留意しておきたい。

第一に、民生委員・児童委員の基本的な位置づけに関連して、これまで以上に、その住民性、自主性、主体性、自発性が強調されなければならないであろう。民生委員・児童委員は、そこで社会福祉サービスが創出、提供、利用される地域社会を活動の基本的な場とし、福祉サービスの供給機関のサイドというよりもむしろ地域住民の立場から社会福祉の推進に寄与するところに、その存在意義が求められなければならない。

第二に、民生委員・児童委員は、前述した利用者サイドの供給体制の実現をめざす「アウトリーチ戦略（利用促進戦略）」の第一線機関として位置づけられるが、その固有の機能は地域住民の立場から福祉サービスの供給機関と地域住民とのあいだを媒介調整し、地域住民による福祉サービス利用の促進をはかることに求められる。

第三に、地域福祉型社会福祉のもとにあっても民生委員・児童委員の社会福祉行政にたいする協力の重要性はいささかも軽減されるものではない。そのことは、こと改めて指摘するまでもないことである。しかしながら、今後に期待される協力活動の内容は、社会福祉行政、あるいは福祉サービス供給機関の末端機関として、社会福祉行政や福祉サービス供給機関の意思をただ実施するという性格のものではない。これからの民生委員・児童委員に期待されることは、地域住民の側から、地域住民による福祉サービスの利用を促進し、あるいは地域住民による福祉サービスの利用の過程を援助することを通じて、社会福祉行政や福祉サービス供給機関にたいして協力し、貢献することである。

これからの民生委員・児童委員に期待されることは、より具体的な水準でいえば、たとえば以下のような活動である。

(1) 地域住民にたいして、児童福祉サービスや母子保健サービスについての情報を適切に提供し、周知させること。

(2) 地域住民、なかでも孤立した児童養育になりがちな若年の母親、母子家族、父子家族などについて日常的な相談相手になり、必要な援助を提供すること。

(3) 潜在的な福祉ニーズの掘り起こしを行い、福祉サービスその他の専門的援助にたいする動機づけを試みること。

(4) 地域住民による相談について、その内容を慎重に判断し、福祉サービス提供機関その他の適切かつ専門的な各種のサービス供給機関を紹介し、つながりをつけること。

(5) 必要に応じて地域住民の福祉サービス利用の申請や相談に同道し、あるいは場合によってそれを一部代行するなどの方法によって、住民の福祉サービスにたいするアクセスを側面から援助すること。

(6) 地域住民による福祉サービスの利用状況やその予後について、観察評価し、必要とされる場合には側面的な援助の提供などを通じて、福祉サービスの利用効果を促進すること。

(7) 早朝、夕刻、夜間など、緊急事態がうまれたときに、一時的な保護、関連専門機関への連絡など、適切な措置を講ずること。

(8) 以上のような活動を迅速、かつ適切に実施することができるようにするため、つね日頃から公式（フォーマル）、非公式（インフォーマル）両面に及ぶネットワークをつくりあげておくこと。

このような活動の多くは、すでに民生委員・児童委員活動の実際のなかに組み込まれ、具体化されている。それらの活動については一層の質的向上が期待され、これまで十分に意識されてこなかった活動については新たな取り組みが期待される。

これからの地域福祉型社会福祉の展開のなかで、民生委員・児童委員が重要なキーパーソンの一人としてその役割を全うしていくためには、全体としての若返り、研修の強化、推薦から委嘱にいたる過程の見直しなどを通じて、民生委員・児童委員の資質をこれまで以上に高めていくような措置が早急に講じられなければならない。

3　ボランティア

かねがねボランティアの重要性が強調されてきたが、社会福祉の施設福祉型から地域福祉型への転換にともなって、ボランティアにたいする期待もなお一層高まりつつある。しかも、それは単なるボランティア増大への期待ではない。むしろボランティア依存への期待が拡大しているというべきかもしれない。とりわけ、地域福祉の三本柱の一つであるホームヘルプ・サービスにおいては、公務員ヘルパーの抑制が続くなかで、ヘルパーの供給源として期待されているのはもっぱらボランティアである。けれども、状況は必ずしもこのような期待に沿いうるものではなくなってきている。ボランティア問題については、その活用への単純な期待だけでなく、社会福祉の転換期を迎えて、そのマンパワー供給源の動向、パート労働者化の可能性やその他の諸問題と関連させながら、改めて検討し直してみる必要があろう。

第一の論点は、ボランティア供給源の先細り傾向である。従来、児童福祉サービスの領域においてはとくにそうであるが、大学生や高校生などがボランティアの供給源として期待されてきた。けれども、社会福祉の全体としてみると、近年の主要なボランティア供給源としての期待は、家庭にいる中年の主婦層に向けられてきている。

けれども、周知のように、そのような中年主婦層のボランティア潜在予備軍人口は、産業界の労働力不足にともなう既婚就労者の増加によって徐々に縮小する傾向にある。この傾向が将来において逆転するということは、まず期待しえないであろう。しかも、その一方において、これまでボランティア供給源として期待されてきた人びとはしだいに高齢化する傾向を強めている。そして、この傾向は、わが国社会における人口の高齢化を前提にすれば、将来一層強まるものと考えなければならない。すなわち、これからボランティア供給源として期待しうるのは、家庭の中年主婦層ではなく、むしろ一度定年によって離職した人びとを含む六〇歳代から七〇歳代前半にかけての高年の女性ということになろう。若年労働者層の流出が激しい農山漁村においては、事態は一層深刻なものとなっている。

こうした状況からすれば、これからは定年退職後の男性の前期高齢者集団をボランティアの供給源の一つとして位置づけるということも必要になろう。現に、すでに一部地域のホームヘルプ・サービスにはその先行例があり、男性ホームヘルパーにたいする特有の需要も少なからず潜在している。

第二の論点は、ボランティアのパート労働者化である。現在、公民混合(行政関与)型の任意福祉サービスの一部として提供されているホームヘルプ・サービスの多くは、いわゆる「有償ボランティア」とよばれるヘルパーたちによって担われている。そして、この有償ボランティアの一部は、ボランティアという呼称が与えられているものの、実質的にはパートタイム労働者化しつつある。有償ボランティアとパートタイム労働者との違いは、前者が基本的にはボランティアであり、それに若干の、多分に費用弁償的な手当が支給されるという建前になっているということであろう。

有償ボランティアという建前的な呼称は、当初はたしかにボランティアという用語に潜む価値意識に訴えることによって、「有償」であることにつきまとうある種の後ろめたさを中和するという効用をもったように思われる。しかしながら、こんにちでは、それは場合によっては報酬の低さを合理化するために活用され、かえってボランティアの確保を困難にするという側面をうみだしてきているように思われる。

さらに、有償ボランティアは、ボランティアだからという意識によるものか、労働や職務の内容にたいする義務感も希薄になりがちだといわれる。また、もともと自発的に応募したのだから、いつでも自由に辞退（登録を撤回）することが許容されてしかるべきだという意識も散見されるようである。結果的に、有償ボランティアについては、継続性が乏しく、職務にたいしても責任感が希薄であるという批判もうまれてきているようである。

さきにみたようなボランティア供給源の動向とも考えあわせるとき、これからは、ある程度長期的で、一定の水準以上の資質をもつ労動力を必要とする領域では、有償ボランティアという中途半端な存在に頼るのではなく、むしろはじめからボランティアをパートタイム労働者として位置づけ、適正な報酬を支払い、また利用者側でも適正な費用の負担を受け入れるような方向もめざされるべきであろう。ただし、ボランティアによる福祉サービスの供給や利用は市場ベースで提供される生活サービス商品（ここでは、家政婦や付添婦による役務）の購買（活用）とは明確に区別されるべきであり、その点についてはボランティアの側も利用者の側も十分な認識をもつことが必要となる。

第三の論点は、これからのボランティアは地域のなかのボランティアとして位置づけられる必要があるということである。従来、ボランティアは個別的な児童福祉施設や機関、あるいは特定のサービスメニューとの関連でリクルートされ、そのような個別的な関係のなかで活動するという傾向をもっていた。けれども、児童福祉サービスが従来のような児童福祉施設や機関と個別的な利用者という点と点との関係において供給され、利用されるという供給＝利用関係から、地域社会のなかで、すなわち面としての広がりのなかで相互に供給しあい利用しあうという供給＝利用の関係に転換されていくとすれば、ボランティアの活動も地域社会という面のなかで活動する存在として、改めてそのあり方が問われていくことになる。すなわち、これからのボランティアには、個別的な施設・機関やサービスメニューと個別的に結びつくのではなく、相互に連携しながら、それぞれの地域社会に展開する福祉施設や機関、さらには近接領域の専門家集団とも接点をもちつつ、全体のシステムの一部分として活動することが求められることになろう。

第四の論点は、児童福祉サービスの領域では、従来の視点だけでなく、それとは全く別の観点からみても、青少年によるボランティアの効用について改めて考え直してみる必要があるということである。これまでにも青少年によるボランティア活動は、単なる補助的労動力や特別の知識や技術の無償提供者ということではなく、ボランティア体験を青少年の人格形成や社会福祉にたいする理解の増進に活用するという観点から捉えられてきた。今後とも、この観点によるボランティア活動の一層の拡大が期待されていることはいうまでもない。そのことを前提にしながらも、ここで改めてボランティア活動の意義を見直すということの意味は、乳児院や養護施設、あるいは障害児施設などでの乳幼児や障害児との接触体験の効用を新たな観点から評価するという提案に関わっている。

戦後の出生率の低下にともなう少子化傾向によって、近年の青少年は乳幼児をきょうだいにもつことが少なく、若年の夫婦が自らの子の出産によってはじめて乳幼児に接する機会をもつということも決して稀なことではない。このような児童期から青少年期にかけてのきょうだい関係に代表されるような異年齢集団経験の欠落が、いまだ確認された事実とはいえないまでも、近年の青少年非行にみられる嗜虐性や感性の欠落、あるいは親による児童の遺棄や虐待に深く関わりをもつという指摘もみうけられるところである。そうしたことからすれば、青少年にたいして、児童福祉にたいする理解を深めさせ、その人格形成に資するというためだけではなく、青少年自身に将来の親としての役割や行動を経験的に学習する機会を提供するという意味あいにおいて、一定の期間児童福祉施設・機関におけるボランティア活動を義務づけるということも、十分に現実的な検討の課題となりうるであろう。

第11節　営利生活サービスの規制

1　法的位置づけと実態

現行児童福祉法は、ベビーホテル業、ベビーシッター業などのいわゆるチャイルド・ビジネスに関しては、求められた事項についての報告、立ち入り調査、事業閉鎖命令を規定するのみで、事業の内容については最低基準その他のかたちでの規制措置を講じていない。児童福祉施設にいう最低基準的なものは存在せず、内容的規制は全く行われていないのである。結果的に、チャイルド・ビジネスは、報告、立ち入り調査の求めに応じることさえすれば、法的には事業の内容や運営の方法については、経営体が自在に選択し、実行することができる。いわば野放し的な状況におかれているといってよい。

児童福祉法は、ベビーホテル業について、求められた報告の要求、立ち入り調査、最終的な事業閉鎖命令について規定するものの、それ以上に積極的に事業の内容にかかわるような規制に踏み込んでいない。また、保育所関係者など、一部にはそれ以上の規制を望まないという見解もみうけられるようである。そこには、内容的な規制を加えることが結果として、チャイルド・ビジネスの存在を事実上容認することになりかねないという懸念もあるように思われる。たしかに、この種の懸念は理解できないわけではない。しかしながら、実はその懸念が、意図の如何に関わらず、結局のところはチャイルド・ビジネスの野放し的状態を助長するような結果になっていることも事実であろう。

都市部を中心に全国に多数存在すると推測されるベビーホテルの一部では、劣悪な環境のなかで深夜におよぶ託児サービス、さらには事実上数週間にわたるような入所サービスが提供されているといわれる。国による規制が法的認知につながりかねないという懸念はあるにせよ、こうした状況は児童の人身の保護、人権の擁護という観点からみて放置しうるものではない。早急に規制措置の強化が必要であろう。

2 規制の方法

規制の方法としては、二つのことが考えられる。まず、第一には、ベビーホテルなどの営利的生活サービスを必要とするような状況を解消するべく、現行の児童福祉サービスの拡充をはかることである。たとえば、保育サービスについていえば、夜間、さらには深夜を含む保育サービス、昼間における時間単位の保育サービスなどの実現によって、営利的生活サービスにたいする需要は相当程度減少するはずである。乳児院や養護施設による短期入所（宿泊）サービスの強化も有効であろう。

加えて、こうした新しい福祉サービスの利用の手続きは、極力簡素化されたものでなければならない。チャイルド・ビジネスにたいする需要の背景には、明らかに公的福祉サービスにみられる利用申請手続きの煩雑さ、官僚的対応、対応時間の制約などにたいする不満が潜在しているように思われるからである。

第二に、第一の方策が十分なかたちで実施しえないということであれば、結果的に法的な認知につながるにしても、事前の届出、認可の手続きを踏ませ、事業の内容についてガイドラインを設定することによって、新規参入を抑制すると同時に、サービスの水準を引き上げるような措置を講ずることが必要であろう。有料老人ホームの場合にならって、業者団体の設立とそれによる自己規制という方式も考えられてよいことである。

基本的、原則論的には、第一種社会福祉事業に該当するような事業については経営を公的福祉サービスに限定すべきであり、任意選択的な保育サービスについても民間非営利団体までの範囲に限定されるべきであろう。そのことを前提にしたうえで、現にあるチャイルド・ビジネスについては、現実的な次善の策を講じざるをえないということである。

notes

(1) 厚生省児童家庭局編『児童福祉法・母子及び寡婦福祉法・母子保健法・精神薄弱者福祉法の解説』時事通信社　一九八八年　三七〜三八頁　参照。

(2) 社会福祉サービス供給システムの類型化の試みとしては、つぎのような三浦文夫教授の理念型分類がよく知られている（三浦文夫『増補　社会福祉政策研究』全国社会福祉協議会　昭和六二年　二二九ページ）。

Ⅰ　公共的福祉供給システム
- 行政型供給組織
- 認可型供給組織

Ⅱ　非公共的福祉供給システム
- 市場型供給組織
- 参加型供給組織

この類型化はよくできているが、われわれのそれと基本的に異なるのは、いわゆる「市場型供給組織」の扱い方である。われわれは、社会のなかでの生活資源の分配のあり方について、市場機構を通じてなされる第一次的分配とその部分的な修正としてなされる第二次的分配とは区別されるべきものと考える。この判断基準にもとづいていえば、社会保障や社会福祉サービスは第二次的分配システムに属し、市場型供給組織（具体的には、たとえばシルバー産業がこれにあたる）は、第一次的分配システムに含まれる。両者は、明瞭に区別されるべきものと考えられる。近年、第一次的分配システムと第二次的分配システムとのあいだに境界的領域——社会経済的市場による分配システム——が形成される傾向——生活協同組合や農業組合による在宅（有料）福祉サービスがそれに該当する——がみられる。しかし、今後そのような境界領域の拡大が予想されるとはいえ、第一次的分配システムと第二次的分配システムとのあいだには、本来的に量的な差異に還元することのできない、質的な、容易に越えることのできない差異が存在するように考えられる。市場型供給組織を社会福祉サービスの供給組織に抱摂しえない所以は、ここにある。なお、われわれの「認可団体」は、健康保険の保険者類型からの転用である。

(3) 東京都は、都による「地域福祉推進計画」、区市町村による「地域福祉計画」、住民主体の「住民活動計画（地域福祉活動計画）」から構成される「三相の計画」によって地域福祉の推進をはかろうとしている（東京都『東京都地域福祉推進計画』平成三年一月）。

(4) これは、老人福祉サービスにいう「在宅介護支援センター」にほぼ該当するものといって差し支えないであろう。

(5) この問題については、右田紀久恵他著『福祉財政論』（ミネルヴァ

書房　一九八九年)、成瀬龍夫他著『福祉改革と福祉補助金』(ミネルヴァ書房　一九八九年)がいずれ劣らぬ鋭角的な議論を展開していてきわめて示唆的である。

第3章

児童福祉機関と施設の改革

第1節　児童相談所と利用者の権利

はじめに

最近の社会福祉界の全体的な動向について、いまことあらためて言及する必要もないかと考えられるが、ここでの議論に必要な範囲で要約することからはじめたい。

この一〇年ほど、とりわけ一九八〇年代の後半以降加速度的におしすすめられてきた福祉改革の流れは、総体的には社会福祉の施設福祉型から地域福祉型への転型（トランスフォーメーション）として捉えることが可能である。いま少し具体的な水準でいえば、社会福祉の(1)普遍化（一般化）、(2)自助化、(3)多元化、(4)（地方）分権化、(5)自由化、(6)地域化、(7)計画化、(8)総合化、(9)専門職化、などが社会福祉の転型を把握し、分析を試みるうえでの、有力なキータームになるように思われる。在宅福祉元年というキャッチフレーズにも象徴されるように、社会福祉はいま大きく変わりつつある。

しかし、現時点でいえば、この福祉改革の潮流は、主要には老人福祉サービスや身体障害者福祉サービスの領域を中心にして渦巻いているかにみえる。そのことは、一九九〇年六月の福祉八法改正においても、児童福祉サービスの領域については、デイ・サービス、ホームヘルプ・サービス、ショートステイ・サービスの法定化など、改正が一部にとどめられていることからも明らかである。老人福祉サービスや身体障害者福祉サービスでは市町村に委譲される施設入所決定の権限も、児童福祉サービスの領域では主要には従来通り都道府県にとめおかれている。

けれども、児童福祉サービスにおいても将来的には、市町村を基礎的な実施主体とする供給体制への移行は避けられないと思われる。供給体制の分権化や地域化は、歴史的にも、国際的な動向からみても、やがては社会福祉サービスの全体に及ぶ時代の潮流であると考えられるからである。

こうした観点を前提にしながら、さらには福祉改革のつぎの段階を探るための観点をこれに加味しつつ、児童相談所の現時点における問題点や将来のあり方について、以下若干の検討を試みようと思う。

1 基本的視点——利用者サイドの供給体制の確立

さきに、われわれは、ここ一〇年来の福祉改革の動向は、普遍化（一般化）、自助化、多元化、（地方）分権化、自由化、地域化、計画化、総合化、専門職化などとして把握することができるとした。ここで用いられているキータームをみただけですぐに理解されるように、福祉改革の潮流のなかには、さまざまな、場合によっては互いに相容れそうにもないような、政治理念や政策意図が包摂されている。そして、そのことが福祉改革を、一面的に、あるいは一元的な枠組にもとづいて評価することを困難にしているのである。

しかしながら、そうした側面を含みながらも、福祉改革はある程度までは国民や関係者のあいだに理解をえ、支持を獲得してきているように思われる。福祉改革の目標は、「だれもが、いつでも、身近なところで、利用できるような社会福祉サービス供給の体制」をつくりあげることであるともいわれている。たしかに、こうした方向での供給体制の改革は、伝統的な施設福祉中心の供給体制にドラスティックな転換をもたらすものと考えられる。

このような方向をもつ福祉改革の現状が、実際にそのねらいに沿うものになりつつあるかどうか、性急な判断は避けられなければならない。少なくとも、三年ないし五年の実績をみたうえでの評価が必要であろう。けれども、現段階においても、行政機構が、社会福祉サービスの供給を国民の生活に身近で、その実情に通暁しうる位置にある市町村において実施する方向に改められてきたことは評価しておいてよい。地方自治体による費用負担の拡大が先行したとはいえ、その後明確なかたちをとるようになってきた普遍化や分権化、地域化についても、また多元化や自由化についても、一定の評価を与えることが可能であろう。

しかし、社会福祉サービスのあり方を、言葉の正しい意味で「だれもが、いつでも、身近なところで、利用できるような」ものに改革していくためには、もう一段階踏み込んだ福祉改革が必要となる。社会福祉サービスの普遍化、分権化、地域化、さらには多元化や自由化への一歩が供給体制改革の第一段階としての調整改革であったとすれば、いわば第二段階ともいうべき機能改革が要請されるのである。たしかに、なお端緒的な段階にあるとはいえ、普遍化、分権化、地域化、多元化、自由化が追求されはじめたことは、社会福祉サービスを国民の生活により身近なものにするうえで重要な第一歩が踏み出されたことを意味している。しかし、その第一歩はいまだに社会福祉サービスの供給者サイドにおける機構の改革にとどまっている。社会福祉サービスを国民の生活に一層身近なものにするためには、その供給体制を利用者サイドから、利用者の立場に立ち、その利益をマキシマムにするという観点から再構成することが必要である。これが、われわれのいう第二段階への転換である。

改革の第二段階としての機能改革、それは供給者サイドの社会福祉サービス（供給体制）から利用者サイドの社会福祉サービス（供給体制）への転換を実現するということにほかならない[(1)]。利用者サイドの社会福祉サービスとは、これを一言にしていえば、どのような利用者であれ、いつでも、どこででも、自由に申請ができ、気持ちよく利用でき、しかも期待した成果がえられるような社会福祉サービスである。このような社会福祉サービスを実現するために必要なことは、まずは福祉ニーズの動向にみあうだけの質量をもつサービス・メニューを準備することである。そして、ある意味でそれ以上に重要なことは、社会福祉サービスを供給する機関・施設のあり方、すなわち供給体制と利用者とのインタフェースを改善することである。

コンピュータ用語の転用であるが、いかに高機能なハードが開発されても、それが利用する人間にとって利用勝手の悪いものであれば、実際に利用される頻度は低下し、利用されてもせっかくの高機能をフルに発揮させることはできない。マン–マシン・インタフェースの重要性が強調されるゆえんである。社会福祉サービスにおけるマン–マシン・インタフェース、より具体的な水準においていえば、社会福祉供給機関（相談窓口）–利用者インタフェースの悪さは、すでに周知のように、定評のあるところである。

児童福祉サービス領域における相談援助の機関としてもっとも重要な位置にあるのは、いうまでもなく児童相談所である。児童相談所の現状を中心に児童福祉援助過程のそれぞれの段階における問題点について、供給機関（相談窓口）−利用者インタフェースのあり方という観点から検討するのがここでの課題である。

2　児童福祉援助の過程（段階）と問題点

図4は、児童福祉援助の過程を時間の軸にしたがいながら、児童相談所を中心にその領域を設定するというかたちで、整理したものである。児童福祉サービスを利用するという観点からみて、AからDの各領域ごとになにが問題となるかをとりあげてみよう。

1　児童相談所アクセス以前の段階

Aの領域は、児童相談所にアクセスする以前の地域社会の段階である。

ここでは、まず第一に、児童相談所による援助の前提として、子どもの育成を援助し、リスクの形成を予防することを目的とするような児童福祉サービスが子どもの側あるいは保護者の側からみてはたして十分な質量において提供されているかどうかということが問題となる。

第二に、児童相談所やその間接的な窓口の役割をもつ福祉事務所の存在そのものを含め、その機能やそこで提供されているサービスの内容が地域の住民にたいして十分に知らされているかどうかが問題となる。また、地域社会のなかで利用可能な社会福祉法人など民間の提供する福祉サービスについての情報がどの程度行き渡っているかということも問題となる。

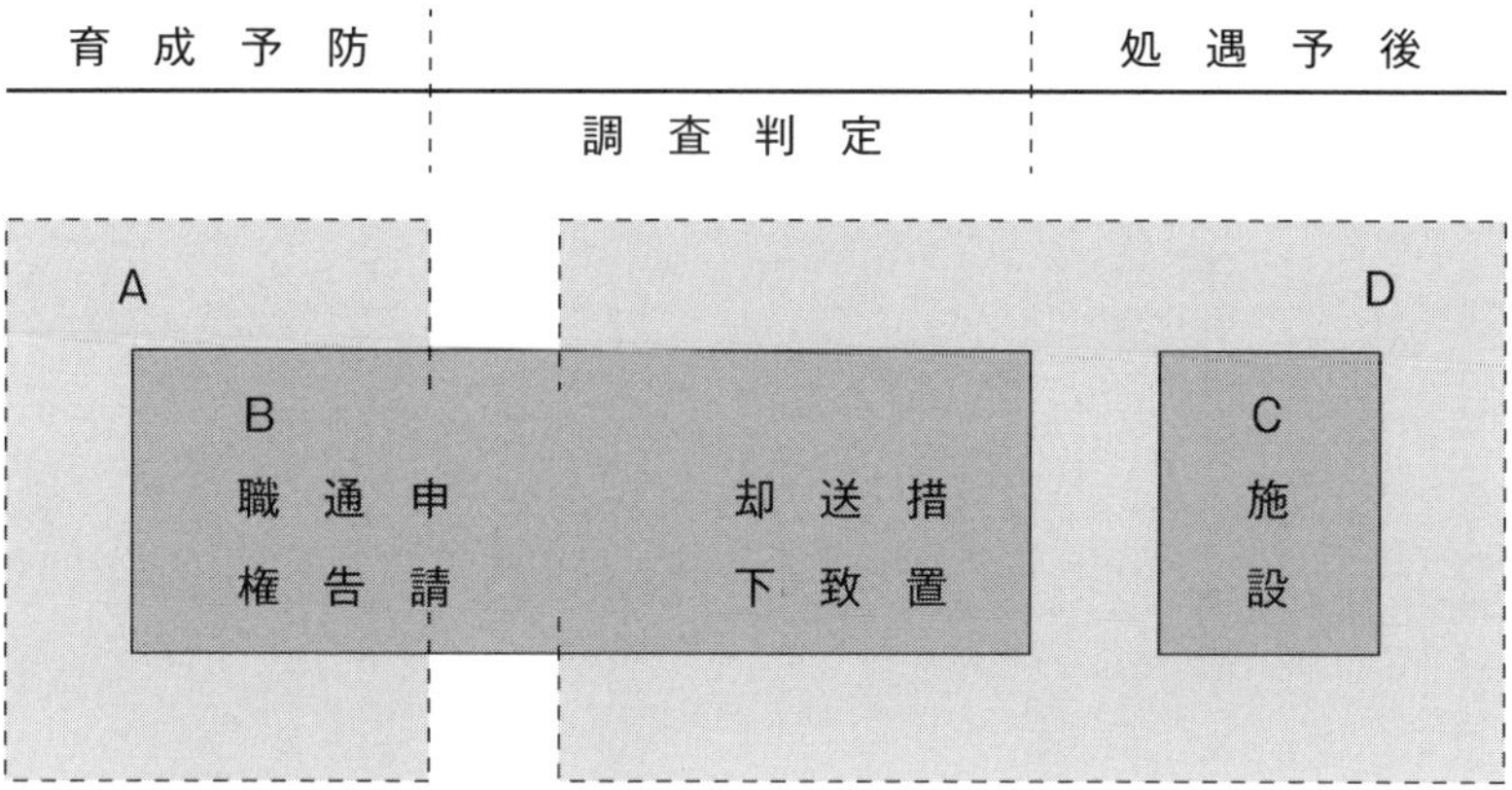

（注）A 領域＝地域社会（アクセス以前）
B 領域＝児童相談所
C 領域＝サービス提供機関・施設
D 領域＝地域社会（援助終了以後）

図 4　児童福祉援助の過程　　古川孝順　作成

第三の問題は、そのような児童相談所なりあるいは福祉事務所なりの提供するサービスを利用しようとするときに、手軽に活用できるような、フォーマルなものであるかインフォーマルなものであるかは別にして、いわば利用支援システムともいうべきシステムが地域社会のなかに準備されているかどうかということである。地域社会のなかには、福祉サービスの利用方法についてすでにある程度の知識をもっている保護者や既存の知識がなくともなんとか利用の方法を探りだすことのできる保護者も存在する。しかし、なかには、そうでない保護者も含まれている。実情からいえば、そのような頼りない保護者のほうが大多数であろう。そうした保護者について、いつ、どこの窓口に行けば求める援助がうけられるのか、そのためにはどのような手続きのしかたをしたらいいのか、また費用はかかるのか、かかるとすればどの程度必要なのか、などなどの疑問について事前に、予備的に対応するようなシステムが準備されているかどうかが問題になってくる。

第四に、さらにいえば、保護者はつねに自発的に児童相談所などの援助を利用しようとするわけではない。無知、無理解、反感、その他の理由から児童相談所の利用から漏れ、あるいはそれを拒否する保護者も少なくないのである。地域社会のなかに児童福祉サービスの利用を促進するようなシステム＝利用支援システムが存在しているかどうかは、このような消極的な、場合によっては敵対的な潜在利用者をいかにして児童福祉サービスに結びつけるかという観点からも、重要な意味をもってくる。

はなはだ残念なことではあるが、こんにちにおいても児童相談所にたいする地域住民のイメージのなかには、非行少年、非行児童を取り扱うお役所、あるいは保護者のいない子どもや障害児の世話をする施設というような、昔ながらのステレオタイプな認識が少なからずみうけられる。地域社会の現状は、子育ての渦中にある若い母親が、日常的に、気軽に児童相談所の窓口に相談に来るという状況にはほど遠いのである。

2 申請の受理から援助の決定までの段階

B領域における問題は、児童相談所の窓口（申請の受理）から援助の決定（措置）にいたるまでの段階における問題である。

第一には、申請とその受理の過程にかかわる問題がある。児童相談所に相談ケースがもちこまれる経路には、保護者による利用の申し出による場合と警察や教育機関、児童福祉関連機関や施設、さらには一般住民からの「通告」による場合とに大別される。児童相談所は、だれもが、自由に利用を申し出ることのできる機関の代表のように思われるが、一九八九年度の件数でいえば後者の経路をとるものが四九・九パーセントをしめている。

生活保護や福祉サービスの給付や利用の申請およびその受理にかかわる過程を分析する概念に申請主義と職権主義がある。児童相談所にたいする利用の申し出は、まずそのまま窓口に受け入れられるようであるが、その過程が申請主義にいう「申請」にあたるものと理解されているかどうか、必ずしも明確ではない。その一方で、児童相談所は職権主義を前提に積極的に相談業務を実施しているのかといえば、そうでもなさそうである。たとえば、児童相談所の職員が職務の過程で発見したケースは、事務的には警察、教育機関、児童福祉関連機関、さらには一般住民からの「通告」に含めて処理されている。

児童相談所におけるケースの受理は、実質的にはこのような「通告」とともにはじまるという印象が強い。利用者中心の相談機関になりえているかどうか疑問の残るところであろう。

第二に、サービス選択権にかかわる問題である。児童相談所にたいする利用の申請から利用の決定（措置）にいたる過程において、保護者や子ども本人が利用を希望する福祉サービスを指定し、あるいは提示されたいくつかの選択肢のなかからそれを選択するということが許容されうるかどうか、である。さらに端的ないい方をすると、たとえば、養護施設への入所が必要であると認められるとして、保護者であればどの養護施設に入所させたいか、子どもについてはどの養護施設に入所したいか、という希望の申し出が受け入れられるのかどうか、という問題である。

児童相談所の現状では、おそらくこのような申し出があったとしても、まず考慮の対象になることはないであろう。そうならざるをえない理由については、保護者や子どもの側に自らのおかれている状況や解決すべき問題について、さらに必要とされる福祉サービスの種類や施設の状況などについて適切な判断を下すだけの情報や能力を期待しにくいこと、あるいは施設の定員その他の受入態勢の問題などが考えられる。いずれもそれなりに考慮されるべき理由であるが、福祉サービスや施設にたいする利用者の選択権が理解をえられ難いという背景には、福祉サービスは基本的に利用者の申請にもとづいて提供されるべきものではなく、利用決定（措置）機関の決定にもとづいてその利用が認められるべきものとする理解があるように思われる。社会福祉サービスの給付は、住民の申請にもとづくのではなく、申請という行為の有無にかかわらず、給付機関の行政的権限、ならびに専門的機関としての権威にもとづく決定（措置）によってはじめて、開始されるべきもの、という理解が支配的であるようにみえるのである。

第三には、「申請」が受理されたとして、利用決定のなされるまでの期間はどうかという問題がある。周知のように、生活保護制度の場合には、生活保護法によって、申請を受理してから最終的な結論を申請者に通知するまでの期間が一四日以内と明確に規定されている。(2) しかし、これと同一趣旨の規定は、児童福祉法のなかにはみられない。なぜそうなのか、児童福祉法をみてもはっきりしない。棄児、家出児、被虐待児など緊急時にはすぐに一時保護がなされるし、保護者のもとで生活している場合には期日をきるほどの緊急性が認められない、あるいは施設定員などの都合で期日を設定できないなどの理由を想定することができる。生活保護制度の場合には、国民の生活の保障にかかわる最終的な防波堤であり、決定がいたずらに遅延することは国民の生存権、つまり生活保護を受ける権利の保障という法の根本の理念にもとるということであろう。逆にいえば、児童福祉法にそのような規定がみられないということ、そのことは、児童福祉サービスを利用する権利が、実質的な水準では、生活保護を受ける権利ほど緊迫したものとみなされていないことを物語るものとも考えられる。

いずれにせよ、福祉サービスを利用する保護者の側にたてば、一日も早くその福祉サービスを利用したい、その可否についての結論や利用開始の期日を知りたいという希望は、相当に根強いものと推測される。児童相談所の側にもいろいろと事情があるにしても、リーズナブルな期間以内に結論を出すような手続きの進め方や態勢が必要であろう。また、一歩譲っても、一時保護所における施設入所待機期間が数カ月から一年余にのぼるような事態は、なんとしても回避されるべきであろう。施設の空き待ちが理由であるとしても、待機が数カ月に及ぶような場合には、それにかかわるサービスのあり方が追求されてしかるべきである。

第四には、利用(申請)者が児童相談所の決定を不服とする場合の法的救済措置に関する問題がある。児童福祉法は、この側面に関しても生活保護法に立ち遅れている。(3) 児童福祉法は不服審査に関する規定をもっていない。利用(申請)者が児童相談所の決定に不満をもったとしても、行政不服審査法によるか、直接的に行政訴訟に及ぶ以外に救済の方法があたえられておらず、行政庁の違法な処分や不作為も利用者側の不当な要求や無理解に帰されるようなことにもなりかねない。この側面からみても、児童福祉サービスの利用権はまだ十分に確立されていないということになろうか。

第五に、施設入所措置にともなう親権者(または後見人)の同意にかかわる問題である。この問題については、通常、教護ケースや虐待ケースを中心に、親権者の同意がえられ難いという問題として取り上げられている。親権者の同意がえられず、そのことがケースの改善を妨げる原因の一つになっている場合も少なからずみうけられ、家庭裁判所による承認範囲の緩和を求める主張もみられるところである。しかしながら、事柄の重要性を十分に認めたうえで、利用者の立場からいえば、同意をとりつける過程の見直しとその充実が必要であろう。医療の領域にならっていえば、治療（処遇）方法の決定過程におけるインフォームド・コンセントの確保は、治療（処遇）効果をあげるうえでの不可欠の前提として理解されるようになってきている。そのような努力が十分にあってはじめて、家庭裁判所による承認手続きの簡素化ないし緩和、あるいはそれにかわる手続き方法の設定という要請も説得力をもちうるものと考えられる。

3 援助（措置）決定後の段階

C領域の問題は、福祉サービス提供機関・施設との関係においてうまれる問題である。

援助（措置）決定後における福祉サービス提供機関や施設と利用者との関係は、一応児童相談所の機能を離れた課題であるから、ここで設定した検討課題とは区別して取り扱うのが妥当とも考えられる。しかし、もとより全く無関係、というわけではない。児童相談所ないしその機能が強く関与すると思われる事柄について、簡単に言及しておこう。

利用者のケースが児童相談所の手から離れて以後、児童相談所が関与する機会があるのは、主要にはそのケースについて措置変更の手続きがとられる場合である。かつての孤児や棄児が施設入所の対象になっていた時代とは異なって、施設は高度の処遇を提供する通過施設になるべきだというのが、近年の福祉改革の動向である。そうだとすれば、施設入所についても、所定の処遇効果を期待しての入所や期限をきっての入所が一般的になり、医療の場合と同様によりよい処遇効果をねらっての転院（措置変更）ということもめずらしくなくなるであろう。施設や児童相談所の判断にもとづく場合だけでなく、利用者、保護者、一定年齢以上であれば、子どもの希望による措置変更ということも出てくるかもしれない。

従来、こうした施設入所後の措置変更は、問題行動の悪化などによる措置変更を別にすればほとんどその例をみなかった。しかし、子どもの意見表明権や施設入所児童についての定期的な再診査を求める国際連合の「子どもの権利に関する条約[(4)]」の内容などをみれば、早晩新しい対応が求められることになろう。児童相談所そのものが施設措置にあたって、期待する処遇効果と必要な入所期間を明示し、保護者や子どもに、そして施設にたいしても、十分な説明を行い、定期的にその経過について観察評価を試み、経過によって措置の変更も必要になるということである。

4 予後援助のあり方にかかわる問題

これまで、児童相談所は、社会福祉主事指導や児童委員指導に委ねた子どもや施設に入所した児童の措置解除後の予後、すなわち地域社会のなかでの予後援助のあり方にかかわる問題についてはほとんどフォローしてこなかった。そういって決して過言ではないであろう。

しかしながら、児童福祉サービスもまた地域福祉型に転換し、地域社会のなかでの援助を中心にするということになり、施設入所は短期入所的な高度の処遇機関として位置づけるということになれば、事情はかなり変わってこざるをえない。児童相談所は、指導委嘱後や措置解除後についても、直接的であるかどうかは別として、一定の期間関心をもち続ける必要があるということである。関連して、ケースの終結についての考え方やアフターケアのあり方についての再検討も必要になってこよう。

3　児童相談体制改革の課題

ここまでの検討を前提に、児童福祉サービスの供給体制を利用者サイドのそれに改めるという観点、その際、とくにわれわれのいう「社会福祉サービス機関・施設-利用者インタフェース」の改善という観点から、児童相談体制改革の方向と課題について考えてみたい。

1 申請＝受理過程の改善――「待ちの態勢」から「攻めの態勢」へ

社会福祉サービス利用にいたる契機がどのようにして与えられるかということについては、一般に、戦前においては職権主義によったが、戦後は申請主義に改められたとされている。たしかに、実態に着目していえば、このいい方で支障はない。児童相談所や福祉事務所にたいして福祉サービスの利用を申請すれば、一応は窓口が開かれているからである。しかしながら、厳密にいえば、職権主義から申請主義への変化は、生活保護制度においてのみ実現されているにすぎない。生活保護制度は、保護の過程は「申請保護の原則」を前提に、それを職権主義で補うというかたちをとっている。生活保護が国民の生存権保障の最終的制度として位置づけられているからであると解釈されている。これにたいして、児童福祉サービスにおいては「申請保護の原則」にあたるものは存在しない。その限りでいえば、児童福祉サービスは利用者の申請にもとづいて、さらにいえば利用者の権利にもとづいて、提供されるというものではない。それは、児童福祉サービスの給付（措置）権者による給付（措置）の決定にもとづいてうまれる「法の反射的利益」であるとされる。この経緯は、児童福祉サービス以外の社会福祉サービスについても同様である。社会福祉サービスは、現行法のうえでは、給付（措置）権者の職権の行使として給付されるのである。

児童福祉サービスの窓口はいずれも利用者の「申請」を事実上受け付けはするものの、決してそれ以上に積極的にはならない。供給機関の側から利用を働きかけるような例はまずみられない。生活保護法にいう職権主義の意義は、申請主義の限界を超えるために、申請をすることができないような場合には、申請がなくとも給付の検討をはじめるということである。社会福祉サービスの場合には「法の反射的利益」を前提にする職権主義であり、消極的な姿勢が強くなる。「待ちの態勢」とはこのことをいうのである。

さきにも指摘しておいたように、地域社会のなかには、いろいろな事情をもつ子どもたちや保護者が生活しており、供給機関が申請を座して待つというだけでは、それを必要とする人びとのすべてに適切な児童福祉サービスを提供することは、まず期待しえないであろう。この隘路を克服し、地域福祉型の児童福祉サービスの拡充を期すためには、なによりも供給機関の側から積極的に児童福祉サービスの利用を促進するアウトリーチ戦略（利用促進戦略）、すなわち「攻めの態勢」の確立が求められるのである。

2 利用者参加の申請＝受理＝判定＝決定（措置）過程の実現

申請＝受理＝判定＝決定（措置）の過程における問題点はすでに指摘したところであるが、その改善はまさに問題点の逆の方向をめざすことである。まず、期間は限定しないまでも、利用者ができるだけ早い時期に結論を知る権利は、もっと重視されてよいことである。一時保護所における待機期間の短縮はいうまでもないことである。申請から決定、さらに福祉サービスの提供にいたる時間の短縮のためには、なによりも児童相談所における児童福祉司をはじめとする関係職員の確保、それによるケースロードの減少が求められる。受け入れ施設の不足などについては、児童相談所の機能を越える都道府県の水準での児童福祉計画の策定が不可欠であろう。児童福祉サービスの分権化、地域化をもう一段階推進するためには、さらに市区町村水準における児童福祉機関・施設の質量両面における適正な配置がなされていなければ、その実現は困難である。

加えて、申請＝受理＝判定＝決定（措置）の過程にたいする利用者の参加を実現し、その範囲を拡大していくことが必要である。利用者が申請＝受理＝判定＝決定（措置）の過程に参加することは、子どもを含めて、利用者の固有の権利である。申請から決定にいたる過程が利用者に利益をもたらす場合だけでなく、一時的にせよ不利益や制限をもたらす場合にも、そして後者の場合にはなおさらのこと、利用者の参加権が尊重される必要があろう。

申請＝受理＝判定＝決定（措置）の過程にかかわる利用者の権利として、とくに重視されなければならないのは、①申請から決定にいたる過程の各段階において、そこでなされる面接や検査、あるいは調査に関連して、その意図や結果、およびその取り扱いなどについて十分な説明をうける権利、②利用しうる福祉サービス・メニューのなかから、利用する福祉サービスを選択し、申請する権利、③決定の結果について不服を申立て、再審査を求める権利、である。

決定期間の短縮への権利を含めて、これらの利用者の権利を一挙に、完全なかたちで実現をはかることは、容易なことではあるまい。なかには、不服申立て権のように、現行法の枠組のもとではそのまま実現しえないものもある。けれども、こうした権利の保障を追求することは、福祉サービス機関・施設-利用者インタフェースの改善をめざすうえで、避けて通りえない課題である。

3 市区町村における児童養護支援ネットワークの確立

児童相談所は都道府県および指定都市の水準に設置されることになっており、現在全国におよそ一七〇カ所が設けられている。まず問題になることは、このような児童相談所の設置されている水準と数で、福祉改革の潮流である地域社会のなかで、市区町村を中心に児童福祉サービスを提供することが可能かということである。児童福祉サービスのなかでも市区町村や福祉事務所を窓口とするものが増加しており、児童相談所が従来通りに中心的な役割を担うことができるかどうかということである。

児童相談所を市区町村の水準に設置することが実現の困難な選択肢であり、児童福祉司の市区町村への設置もまた困難であるとすれば、児童福祉の地域福祉化に対応するためのなんらかの実現可能な方策が講じられなければならないであろう。現在の児童福祉サービスをめぐる組織機構のなかで、現実的にみて活用の可能性をもっているのは、福祉事務所のなかに設置されている家庭児童相談室である。家庭児童相談室は、一九六四（昭和三九）年の通達「家庭児童相談室の設置運営について」によって設置されはじめたものであり、東京都のように一部の例外を除いて設置していない自治体もあるが、全国でおよそ一〇〇〇カ所ほど設置されている。組織や運営の実態は多様であり、児童相談所との関係も必ずしも密接なものではない。しかし、市区町村の水準で期待しうる公的な児童相談機関としては、家庭児童相談室をおいてほかにないであろう。

他方、福祉改革の流れのなかで、近年、民間の児童福祉施設のなかに、多機能化による地域開放策の一環として、あるいはわれわれのいう社会福祉施設の地域生活インフラストラクチャー化の手段として、児童相談サービスを実施するところが増加してきている。こうした新しい動きは、保育所、乳児院、養護施設、さらには障害児施設にもみられ、それぞれの施設に本来的な専門的援助機能を地域に開放するというかたちをとっている。このような民間施設による児童相談機能の提供は、今後地域社会をベースとする児童福祉サービスを開発し、推進していくうえで重要な役割を演じうるものとして期待されるところである。

このように、近年児童相談所の機能の届きにくい地域社会においても児童相談機能の充実がみられるようになってはきている。しかしながら、現状では、家庭児童相談室を含めて、児童相談機能の提供は、それぞれ個別的に、相互に無関係に、なされているにすぎない。これからの期待は、これらの児童相談サービスをネットワーク化し、それぞれの地域社会のなかに児童養護支援システムともいうべきものを構築し、その中心に位置する機関として、地域住民が、いつでも、必要なときに、どこでも利用することのできるような児童養護支援センターを設置していくことにある。

4　児童相談所の新たな役割

このような構想のなかで児童相談所の機能のあり方を考えれば、これからの児童相談所には、従来の機能に加えて、地域社会のなかの既存の児童相談組織としての家庭児童相談室や新たに民間児童福祉施設などによってうみだされてきている児童相談機能を組織化し、より高度に専門的な中心的機関として、それらを指導援助するという機能が期待されることになる。すなわち、児童相談所には、地域社会のなかでさまざまに提供される児童相談機能をコーディネートして各機関の機能を調整し、そこに一つの秩序を与えながら、それぞれの地域社会のなかに面としての児童相談サービス・ネットワークを構築していくという役割が期待されるのである。

さらに、児童相談所が、このような機能をより地域住民の子育ての場に近いところで発揮していくということになれば、その指定都市以外の市水準における設置も、近い将来、十分に実現可能な課題として検討に値するものといわなければならないであろう。

第2節　児童福祉施設の将来展望

はじめに

こんにち、社会福祉は戦後福祉改革以来の転機を迎え、大きく変わりつつある。福祉改革が取り沙汰されるなかで、社会福祉の普遍化あるいは一般化、福祉サービスの機関委任事務から団体事務への移行に象徴される国と地方自治体との役割の変化、さらには公私役割関係の変化など、多様な側面において、さまざまな変革・改革がうみだされ、また準備されてきている。いま、それらの変革や改革の方向と内容を要約的に表現すれば、それは施設福祉型社会福祉から地域福祉型社会福祉へ、あるいは入所型社会福祉から在宅型社会福祉への転型として把握することができる。

高度成長期以降の社会福祉の発展と変化は、昭和二〇年代の中頃につくりあげられた戦後社会福祉の基本的な枠組を越えるものとなり、いまや実情に応じた枠組の再構築が求められるという状況にある。その意味で、こんにちの福祉改革は、社会福祉の今後のあり方の全体にかかわるような改革である。そうしたなかで、社会福祉施設、なかんずく入所型ないし生活型の福祉施設もまた、その存在の意義や基本的な機能にまで遡って、今後のあり方についての再検討が求められるという、これまでになかったような深刻な状況に直面させられている。そこで、社会福祉施設と地域社会との関係に焦点をしぼりながら、地域福祉型社会福祉の時代における社会福祉施設のあり方について、いくらか理論的に検討してみること、それがここでの課題である。

1 施設社会化論とその限界

社会福祉の世界で、福祉施設と地域社会との関係のあり方にたいしていつの頃から関心が向けられるようになったのか、その発端は必ずしもはっきりしない。しかし、両者の関係が施設社会化論というかたちで意識的に議論されるようになったのは、明らかに一九七〇年代以降のことであったかと思われる。

この時期、高度成長の第Ⅱ期も末期にさしかかる頃、それまでの経済の極大成長に偏した政策展開のなかで置き去りにされてきた生活基盤の補強や再構築が「社会開発」としてようやく政策的な課題として認識されるようになり、地域開発政策やコミュニティ政策の展開がみられるようになってきていた。これらの政策のねらいは、第一には、地域開発の促進を通じて経済成長の過程でうみだされてきた過疎過密現象の進行を抑制し、中央―地方間や地方間の格差を是正し、国土全体に均衡のとれた産業と生活の基盤をつくりだすことにあった。そして、第二に、より国民の生活に密着した水準においては、産業社会化、都市化の進展とともに急速に解体されてきた伝統的な、家族（家）共同体や村落共同体を基盤とする農業社会的生活基盤にかわるべき新しい生活基盤としてのコミュニティの形成が意図されていた。

こうした国政水準における政策動向のなかで、社会福祉の世界においても同様にコミュニティへの関心が高まり、その重要性が指摘されはじめた。まず、この動きはコミュニティ・ケアへの関心というかたちをとった。当初、このコミュニティ・ケアは、インスティテューショナル・ケアに対置される概念として導入された。その限りでは、コミュニティ・ケアは、伝統的なインスティテューショナル・ケア、すなわち入所型施設によるいわゆる施設保護にたいする在宅保護を意味していた。そして、このコミュニティ・ケアの思想がやがて、在宅福祉サービスを基盤にしながら、それだけではなくそこに従来の入所型生活施設や通所型施設をも包摂するような新しい福祉サービスの体系、つまりこんにちにいう地域福祉型社会福祉の思想へと発展するのである。

施設社会化論というかたちで入所型の福祉施設と地域社会との関係がとりあげられ、意識的に検討されるようになった背景には、このような社会経済的な、そして政治的な状況と課題が存在していた。すなわち、施設社会化論は、国民の生活基盤という観点から地域社会のあり方について検討を加え、社会福祉においても施設保護を中心とするその従来のあり方をコミュニティ・ケアに比重を移すという関心のもとにおいて再検討を試みるという状況のなかで登場してきたのである。

したがって、施設社会化論は、その名称が示唆しているように、福祉施設がみずからの側に視座をすえて、みずからを社会化するという論理構成をとっているが、しかし契機的にはむしろコミュニティ・ケアの提唱にたいして、いわばそれと対抗するような位置関係においてみずからの存在、あり方を再検討するという性格を強くもっていたのである。より端的にいえば、わが国の社会福祉の施設福祉型社会福祉から地域福祉型社会福祉への転型の端著が開かれようとする、まさにその時期において、福祉施設はその自己変革としてのみずからの社会化を促進することによって、社会福祉における地域社会重視という新しい状況の展開に対抗し、みずからの社会的存在意義についてその再確認を求めようとしたのである。施設社会化論は、そのような自己変革のための理論的な営為であった。

さて、施設社会化の内容を定式化する最初の試みは、一九七五年の東京都社会福祉協議会による報告書『施設の社会化促進のために』にみられる。そこでは、施設社会化が、⑴処遇の社会化、⑵運営の社会化、⑶問題の社会化として分類、定式化されていた。そして、それ以後、七〇年代の後半から八〇年代のはじめにかけて、多様な施設社会化論が展開されてきた。しかしながら、そこここで議論された施設社会化の内容ないし領域は、最終的にはさきの報告書の分類に施設備の社会化を追加し、⑴施設設備の社会化、⑵処遇の社会化、⑶運営の社会化、⑷問題の社会化として再整理することで尽きるように思われる。

この四通りの類型のなかで最もよく知られ、したがって施設社会化がそれによって代表されるかのごとき状況すらうみだしたのは、いうまでもなく施設設備の社会化である。その顕著な例は、福祉施設の園庭、グランド等を地域社会の利用に供する事業であった。

こうして、七〇年代後半に始まる施設社会化をめぐる議論と実践は、以後一定の成果をあげながらこんにちに継承され、福祉施設と地域社会との関係を改善していくうえでそれなりに貢献してきた。けれども、施設社会化論とその実践のなかには、当初から一つの限界が含まれていた。施設社会化論は、その限界のゆえに八〇年代に多発するようになった福祉施設―地域社会コンフリクト（葛藤ないし紛争）に象徴されるような福祉施設―地域社会関係の新たな展開にたいして十分に対応することができなかった。

施設社会化論は、基本的には、福祉施設の閉鎖性とそれに照応するような地域社会の福祉施設にたいする無理解や偏見という二極的な枠組のなかで、福祉施設と地域社会との関係を把握し、福祉施設によるみずからの開放と啓蒙活動によって地域社会の福祉施設にたいする理解を深め、かつその運営や処遇に協力を求めるという構図のうえに成り立っていた。すなわち、施設社会化論の基底にあるのは開明的な施設と啓蒙主義であった。このような施設社会化論は、地域社会の福祉施設にたいする無関心と福祉施設の閉鎖性とが対峙し、福祉施設が地域社会のなかにいわば島的に存在していたという状況のもとにおいては、状況の認識および実践のための用具としてそれなりの妥当性と有効性を確保しえていたといってよいのである。

けれども、地域社会が福祉施設にたいして、ある意味では積極的に、しかし内容的にいえば否定的、消極的に対応するという状況のなかでは、施設社会化論の啓蒙主義には明らかに限界が内在していた。(5)

2　福祉施設―地域社会コンフリクトの展開

一九七〇年代以降の社会福祉の展開は、一方において地域福祉型社会福祉への移行を展望しつつ、他方において高齢者問題や障害児・者問題が社会問題化するなかで決定的な立ち遅れの状態にあった入所型福祉施設や通所型福祉施設の整備とを、同時並行的に追求するというかたちをとった。社会開発政策の一環として福祉施設を集中的に整備拡充する施策が導入され、全国的な規模で福祉施設建設ラッシュともいうべき状況がうみだされてきたのである。いうまでもなく、福祉施設の増設は関係者や利用者にとってはこのうえない朗報であった。しかしながら、福祉施設建設の受け皿となる地域社会の反応は、必ずしもこれに好意的なものばかりではなかった。とりわけ、八〇年代になると福祉施設と地域社会との間には、施設建設にともなう騒音や粉塵、上下水道・排水設備等のあり方などをめぐって、そしてときには福祉施設を建設するということそのこと自体をめぐって、コンフリクトが発生し、社会的問題として報道機関にとりあげられるようなコンフリクト事態に発展するようなこともまれではなくなったのである[6]。

　これらの施設―地域社会コンフリクトのある部分は、たしかに地域社会の福祉施設にたいする無理解や誤解によるものであった。この種の施設―地域社会コンフリクトについては、施設社会化論の啓蒙主義的な枠組もまだ有効であるように思われた。しかしながら、八〇年代を迎えて以後の施設―地域社会コンフリクトを特徴づけたのは無理解や誤解に起因するような施設―地域社会コンフリクトではなかった。たとえば、福祉施設建設反対運動の一部には、明らかにそれまでの無理解や誤解にもとづく単純な反対運動から福祉施設の建設と引き換えに地域社会要求の実現を求めるような、ある種の取引を含む条件闘争への転化が認められた。一部の反対運動は、施設建設を受忍するための取引条件として地域社会の生活基盤的諸条件（生活インフラストラクチャー）の改善や引き上げを提示し、積極的にその実現を要求しはじめたのである。このような条件闘争的反対運動は、地域住民に生活環境改善への期待をいだかせうるだけでなく、一本調子の福祉施設反対運動にたいする世論の批判を多少とも中和するうえでも有効であった。

　八〇年代になると、障害児者施設を中心に、施設―地域社会関係は、施設社会化論の啓蒙主義的枠組を越えるような展開を示しはじめたのである。施設社会化論はその内部に地域社会の変化を捉える理論を包摂していなかった。それは、福祉施設の社会化は考えても地域社会の社会化は予定していなかったのである。地域社会は福祉施設にたいする無理解や誤解のあり方において多様であるだけでなく、それぞれに異なった住民意識や生活環境関連要求をもっていた。それらを背景とする地域住民の行動様式もまた多様であった。施設社会化論にはそうした状況を理解するに必要な枠組が十分に用意されていなかった。これは、施設社会化論にとっての重大な難点であった。

条件闘争型反対運動にもいくつかのタイプがみられた。まず、一つの典型は、実質的には福祉施設の建設に反対でありながら、そのことが明らかになることにともなっておのずと予測されるような世論による非難を回避するために、およそ望んでも実現の不可能な要求を受認の条件として提示するというタイプである。いま一つの典型は、当初から取引を前提として条件を提示するタイプである。いうまでもなく、これら二つのタイプの中間にはいくつものバリエーションが存在しており、さまざまの展開の仕方をみせている。

例をあげてみよう。いずれも関東地区の実例である。A養護施設では移転新築にあたって予定地に近接する道路の拡幅舗装が条件となり、これを受け入れた。団地内の公有地に建設が予定されたB母子寮では、入寮予定者の員数をはるかにこえる規模の収容定員をもつ集会室の設置実現を建設受忍の条件として求められた。C障害児施設の建設にあたって提示された多数の受入条件のなかには、地域内の道路の改修、融雪設備の設置、敷地内に地域住民のための駐車場を設けること、地域住民の住宅に面する施設の壁面に窓を設けないことなどの諸要求が含まれていた。D作業所の場合には、施設の建物に地域住民が自由に利用できるホールを設けることが建設承認の条件となった。

このような例は、施設社会化論の基底にある啓蒙主義の観点からいえば、地域社会の福祉施設にたいする無理解の最たるものであり、地域エゴそのものということになろう。たしかに、そうした側面のあることも否定し難い。施設建設受忍の条件として提示された諸要求のなかには、それがはたして福祉施設にたいして、あるいはその建設にからませて、要求されてしかるべきものであるのかどうか、疑問をいだかせられるような事例も数多く含まれている。ケースによっては、建設受忍の条件とはいえ、福祉施設は、地域社会の生活環境改善要求実現のための格好の手段として利用されているに過ぎないようにも考えられる。しかしながら、同時に、福祉施設や行政、あるいは社会一般に、福祉施設はいつでも地域社会や世論の理解をえて当然であるとするある種の期待ないし思い込みが前提的に存在しているように思われること、そのことの意味もまた十分に問われなければならないのである。

社会福祉の世界では、一般に、福祉施設の存在意義をみずからの側の価値尺度だけにもとづいて評価し、それで当然のこととするような傾向が認められる。けれども、地域社会のなかには福祉施設といえども地域社会の一構成要素であるにすぎず、他の住民にたいして地域住民の生活権を侵害するような加害行為の受忍を義務的に強要することはできないとする市民的、私法的な論理も存在しているのである。そのことは、たとえば福祉施設の一部が火葬場、ゴミ焼却場などとともに「迷惑施設」として捉えられる場合が少なくないことからも明らかである。これらの施設は、それが設置されている地域社会の住民にとっては、受益よりもはるかに多くの受苦を強いる施設として、認識されている。住民意識の一部に、このような福祉施設にたいする否定的・消極的認識の存在することは、こんにちにおいても必ずしも十分には認識されていないように思われる。

さて、これまでみてきたような状況のなかで、施設—地域社会コンフリクトの決着のつけ方としてとられている方法は、第一には計画の断念、第二には話し合いによる地域住民の理解・納得の取りつけ、そして第三には受認条件の一部をのむことによる妥協である。

第一の方法は決着とはいえない決着である。

第二の方法が奏効するかどうかは、住民の福祉意識の変容がどれだけ可能であるかに関わっている。施設社会化の成果が意味をもちうる領分である。

第三の方法は、福祉施設の特殊性とそのことについての理解の深化を軸にするのではなく、事柄を市民社会の私法的原則のなかでネゴシエーション（交渉）によって解決しようとする方法である。こんにち、明らかに、この第三の方法によらなければ解決に至らないような事例が着実に増加する傾向がみられる。

こうした事実が、伝統的な施設社会化論にたいしてその根源的な再検討を迫っているのである。(7)

3　福祉施設の多機能化・複合施設化

1　受益と負担

これまで、社会福祉にはつねに「負担をともなわない受益者」と逆に「受益をともなわない負担者」が存在し、社会福祉の施策にはこの両者の微妙な力学的関係の反映がみられた。たとえば、「負担をともなわない受益者」が社会の限られた一定の水準内にとどまっている場合には、その存在がとりたてて社会的に問題になることはなかった。

しかしながら、社会福祉の普遍化ないし一般化が進行して「負担をともなわない受益者」ないし「負担の軽微な受益者」が増加し、一定の水準を超えるような状況がうまれてくると「受益をともなわない負担者」の不満が増加し、福祉見直し論や費用負担問題の登場を促すことになった。このような葛藤は社会福祉の発展の過程においてこれまでにも一度ならずみられたことであった。

社会のなかに「負担をともなわない受益者」と「受益をともなわない負担者」が同時的に存在しているという事実は、社会福祉のこれからの動向を見極めるうえで見落とされてはならない重要な要素である。

2　受益と受苦

同様に、地域社会との関係において福祉施設のあり方を追究し、施設―地域社会コンフリクトの解決方法を検討する場合には、一方における受益者ないし受益圏（福祉施設によって利益を享受する受益者の集合体）、他方における受苦者ないし受苦圏（福祉施設によって被害なり苦痛を被ることになる受苦者の集合体）の存在とそれらの相互の関係をつねに考慮に入れておかなければならない。受益者（圏）と受苦者（圏）という概念は、もともとは、新幹線の敷設に対する反対運動を分析する過程において工夫された概念である。それによれば、たとえば新幹線停車駅周辺のように、受益者（圏）

と受苦者（圏）とが重なり合うような場所においては比較的容易に解決の方策（妥協点）がみいだされうる。しかし、逆に路線周辺部のように受苦者（圏）と受益者（圏）が分離している場合には、それだけ解決策（妥協点）をみいだすことが困難であったという(8)。

福祉施設についてはどうか。従来、福祉施設については受益者や受益圏の存在が前提になることはあっても受苦者や受苦圏の存在が話題になるようなことはまずなかったといって過言ではない。かつては福祉施設の数も限られており、児童施設であれ、老人施設であれ、福祉施設の受益者（入所者）が当該福祉施設の設置されている地域社会の住民（居住者）であることはむしろまれであった。場合によっては意識的に、別の地域の福祉施設が入所先として選択されるようなこともあったようである。しかしながら、福祉施設の数や種類が増加し、また社会福祉の施設福祉型社会福祉から地域福祉型社会福祉への転型が進むにつれて、事態は相当に変化してきている。都道府県によって多少の違いはあっても、こんにちではほとんどの市町村が何らかの福祉施設をかかえるようになってきており、しかも福祉改革のなかで地域を基盤とした社会福祉供給体制の整備が一層推し進められようとしている。入所型福祉施設と地域社会との接点も点や線としての接触から面の接触に拡大していくことが期待されている。福祉施設の場合にも受益者（圏）と受苦者（圏）とが存在すること、その両者の関係のあり方についての積極的な検討が求められるような事態がうみだされつつあるのである。

3 受益と受苦の調整

現行の福祉施設体系を前提にする限り、福祉施設のなかにも受益者（圏）と受苦者（圏）との重なり合いが期待しやすい福祉施設とそうでない福祉施設とが存在する。たとえば、重なり合いの期待しやすい施設は老人ホームや保育所である。逆の状況にあるのは教護院や更生保護施設などである。障害児・者の施設は両群の中間から期待しにくい方向に幾分踏み込んだところに位置している。福祉施設と地域社会との関係は、このような福祉施設の性格によっても異なってくる。すなわち、受益者（圏）と受苦者（圏）とが分離する傾向にある福祉施設ほど施設—地域社会関係は疎遠になり、そのような福祉施設ほど施設―地域社会コンフリクトのうまれる傾向も強いように思われる。

このような文脈でいえば、コンフリクト事態を含めて、福祉施設と地域社会との関係のあり方は受益者（圏）と受苦者（圏）の関係を調整することによって、すなわち基本的には両者を一致させる方向を模索することによって、調整することができる。福祉施設の受益者（圏）と受苦者（圏）とをできるだけ一致させる方向に改善するということは、最終的にはすべての福祉施設をそれぞれの地域社会における生活環境施設体系の一環にビルトインするということに帰着する。福祉施設を地域社会のなかで住民の日常的生活に不可欠の施設体系の一環に位置づけるということである。そのことを福祉施設のインフラストラクチャー化とよんでもよいであろう。

このような福祉施設のあり方を実現するためには、これまでの伝統的な施設体系のあり方に固執することなく、場合によってはそれとは別に全く新たな福祉施設のあり方を追究することも必要となってこよう。こんにちの福祉施設は、いずれも基本的には対象別に分類された単機能施設である。当面は、個々の福祉施設の機能を多様化していくことも、福祉施設の生活環境施設化を促進する一つの方向である。しかし、さらに、将来的には、対象別分化や機能的分化を超え、地域住民の多様な生活ニーズに対応することをめざす福祉施設の複合施設化が求められることになろう。そのときはじめて、福祉施設は地域社会のなかで地域住民の生活に不可欠の日常的生活環境施設として受け入れられる可能性をもつのである。

4 施設の多機能化と複合化

よく知られているように、このような方向での福祉施設の多機能化や複合施設化の模索は、先導的、試行的にはすでにはじまっており、その一部はすでに制度化されてもいる。

老人ホームや障害児・者施設におけるデイ・サービスやショートステイ・サービスの提供、養護施設における乳幼児保育や学童保育、さらには夜間保育やショートステイ・サービスなどの実験的・先導的試行は施設多機能化の例といいうるであろう。複合施設化に該当する試みとしては、たとえば老人憩いの家と児童館の併設などに先行例がみられる。また福祉施設と地域住民との共用空間としての集会室やホールの増設、さらには駐車スペースの提供といったことも複合施設化、ひいては福祉施設の生活環境施設化の一つのあり方として位置づけることが可能であろう。

こうした見地からいえば、施設―地域社会コンフリクトの過程において一見地域エゴともみえる要求が提起される場合にも、それは一概に地域社会の無理解や誤解や横暴によるものとして扱われるべきではないのである。地域社会の要求は、それが地域社会と福祉施設の新たな発展に結びつく可能性をもつ限り、あくまでも施設―地域社会関係を改善し、福祉施設の地域住民のための生活環境施設化を促進していく可能性をもつ重要な契機として捉えられなければならない(9)。

4 ゆるやかに閉ざされた生活のネットワーク

このように、福祉施設が多機能化、複合施設化し、地域住民の日常生活に不可欠の生活環境施設として発展していくべきだとして、そこに一つの新たな問題もうまれてくる。福祉施設が通所施設や利用施設の場合には、このような発展の方向はそれほど無理なく地域社会の理解もえられ、実現も可能であろう。けれども、福祉施設が入所型の生活施設である場合にはどうであろうか。福祉施設の生活環境施設化は施設利用者の生活および人権の犠牲のうえにのみなりたちうるのではないかという新たな疑問も提起されてきている。

この疑問は理由のないものではない。福祉施設が地域社会の集会室やスポーツ施設としての機能や、老人、障害児・者、ひとり親家庭児童のためのデイ・サービス施設としての機能などをあわせもつことになったとしても、その福祉施設が入所型である場合には利用者の生活ゾーンは公共的あるいは半公共的な空間から明確に分離され、利用者の生活とプライバシーを含む人権の確保が図られなければならない。それは当然のことである。

しかしながら、他方、福祉施設のこうした方向への変化は、近年における家族生活の変化と切り離し難く結びついているという事実にも留意しておきたい。端的ないい方をすれば、われわれ自身の生活が地域のなかにそのような機能を必要とする方向に変化してきているということ、そのことが福祉施設の生活環境施設化を促してきているのである。したがって、福祉施設の複合施設化にともなう利用者の生活の確保という課題については、現代社会における生活のあり方の変容という問題に一度一般化したうえで、その固有性について再検討してみることが必要である。

ことが大げさになったが、要点は一つである。われわれはかつて、村落共同体の存在を前提にしながら、それ自体としてかなりの大きさをもつ親族集団（家共同体）を単位に、数世代にわたって同一の地域で生まれ、成人し、働いて、結婚し、子どもを育て、そしてやがては死を迎えるという共同生活を繰り返してきた。このような生活のなかでは、個人や夫婦とその子どもを中心とする個の生活を成り立たせることは難しい。親族相互の生活は広く浸透しあい、より小さな集団がより大きな集団の生活のなかに埋没される傾向が強く、そのような生活のあり方を規整する特有の生活倫理が形成されていた。このような生活のあり方は、農業社会、とくに水耕を中心とする移動性の乏しい社会のなかで発展させられ、したがってそのような社会に適合的な家族の、そして共同体社会の生活のあり方であった。しかしながら、やがてこのような親族集団や地域社会は産業化の進展とともに解体され、人びとの生活は自由と平等、私的所有という市民的諸権利を基盤として、家産や家業をもつ自立した市民としての生活におきかえられる。いわゆる近代市民社会の誕生である。けれども、このような市民生活の原理は、抽象的、形式的にはともかく、実態的には、近代市民社会を構成する人びとのごく一部においてのみ実態化させられうるものであった。むしろ、近代市民社会は、資本主義経済の発展とともに、雇用者として所得を獲得し、夫婦とその子からなる核家族を生活の基礎的な単位とし、土地のつながりを捨て、都市に居住する多数の人びとを中心として構成されることになったのである。

このような近代市民社会における生活は、農業社会における生活に比較して、自由ではあるが、しかし同時にきわめて不安定な生活である。多くの人びとは、産業社会化が進展するなかで、農業社会の共同体的な紐帯を離れ、個人としての生活を獲得する機会をえた。しかしながら、これらの人びとは市民社会のなかで自立した個人としての生活を維持するに必要な家業や家産などの経済的基盤を欠いており、個の確立は上滑りし、私生活主義的な個人主義に転落することも多かった。

けれども、そのような個人主義的な生活といえども、個人や核家族のなかだけで完結させられるものではない。商品経済が発展し、生活資料のほとんどあらゆるものが貨幣によって計量され、販売されるという状況が進むにつれ、人びとの生活はかえって相互依存的にならざるをえないのである。けれども、そのような相互依存関係の重要性は人びとが危機的状況に直面させられるまでは容易に認識されることがない。たとえ認識がなされえたとしても、かつての個人や家族の危機の時代を支えてきた家的、村落共同体的紐帯はもはや喪われてしまっているのである。

最初に指摘した地域開発政策やコミュニティ政策は、歴史的にはこのような状況に対応する施策として提起されたものであった。そこには、明らかに、わが国社会の産業化のなかで喪われてきた生活の共同性を、ただし村落社会的な共同性の再生としてではなく、それに代わるべき、現代の産業社会に相応しい生活の共同性を、改めて人為的に形成するというねらいが込められていたのである。しかしながら、周知のように、この課題はオイルショックとともに頓挫し、逆に日本型福祉社会論の提起というかたちで、かつて農業社会を特徴づけていた家共同体、村落共同体とそこにおける醇風美俗的な生活倫理が欧米社会にはみられないような理想的な生活保障のシステムおよびそれを支える原理として強調されることになった。それがわが国社会の産業社会としての発展を無視したアナクロニズムにすぎないことは、ここで改めて指摘するまでもないであろう。

われわれの社会は、いま新たな生活の共同を支える絆を模索しているように思われる。かつての、家や村落共同体のように個人の生活が全体のなかに埋没してしまい、個人や家族の生活とその外側とを区別する境界が存在しないような生活は、もはや人びとの希望するところではない。いま、それを再現することは不可能であろう。けれども、逆に個人や核家族が親族ネットワークや地域社会にたいして強固な境界をつくりあげ、それらから完全に孤立した私生活主義的な生活のあり方を志向することもまた実際的ではないであろう。そのようなかたちでは、人びとが人としての生活を全うしえなくなるような状況が、すぐそこまで近づいてきているのである。

重要なことは、個人や家族の生活がそれとして確保されながら、しかしつねに外の世界に向かって開かれた、別のいい方をすれば、ゆるやかに閉じられた生活の単位としての個人や家族を縦横に連累させた、一つの系としての生活共同体を人為的に形成するための努力をたゆまなく続行することである。比喩的にいえば、そこで期待されていることは、縦糸と横糸が組み合わされて交点を結び、その連鎖が全体をつくり上げている魚網のような生活ネットワークを構築していくことである。小さな結び目の一つひとつが個人や家族の生活であり、その連鎖が地域における生活の共同の基盤となる。そして、そのような生活ネットワークのそこここに魚網を一定の高さに維持するためのブイがとりつけられている。生活環境施設としての福祉施設は、おそらくそのような存在として位置づけられるべきものであろう。そのような状況のもとにおいては、地域社会における人びとの生活と同様に、福祉施設を利用する人びとの生活もまた、内にたいしてはゆるやかに閉じられ、外にたいしてはゆるやかに開かれた体系として存立することになろう。

地域福祉型社会福祉をそれとして成熟させていくためには、われわれは、そのような生活ネットワークを二重、三重につくりあげ、そのなかで従来のやや閉ざされた福祉施設のあり方を日常的に利用しうる生活環境施設のそれに転化させ、それを核にした在宅福祉サービスの供給体制をつくりあげていかなければならないように思われるのである。

第3節　サービス・マネージャーとしての民生委員・児童委員

はじめに

いまや施設福祉の時代ではなく地域福祉の時代であるといわれるようになって、すでにかなりの時間が過ぎたように思われる。その間、民生委員・児童委員の位置づけや役割についても、これを地域福祉を支えるマンパワーとして位置づけるという観点から、さまざまに議論がなされてきた。しかしながら、その割には、こんにちなお地域福祉の時代において民生委員・児童委員に期待される役割や機能の内容は、必ずしも明確なものになっていない。それだけに、近年「アウトリーチ戦略」という挑戦的な思想と枠組のなかで、あらためて民生委員・児童委員の存在に関心がよせられはじめていることの意義は大きい。

1　「待ち」の供給体制への挑戦

議論をはじめるまえに、まず「申請主義への挑戦」という問題設定について一言しておきたい。端的にいって、「申請主義への挑戦」という問題設定には申請主義それじたいにたいする挑戦という印象を禁じえない。おそらく、ねらいはそのことにあるのではあるまい。少し言葉を補っておけば、問題設定の真意は申請主義にことよせて待ちの姿勢になりやすい、あるいは現にそうなっている福祉サービス供給体制のあり方にたいする挑戦ということであろう。

もともと、申請主義の思想はその対極に位置する職権主義の非権利性、非民主制、恣意性を克服するものとして導入されたものである。しかし、その申請主義にも限界がある。利用者の身体的、精神的その他の事情によって申請ができえない場合があり、そのときには申請主義を補完する原理として職権主義が動員される。社会福祉利用の原則はあくまで申請主義である。「申請主義への挑戦」はかりそめにも職権主義への回帰であってはならない。

あえて蛇足をつけくわえたのは、民生委員・児童委員にはかつて行政の補助機関として職権主義的な活動を展開してきた経緯があり、こんにちにおいても、ときたま、その残滓ともいえるような姿勢が垣間みえるからである。

2　民生委員・児童委員の新しい位置と役割

さて、周知のように、民生委員・児童委員の位置や役割、活動のあり方については、関連法令のほか、全国民生委員児童委員協議会（全民児協）による数次にわたる活動強化方策がこれを明らかにしている。以下、七〇周年活動強化方策を手がかりにしながらアウトリーチ態勢における民生委員・児童委員とその活動のあり方について検討していこう。

全民児協の活動強化方策は、民生委員・児童委員の位置と役割、活動のあり方を、「民生委員の三つの基本的性格」、「民生委員活動の三つの原則」、そして「民生委員活動の七つのはたらき」として、整理している。すなわち、「民生委員の三つの基本的性格」とは、「自主性、奉仕性、地域性」である。「民生委員活動の三つの原則」とは、「住民性、継続性、包括・総合性」である。そして最後に、「民生委員活動の七つのはたらき」とは、「社会調査、相談、情報提供、連絡通報、意見具申、調整、支援態勢づくり」である。(10)

このような全民児協の活動強化方策は、民生委員・児童委員の性格、活動原則、機能を大変わかりやすく、また親しみやすいかたちで整理したものとして高く評価される。けれども、通覧してそこにもう一つ、隔靴掻痒の感が残らないというわけではない。第一に、民生委員・児童委員の基本的な位置づけに関してである。第二に、七つのはたらきの個々についてはよく理解できる。しかし、その全体を通読してみても、こんにちの社会福祉をとりまく状況のなかで、民生委員・児童委員になにが期待されているのか、それがいま一つ明確なかたちで浮かびあがってこないということである。

第一の点は、民生委員・児童委員の基本的な性格に関わる問題である。周知のように、民生委員は旧生活保護法によって行政の補助機関として位置づけられていた。それが新生活保護法によって協力機関にあらためられ、こんにちに及んでいる。この民生委員の位置づけは、生活保護法以外の福祉立法にも共通するものである。

新生活保護法の制定以来すでに四〇余年の歳月が流れ、その間社会福祉のあり方も大きく変化してきた。けれども、率直にいって、民生委員には現在でも自分たち自身の立場を行政の側に引き寄せ、補助機関的な存在として理解しようとする傾向が強いように思われる。しかしながら、福祉サービスのアウトリーチを意図し、そこに民生委員・児童委員の積極的な関与を期待するとすれば、民生委員・児童委員は基本的には社会福祉の利用者、つまり地域住民の一員としての立場から、供給機関から必要なサービスを引き出し、地域住民のニーズ充足に貢献するような活動を展開していく必要があろう。

民生委員・児童委員が行政の側に、あるいは供給機関の側に身を置こうとする傾向にあることについては、民生委員・児童委員を情報伝達や配り物伝達という側面で活用しがちな行政にも責任の一端があるように考えられる。しかし、それは最終的には民生委員・児童委員自身の自己認識の問題でもある。その意味では、住民性を民生委員・児童委員活動の三原則に位置づける活動強化方策の認識には疑問が残る。住民性はむしろ自主性、奉仕性とならぶ民生委員・児童委員の基本的性格を示すもので、地域性は活動原則の一環というべきであろう。

第二に、七つのはたらきは個々にみればいちいちもっともな機能である。しかし、その全体を総合してみても具体的な民生委員・児童委員像やその活動のあり方はなかなか浮かびあがってこない。七つのはたらきが静態的かつ並列的に記述されているからであろう。とりわけ、七〇周年活動強化方策にみられるアンテナ的、告知板的、パイプ的などの比喩的表現は、民生委員・児童委員活動を受け身的で、平板なものとして印象づける結果になっている。

アウトリーチ戦略のなかに民生委員・児童委員を位置づけるには、もっと活動的で、積極的な民生・児童委員像を描きだし、定着させていく必要があろう。われわれは、かってそのような民生委員・児童委員像を福祉サービス（供給機関）と地域住民とのあいだを媒介・調整・協力する存在として位置づけたことがある。(11) その意味では、七〇周年活動強化方策で「調整のはたらき」と「支援態勢づくりのはたらき」が追加されたこと、そのことは高く評価されてよい。しかしながら、そこにおいても調整的機能は七つのはたらきのうちの一つに過ぎず、その内容も一般的、かつ平板なものにとどまっているように思われる。

3　サービス・マネージメント機能

社会福祉の基本的な性格の一つは、それが個別的（「対人」ではない）社会サービス[12]だということにある。そのことからいえば、民生委員・児童委員にさまざまに期待されている活動のうちでもっとも重要なのは、いうまでもなく個別相談活動であろう。

一般的に個別相談活動といえば、そこには多様な領域と水準が考えられる。民生委員・児童委員に医者や心理判定員、社会福祉主事や児童福祉司と同様の相談活動を期待することは必ずしも妥当なことではないであろう。けれども、民生委員・児童委員の実践報告を注意深く検討してみれば、そこに民生委員・児童委員がすぐれて調整的な機能を果たした個別相談活動についての事例を豊かにみいだすことができる。失敗例の多くは、民生委員・児童委員が地域住民の相談ごとを一人でかかえこみ、自分の力だけで解決しようとしている。成功例のなかには、相談事例をその解決にもっとも適切なサービスや機関・施設に手早く、的確に結びつけ、しかも単に専門機関に送りつけるだけでなく、多くの専門家や資源を活用しながら地域住民が専門的なサービスや施設・機関を利用し、問題を自ら解決していく過程をともに歩み、予後についてもそれとなく関心をよせている民生委員・児童委員の姿をみいだすことができる。

われわれが民生委員・児童委員に期待することのできる、またその協力が不可欠な領域は、一言でいえば、利用者（地域住民）の立場にたって、さまざまに準備されているサービス・メニューと利用者（地域住民）の福祉ニーズとを適切に結びつけ、その問題の解決過程を側面から援助し、あるいは促進するという新しい活動のあり方であろう。このような活動は一見簡単にみえて決してそうではない。民生委員・児童委員はサービス・メニューの個々について、その内容、手続き、利用の要件、費用の負担などにわたって的確な知識をもち、他方において利用者（地域住民）の相談内容について適切に判断し、さらには関係機関・施設との連絡や調整を試みることが必要となる。それ相当の知識や技術と経験が求められることである。

われわれはこのような活動をサービス・マネージメントとよぶことにしよう。それは、単なる「地域における世話役的な役割」や「地域における潤滑油的役割」ではない。もっとインテンシヴに供給体制と利用者（地域住民）とのあいだに介入し、両者の調整をはかろうとするはたらきである。こうした活動が日常化したときにはじめて、アンテナや告知板、パイプ、代弁者としてのはたらきも生きた、内容の濃いものになるにちがいない。(13)

4　位置づけの明確化と資質の向上

もとより、現時点においてすべての民生委員・児童委員に一様にサービス・マネージャーとしての機能を期待することは現実的ではないだろう。けれども、サービス・マネージメントにも経験に応じてさまざまの水準がありえよう。民生委員・児童委員をそのようなものとして位置づけ、その活動を助長していくことが、その資質を向上させる早道である。民生委員・児童委員を組み込んだアウトリーチ戦略の確立は、地域住民のサービスにたいするアクセスの機会を拡大し、そのニーズを適切に充足していくうえで必要というだけでなく、福祉サービス供給の有効性と効率性を高めるアカウンタビリティの観点からみても必要なことであろう。

notes

(1)社会福祉の供給サイドから利用者サイドへの転換については、拙稿「社会福祉供給システムのパラダイム転換――供給サイドの社会福祉から利用サイドの社会福祉へ――」（古川孝順編『社会福祉供給システムのパラダイム転換』誠信書房〈近刊〉所収）において、やや詳しく論じておいた。

(2)生活保護法第二四条第一項および第三項の規定を参照。「保護の実施機関は、保護の開始の申請があったときは、保護の要否、種類、程度、及び方法を決定し、申請者に対して」「申請のあった日から十四日以内に」通知しなければならない、とされている。

(3)生活保護の不服申立て制度については、生活保護法第九章（不服申立て）の各条を参照のこと。

(4)国際連合による「子どもの権利に関する条約」とその児童福祉改革における意義については、第1章において検討したところである。

(5)われわれの「施設社会化論」にたいする評価の視点と枠組、一応の結論については、別稿（古川孝順、庄司洋子、村井美紀、茨木尚子「脱『施設社会化』の視点」日本社会事業大学『社会事業の諸問題』三四集　一九八八年）を参照されたい。

(6)一九八一（昭和五六）年に財団法人地方自治協会が自治省および関係地方公共団体の協力のもとに実施した「公共施設の整備をめぐる紛争の発生及びその解決に関する実態調査」は、ゴミ処理場、し尿処理場、下水道終末処理場、火葬場とならんで、幼稚園と保育所を同列に調査対象公共施設に含めている。

(7)「社会福祉施設＝地域社会コンフリクト」という概念、およびそれにもとづく分析は、庄司洋子を代表者とする共同研究（社会福祉施設＝地域社会コンフリクトの政治社会的メカニズムに関する研究）のなかで創出、展開されたものである。共同研究の成果の一部は、一九九〇年の日本社会福祉学会第三八回全国大会において報告した（茨木尚子・大嶋恭二・三本松政之・庄司洋子・滝口桂子・古川孝順・村井美紀「社会福祉施設＝地域社会コンフリクトの政治社会的メカニズムⅠ・Ⅱ」『日本社会福祉学会第三八回全国大会報告要旨集』一九九〇年　三六六〜三六八ページ　所収）。

(8)受益、受苦問題については、船橋春俊・長谷川公一・畠中宗一・勝田晴美著『新幹線公害』有斐閣　昭和六〇年、なかでもその第Ⅷ章を参照されたい。

(9)社会福祉施設の多機能化や複合化の状況やその分析については、前出共同研究の報告書を参照されたい。

(10)民生委員・児童委員を対象に、「強化方策」をわかりやすく解説したものに、全国民生委員児童委員協議会『ふれあいのネットワークづくりをめざして』昭和六二年がある。

(11) 東京都民生委員連合会・児童委員活動強化に関する委員会『これからの児童委員活動のあり方』東京都民生委員連合会　一九六一年

(12) パーソナル・ソーシャル・サービスが個別的社会（福祉）サービスの語源であるが、パーソナルという単語は、「対人」ではなく「個別的」と訳すのが妥当であろう。パーソナル・ソーシャル・サービスは、「人間に対する」ソーシャル・サービスの意味ではなく、あくまでも不特定多数の人間にたいするソーシャル・サービスに対比される「個々人を対象にした、したがって個別的な援助のしかたをするところにその意義をもつ」ソーシャル・サービスという意味であると考えられる。あえて「個別的」社会サービスと訳す所以である。

(13) 新しい社会福祉供給体制のなかでの民生委員・児童委員の位置づけ、役割については、以下の別稿を参照されたい。古川孝順・村井美紀・宮城孝・茨木尚子・庄司洋子・三本松政之・岡本多喜子・小松理佐子「新しい社会福祉供給＝利用システムと民生・児童委員の役割」日本社会事業大学社会事業研究所『社会事業研究所年報』二六号　一九九〇年。古川孝順「福祉ニーズ＝サービス媒介者としての民生児童委員」日本社会事業大学社会事業研究所『社会事業研究所年報』二六号　一九九〇年。

現代社会福祉略年表

〔I〕社会福祉第I期＝定礎期

～社会福祉第I期（前期）〈社会福祉の骨格形成〉～

一九四五（昭和二〇）年　生活困窮者緊急生活援護要綱
一九四六（昭和二一）年　GHQ覚書「社会救済」
一九四六（昭和二一）年　（旧）生活保護法
一九四七（昭和二二）年　児童福祉法
一九四七（昭和二二）年　労働者災害補償保険法
一九四七（昭和二二）年　失業保険法
一九四八（昭和二三）年　民生委員法
一九四九（昭和二四）年　身体障害者福祉法
一九五〇（昭和二五）年　生活保護法
一九五〇（昭和二五）年　社会福祉主事の設置に関する法律
一九五一（昭和二六）年　社会福祉事業法

～社会福祉第I期（後期）〈社会保障の骨格形成〉～

一九五二（昭和二七）年　戦傷病者戦没者遺族等援護法

一九五二（昭和二七）年　身体障害者更生援護対策要綱
一九五二（昭和二七）年　母子福祉資金の貸付等に関する法律
一九五三（昭和二八）年　生活保護法百問百答第六輯『ケースの取扱い』
一九五三（昭和二八）年　軍人恩給復活
一九五三（昭和二八）年　未帰還者留守家族等援護法
一九五三（昭和二八）年　社会福祉事業振興会法
一九五三（昭和二八）年　日雇労働者健康保険法
一九五三（昭和二八）年　私立学校教職員共済組合法
一九五四（昭和二九）年　更生医療・育成医療制度
一九五四（昭和二九）年　厚生年金保険法
一九五五（昭和三〇）年　世帯更生資金貸付制度
一九五六（昭和三一）年　公共企業体職員等共済組合法
一九五八（昭和三三）年　国家公務員共済組合法
一九五八（昭和三三）年　国民健康保険法
一九五九（昭和三四）年　国民年金法

〔Ⅱ〕社会福祉第Ⅱ期＝拡大期

～社会福祉第Ⅱ期（前期）〈福祉サービスの整備〉～

一九六〇（昭和三五）年　精神薄弱者福祉法

一九六〇（昭和三五）年　所得倍増計画
一九六〇（昭和三五）年　厚生行政長期計画
一九六〇（昭和三五）年　身体障害者雇用促進法
一九六一（昭和三六）年　児童扶養手当法
一九六一（昭和三六）年　社会福祉施設職員退職手当共済法
一九六三（昭和三八）年　老人福祉法
一九六四（昭和三九）年　母子福祉法
一九六四（昭和三九）年　重度精神薄弱児扶養手当

〜社会福祉第Ⅱ期（後期）〈供給体制の多様化〉〜

一九六五（昭和四〇）年　母子保健法
一九六六（昭和四一）年　特別児童扶養手当法
一九七〇（昭和四五）年　心身障害者対策基本法
一九七〇（昭和四五）年　勤労青少年福祉法
一九七〇（昭和四五）年　社会福祉施設緊急整備五か年計画
一九七〇（昭和四五）年　厚生行政長期計画
一九七一（昭和四六）年　児童手当法
一九七二（昭和四七）年　福祉工場
一九七三（昭和四八）年　五万円年金
一九七三（昭和四八）年　老人医療費支給制度

〔Ⅲ〕社会福祉第Ⅲ期＝転型期

～社会福祉第Ⅲ期（前期）〈福祉見直し〉～

一九七五（昭和五〇）年　福祉手当制度
一九七六（昭和五一）年　在宅老人福祉対策事業
一九七六（昭和五一）年　身体障害者雇用促進法改正
一九七七（昭和五二）年　在宅障害者社会適応訓練事業
一九七八（昭和五三）年　障害者住宅整備資金貸付制度
一九七九（昭和五四）年　障害者社会参加促進事業
一九七九（昭和五四）年　新経済社会七か年計画
一九八〇（昭和五五）年　武蔵野市福祉公社
一九八〇（昭和五五）年　在宅障害者デイ・サービス事業

～社会福祉第Ⅲ期（後期）〈福祉改革〉～

一九八一（昭和五六）年　第二次臨時行政調査会（第二臨調）
一九八一（昭和五六）年　夜間保育事業
一九八一（昭和五六）年　母子及び寡婦福祉法
一九八二（昭和五七）年　家庭奉仕員派遣事業有料化
一九八二（昭和五七）年　身体障害者家庭奉仕員派遣事業

一九八二（昭和五七）年　老人保健法
一九八三（昭和五八）年　臨時行政改革推進審議会（旧行革審）
一九八五（昭和六〇）年　国の補助金等の整理及び合理化並びに臨時特例等に関する法律
一九八六（昭和六一）年　国の補助金等の臨時特例等に関する法律
一九八六（昭和六一）年　地方公共団体の執行機関が国の機関として行う事務の整理及び合理化に関する法律
一九八七（昭和六二）年　社会福祉士及び介護福祉士法
一九八七（昭和六二）年　臨時行政改革推進審議会（新行革審）
一九八九（平成　元）年　福祉関係三審議会合同企画委員会「今後の社会福祉のあり方について」（意見具申）
一九八九（平成　元）年　高齢者保健福祉推進十か年戦略（ゴールドプラン）
一九九〇（平成　二）年　老人福祉法等の一部を改正する法律（社会福祉八法改正）

初出

社会福祉改革

—そのスタンスと理論—

発行日：1995年6月20日
発行所：誠信書房
判　型：四六判
頁　数：254頁

■はしがき

今年、一九九五年はいわゆる八〇年代福祉改革が本格化してから一〇年目にあたる。ちょうど一〇年前の一九八五年、国の地方自治体にたいする補助金が一律に一割削減され、八〇年代福祉改革の本格的な展開の幕が切って落とされたのである。

八〇年代福祉改革は、周知のように、行財政改革の一環として推進され、こんにちなおその残映は払拭されていない。しかしながら、八〇年代末から九〇年代初頭にかけて、そのような福祉改革の性格が徐々にではあれ変化してきたことも事実である。

この一〇年、行財政改革の一環として外在的にはじまった福祉改革もしだいに内在化され、内容的にも積極的な側面がうみだされてきた。少なくとも九〇年代になると、かつてのような家族を「福祉の含み資産」として位置づけ、伝統的な親族や地域共同体による親族協救・隣保相扶的な生活保障システムへの回復をめざすような思想や施策はいくぶん影をひそめ、家族や地域社会の現実を直視した施策が展開されるようになってきたといって過言ではない。利用者（生活者）の自立生活の支援と地域社会への統合、利用者本位の福祉サービス提供システム、利用者の権利擁護、市区町村を基礎的な単位とする社会福祉への転型、福祉社会（福祉コミュニティ）の形成、さらには地域自治型社会福祉への展開など、いずれも一〇年前の八〇年代なかばにはじまる福祉改革が積極的な側面をもつようになってきたことを物語る諸概念であろう。

さて一方、今年一九九五年は戦後五〇年の節目にあたり、しかも二一世紀を指呼の間に展望する時期にある。早晩、戦後五〇年を回顧し、同時に二一世紀を展望するパースペクティブのもとに、八〇年代福祉改革それ自体についても、またそれを支え、あるいは批判してきた思想や理論についても、厳しくその功罪が問われることにならざるをえない。本書は、そのことを念頭におきつつ、福祉改革問題を取り扱ったものを中心に、ここ数年のあいだに執筆してきた論稿の一部を収録したものである。

収録した論稿の所出は以下の通りである。序章「展望――社会福祉改革」は一九九三年一〇月に刊行された人文会二十五周年記念委員会編『人文書のすすめ』（人文会）に「日本的福祉の現状」と題して寄稿したものである。第1章「社会福祉改革問題への視座」の初出は熊本短期大学社会福祉研究所『熊本短期大学社会福祉研究所報』一九・二〇号（一九九一年一二月）である。第2章「社会福祉施設改革の展望と課題」の初出は鉄道弘済会『社会福祉研究』六〇号（一九九四年七月）である。第3章「社会福祉供給システムと民生児童委員」は「福祉ニーズ＝サービス媒介者としての民生・児童委員」として、日本社会事業大学社会事業研究所『社会事業研究所年報』第二六号（一九九〇年一二月）に発表したものである。第4章「社会福祉の改革とボランティア活動」は田無市社会福祉協議会ボランティア活動推進協議会の長期計画「市民の、市民による、市民のためのボランティア活動」（一九九五年三月策定）を著者の責任においてまとめなおしたものである。論稿の骨子は著者が同協議会長期計画策定小委員会に討議資料として提出したものであるが、随所に小委員会による討論の成果が組み込まれている。その意味では、本稿は同策定小委員会による成果といってもよい。田無市社会福祉協議会ボランティア活動推進協議会の承認を得て、ここに収録した。第5章「社会福祉の国際比較――基礎的諸問題を中心に」の原題は「国際化時代の社会福祉とその課題」である。日本社会福祉学会『社会福祉学』第三五―一号（一九九四年六月）に掲載された。第6章の「社会福祉分析の基礎的枠組」は本書に収録した論稿のなかではもっとも新しい。前記熊本短期大学社会科を継承しつつ、発展的に再編成された熊本学園大学社会福祉学部の開校を記念する『社会関係研究』の創刊号（一九九五年二月）に、かつて同短期大学に勤務した経歴をもつ社会福祉研究者の一人として寄稿の機会を与えられ、執筆したものである。

本書を構成する論稿のうち、序章と第1章は福祉改革問題に関わる現状分析の視座および方法について考察したものである。第2章から第3章は、同じく福祉改革の個別のテーマに関わる現状分析と改革の方向や課題に関する提言から構成されている。第5章と第6章は、第4章までとは異なり、国際比較の方法や社会福祉学の基本的な分析枠組の探究という理論的な課題を取り扱っている。内容的にみて幾分違いのある論稿を取りまとめたという印象を与えるかもしれない。しかし著者は社会福祉学の研究にあたっては、つねに「可能な限り理論的に、そして可能な限り実際的、実践的でありたい」と考えてきた。福祉改革の問題を取り扱うにあたっても、著者はそれを基本的な研究のスタンスとしてきた。序章から第4章までの論稿は、いずれもそのようなスタンスを前提としたものである。最後の二章は、そのような現状分析の経験のなかからうみだされてきた理論研究の成果である。そして、それは同時に今後さらに現状分析を進めるにあたってその基礎となる枠組である。第5章は拙著『社会福祉学序説』(有斐閣、一九九四年)の第7章「国際比較の意義と方法」と重複する部分も少なくないが、冒頭の部分で国際社会福祉研究の枠組を論じた部分があり、今後における社会福祉学研究の課題とその方法論に関する議論の一端を示すものとして、ここにあらためて収録することにした。第6章は拙著『社会福祉学序説』で論じた社会福祉学の方法論をさらに一歩でも前進させようと意図して執筆した論稿である。内容的には、別稿「日本社会福祉学の展開と課題」(一番ヶ瀬康子編著『21世紀社会福祉学――人権・社会福祉・文化』有斐閣、一九九五年、所収)も参照していただければ幸いである。

本書は筆者にとって四冊目の単著になる。しかしなお、社会福祉学の研究としてつめきれていない部分も多い。また、行論中には思わぬ誤解や曲解もあろうかと恐れている。それでも、微力ではあるが、今後とも読者諸氏のご批判、ご叱声を糧に、さらに社会福祉学の構築に邁進したいと念じている。

すでに戦後五〇年、戦後第一世代、第二世代によって開拓されてきた戦後社会福祉学研究の成果は、可能であればそこになにほどかのものがつけ加えられたうえで、適切に新しい世代に伝達されていかなければならない。その役割の一端を担うことが、第三世代に属する研究者たちに課せられた責務というべきであろう。著者もまたそのような研究者たちの隊列にいたいものと思う。

最後になってしまったが、本書の刊行は、いつものように誠信書房の柴田淑子社長のご厚意と社会福祉学研究の発展に寄せられた理解の深さに負うている。取りまとめの過程においては、これまたいつものように、編集部の長林伸生氏をわずらわせた。ここに改めて感謝の意を申し述べたいと思う。校正および索引の作成については東洋大学大学院社会学研究科社会福祉学専攻後期課程の小松理佐子氏による労を惜しまぬ献身に負うている。あわせて感謝の意を申し述べたい。

一九九五年　新緑の時節に

著者　識す

序章　展望——社会福祉改革

はじめに

一九九五年、すでに一九九〇年代もそのなかば、二一世紀は指呼の間にある。社会福祉の世界においては、二一世紀を展望する社会福祉のあり方が、さまざまな場面と観点において、話題になってきている。そこここにおいて、二一世紀の社会福祉があるいは楽観的に、あるいは悲観的に論じられている。

今年、一九九五年は、戦後五〇年である。これまでしばしば指摘されてきたように、わが国の社会福祉の骨格は一九四〇年代の後半、四六年から五〇年、さらにいえば五一年までのあいだに、政治、司法、経済、土地、労働、教育など多様な側面に及んだ戦後改革のなかで、その一環として形成された。その意味では、こんにちのわが国の社会福祉は、戦後改革のなかの社会福祉の再編成、すなわち戦後福祉改革の所産である。その一部は、あるいは捉えようによってはかなりの部分が、八〇年代福祉改革によって大幅に修正され、また新たな側面が追加された。

二一世紀における社会福祉は、どのようにみても、基本的にはこのような戦後五〇年の経験を前提にし、その延長線上にしか展開されようがないのである。楽観的であれ、悲観的であれ、戦後五〇年と断絶されたかたちでの二一世紀社会福祉像の描出は空疎というほかはないであろう。

戦後五〇年間、さらにいえば二〇世紀の社会福祉をどのように総括するのか、社会福祉の理論にとっても、実践にとっても、避けて通ることのできない世紀末的課題である。ここでは、そうした課題を遠望しつつ、戦後福祉改革と八〇年代福祉改革を主軸に、戦後社会福祉を概観し、わが国の社会福祉の過去、現在、そして将来を考えるための手掛かりを探ってみようと思う。

第1節　戦後福祉改革と八〇年代福祉改革

まず、歴史的な視点から、現在のわが国の社会福祉がどのような段階にあるか、垣間みておこう。社会福祉の戦後史もすでに半世紀になるが、その発展・展開の過程は、「戦後福祉改革」と「八〇年代福祉改革」という二つの改革を重要な契機として含みつつ、およそつぎの四通りの時期に区分することができる。

第一の時期は、社会福祉の定礎期である。一九四五（昭和二〇）年から五九（昭和三四）年にいたる時期がこれにあたる。第二の時期は、社会福祉の拡大期であり、一九六〇（昭和三五）年から七三（昭和四八）年にいたる時期である。第三の時期は社会福祉の転型期である。一九七四（昭和四九）年から九〇（平成二）年にいたる時期がこれにあたる。そして、一九九一（平成三）年以降が第四の時期、すなわち地域福祉型社会福祉、あるいは自治型社会福祉への展開期である。

第一の時期、社会福祉定礎期、なかでもその前期（一九四五〜五一年）においては、社会福祉の戦後改革が実施され現代社会福祉の基礎的な骨格が構築された。法制度的にみれば、生活保護法（四六年、五〇年に大幅改正）、児童福祉法（四七年）、身体障害者福祉法（四九年）、および社会福祉事業法（五一年）が制定され、これらの法制によって戦後社会福祉行政の枠組が定められたのである。この時期の社会福祉の対象は戦災や復員、引き揚げ、生産力の低下、インフレなどによる国民的大衆的窮乏であり、したがって生活保護（公的扶助）が施策の中心となった。しかし、日本経済の復興、さらにはその成長への萌しがみられはじめる定礎期後期（一九五二〜五九年）になると、各種社会保険の整備が進み、国民健康保険法（五八年）、国民年金保険法（五九年）の制定とともに、国民皆保険皆年金体制が成立する。ここで、わが国の生活保障システムは、生活保護を中心とした事後救済的な施策から、社会保険を中心とする事前的防貧的な施策を中心とするものに転換することになった。

こうした経緯をうけて、第二の時期、社会福祉拡大期になると、社会福祉は、それまで生活保護（公的扶助）の蔭に隠れていた福祉サービスを中心にして著しい拡大をみせることになる。拡大期前期（一九六〇〜六四年）には、精神薄弱者福祉法（六〇年）、老人福祉法（六三年）、母子福祉法（六四年、八一年に母子及び寡婦福祉法に改正）が制定され、福祉サービスをその主要な内容とする福祉五法体制が成立した。その背景には、高度経済成長による、伝統的共同体的な家族と地域社会ネットワークの弱体化にともない、低所得ボーダーライン層における障害者、高齢者、母子などの社会的不利益集団の形成があった。そして、これら不利益集団のになう生活上の困難や障害は、その後の高度経済成長の一層の進展、人口構造の高齢化等によって拡大し、一般階層にも深く浸透し、拡大期後期（一九六五〜七三年）には革新自治体を中心に、地方自治体による社会福祉単独事業の著しい拡大がみられるようになった。社会福祉単独事業の多くは、国制度にたいする「上乗せ」「横だし」施策というかたちをとりながら、従来の社会福祉制度の外延部分に追加されたものである。もとより、同時に地方自治体単独による独自の施策もあり、その一部は、児童手当（七二年）、老人医療費支給制度（七三年）のように、国の施策として吸い上げられることになった。

第三期、社会福祉転型期は、このような拡大期における外延的拡大にたいするある種の反動の時期としてはじまった。第二期における社会福祉の拡大は高度経済成長のもたらした「逆流現象」に対応するものでありながら、他方明らかにその果実（税収増）によって支えられていた。それゆえに、オイルショックによる税収減は、すぐさま拡大した社会福祉にたいする声高な批判の合唱をもたらした。転型期の前期（一九七四〜八〇年）を象徴する「バラマキ福祉批判」「福祉見直し論」の登場であるが、こうした批判にもそれなりに理由がなかったわけではない。事実、先を争うようにして展開された地方自治体の社会福祉単独事業は計画性・系統性に欠ける嫌いがあり、財政的にも国への依存と期待が強くみうけられた。その意味では、オイルショックがなくともわが国の社会福祉は早晩再検討を必要とする状況にあったのである。けれども、社会福祉、なかでも福祉サービス関係の国家予算の推移をみると、直ちに予算の削減がはじまったわけではない。福祉サービスに限定していえば、七四年以後も予算の拡大は暫時持続している。社会福祉関係予算の引き締めや制度の改革が全面的に推進されるのは、転型期の後期（一九八一～九〇年）になってからである。転型期後期は、一九八一年のわが国の行財政の抜本的な改革を意図する第二次臨時行政調査会の設置とその緊急答申にはじまり、八六年の国庫補助の削減、関連行政の地方自治体移管、八九年の「高齢者保健福祉推進十か年戦略」（ゴールドプラン）の策定、そして、九〇年の福祉関係八法改正によって終結する。この間、わが国の社会福祉は、戦後福祉改革の所産である、「国＝公的扶助＝入所型の社会福祉施設を中心とする施設福祉型社会福祉」から「地方自治体＝福祉サービス＝在宅ケアを中心とする地域福祉型社会福祉」への転型が求められることになったのである。

第四期、地域福祉型あるいは自治型社会福祉展開期は、すなわち福祉八法改正が具体化されていく時期である。こんにち、まさにその渦中にあるというべきであるが、この間にも、たとえば九四年春までに実施された市区町村による「老人保健福祉計画」の策定など、国民の生活に密着した場所を起点とする社会福祉の供給やその計画化という新しい社会福祉の一面が垣間みえてきている。しかしながら、他方では、保育所利用の契約化問題に象徴されるような措置（費）制度の改革の提言や介護保険導入の提言などが行われ、社会福祉改革はある意味ではいままさに本格化しつつあるといって過言ではない。

第2節　八〇年代福祉改革の性格と内容

現在、一九九五年は、すでに戦後社会福祉の第四期、地域福祉型社会福祉展開期に属する。第四期は、第三期の転型期以降、施設福祉型から地域福祉型への傾斜を強めてきたわが国の社会福祉が新たな展開を示しはじめた時期である。しかしながら、第四期はまだはじまったばかりである。社会福祉の現状についての評価を多少とも行き届いたものにするためには、われわれのいう「転型」についての、そしてその契機としての八〇年代福祉改革の性格や内容についての検討が不可欠の要件となる。

その始点をどこにとるかにもよるが、わが国の福祉改革はすでに一〇年以上を経過していることになる。八六年の国庫補助金削減措置から数えて九年が経過している。わが国の福祉改革は、すでに改革計画を策定し、その法制化をはかるという時期をすぎ、その具体化・展開の時期にさしかかっている。それにもかかわらず、わが国では福祉改革についての評価はまだ定まっていない。その理由はいろいろに考えられるが、もっとも基本的な理由は、八〇年代福祉改革が二重の側面をもっているということ、そのことに求められる。八〇年代福祉改革は、第一に、低成長のもとでの行財政改革の推進という文脈のなかで推進されてきた。そのことは、第二臨調の基本的な視点をみればおのずと明らかである。第二臨調は、家族や地域社会の維持強化、自助努力と民間活力の活用、財政支出の削減、行政機構・手続きの簡素化、行政事務の地方委譲などを基本的な改革課題としたが、これらの課題はそのまま社会福祉の領域においても追求された。いわば行財政改革主導の福祉改革である。これにたいして、八〇年福祉改革のなかには、敗戦直後の大衆的窮乏の時代に戦後福祉改革を契機として構築されてきた社会福祉の行政や処遇の骨格や枠組を、高度経済成長にともなう社会の産業化、大衆化、雇用者社会化、核家族化、さらには脱産業化、人口構造の高齢化とそこに付随する社会的ニーズの変化という現実に再適応させるという文脈のなかで追求されてきた部分が含まれている。この後者の文脈のなかでは、高齢者、障害者、子ども、母子・父子、傷病者、マイノリティ集団などの社会的不利益集団の自立的生活の確保、ノーマライゼーション（常態化）やインテグレーション（社会的統合）の達成などの新しい諸理念の確立と、それを実現するための改革が追求されてきた。そして、現実の福祉改革のなかでは、これら二通りの側面が複雑に交錯し、わかちがたく結合しあいながら、個別具体的な改革案となり、その推進がはかられてきている。実に、そこに福祉改革にたいする評価の困難さが胚胎し、混乱もまたうまれてきているのであるが、そのことについてはのちにもう一度ふれることになろう。

さて、ここで八〇年代福祉改革の内容をみてみよう。それは、およそ社会福祉の①普遍化＝利用者の一般階層化、②多元化＝非営利民間部門やシルバー産業・チャイルドビジネスなどの私営部門の拡大、③分権化＝地方自治体の権限と責任の拡大、④自由化＝脱規制化、⑤計画化＝社会福祉行政や民間地域福祉活動の計画化、⑥総合化＝保健・医療・教育・雇用・住宅・消防・人権擁護など関連領域との連携、調整の強化、⑦専門職化＝社会福祉士・介護福祉士制度の発足、⑧自助化＝自助努力、受益者負担の重視、⑨主体化＝住民主体・住民参加の促進、⑩地域化＝在宅福祉サービス中心の社会福祉への転換、などとして整理することができる。これら福祉改革の個々の課題は、相互に不可分に結びつきながらも、それが提起された時期、比重、達成度など、それぞれに異なっている。なかでも、もっとも重要な側面は、②多元化、③分権化、⑤計画化、⑥総合化、⑩地域化である。

社会福祉の多元化とは、従来国や地方自治体という公的組織、社会福祉法人や日本赤十字社などの準公的組織を中心に組成されてきた福祉サービスの提供組織が、福祉公社などの公民混合型の提供組織、相互扶助団体や生活協同組合などの民間主体型の提供組織を含むものに拡大させられてきたことを意味している。さらに、その周辺に、有料老人ホームなどのシルバーサービス産業やベビーシッター派遣業などのチャイルドビジネスにみられるような営利型の私営サービス提供組織を育成し、同時に規制する施策も展開されてきている。多元化は、社会福祉の提供と利用における自由度を高める改革として期待されてきている。

つぎに、分権化は、福祉サービスの提供にかかわる諸権限の市区町村への委譲を意味する。福祉サービスの提供は、その利用者の生活にもっとも近接し、福祉ニーズの実態をもっともよく知りうる立場にある市区町村によって提供されるべきだという考え方である。一九九三年四月から福祉サービスのうち、高齢者および身体障害者福祉サービスの提供に関わる諸権限は市区町村に移管された。児童、母子・寡婦、精神薄弱者にたいする福祉サービスは、従来どおり都道府県および市を中心に提供される。ただし、社会福祉のうちでも生活保護（公的扶助）は、国民的最低限の維持確保という観点から、制度発足の時期以来の都道府県知事および市長等への機関委任事務としての位置づけが踏襲されている。

社会福祉の計画化は、従来後追い的、その場しのぎ的であった社会福祉のあり方を予防的、計画的なものに改めようということである。八九年に、達成年限を明示し、計画的に高齢者保健福祉サービスの整備をはかることをうたった「高齢者保健福祉推進十か年戦略」(ゴールドプラン)が策定されたことは、計画化の嚆矢としての意味をもった。九〇年の福祉関係八法改正のなかで、都道府県および市区町村に老人保健計画、老人福祉計画の策定が義務づけられ、全国の都道府県・市区町村で両者を統合した老人保健福祉計画が策定された。もとより八法改正には含まれなかったものの、計画化への志向は高齢者福祉の領域に限定されるものではない。東京都にみられるように、ノーマライゼーションとインテグレーション、それを基盤とする地域のなかでの自立的生活の確保という新しい社会福祉の理念のもとに、その全体を計画化しようとする試みがしだいに具体化されつつある。

社会福祉の総合化は、高齢者にたいする保健計画と福祉計画が保健福祉計画として統合的に策定されたことに象徴的に示されているように、従来、雇用、教育、住宅、保健、医療、司法、人権擁護など個別に展開されてきた施策を社会福祉を核に総合・統合化して推進することを意味している。わが国の近年における高齢化の進行、傷病構造の変化、家族や地域社会の構造や機能の変化、ライフスタイルや生活意識の変化にともなう福祉ニーズの多様化・複雑化・高度化に対応するには、生活関連諸施策の総合化と統合化が不可欠の課題となってきているのである。

社会福祉の地域化とは、福祉サービスの内容を入所(収容)型の社会福祉施設を中心とするものから在宅福祉サービスを中心とするものに改めるということである。近年、この社会福祉の地域化を推進する方策施設として期待されてきているのがホームヘルプサービス、デイケアサービス、ショートステイサービスである。これがいわゆる在宅福祉の三本柱である。社会福祉の地域化を推進する理念は、ノーマライゼーションとインテグレーションの達成、そしてそれらを前提とする自立的生活の確保である。もとより、このような地域化によって入所型の社会福祉施設が無用になるわけではない。地域福祉型への転換が推進される一方において、高齢者や重度の障害児・者向けの入所型施設の重要性と必要性はますます拡大してきている。しかし、そこで必要とされているのは伝統的な長期滞在型の生活施設ではなく、利用期間を限定し、高度の専門的、治療的な援助を提供する通過型の専門施設である。基本は在宅福祉サービスによる自立的生活の確保にあり、そのことに貢献するような入所型施設のあり方が求められているのである。

第3節　八〇年代福祉改革の評価と課題

これまで取り上げてきたことは、八〇年代福祉改革のごく一部であるが、その評価ということになると容易ではない。それは、改革が複雑多岐にわたり、実態の全面的な把握がなかなか困難であるという事情もあるが、主要には、すでに指摘しておいたように福祉改革が二重ないし二面的な性格をもち、評価の尺度についての合意が成立しにくいという事情があるからである。

たとえば、社会福祉の多元化は、福祉サービスの提供と利用の自由度を高め、その一般化・普遍化に貢献したとみることができる。しかし、それは、その反面において個人・家族・集団・地域社会による自助努力の重視や民間活力の活用という行財政改革の命題と分かちがたく結びついている。この観点からいえば、社会福祉の多元化は社会福祉の境界を曖昧化し、同時に公的責任＝公的福祉への求心力を弱体化させるという結果をもたらしている。社会福祉の分権化は、国庫補助の削減措置を後追いするようなかたちで推進されてきた。地方自治体の権限の拡大はそれ自体としては歓迎されるべきものであるが、地方自治体による社会福祉諸施策の拡充は間違いなくその財政負担を拡大させる。財政的にゆとりのない地方自治体による、施策の不作為というかたちでの、権限の消極的な活用がなされないという保障はどこにも存在しない。現に少なくない地方自治体において、そのような兆候がみられ、分権化による地域間格差、地方自治体間格差の拡大が懸念されている。社会福祉の地域化についても、同様の二面性を指摘することができる。ノーマライゼーションやインテグレーション、そして自立的生活への指向は、自助努力、家族や地域による介護に強く依存する。社会福祉の地域化が公的施策の縮減、端的にいえば安上がりの施策を意図して推進されるということになれば、家族や地域社会の負担は限界を超えるものになろう。社会福祉の計画化についても、計画的対応という建前による支出の抑制や施策優先度の不均衡さをもたらさないという保障は、これまたどこにも存在しないのである。

このような福祉改革の、いわば消極的な側面への懸念は杞憂であり、かえってその積極的な展開を妨げるという指摘も、あるいはありうることである。しかしながら、わが国の私的扶養への依存はヨーロッパ諸国をはるかに凌いでいる。逆にいえば、公的扶養、ここでいえば公的福祉サービスの発展は、その分だけ低位に抑えられてきたのである。それにもかかわらず、行財政改革に端を発する八〇年代福祉改革は、その一面においてむしろ伝統的な家族や共同体的地域社会への依存を拡大しようとしてきた。臨調報告のなかで強調された「日本型福祉社会」の構築という提言に関連させていえば、行財政主導の福祉改革は、私的扶養への大きな依存、伝統主義的な家族共同体や地域社会の扶養・介護力の存在をもって、逆にいえばその分だけ公的な施策への依存を抑制しうることに「日本型」の特質をみいだそうとしているのである。しかしながら、すでに周知のように、わが国の家族は核家族化、少子化の度合いを一層強め、地域社会は扶養共同体的な要素を喪失させつつある。日本的要素はむしろ後退し、産業化、大衆化、高齢化、単身化、複合家族化、男女均等化など、欧米諸国に共通する傾向を強めようとしているのである。

こうした状況のなかで、積極的な福祉改革の展開を確実なものにしていくには、最低限つぎのような視点の転換とそれにもとづく施策や処遇のあり方についての再検討が必要であろう。結論をさきにいえば、福祉改革を国民にとって積極的な意味をもつものにするためには、社会福祉の提供組織のあり方や援助の内容を利用者サイド＝当事者主体のものに組み換えていくことが必要である。従来、社会福祉は提供の組織も援助の内容も提供者のサイドから構築されており、社会福祉は憲法二五条の生存権を保障するための具体的な施策としての位置づけをもちながらも、福祉サービスについていえば、その受給は提供権限を付与された機関による提供の決定（措置の決定）によって可能となる法の反射的利益であり、国民が権利として直接要求しうるものではないとされてきている。これからの社会福祉は、こうした法的位置づけの改善のみならず、提供組織のあり方、提供の基準や必要な手続きのあり方、援助の具体的な提供過程やその内容にいたるまで、利用者のサイドから、その必要を最大限に充足し、その自立的生活と社会への統合を確保しうるようなものに組み換えられていく必要があろう。

この利用者サイド＝当事者主体の社会福祉の実現は、別の視点からいえば社会福祉の主体化と主権化とを前提とする。社会福祉の主体化とは、その計画の策定から運用、利用の過程にいたるまで住民の主体的、直接的、実質的な参加を促進するということである。福祉改革のひとつの成果としての老人保健福祉計画は、計画策定の過程における住民参加の必要性を指摘しているが、社会福祉を利用者サイドのものに再構築していくためには、福祉計画の全般にわたって、住民の、形式的でない、主体的、実質的な参加が実現されなければならないであろう。主権化とは、いわば地方主権化である。分権化には、中央の権限を譲り受け、地方自治体のものとするというニュアンスが強い。全国的に一定の水準と内容を確保することにたいする国の責任は重大であり、分権化という文脈のなかでそれが解除され、あるいは縮減されることがあってはならない。そのことはいうまでもないことである。しかしながら、地方自治法を引き合いにだすまでもなく、社会福祉には本来地方自治体の取り組むべき固有事務という側面が含まれている。その意味では、社会福祉の分権化、計画化を契機に、社会福祉は地方自治体の固有事務として全面的に主権化され、再構築されなければならない。社会福祉を利用者サイドのものに再構築していくためには、地方自治体における主権の回復が不可欠の前提となるのである。

八〇年代福祉改革の展開期にあたるこんにち、公私、公民間の責任分担と協働の問題、利用者負担の問題や福祉サービスを担うマンパワーの問題など、ほかにも検討すべき問題は数多い。また、われわれのいう戦後社会福祉の第四期も、しだいにその姿を露にしつつある。しかしながら、もはや紙幅も尽きてしまった。そうした点についての検討は今後の課題として残したい。

最後に、福祉改革の評価は結局はそれがどのようなかたちで、どのように具体化されたかによって、すなわちプランの是非や適否によってではなく、結果としての事実によって評価されるべきものであること、そのことを再確認しておきたい。

国家（政府）によるそれに限らず、政策の評価については留意すべきことが多い。政策はいつでも、なにかの目標や目的を達成することを意図しながら策定される。その限りでは、政策は「意図された政策」である。しかしながら、「現実の政策」はその策定の過程において、法律という形態をとるものであれば議会における審議の過程において、大なり小なりの修正が施される。その間、「意図された政策」と「現実の政策」とのあいだには一定のズレがうまれてくる。さらに、政策は、その実施の過程においても変容、修正される。しかも、そのような政策によって意図された目標がつねに達成されるとは限らない。「意図された政策」と「現実の結果」とのあいだにもズレがうまれてくる。さらに、「政策の意図」はつねに明示されているとは限らないであろう。黙示的な意図、あるいは隠された意図の存在にも留意しておかなければならない。

われわれがこれまで分析の課題としてきた福祉改革問題もまた、その例外ではありえない。福祉改革の端緒は明らかに行財政改革という国（政府）の政策によって与えられている。しかしながら、その策定から実施にいたる過程はさまざまの要因によって変容されている。政策の策定、実施の過程には、政府、財界、有識者のみならず、行政吏員、社会福祉関係者など、多様なセクターの利害が反映させられているのである。福祉改革についての最終的な評価は、そのような政策の策定過程や実施過程のありように十分配慮したうえでなされなければならない。

第1章 社会福祉改革問題への視座

はじめに

社会福祉におけるいわゆる「福祉改革」がすぐれて現実的な課題として認識されるようになったのは、一九八五（昭和六〇）年以来のことであった。

この年、一九八一（昭和五六）年の第二次臨時行政調査会の設置にはじまる行財政改革先導の福祉改革の潮流は、高額政府補助金の削減というかたちをとって一挙に具体化し、社会福祉の世界に戦後改革以来ともいいうるような福祉改革の是非をめぐる激しい論議を巻き起こすことになった。この改革論議はたしかに行財政改革に先導されるかたちではじまった。しかしながら、そこには、行財政改革主導の福祉改革論と同時に、そのような状況の展開にたいして社会福祉界の内側からなされた問題提起が含まれていた。すなわち、行財政改革先導の福祉改革論にたいして、オイルショック直後の福祉見直し論から行財政改革路線にいたる社会福祉批判に巻き返しを図るかたちで、社会福祉界の一部の団体や機関、研究者たちによって、行財政改革を契機に、むしろ独自の、内発的な制度改革を推進すべきことが強調された。そして、つぎにはこの後者の議論にたいする一部社会福祉界の強い反発や批判も加わり、以後賛否入り混じえての激しい福祉改革論議が展開されることになった。

周知のように、一九八五（昭和六〇）年の高額補助金削減以来、翌八六（昭和六一）年末の福祉サービスの機関委任事務から団体（委任）事務への移管、さらには八七（昭和六二）年五月の社会福祉士及び介護福祉士法の成立など、福祉改革は確実に具体化されてきている。福祉改革は、総体としては、なおその過程にあるというべきであろう。しかしながら、これまでの過程を垣間みただけでも、それが戦後社会福祉の基礎的構造にメスをいれるような、広く、かつ深いインパクトを与える改革になりつつあることは、容易に理解されうる。これらの改革は、一方において福祉改革論の積極的な成果として、ときには自画自賛的にも、評価されている。けれども、これまた周知のように、福祉改革にたいしては、行革路線に与し、これを補完し、社会福祉の伝統に背理する改革として、いまなお深刻な批判が寄せられている。

現在における福祉改革は二一世紀の高齢社会、長寿社会に適合する社会福祉のありかたを展望するうえで不可欠のものとされるが、いうまでもなくその最終的な評価は未来の歴史家に委ねるほかはない。たしかに、こんにち福祉改革の課題として膾炙されている問題に少しでも立ち入ってみると、そこには将来の社会福祉のありかたを展望して肯定的に評価しうる側面も多い。しかし、同時に、福祉改革の幅広い内容には伝統的な社会福祉の展開や社会福祉利用者の利益ということからみて受容し難い、行革路線に直結するといってよいような部分も相当に含まれている。その意味では、福祉改革論と行革路線とを直線的に結びつけるような手厳しい批判のしかたも、それなりに理由のないことではなさそうである。けれども、さりとて福祉改革を手厳しく批判する議論が社会福祉の将来にたいする積極的、かつ説得力のある展望を用意しているのかといえば、必ずしもそういうわけではない。

いずれにしても、これまでの福祉改革やそれをめぐる論議の展開のありかたを顧みてみると、賛否の応酬は過剰に論難的であり、主題の重要性にもかかわらず議論は必ずしも実りある成果——説得的な改革論議をうみだしてきてはいないように思われる。その理由については、賛否両論それぞれに責めを負うべき部分がある。しかも、すでに福祉改革はプランの段階から実施の段階に移行しつつある。改革の実体と結果について、より具体的実際的に、かつ公平に、認識し、考量する姿勢が必要になってきている。

いまのわれわれにとって必要なことは、一方の福祉改革推進論にただ与することでもなければ、それを行革路線の継承物とみなし鎧の袖にかけて否定し去ることでもないはずである。福祉改革がすでに実施の段階にあるという現状を前提にしながら、これまでとは幾分異なった視座から、福祉改革の意味や背景、さらにはそれらをめぐる論議のあり方について論じてみることも、あながち無意味なことではないであろう。

実際問題として、誰がみてもこんにちのわが国の社会福祉は一定の改革、ないし改善、あるいはそれらを含む前進を必要としている。もとより、改革の必要性を否定する議論も、議論としてはありうる。しかしながら、戦後福祉改革以来の社会福祉の展開過程と現状、さらにはわが国の近い将来に予測されている社会福祉の課題に照らして、こんにちの社会福祉に改革すべき多くの難点が包摂されていることは否定し難い事実であろう。福祉改革をめぐる議論は、この認識を分かちもつことから始められなければならない。そこにおける論点はすでに福祉改革の要否ではなく、改革ないし改善、あるいは前進の方向とその内容のいかんにあるように思われる。

いうまでもなく、福祉改革の方向や内容は、これまで培われてきた社会福祉の歴史的資産を適切に継承し、かつ社会福祉の将来を展望するものでなければならない。そして、なによりも、福祉改革は、社会福祉を利用する人びとの利益にかなうものでなければならない。問題は、いわれるところの福祉改革の課題やそれをめぐる議論の内容が、このような視角にかなうものになっているかどうかである。

われわれは、このような観点から、従来のさまざまの福祉改革論の拠って立つスタンスと視点を整理し、福祉改革にたいする新たな視点の可能性を探るとともに、いくつかの課題については具体的に若干の検討を試みてみたいと考えている。

第1節　福祉改革論のスタンス

福祉改革については多様な立場や視点に依拠する議論が存在するが、大きくいえばそれらはまず積極的福祉改革論と消極的福祉改革論に二分される。積極的というのは、福祉改革を積極的に推進する立場ないし論調を意味している。消極的というのは、福祉改革ないし福祉改革論にたいして否定的という意味である。

このうち、積極的福祉改革論は、さらに外在的福祉改革論と内在的福祉改革論に区分することが可能である。より具体的にいえば、外在的福祉改革論はいわゆる行革路線の福祉改革論であり、内在的福祉改革論とは社会福祉の側からの福祉改革論である。これにたいして、消極的福祉改革論というのは、福祉改革ないし福祉改革論に批判的、否定的な議論である。ちなみに、内在的福祉改革論にはみずからの見解を外在的福祉改革論に対峙させ、差別化する目的で制度改革という表現もみられる。その意図を忖度しえないわけではない。しかし、ここでは事柄の発端が行財政主導の福祉改革論にあるという事実のもつ意味と論点の整理やその比較を行うに際して、繁雑さを避けるという便宜上の理由から用語についてはは福祉改革に統一して議論を進めることにする。

こうして、こんにちにおける福祉改革論は二通り、ないし三通りに区分することが可能である。以下、それぞれの類型について要点を整理し、同時にそのことを通じて第三ないし第四の福祉改革論、とりあえずわれわれが批判的福祉改革論とよぶものの成立する余地を探究することにする。

Ⅰ　積極的福祉改革論

積極的福祉改革論の特徴は、外在的福祉改革論、内在的福祉改革論いずれも、積極的に福祉改革の必要性を主張するところにある。

積極的福祉改革論のうち外在的福祉改革論は、福祉改革の契機を主として社会福祉の外側に求め、かつ（したがって）社会福祉の外側から福祉改革の必要性を強調する議論である。内在的福祉改革論は、これにたいして、福祉改革の契機を主として社会福祉の内側に求め、かつ（したがって）社会福祉の内側から福祉改革の必要性を説く議論である。

外在的福祉改革論と内在的福祉改革論は、そのいずれもが福祉改革の必要性を積極的に主張することにおいて共通しており、したがって後にみるように、両者は同根の議論として一様に批判の対象とされる。しかしながら、両者は必ずしも全面的にその出自を同じくする双子の議論だというわけではない。内在的福祉改革論は、その出自において外在的福祉改革論に対峙するものとして提起されてきた。少なくとも、内在的福祉改革論者は、そのように主張している。まず、それぞれの特徴について要約する。

1 外在的福祉改革論

外在的福祉改革論の系譜は、端的にいえば福祉見直し論から行革路線に引き継がれる財政改革論の立場からする福祉改革論である。周知のように、財政的福祉見直し論は、一九七三（昭和四八）年のオイルショックの直後に、第一七次地方制度調査会や財政制度審議会などの報告書(1)を通じて登場してきた。いわゆる行革路線は、一九八一（昭和五六）年の第二次臨時行政調査会の設置に始まる。行革路線に底流する基本的シェマ（図式）は、財政支出の引き締め、削減による財政危機の克服、すなわち「増税なき財政再建」ということであった。外在的福祉改革論は財政主導型の福祉改革論であり、必然的にそこでは財政再建に資する限りにおいて福祉改革が論じられることになる。

財政的福祉見直し論から行政改革に至る過程においては日本型福祉社会の形成を提案する「新経済七ヵ年計画」（一九七九〈昭和五四〉年(2)）が策定された。わが国の社会福祉のあり方をめぐる議論に大きな影響を与えたこの日本型福祉社会論は、福祉見直し論から行革路線に至る過程において、両者に底流する民生関係費用中心の支出削減による財政の再建という基本的シェマと（後にみるような）その方策を国民に受容させるためのイデオロギー操作的装置としての意味をもつものであった。以後、これまで、福祉改革をめぐる議論には、陰に陽に、日本型福祉社会論が援用されてきたし、現在においてもそうである。けれども、その場合も議論の焦点は日本型福祉社会の特質やその形成の具体的方策におかれているわけではなかった。

福祉見直し論から行革路線に受け継がれる財政再建論を機軸にすえる外在的福祉改革論の基本的シェマは、あくまでも民生関係費用の削減と自助、民間活力の動員による財政の再建であり、その観点からする福祉改革であった。外在的福祉改革論によれば、財政の再建は、欧米流の福祉国家理念への盲従を退け、家共同体や村落共同体、そして家族的企業経営など欧米社会にはみられない、わが国に固有の伝統を生かすことによってはじめて可能となる。日本型福祉社会論は、このような財政改革の構想を、国民によりよく納得させ、受容させるためのイデオロギー的装置として、頻繁に援用されてきた。

外在的福祉改革論の社会福祉にたいする認識は極めて消極的、否定的なものである。その第一の理由は、外在的福祉改革論が財政危機の主要、かつ直接的な原因の一つに高度成長期における社会保障費の膨張、なかんずく地方自治体による「無原則的な」社会福祉サービスの拡大や医療費の膨張をとりあげ、その大幅な削減を財政再建の主要な方策として位置づけていることに由来する。第二の、そしてより基本的な理由は、外在的福祉改革論が新保守主義ないし新自由主義の世界的潮流のなかにあり、かつての自由（放任）主義段階の抑制的救貧政策観にも通じる求援抑制的、選別主義的な社会福祉観に依拠しているという否定し難い事実である。

第二次臨時行政調査会の報告は、自らの姿勢を、決して「小さな政府」を求めるものではないとしている。[3] しかしながら、報告書の基本的色調は、多少の忖度をまじえていえば、明らかに十九世紀の自由放任主義的な「小さな政府」論である。

臨調による財政再建の具体的な方策は、それを社会福祉に引きつけていえば、①個人の自助努力の範囲を拡大・奨励し、かつ民間活力を活用（たとえば、シルバー産業の振興）することによって社会福祉への依存を抑制すること、②社会福祉受益者の低所得層・貧困層への封じ込め、手続きの適正化、受益者負担の引き上げなどを通じて社会福祉費を抑制すること、そして③社会福祉行政の地域化、簡素＝効率化、総合化によって社会福祉費の削減に努めることであった。周知のように、すでにこれらの方策は、たとえばシルバー産業の育成、年金改革、児童手当・児童扶養手当制度の改正、生活保護行政の引き締め、利用者負担の引き上げ、老人保健法の改正、国庫補助率の引き下げ、機関委任事務の団体事務化などとして具体化されてきている。

このような外在的福祉改革論には容認し難い部分が多い。外在的福祉改革論のなかでは、あたかも社会保障・社会福祉費の膨張がオイルショック以後における財政危機をもたらしたかのように主張されている。たしかに、わが国の社会保障・社会福祉は高度成長期にその急成長を実現した。そのことのもつ財政政策上の意味を過少に評価することは、いかにも適切なことではない。けれども、社会保障・社会福祉費の増加と財政危機を直結するような議論は必ずしも科学的でもなければ現実的なものでもない。

財政危機の第一義的な原因は、むしろオイルショック以後の低成長・スタグフレーションの昂進、そしてそれにともなう歳入の不足にこそ求められるべきであった。実態をよくみれば、一九七〇年代の前半の時点においては、わが国の社会保障・社会福祉は、制度の枠組に関して、ようやく欧米先進諸国の水準にキャッチアップしえたという状況であるに過ぎない。[(4)] 高度成長期における社会保障・社会福祉費の膨張は、それまでのわが国の大幅な立ち遅れを埋めるために必要な費用であった。到底、欧米におけるそれと同様の意味で、高福祉高負担が問題になるような状況にはなかったのである。その点、臨時行政調査会は早々に、欧米流の高福祉高負担型社会を志向しないと明言している。いかにも、結論がさきに用意されていたかのような論調である。臨時行政調査会は結論を提示する以前に、受益と負担との対応関係を明確にした複数のプランを提示し、そのうえで高福祉高負担と低福祉低負担のいずれを選択するのか、広く国民の判断を問うべきであったろう。

また、外在的福祉改革論は、イギリスやドイツの「先進国病」を引き合いにだし、先進的な福祉国家体制をとる諸国にあっては、長年の過剰な保護的施策のなかで国民のあいだに国家にたいする依存心がうまれ、そのことがこれらの国々の経済的停滞の一因になったと強調する。しかしながら、この議論にしても裏付けとなるような確実な科学的根拠を明示したうえでのことではない。それは、国民の道徳主義的性向や貧困・低所得者、少数者集団などのマイノリティ・グループにたいする差別的感情に心情的に訴え、福祉国家理念からの離反をもたらそうとするサッチャリズムやレーガノミクスにも通じる、イデオロギー操作的色彩の濃い、単調な論難であるに過ぎない。このような外在的福祉改革論に特徴的な、抑制的、選別主義的な社会福祉観は、歴史に逆行し、資本主義社会における社会福祉の存在意義、その発展の経過と成果を適切に評価しようとしない一面的で皮相な議論であり、到底容認されうるようなものではないであろう。

そして、もっとも重要なことは、こうした議論に先導された福祉改革が何をもたらしたか、またもたらしつつあるか、ということである。さきに例示した福祉改革の多くは、財政再建主導の外在的福祉改革論の観点からいえば、相応の成果をもたらしたということになろう。しかし、社会福祉の受益者ないし利用者の観点にたてば、評価はおのずと別のものにならざるをえない。具体化された福祉改革の少なからざる部分には、たとえば国庫補助金の地方自治体への転嫁や利用者負担の引き上げ、負担者の範囲の拡大などにみられるように、明らかに社会福祉の後退というほかはないような制度の改変が組み入れられているからである。

2 内在的福祉改革論

内在的福祉改革論は、福祉見直し論から行革路線に継承される外在的社会福祉批判の潮流にたいして、いわば社会福祉の内部、内側から改革の必要性を提起する立場である。ここでは、この立場を全国社会福祉協議会を母体とする三通りの文書、すなわち①社会福祉懇談会「これからの社会福祉——低成長下におけるそのあり方」(一九七六〈昭和五一〉年三月一〇日)、②社会福祉基本構想懇談会「社会福祉関係予算の編成にあたって(緊急提言)」(一九八五〈昭和六〇〉年七月二五日)、そして③社会福祉基本構想懇談会「福祉改革の基本構想(提言)」(一九八六〈昭和六一〉年五月九日)、および政府社会福祉関係審議会の答申、意見具申などの報告書にみられる見解によって代表させることにする。(5)

これらの文書のなかで、時系列的にみてまず重要な意味をもつのは、社会福祉懇談会の「これからの社会福祉——低成長下におけるそのあり方」(以下「これからの社会福祉」)および社会福祉基本構想懇談会の「福祉改革の基本構想(提

言）」（以下「基本構想」）である。(6)

さて、内在的福祉改革論の出発点は、「これからの社会福祉」の冒頭に端的に示されているように、低成長下の福祉見直し論にただ機械的に反発したり、それにいたずらに押し流されることなく、社会福祉の従来の基調を尊重しながら、しかも新しい状況の変化を見極めつつ、その真の発展の方途を講ずること、にあった。社会福祉懇談会は、このような立場から、「社会福祉の推進と責任のあり方」に関する検討課題として、(a)公私の役割（機能）分担の問題、(b)中央政府と地方公共団体（都道府県および市町村）との役割分担の問題、(c)中央政府と地方公共団体との費用負担区分の問題、(d)受益者負担の問題をとりあげ、さらに今後における社会福祉の発展を期す場合に検討すべき事柄として、(a)配分原理の問題、(b)給付の形態・方法の問題、(c)サービスの多様化と選択の問題、(d)地域化の問題に言及している。

これにたいして、社会福祉基本構想懇談会による「基本構想」はさらに一歩を進め、一九八五（昭和六〇）年の高額補助金削減の断行が社会福祉の根幹的な制度の改変に波及する勢いをみせるなかで、戦後福祉改革(7)以来の社会福祉のあり方を見直し、同時に来るべき二一世紀における福祉的諸課題への対応を展望するという立場から、現行社会福祉制度の改革を提言している。「基本構想」はまず、社会福祉の将来を、①社会福祉の普遍化・一般化、②在宅福祉の推進、③福祉供給システムの再編、④新しい公共の立場にたつ社会福祉、⑤総合化の推進という枠組のなかで展望し、そのうえで社会福祉改革の基本的課題として①国と地方の役割分担、②国の役割、③地方公共団体の役割、④民間の役割について根源的に再検討することをあげている。

このような「これからの社会福祉」と「基本構想」を比較してみると、そこにはいくつかの興味ある事実をみいだすことができる。両文書間には一〇年の隔たりが介在する。けれども、論点ないし課題として言及されている事項をみると、両者ほぼ共通している。内容的にみても大きな違いはない。その点、「これからの社会福祉」は、はやくも一〇年前に、こんにちの福祉改革を展望していたともいえる。これはこれで、十分に興味深いことである。しかしながら、むしろより重要なのは、両者にみられる違いである。一〇年後に世に問われた「基本構想」においては、検討・改革の対象とすべき課題として、より明瞭なかたちで、公私の機能分担、国と地方の役割分担の問題に照準がしぼられている。この変化は、単なるアクセントの置き方の違いというものではない。明らかに、その背後には社会福祉のありようにたいする認識の変化をみてとることができる。「これからの社会福祉」と「基本構想」との間には、戦後社会福祉の基礎的構造、その展開としての現行社会福祉の制度と処遇の体系に関する基本的な認識の変化が認められるのである。

すなわち、「基本構想」の前提となっているのは、「わが国の社会福祉は、いま重大な転機にさしかかっている」という状況認識である。このような状況認識を前提とする根拠は、第一には「昭和二〇年代中頃につくられた社会福祉制度の基本的枠組を、三〇数年を経過したこんにち、そのままの形で維持・存続させることが困難となり、その見直しと再編が求められている」ことである。さらに、第二に「諸外国に例をみないほどの急速な高齢化が進行しており、二一世紀の本格的な高齢社会のなかで生まれる新しい福祉課題に対し適切に対応することが求められている」ことである。「基本構想」は、このような状況認識のもとに、「昭和二〇年代中頃につくられた社会福祉制度の基本的枠組」から脱皮する必要性を説くことになる。[8] もっと端的にいえば、むしろ脱皮というよりは、いうところの「基本的枠組」を振り切り、社会福祉の換骨奪胎を試みようというのである。

そのことは、たとえば、公私機能分担にかんする議論のあり方をみれば一目して瞭然である。いずれも同じく公私機能の分担について議論しながら、「これからの社会福祉」では、まだともかくにも、いわゆる公私分離原則の維持が前提になっていた。それにたいして、「基本構想」は、「これからの社会福祉」以後における社会福祉の基調の変化を前提に公私分離原則それ自体の再検討を要請し、しかも結論として「公私機能分担に代わる公助・互助・自助の関係について、新しい体系を確立する必要がある」といいきっている。ここにみる「これからの社会福祉」と「基本構想」の違いはもはや単なるアクセントの置き方の違いではない。

いうまでもなく、「基本構想」にみられるような内在的福祉改革論の論点は、公私機能分担問題や国と地方の役割分担の問題にとどまらず、さらに多岐にわたっている。けれども、すべての議論の行きつくところ、あるいは逆にそれらの前提となっているのは、第一には社会福祉の現状は根源的に改革を必要としているという状況認識である。そして、第二に、改革の方向、内容は、伝統的な、戦後社会福祉の基本的枠組にとらわれることのない新しい体系の確立でなければならないという歴史認識である。それゆえに、内在的福祉改革論にたいする批判もまた、基本的にはこれら二点にかかわってくるのである。

Ⅱ　消極的福祉改革論

消極的福祉改革論という名辞は誤解を招きかねないが、要するに社会福祉改革にたいして消極的ないし否定的な議論の意である。消極的福祉改革論の背景やスタンスは多様であり、福祉改革にたいする評価のニュアンスもまたさまざまに異なる。社会福祉界のみならず、社会福祉研究者による福祉改革（論）批判も数多くみられ、一般にその論調は熾烈である。[9] 個々の批判的見解について分析を試みる作業も、それとして興味深いことである。しかし、個別の論文についてクリティークを行うことがここでの目的ではない。積極的福祉改革論についてそうしたように、ここでも多様な消極的福祉改革論に共有されていると思われる論点のいくつかを取り上げ、その特徴や意味について若干の検討を試みる。

1　行革路線と福祉改革

論点の第一は、消極的福祉改革論の、いわゆる福祉改革論はいかようにその外観を整えようと、積極的にか消極的にか、財政再建主導の行革路線に与するものであり、それに奉仕するものであるという指摘である。われわれの用語でいえば、内在的福祉改革論は畢竟外在的福祉改革論に奉仕するものであるという批判である。

消極的福祉改革論の内在的福祉改革論にたいする批判は、この一点に帰結するといって過言ではない。さきの「基本構想」は、その意図ないし立場に関して、財政再建主導の外在的福祉改革論に影響力を及ぼし、福祉改革が「財政再建に名を借りた福祉水準の切り下げ」になることを避け、「正しい意味での社会福祉の福祉改革」を実現することにあるとしている。したがって、最終的な評価を別にしていえば、消極的福祉改革論が内在的福祉改革論と外在的福祉改革論との関係、そして両者のせめぎあいからうみだされてくる「結果としての改革」について批判的に検討するという、その視点の設定の仕方は多分に妥当なものであろう。なによりも、社会福祉基本構想懇談会みずからが、その「基本構想」のなかで同懇談会による緊急提言「社会福祉関係予算の編成にあたって」は一九八六（昭和六一）年度の「政府予算編成にもある程度反映された」とする認識を明らかにしているのである。[10] また、「基本構想」それ自体についても、それがその後の福祉改革にはたした役割を積極的に評価する議論がみられる。[11] そうしたことからすれば、内在的福祉改革論の現実の政策にたいする反映やその内容、さらには結果が批判的な検討の対象になるのは当然のことである。

実際問題として、内在的福祉改革論の反映を期待しうる構成をもつ政府関係審議会の報告の一部には、いかにも疑問の余地の残る見解がみうけられる。たとえば、一九八七（昭和六二）年一二月の福祉関係三審議会合同企画分科会による意見具申「今後のシルバーサービスの在り方について」における公私機能分担論が、そうである。この意見具申においては、公的部門の役割は、低所得者対策と市場機構による供給の期待し難いサービスの供給に、明確に限定されている。[12] ここにみられる公私機能分担論は、内在的福祉改革論の強調してやまない二一世紀の社会福祉を展望した改革を指し示すというより、むしろ一九世紀的な自由放任主義の時代に特徴的な求援抑制的救貧制度観の反映するものというべきである。内在的福祉改革論の嚆矢となった「これからの社会福祉」における公私役割分担論と比較すれば、明らかにかなりの後退である。

しかも、さらにいえば、このような公私機能分担論のありようには、後にみるように社会福祉の存在と発展の根幹にかかわるような問題が含まれている。そうしたことからすれば、消極的福祉改革論が戦後福祉改革の成果ともいいうる公的責任原則——国家責任原則およびその系としての公私分離原則——を基軸に据えて内在的福祉改革論の批判に邁進するのも理由のないことではない。内在的福祉改革論が、いわば公的責任原則を根幹に展開してきた戦後社会福祉の基本的枠組からの脱皮を説くとすれば、なおさらのことである。しかしながら、それでは、内在的福祉改革論は、消極的福祉改革論が熾烈に説いてやまないように、ただ外在的福祉改革論に連累し、後者に奉仕するだけの議論として一蹴すべきものであろうか。別の表現をとれば、福祉改革は、それ自体としてみた場合にも、不要不急のものとみなされるべきものであろうか。

2 積極的展開の欠落

消極的福祉改革論といえども改革の必要性を全く認めないわけではない。そのことは、消極的福祉改革論が外在的福祉改革論や内在的福祉改革論の改革案の不当性や非妥当性を論じるその文脈を通じて、多くの場合図と地を反転させたかたちで読みとる努力を必要とするにせよ、おぼろげながら理解することができる。しかし、一般に、消極的福祉改革論は、改革を必要とする事項を体系的に示したうえで積極的に改革の方向を論じるという構成をとっていない。端的にいえば、消極的福祉改革論の主眼は、内在的福祉改革論を、戦後社会福祉の基本的枠組とその所産を否定し、「自助と民活」によってその換骨奪胎を意図する外在的福祉改革論に奉仕するだけの存在として位置づけ、その理論的、実践的誤謬を批判することに置かれている。それゆえに、論理構造的には、消極的福祉改革論は、戦後社会福祉の基本的枠組とその所産としての現状を擁護するという構成にならざるをえないのである。場合によっては、内在的福祉改革論を論難するために、積極的に現状が肯定される。こうして、逆に内在的福祉改革論の側から、消極的福祉改革論にたいして、福祉改革に「反発する余りに、旧態依然たる要素を残している現行の社会福祉制度を結果的に維持・存続させるのに手を貸すような動きもみられる」とする反批判が提起されることにもなってくるのである。[13]

もとよりいうまでもなく、このような反批判は、消極的福祉改革論にとって、痛痒とするにも至らないであろう。消極的福祉改革論の立場からは、かりに社会福祉の現状に「旧態依然たる要素」がみられたとしても、福祉改革が社会福祉の本質を損なわせるような結果を招くとすれば、そのような改革は不要不急の提案であり、木をみて森をみない議論にすぎないということになろう。内在的福祉改革論は、消極的福祉改革論によって、まさしくそのような議論として、批判されている。しかしながら、戦後社会福祉の基本的枠組からの離脱を一面的に強調するかの内在的福祉改革論の戦後史認識への評価を別にしていえば、戦後四〇余年を経過したこんにち、社会福祉のありようにある種の改革を必要とするような状況がうまれてきているという内在的福祉改革論の指摘には、それなりの妥当性を認めなければならないであろう。少なくとも、それは十分に検討に値する論点の提起であるといえよう。内在的福祉改革論にあって消極的福祉改革論にないのは、この点についての積極的な議論である。

Ⅲ　批判的福祉改革論の可能性

ここまでみてきたことからも明らかなように、われわれのいう内在的福祉改革論にせよ、また消極的福祉改革論にせよ、それぞれに批判されるべき部分とともに傾聴されてよい部分が含まれている。そのことは、幾分かは外在的福祉改革論についてもいいうることである。そのことを前提に、われわれがかりに批判的福祉改革論とよぶ新たな議論の可能性について、さらに検討を進めよう。

1　福祉改革の内在的必然性

外在的福祉改革論は、低成長下の財政危機という、社会福祉にとっていわばその外部環境ともいうべき部分にうまれた要因に触発された福祉改革論である。そのことのゆえに、われわれはこれを外在的とよんだ。しかしながら、ほぼ時期を同じくして社会福祉の内側にも福祉改革を必然的なものとするような変化がうまれてきていた。そして、外在的福祉改革論の登場によって、否応なしにその変化は顕在化させられることになった。

外在的福祉改革論によって触発された第一の論点は、社会保障・社会福祉費の将来の拡大が国家財政に及ぼす影響である。すでに指摘しておいたように、社会保障・社会福祉費の拡大が（一歩を譲っても、それだけが）財政的危機をもたらす直接的な原因になったとはいえない。しかしながら、かりに高度成長が継続し続けたとしても、わが国社会の世界に例をみない高齢化の速度からすれば、社会保障・社会福祉に関する費用負担の問題は遅かれ早かれ社会問題化することになったであろう。今後さらに社会保障・社会福祉の充実を求めるとすれば、国民は、この費用負担問題への対処を避けて通るわけにはいかなかったはずである。

解決の処方箋はさまざまでありうる。国家予算の費目間のプライオリティの変更による社会保障・社会福祉費の確保という問題の解決もあろうし、より目的税的な手法で歳入増をはかることも一つの方法である。企業収益への課税強化を考えることもできよう。しかしながら、どの方法を採用するかについては国民間の必ずしも平坦な道とばかりはいえない合意形成の努力が必要となってくる。外在的福祉改革論は、その方向と内容を別にしていえば、従来高度成長を前提とするパイの論理に安住しがちで費用負担問題に関心を払うことをしなさすぎた国民にたいして警鐘をうちならすという効果をもったのである。

第二の論点は、臨時行政調査会が行政の地域（分権）化、総合化、効率化を行政改革の課題として指摘したことである。いうまでもなく、臨時行政調査会の最終的なねらいは財政再建にある。地域化も総合化も、そして効率化はいうまでもなく、国レベルの財政再建のために必要な措置であった。しかし、いまそのことを措いていえば、社会福祉の領域においても、急激な成長にともなう経費の急激、かつ均衡を欠いた膨張のみならず、制度の複雑化、組織の肥大化・中央集権化・官僚主義化、申請経路＝手続きの拡散や煩雑化など、さまざまの側面において綻びが顕在化しつつあり、早晩何らかの改革を必要とせざるをえないような状況が進行していた。その意味では、臨時行政調査会の行政の地域化、総合化を求める提案には、社会福祉の領域においても時宜をえるという側面があったのである。

効率化についても同様の指摘が可能であろう。伝統的に、社会福祉は社会的公平や平等など、効率とは逆の方向に位置する価値に依拠して発展してきた。効率を犠牲にしてでも維持されてしかるべきもの、いわばそれが社会福祉であった。

慢性的で絶対的な資金不足に悩む社会福祉界では、節約が課題になることはあっても、効率など問題になりようもなかったのである。しかしながら、効率を最小のインプットによって最大のアウトプットの達成をねらうという単なる経済的効率概念としてではなく、アウトプットがインプットにたいして十分それに釣り合うだけの成果あるいは効果をうみだしているかどうかを問うアカウンタビリティ（費用効果）の概念として理解すれば、効率化はこれまた社会福祉の世界においてもいつかは要請されるようにならざるをえない課題であったろう。

内在的福祉改革論は、福祉改革の契機がなによりも社会福祉の内側において成熟しつつあるという事実を重視し、そのことを端緒とする論理構成をとっている。内在的福祉改革論は、まず第一に、そのような契機を文字通り高度成長期以来の社会福祉の内部における諸変化に求めている。さきにみたような、外在的福祉改革論の指摘にも重なる部分を除いていえば、内在的福祉改革論は、改革を要請する新しい社会福祉の動きとして、①社会福祉の普遍化・一般化、②在宅福祉の推進、③福祉供給システムの再編、④新しい公共の立場にたつ社会福祉、⑤総合化の促進の五点を指摘している。[14] これらの変化は、高度成長期以降に出現したものであり、戦後福祉改革を通じて形成された社会福祉制度の基本的枠組が予定していなかったといってよい展開である。たしかに、社会福祉の枠組の積極的な再検討を必要とするような状況が成熟してきていたのである。われわれは、この事実を受け入れることから始めなければならない。

第二に、内在的福祉改革論によれば、基本的枠組を再検討すべきいまひとつの契機は、いわゆるチャイルドビジネスやシルバーサービスなどの福祉産業（営利的福祉類似サービス企業）の発展によってもたらされた。福祉産業は、伝統的な理解にいう社会福祉の埒外にうまれ、しかも社会福祉そのもののあり方に再検討を迫るインパクトをもつことになった。福祉産業の出現には、関連する社会福祉サービスの欠落や質量両面にわたる不備あるいは利用者の負担増によって誘発されてきたという側面と経済のサービス化ないしソフト化の一部分として企業の参入が始まったという側面があり、どちらの側面から接近するかによって議論の内容は大きく異なってくる。しかしながら、議論の端緒をどこにもとめるかはともかくとして、福祉産業の発展が社会福祉の基本的理解にかかわる議論を惹起していることに変わりはない。消極的福祉改革論のいうように、内在的福祉改革論が福祉産業を社会福祉の一部として取り込もうとしているのか、つまり福祉産業を社会福祉それ自体の範疇に含めようとしているのか、それとも福祉産業の発展を前提としてこれからの社会福祉のあり方を議論しようとしているのか必ずしもはっきりしないところがある。最近の内在的福祉改革論の論調は、どちらかといえば前者の方向に傾斜しているようである。ちなみに、福祉関係三審議会合同企画分科会の意見具申「今後の社会福祉のあり方について」(一九八九〈昭和六四〉年三月三〇日)は、民間事業者(福祉産業もこの範疇に含まれているものと解される)によるシルバーサービスを民間福祉サービスとして位置づけ、社会福祉(事業)の範囲に組み込んだ報告となっている。(15) これは、明らかに社会福祉の根幹に関わる提起である。

理論的にみて、福祉産業は社会福祉の範囲に含めるべきではないであろう。われわれもまたこの判断に立つものである。しかし、それにしても、現に福祉産業は存在し、明らかにその発展を奨励する施策が展開され、消費者としてもっとも弱い集団である多数の高齢者や子どもたちがその生活サービス商品を購買(利用)している。われわれは、同時に、この事実を看過することはできないのである。

一方において社会福祉の基本的な性格とそのあり方についての議論を深めながら、同時に福祉産業とその利用者の存在をもその視野に取り込んだ、広い意味での生活保障システムのあり方について、広くかつ柔軟に検討をすすめうる視座と方法の構築が必要になってきているのである。

2 改革を前提とする福祉改革(論)批判

福祉改革(論)について議論するにあたって、われわれはまず、わが国の社会福祉に現に福祉改革を必要とするような状況が存在しているという事実を確認することから始めようと思う。従来の議論、とくに内在的福祉改革論と消極的福祉改革論とのやりとりのなかでは、改革を必要とするような状況の存在を認めるかどうかということそれ自体が争点になっていた。消極的福祉改革論のなかには、端的にいえば、社会福祉の現状のなかには質量両面における一層の改善という積年の課題を措いて、それ以外に改革を必要とするような状況は実際には存在しない、それにもかかわらず外在的福祉改革論によってあたかもそれが存在するかのような議論が社会福祉の外側からつくりあげられ、内在的福祉改革論が内側からそれに迎合している、という特有の状況認識の図式が紛れ込んでいたように思われる。しかしながら、すでにみてきたように、高度成長期以降のわが国の社会福祉に戦後福祉改革の所産としての社会福祉の基本的枠組には収まり切れないようなさまざまの変化がうまれてきていた。この事実は、もはや誰の目にも明らかである。

この事実を前提に、さらに将来の高齢社会における国民の生活と社会福祉のあり方を展望するとすれば、わが国の社会福祉に一定の改革が必要となっていたことは内在的福祉改革論の指摘する通りである。ただし、その歴史認識や社会福祉認識についての判断はまた別である。なかでも、外在的福祉改革論の新自由主義的、救貧的選別主義的社会福祉観は到底われわれの受容しうるものではない。内在的福祉改革論の戦後社会福祉の展開過程についての認識や社会体制と社会福祉の関係についての議論を意識的にか無意識的にか回避しようとする方法態度にも、大きな疑問が残る。そのことでは、消極的福祉改革論の批判には傾聴すべき部分も多いのである。

けれども、福祉改革批判と福祉改革論批判とは、理論的には一応別の次元の問題として扱う必要があろう。また、福祉改革の方向やその内容が根底的には改革者の歴史観や社会福祉観に規定される事実は否定し難い。しかしながら、すべての問題をいわゆる本質論に収斂させるという議論の仕方については、なお議論の余地があるように考えられる。

社会福祉の基本的性格をいかに理解するかについては、すなわち社会福祉の本質理解については、周知のように多様な見解がみられる。福祉改革をめぐる議論の分立はその反映でもある。とりわけ、消極的福祉改革論の内在的福祉改革論にたいする批判は本質論の水準において展開されていることが多い。それにたいして、内在的福祉改革論には、その水準で応答することをあえて避けようとする節がみうけられる。内在的福祉改革論は「基本構想」のなかで「正しい意味での社会福祉の制度改革」の必要性を強調している。[(16)] これは、文脈的にいえば財政再建主導の外在的福祉改革論を意識した議論である。しかし、実は消極的福祉改革論はそれとは全く別の角度から、同様に何をもって「正しい意味での社会福祉の制度改革」というべきかを論じ、そのことによって内在的福祉改革論の批判を試みているのである。

何をもって「正しい意味での社会福祉の制度改革」というのか、そのことを本質論の水準において一気に決着をつけようとするのは容易なことではない。しかしながら、その間にも現実は動いている。本質論も必要であるが、同時に現実的な判断も必要である。この種の問題については、総論賛成各論反対ではないが、総論保留各論審議という現実的な議論の方法も充分ありうるのではないか。すなわち、本質論的水準の議論のもつ意義を尊重しながら、しかしすべての議論をその水準に収斂させるのではなく、より具体的な水準の問題についてはできるだけ具体的な水準において検討し、処理するという、現実的な議論の仕方を試みようというのである。

実際問題として、理論の世界においてはともかく、現実の政策や制度は、多種多様な理念や利害の混合物として形成され、日々運用されているのである。ほかならぬ社会福祉の利用者の人権と利益の擁護という見地からいえば、福祉改革についてはそのような視座に立つ議論のあり方が求められているように思われる。

第2節　批判的福祉改革の視座

われわれは、これまで、外在的福祉改革論や内在的福祉改革論、さらには消極的福祉改革論のそれぞれを特徴づけている論理や論点、またやや一方通行的な印象を与えることになってしまっている消極的福祉改革論の内在的福祉改革論批判にたいするコメントや批判を試みることを通じて、第四の視点としての批判的福祉改革論の可能性を探究してきた。以下、さらにわれわれのいう批判的福祉改革論の前提となる視座について要約的に論じておきたい。

批判的福祉改革論は三通りの前提に立って展開される。第一の前提は、社会福祉を資本主義（近代市民）社会における生活保障システムの一環として把握するという視座である。第二の前提は、基本的に戦後福祉改革の継承とその将来展望という枠組のなかで福祉改革問題を考えるという視座である。そして第三に、社会福祉およびその改革の課題を社会福祉における分権化と総合化という角度から総合的に分析、把握するという視座である。

I　資本主義体制と社会福祉

1　社会統合策としての社会福祉

人びとはその歴史の歩みとともに、それぞれの社会において、その社会に特有な生活維持のシステムと生活保障のシステムを発展させてきた。社会福祉は、資本主義社会の一定の段階において成立・発展してきた生活保障システムのひとつであり、最低生活の保障と生活障害の予防・緩和・解消を課題とする特有の政策＝処遇の体系として理解される。

資本主義社会における生活は、原理的には、生活自己責任の原則にもとづき、家産と家業の所有者たる市民を生活（＝家計）の単位とする生活資料の生産・購買と消費、それによる生命の維持・再生産の過程として営まれる。資本主義社会の生活原理である生活自己責任の原則は、すべての市民にたいして、倫理的、社会制度的な強制力をともないながら適用される。何らかの理由で、そのような資本主義社会の生活原理に適応しえず、市民としての地位を確立しえなかった人びと（＝落層市民）は無能力者や性格的欠陥者として抑制的かつ矯正的な慈善事業や救貧法による救済の対象とされる。

ついで、資本主義経済の金融独占化が進行し、平等で自由な、家産と家業を所有する市民による自立的生活の確保という「自然的」な生活維持システムの限界と障害が明確になっていくにつれて、労働力の商品化を生活維持の手段とする大多数の市民＝労働者の存在とその生活実態に着目する労働者階級保護のための社会政策（労働者保護政策と社会保険）およびそれを補完する政策・制度として低所得・貧困階層に転落・落層した市民を対象とする社会事業から構成される「人為的追加的」な生活保障システムの成立をみる。そして、やがて、一方において未曾有の恐慌によって自由放任主義的な経済運営の限界が露呈し、他方において社会主義体制の発展がみられ、先進資本主義諸国が深刻な体制的危機に見舞われるという状況が訪れるなかで、労働者と市民の統合された範疇としての国民を対象に、社会保険を中心とする新しい生活保障のシステムが形成され、社会福祉はその主要な柱のひとつとして位置づけられることになる。

2 社会福祉の範囲

こうして、社会福祉の特質の第一は、それが生活自己責任の原則を前提とする資本主義社会の自然的生活維持システムの限界ないし障害を補完する生活保障システムの一環に位置づけられる制度だということにある。この事実は、社会福祉の範囲を規定するうえできわめて重要な意味をもっている。社会福祉は、何らかのかたちでの生活自己責任原則の修正・補完あるいは生活維持システムの限界ないし障害の予防、緩和、解消に関わる政策、すなわち人為的追加的な施策＝処遇の体系である。逆にいえば、それ以外の、家族や市場という「自然的なチャンネル」によって供給され、そこで消費（利用）されるものは社会福祉ではないということである。[17] このような社会福祉理解からいえば、市場での流通・営利を目的に生産・供給される生活資料（財もしくはサービス）は、これを直接的に社会福祉の範囲に包摂せしめることは妥当ではない。つまり、ベビー産業やシルバー産業は、どのようにみてもそれ自体としては社会福祉ではありえないのである。その意味で、シルバー産業を民間福祉サービスのうちに位置づけようとする前述の社会福祉関係三審議会合同企画委員会の意見具申の内容は、いかにも理解し難いものである。

一方、社会福祉の普遍化（貧困者のためだけではない社会福祉の供給）傾向が進展するとともに、費用負担の問題が無視できない課題になってきた。社会福祉の普遍化は、社会福祉サービスの生産・供給に関わる費用をそっくりそのまま利用者に負担させるのも当然とする発想をうみだしてきている。費用負担における応益負担原則の導入を妥当とする主張である。このような、いわゆる社会福祉有料化論は、ベビー産業やシルバー産業とはまた異なった角度から伝統的な社会福祉理解にたいして挑戦することになっている。

社会福祉は、もともと、その利用者の社会的な地位や状況、身体精神的な状況と結びついたある種の社会的贈与とみなされてきた(18)。それがどこまで明示的であったかという問題を別にすれば、明らかにある時期以降になると、社会福祉による給付は、その利用者のある種の社会的な地位や状態にともなう（社会的不利を補償ないし是正するために必要とされる）公正な利益、公益とみなされてきた。社会福祉の費用徴収における応能負担原則の採用や母子福祉資金のような低利金融制度は、単に社会福祉利用者の費用負担能力の低さ、つまりかれらが貧困であるという事実によるだけではない。その前提には、かれらがそのような措置＝公益をうけるだけの資格をもつという社会的な認識と合意があったはずである。そのことからいえば、社会福祉サービスの費用をそっくりそのままその利用者に負担させようとする施策のあり方は、社会福祉サービスの享受が利用者のある種の社会的な地位や身体精神的な状態にともなう（不利を補償ないし是正するために必要とされる）公正な利益＝公益であるとする認識、すなわち社会福祉の社会的贈与性という社会福祉の伝統的かつ基本的な性格の一つを破棄しようとするものといわなければならない。

3　社会的権利としての社会福祉

この社会福祉の社会的恩恵性＝公益性という性格は、社会福祉の享受を国民の基本的な権利とみなす認識の成熟と密接に関わっている。

実際、資本主義社会＝近代市民社会における生活保障システムの一つとしての社会福祉の発展は、自由、平等、私的所有など市民的自由権的基本権の限界が明らかになり、それを補完する社会権的基本権が発展してきた過程と深く結びついていた。この社会権的基本権の発展は当初は労働三権の確立や労働基準法、最低賃金法の制定など雇用関係にある労働者の対資本家競争力の強化として始まり、やがては雇用関係の以前と以後に位置する子どもや高齢者、雇用関係からの離脱者や雇用関係に参入しえない人びとにたいする国家による生存権の保障に発展する。こうして、社会保障や社会福祉は、国民の社会権的基本権保障の最終的方策としての生存権保障のための制度として位置づけられることになる。

こんにち、資本主義社会＝市民制社会においては、国民は、自由権的ならびに社会権的基本権を行使する生活の主体として、最終的には国家＝全体社会にたいして社会保障や社会福祉の確立を要請しうるものとみなされている。そのことからいえば、福祉改革の過程において、少なからず社会保障・社会福祉の権利性を否定するかのような議論がみられたことは、問題を残す展開になったといわなければならない。[19] 議論の趣旨は、諸外国に比較し大幅に立ち遅れていたわが国の社会保障・社会福祉の推進にたいする生存権的社会保障・社会福祉論の果たした役割を評価したうえで、低成長下の危機的状況のもとで社会福祉のサバイバルを図るには、権利要求論を超えた、さらに一歩踏み込んだ議論を必要とするという主張にあったように思われる。しかしながら、この種の議論は、その真意はともかくとして、結果的には、社会保障・社会福祉を国民の権利として把握することを躊躇させるような風潮をうみだすことに役立った。

社会保障や社会福祉の生成発展の過程は、それらの制度にもとづく社会的な恩恵を享受することが国民にとっての基本的な権利であることを指し示しており、福祉改革がその延長戦上に適切に位置づけられるためには、つねにその国民（潜在的および顕在的社会福祉利用者）の基本的人権（自由権的ならびに社会権的基本権）と社会的公益の擁護という観点からの点検が不可欠の要件とならざるをえない。

Ⅱ　戦後福祉改革の継承とその現代的展開

1　戦後社会福祉の理念と骨格

内在的福祉改革論は福祉改革が必要とされる根拠として、戦後福祉改革のなかで形成された基本的枠組ないし骨格は、その後のわが国の社会経済の展開とそれを前提とする社会福祉のその後の発展によって、「一部には硬直化、陳腐化傾向がみられ、最近の社会福祉ニーズの変化と多様性に即応する社会福祉サービスの発展を阻害しはじめている[20]」という。

われわれは、すでに明らかにしてきたように、敗戦直後に形成された社会福祉の骨格が部分的に社会福祉の現実に適合しえなくなってきている事実を認めることにやぶさかではない。しかし、われわれは戦後社会福祉の骨格が「陳腐化」しているとする歴史認識には同意することができない。そこでは、戦後福祉改革の意義が完全に否定されているからである。

周知のように、戦後社会福祉の骨格は、一九四六（昭和二一）年二月に占領軍総司令部からわが国政府に提示された、①無差別平等の原則、②公的責任の原則、③最低生活保障（救済費非制限）の原則からなる、いわゆるGHQ三原則を制度化し、具体化するかたちで形成された。そして、こんにち福祉改革論において論議の中心になっている国と地方自治体との役割分担や公私機能分担のあり方をめぐる議論は、これら三原則のうち公的責任の原則にかかわる問題である。

戦後福祉改革の過程においてGHQ三原則がはたした意義については、それが被占領下という特殊な状況のなかでわが国の非軍事化・民主化を求める対日占領政策の一環として提示されたことやその制度化が敗戦直後の社会的な窮迫と政治的行政的混乱のなかで推進され、具体化されたこともあり、さまざまに議論がなされてきた。もともと、三原則それ自体についても、ニューディール的理念の直輸入ともいわれ、またGHQとわが国政府の交渉の過程で成熟していった理念ともいわれている。しかしながら、いずれにせよ、三原則はわが国に広く受容され、ごく最近まで、わが国社会福祉の基本的原理をなすものとみなされてきた。この事実は、三原則とその受容が、単に被占領下という特殊歴史的状況の産物として理解されるべきものではなく、広く近代的社会福祉の理念として主張されうるだけの意味内容をそなえたものとして、受けとめられてきたことを物語っている。

その意味では、こんにちにおける福祉改革の課題は、ただ単に戦後社会福祉の基本的骨格の限界を指摘し、それを放棄することによって達成されるというものではない。むしろ必要なことは、そこにビルトインされた近代社会福祉の理念を継承しながら、しかもその新しい状況への展開を追求することであろう。

2　戦後福祉改革の現代的展開

公的責任の原則についていえば、この原則はもともと戦前における公的（国による）救済責任の希薄さや済生会や援護会などの半官半民的・官民癒着的社会事業機関に典型的にみられるような日本的公私関係のあり方にメスを入れ、社会福祉における国を中心とする公的責任の確立と公私責任の分離を意図したものであった。その意味で、わが国の社会福祉の近代化に大きな足跡を残すことになった。

旧生活保護法、児童福祉法および身体障害者福祉法によって社会福祉に関する事務の中心部分は一度国の責務として位置づけられ、それが機関委任事務とし地方自治体の長に委任された。また、社会福祉事業法にもとづいて、民間社会福祉の自主性と独立性が確立された。しかしながら、戦後改革による地方自治原則の確立後もわが国の中央集権的地方行政の体質は変化せず、地方の財政的基盤もまた脆弱であった。また、公的責任の民間依存を合理化する措置費制度の導入は、民間社会福祉の実質的な公営化と行政依存を招いた。結果的に、民は公（行政）に、地方自治体は国に依存し、国の権限と財政負担が肥大するという体質がうみだされてきたのである。

だとすれば、改革の方向は、公的責任原則の希薄化や相対化にあるのではなく、国にたいする権限の集中と国の財政負担の肥大をいかに緩和するかということにある。また、公民関係についていえば、民間社会福祉と行政の相互依存を打破し、非営利民間セクターの導入を含めて、全体として新しい状況に適合するような公的責任確立のあり方を追求していく必要がある。

しかし、私的市場を前提とするシルバーサービスにかかわって民間事業者によるその供給を一般的普遍的なものとみなし、公的福祉をその補完にとどめるという公私関係論のあり方は、その本来的な意味において公的責任の理念に抵触するというほかはない。私保険と社会保険との関係になぞらえていえば、貧困低所得階層にたいする最低限の保障はいうまでもなく、こんにちの社会状況のなかで国民一般にたいして基礎的、一般的な社会福祉サービスを供与することは国および地方自治体（さらには法的な規整のもとに措置費その他の公費を主要な財源として運営される社会福祉法人など）の役割である。非営利団体によるサービスやシルバーサービスなどは、そのような公的責任の確立を前提にした任意的選択的な生活サービスの供給にこそ自らの役割をみいだすべきであろう。

Ⅲ　社会福祉の地域化と総合化

1　社会福祉の地域化と計画化

およそ概略的にいえば、社会福祉の事業は政策展開の水準と運営および処遇の水準に二分することができる。政策展開水準の課題は、主要には社会福祉にかかわる制度を設け、その事実に関わる機関・施設を設置するとともに、その運営準則を策定し、必要な資源を調達することである。運営処遇水準の課題は、それらの機関・施設を運営管理し、さらに必要な資源を追加しながら利用者に直接的な援助を提供することにある。従来、この二分法は完全にではないまでも、ほぼ国と現業部門としての地方自治体ならびに民間機関施設という区分に対応するものとみなされてきた。

けれども、機関委任事務の団体（委任）事務化によって都道府県・指定都市の権限強化を図り、さらに市町村の役割を重視するという福祉改革の動向は、都道府県・指定都市、さらには市区町村の責務をどのようなものとして位置づけるかという問題を提起している。従来においても部分的には政策展開水準に位置することを期待されてきた都道府県・指定都市は政策展開的機能を求められることが一層多くなり、さらにこれまで積極的な関与を期待されることの少なかった市町村にたいしても同様の機能が求められることになる。

このような改革は、一方においては政策展開的ならびに運営管理的機能を国、都道府県・指定都市、区市町村の三通りの水準でどのように配分するかという問題をうみだし、他方においては市区町村の水準において政策展開・運営管理機能と処遇的機能という相対的にみて異なった論理によって展開される課題をいかに統合するかという問題をうみだすことになる。すでに前者の課題については、老人ホームや保育所の入所基準の設定などの場面において国と地方自治体との権限の再配分の試みが実施され、逆に後者においては市区町村段階における地域福祉計画の策定というかたちで統合化の試みがなされはじめている。しかし、いずれの課題にしても本格的な展開には時間が必要であろう。

2　社会福祉の総合化

これまで、福祉改革論は公民（私）機能分担論や国地方役割分担論を中心に展開されてきた。社会福祉の将来を展望するうえで、これらの課題のもつ重要性は改めて指摘するまでもない。しかしながら、これらの課題は、社会福祉の内側の、いわば内部環境の条件設定にかかわる部分である。福祉改革に関する論議には、さらに、そのような内部的条件と同時に、社会福祉のいわば外部的環境条件にかかわる課題が存在する。それは、社会福祉が経済、産業、労働、教育、医療、司法、警察、防衛などの国政にかかわるさまざまな政策領域からなる広範な政策体系の一部分として位置づけられているという事実にかかわる問題である。

この課題の第一の側面は、社会福祉は、政策展開の水準においても運営管理・処遇の水準においても、近接する政策領域、なかでも医療、教育、労働、司法などとの協働なくしては、その目標を達成しえないということである。それは、単に社会福祉がその内側にこれらの近接諸領域の施策を代替・補完する機能をもつという事実によるものではない。こんにちにおける社会福祉ニーズの多様化・複雑化・高度化は、近接諸領域との緊密かつ包括的な協働がなければ充足されえないということである。

そして、第二の、より重要な側面は、こんにち福祉改革の議論は社会福祉の内部的問題として展開されているが、しかし福祉改革の端緒がいみじくもそうであったように、社会福祉のあり方は国家政策全体の動向によって規定されるという事実である。一九七〇年代の低成長期以降、わが国に限らず、社会保障や社会福祉は国家財政を逼迫させる第一の因子とみなされ、その削減こそが財政再建の最良の方策であると主張されてきた。しかしながら、われわれはその一方において、これまたわが国に限らず、社会保障・社会福祉費の削減が実施されたその同じ時期において、国際的貢献の推進という大義名分のもとに防衛関係費が聖域化され、国家財政にたいする比重をたかめてきたことに留意しなければならない。防衛費の削減によって社会福祉のかかえる内部的課題のすべてが氷解するかのような議論はいかにも短絡的にすぎるにせよ、社会福祉の全体の動向を適切に把握するためには国家政策全体のプライオリティ序列のなかに社会福祉を位置づけて分析する視点が不可欠である。

オイルショック以降、地球的水準での資源の有限性が強調されるあまり、事柄が国家政策間のプライオリティの水準における議論を素通りし、ストレートに社会福祉内部の利用者範疇別施策間のプライオリティの問題や適正化・効率化、さらには福祉産業の活用の問題に矮小化され、処理されようとする傾向がみられる。われわれは、ここでそのことにとくに留意しておかなければならない。

notes

(1) 第一七次地方制度調査会「地方財政の硬直化を是正するためにとるべき方策を中心とした地方行政の在り方に関する答申」（一九七五年七月二十三日）、財政制度審議会「社会保障についての報告」（一九七五年一二月二三日）。いずれも、全国社会福祉協議会編『社会福祉関係施策資料集二』全国社会福祉協議会、一九八六年、所収。

(2) 経済企画庁編『新経済社会七ヵ年計画』一九七九年。

(3) 以下、臨時行政調査会の報告に関する記述は、臨時行政調査会「行政改革に関する第一次答申」（一九八一年七月一〇日）、同「行政改革に関する第三次答申」（一九八二年七月三〇日）による。報告書はいずれも、全国社会福祉協議会編による前掲書に所収。

(4) わが国の社会保障は、一九七一年に最後の社会保障制度である児童手当（家族手当）制度が成立したことで、ようやくヨーロッパ諸国の福祉国家体制にキャッチアップしえたといわれる。

(5) 全国社会福祉協議会を母体とする二種類の懇談会と社会福祉関係審議会には少数ながら有力な委員が重複して参画している。審議会の見解は、その構成上必ずしもこれらの委員の見解をそのまま反映するものとはいえないが、しかし実態的には全国社会福祉協議会の懇談会の文書とのあいだには相当程度の類縁性が認められる。

(6) 第一、第二の文書は全国社会福祉協議会による前掲書に所収。第三の文書は独立した冊子として全国社会福祉協議会から公刊されている。

(7) 戦後日本の社会福祉（後にみるように高度成長期以前を「社会事業」とする説があるが、ここではもっぱら便宜的な理由から一貫して社会福祉を用いる）は一九四五年秋から五二年に至る連合国軍の占領下において近代化を達成し、こんにちの社会福祉の基本的枠組が定礎された。しかし、この改革は社会福祉に独自のものではなく、占領軍によるわが国の民主化、非軍事化政策に触発・助長された社会諸制度におよぶ改革、いわゆる戦後改革の一環として推進されたものとみなければならない。その意味で、戦後における社会福祉の基本的枠組を形成した改革を戦後福祉改革とよぶことにする。

(8) 社会福祉基本構想懇談会『社会福祉改革の基本構想』一、七頁。

(9) 社会福祉研究者によるまとまった福祉改革（論）批判として、高島進『社会福祉の理論と政策——現代社会福祉政策批判』（ミネルヴァ書房、一九八六年）がある。

(10) 前掲『社会福祉改革の基本構想』二頁。

(11) 三浦文夫「昭和五十年代の社会福祉の展開と社会福祉改革の課題」日本社会事業大学編『社会福祉の現代的展開』勁草書房、

一九八六年、所収。

(12) 厚生省福祉関係三審議会合同企画分科会「今後のシルバーサービスの在り方について」（意見具申）全国社会福祉協議会編『社会福祉資料集七』全国社会福祉協議会、一九八八年、所収。

(13) 前掲『社会福祉改革の基本構想』一六頁。

(14) 同前　五～八頁。

(15) 厚生省福祉関係三審議会合同企画分科会の意見具申は「近年、高齢化の進展や年金制度の成熟化等の社会経済の変化に対応した構造的動きとして、社会福祉の分野において、いわゆるシルバーサービスを中心に民間事業者による多様なサービスの供給が始まっている」と指摘し、民間事業者によるサービスを福祉サービスとみなす立場を改めて再確認している。厚生省福祉関係三審議会合同企画分科会「今後の社会福祉のあり方について」（意見具申）、一九八九年三月。

(16) 前掲『社会福祉改革の基本構想』一頁。

(17) 社会福祉政策を理解するうえで残余的福祉モデル、産業的業績達成モデル、制度的再分配モデルという三通りのモデルを設定したR・M・ティトマスは、残余的モデルについて説明するにあたって私的市場および家族は個々人のニーズが充足される自然的な通路であり、それが崩壊したときにのみ、一時的に社会福祉が作動するとしている（R・M・ティトマス、三友雅夫監訳『社会福祉政策』厚生閣、二七頁）。周知のように、残余的社会福祉から制度的社会福祉への展開を説いた、H・ウイレンスキーやC・ルボーの残余的社会福祉についての規定にも同様の指摘がみられる（Wilensky, H.H. & C.N. Lebeaux, *Industrial Society and Social Welfare*, The Free Press, 1965 <Paperback Edition>）。これらの指摘は、直接的には残余的社会福祉政策ないし社会福祉の「残余性」の説明に関連するものであるが、そこでは明らかに私的市場や家族による財貨やサービスの供給はこれを「自然的な通路」によるものとして社会福祉と区別するという判断が前提になっているのである。そして、この前提は社会福祉政策や社会福祉が制度的再分配モデルや制度的社会福祉とよばれる状況になっても破棄されていないことに留意しておく必要がある。

(18) ちなみに、R・M・ティトマスは、社会福祉の概念を広く猟歩したうえで、社会福祉概念には共通して三通りの課題が包摂されているという。すなわち、第一に贈与的（ベネフィセント）であること――市民に福祉を提供すること――を志向していること、第二に経済的な目的だけでなく非経済的な目的を含んでいること、第三に富者から貧者への資源の再分配の方策を含むことである（R・M・ティトマス、三友雅夫監訳、前掲書、一五頁。なお、訳書ではベネフィセントに「慈善的」という訳語が与えられているが、慣例的には「慈善」はチャリティに対応する訳語として定着しており、また原文の文脈に照らして必ずしも適切な選択ではないように思われる）。

(19) 福武直は「……生存権を金科玉条とし、ひたすら国家責任を追求してきた権利主義的社会保障論は、もはや有効ではなくなっている」とし、さらに「……自明の生存権をふりかざして、不均衡の見直しすら福祉の後退とする社会保障は通用しなくなり、単純素朴な権利主義は、攻撃力を失ってしまう」と主張した。福武の意図は理解しえないではない。しかし、こんにちでも、社会保障を権利として捉えることが「自明」であるとはいえない状況が存在している。そのような状況のもとでは福武の「権利主義」批判はその意図とはことなり、社会保障を権利として把握すること、そのこと自体を否定するものとして理解されることにもなったように思われる。福武直『社会保障論断章』東京大学出版会、一九八三年、一〇二～三頁。

⒇ 前掲『社会福祉改革の基本構想』二頁。

第2章 社会福祉施設改革の展望と課題
――施設体系・措置制度・最低基準・運営管理

はじめに

わが国において福祉改革の必要性が強調されるようになってすでに一〇年を超えるが、周知のように、福祉改革は、その周辺にさまざまな波紋を巻き起こしながらも、なお進行中である。一九九三年晩秋以来の保育所措置制度改革問題にも象徴されるように、わが国の社会福祉施設は、いままさに福祉改革の渦中にあるといっても過言ではないであろう。社会福祉施設にかかわる諸問題を福祉改革問題という断面で捉え直してみるというのが、ここでの課題である。しかしながら、近年における社会福祉施設の多種多様化や、社会福祉の領域の違いによる課題の多様性、複雑性を考えてみれば、ことはそれほど簡単ではない。議論はおのずとこんにちにおける社会福祉施設改革問題の一部を垣間みるという範囲にとどまらざるをえないであろう。以下、その限りにおいて重要と思われる事項に論点を絞りながら、若干の考察を試みることにしよう。

第1節 基本的視点

まず、こんにちの社会福祉施設改革問題を検討するにあたって、基本的に重要と思われる視点と視角について整理を試みる。

1　社会福祉利用の主体

社会福祉は、基本的には、多くの市民がその生活を営む過程においてさまざまに直面する生活問題を自らの努力によって解決除去し、あるいは緩和軽減しようとするのを、その側面から支援助長し、かれらの自立的生活を回復させ、維持し、向上させることを目標に、第一義的には公的な責任のもとに、多様な供給組織を動員しつつ展開される方策施設ならびにそのもとにおいて展開される専門的援助活動の体系として理解される。そして、その際、社会福祉の利用者として登場してくる市民は、社会福祉的方策施設や援助活動の単なる客体ではない。それらの提供を主体的に求め、活用しつつ、自らの生命と活力を、そしてその維持再生産の過程としての生活を主体的、創造的に築いていこうと努力する、生活の主体、すなわち生活者としてとらえられていなければならない。

2　自立的生活

自立的生活の回復、維持、向上という場合、いわれるところの自立は依存の単なる反対概念ではない。自立的生活にいう自立のなかには依存を含む、あるいは依存を前提とするような自立のあり方、自立的依存が含まれていなければならない。自立的生活という概念のなかには、所得保障や福祉サービスに依存し、それらを恒常的に活用しながら実現される生活の自立という観念が包摂されている。

3　権利としての自助

そのことと関連して、わが国の社会福祉においては、自助という概念のイメージはいかにも消極的なものとしてとらえられてきている。しかし、ここではその権利としての側面に注意を喚起しておきたい。本来自助の概念には、あらゆる市民は、自己の生活について自己のみが責任をもつ権利を有するという積極的な意味が内包されている。このような意味での自助概念の軸芯にあるものは、いうまでもなく歴史的に獲得されてきた市民権的諸権利の実現ということである。義務としての自助は、このような権利としての自助概念を前提としてはじめて成り立ちうるものである。

社会福祉の利用とかかわらせていえば、権利としての自助という観念の中心にあるものは、何よりも利用者一人びとりの人格の尊厳にたいする権利であり、また自己決定の権利であろう。こんにち、社会福祉施設改革をめぐる議論のなかでその重要性が強調されている、福祉サービス選択権、インフォームドコンセントの権利、私的生活空間（個室とプライバシー）の確保、施設生活のなかでの行動の抑制や虐待からの自由などの諸権利は、基本的にはこのような自立と自助にかかわる市民権的諸権利の一環として位置づけられていなければならない。

4　自治型社会福祉への展開

ここ数年、わが国では社会福祉の分権化と地域化、すなわちその市区町村化と地域福祉化が一挙に進行した。社会福祉はかつての施設福祉型から地域福祉型へ移行し、さらには自治型社会福祉への展開が求められている。(1) もとより、解決されるべき課題は多い。しかし、すでにわが国の福祉改革は、行財政改革に端を発する部分的な行政権限と負担の下方委譲、家族や地域社会、民間組織への依存という域を超え、基礎自治体としての市区町村を基盤とする自治型社会福祉への展開を志向する段階に到達している。

社会福祉にかかわる国、都道府県、市区町村のそれぞれ相互の関係についても、行政と民間組織、さらには私営事業との関係についても、また新しい供給体制のなかにおける入所型社会福祉施設の位置づけについても、社会福祉を市区町村における自治の活性化とその再構築の過程において取り組まれるべき最重要課題のひとつとして位置づけるという角度から、改めてその再検討がなされ始めている。ここでの課題である社会福祉施設改革のあり方も、このような時代の趨勢を前提にしながら、その文脈のなかにおいて論じられなければならない。

5　複眼的な視点と視角

社会福祉施設改革問題についての議論は、実に多種多様な視点や視角をもとに発信されている。議論の参加者には、社会福祉行政関係者、社会福祉団体関係者、施設経営者、援助者、利用者、社会福祉研究者、ジャーナリズム関係者など多様な人びとが含まれている。このような議論の広がりは、社会福祉施設改革問題をとらえる視座を多様化させ、複眼的なものにすることに貢献している。しかしながら、社会福祉施設改革問題をとらえきるにはそれでもなお不十分であろう。たとえば、利用者の視点といっても、議論の発信者は社会福祉施設を利用している当の本人、当事者というよりは、まだ彼らの保護者や援助者であることが多い。

近年どうにか、障害者団体、救護施設や老人ホームの居住者、あるいは養護施設の高校生など社会福祉利用者本人による発言が、少しずつではあるが、みられるようになってきている。従来、社会福祉施設改革問題をめぐる議論のなかには供給者サイドの関心が過剰に代表されていた。今後は、最近批准された子どもの権利条約のもとにおいて意見表明権を認められた子どもたちによるそれを含めて、利用当事者の視点や評価による議論が最大限に尊重されなければならない。

そのことに加えて、供給者サイドの関係者のみならず、福祉サービスの利用者をも含めて、社会福祉施設関係者たちは、社会福祉施設が立地する地域社会の住民たちによる発言、さらには納税者としての市民たちの発言にたいしても、虚心に耳を傾けることが必要になってきている。施設関係者のみならず、社会福祉施設それ自体もまた地域社会の一構成員であり、またその運営コストのかなりの部分は、市民一般——利用者もそのなかに含まれはするが——の租税負担に依存しているからである。

第2節　施設・機関の再編成

いま一九九三年版の『国民の福祉の動向』を開いてみると、わが国には、一九九二年一〇月一日現在、種別にして七〇種類、施設総数にして五万二八一五か所の社会福祉施設（いずれも有料老人ホームを除く）が存在している。[(2)] これらの多種多様な社会福祉施設群は、沿革的には、戦後間もない時期に制定された福祉三法に基づいて設置された施設が核となり、そこに時代と社会の必要に応じてそのつど、新しい施設が追加されるというかたちで形成されてきたものであるが、こんにちではその内部に、多数の、個別的なあるいは施設体系としての、混乱や矛盾を内包するという状況にある。社会福祉施設の総合的な再点検と再編成が必要なことはすでに早くから関係者たちの認めるところであった。そこに福祉改革に連累する改革の要請が重畳してきている。これが、われわれがいま直面させられている社会福祉施設改革問題の基本的な問題構造である。

1　施設体系の構成要素

そのことを前提としながら、まず、議論の手がかりとして、わが国の社会福祉施設の体系を構成している諸要素について取り上げてみよう。わが国の社会福祉施設の体系を構成する要素は、概略、①利用者の属性、②利用の方式、③利用の形態、④提供されるサービスの内容、そして、⑤立地条件、に分類することができる。個々の要素についてより具体的にみていけば、①利用者の属性には、利用者の年齢や福祉ニーズの違いが含まれている。②利用の方式には、措置型施設、利用型施設、契約型施設の違いが、③利用の形態には、入所（居住）型施設、通所（デイケア）型施設、地域利用型施設の違いが、④提供されるサービスの内容＝施設の機能には、たとえば、身体障害者更生援護施設の施設類型を例にとれば、更生型施設、生活型施設、作業型施設、地域利用型施設の違いが、それぞれに内包されている。そして、⑤立地条件には、地域型施設と広域型施設の違いが含まれている。

わが国の社会福祉施設の体系はこのような多様な内容をもつ要素の組み合わせによって織り成されているが、そこに再編成を迫る要因は、まずそれぞれの要素それ自体のなかにうみだされてきている。たとえば、障害児施設における成人障害者の滞留の問題や一部重複障害児についての施設受入れの不調はいずれも、利用者の属性による施設分類にたいする異議申立てを意味するものといってよい。利用の方式についていえば、措置制度に対する疑義を根拠に、保育所など一部の措置型施設は契約型施設への転換を迫られている。利用の形態についていえば、入所（居住）型施設から通所（デイケア）型施設へ、そしてさらには、訪問型サービスや宅配型サービスへ、施策の比重は移されつつある。

このような既存の施設体系に改革を求める要因のなかには、それ自体として改革の実現に多大の困難を伴うものが多い。改革の要因は、とりあえずはそれぞれの要素の内側から提起されるとしても、当然のことにその影響は他の要素のあり方にも波及していかざるをえない。こうして問題は錯綜し、改革の実現はいっそう困難なものとなる。たとえば、入所（居住）型施設から通所（デイケア）型施設への、そしてさらには訪問型サービスや宅配型サービスへの移行が時代の趨勢であるとしても、利用者の属性という要素の内包するさまざまの制約、すなわち年齢、健康状態、身体的・精神的な能力の状態という制約を乗り越えることはそれほど簡単ではないであろう。

2　地域型施設と広域型施設

ところで、施設の立地条件という要素は、八〇年代福祉改革による社会福祉の分権化や地域化の推進という課題と密接にかかわっている。伝統的に、わが国では社会福祉施設の立地条件が話題になることは少なかったように思われる。社会福祉施設の設置場所は、設立者や賛同者の所有する敷地の所在や面積、価格など敷地獲得にあたっての便益、あるいは北海道家庭学校のように教育農場による生活指導と再教育という援助理念の実現など、専ら社会福祉施設の側の要因によって決定されてきた。社会福祉法人の設立に認可権をもち、その管轄する区域の社会福祉の推進に責任をもつ都道府県にしても、自ら社会福祉施設を設置する場合を除けば、種別、設置数、定員など、その適正な配置に十分に意を配ってきたとは到底いえないであろう。都道府県の社会福祉施設マップは、多様な偶発的諸条件に左右され、結果としてそうなったということの表現であるにすぎないのである。

社会福祉法人について認可権をもたない市区町村の場合には、自らが設置主体となる社会福祉施設を除けば、社会福祉施設の立地や配置については都道府県以上に受動的な立場に置かれてきた。さらに地域社会についていえば、社会福祉施設の設置に関しては、設置者が近隣者である場合を除いて、まったくといっていいほどに受動的な立場に置かれている。設置者が地域社会と接触をもつとしても、それは建物の建設についての説明と同意を得るという範囲のことであった。設置されようとしている社会福祉施設が、その地域にとってどのような意味をもつのか、そのことが事前に話題になるようなことはまずまれであった。そこに近隣社会による、場合によっては行政を巻き込むようなかたちでの、建設反対運動が組織されるような状況もうまれてくるのである。(3)

社会福祉の分権化と地域化、すなわち基礎的自治体である市区町村を基盤とする社会福祉への展開は、このような社会福祉施設の地域立地、地域配置についての関心を惹起せざるをえない。もとより、社会福祉の分権化・地域化といえども、すべての市区町村に、あらゆる種類の社会福祉施設の配置を求める、というものではない。それを期待することは明らかに非現実的である。しかしながら、そのほとんどが市区町村の管轄区域と無関係に立地しているという社会福祉施設の現状は、早晩社会福祉の分権化・地域化に適合するような方向に再編されていかざるをえないであろう。まず、社会福祉施設の市区町村を活動の単位とする地域型施設と、都道府県の全域ないし複数の都道府県にまたがって活動する広域型施設への分化が進行することになろう。分化は、社会福祉施設の種別ごとに、また同一種別施設の内部においても、必要とされる。社会福祉施設のなかには、重症心身障害児施設や身体障害者更生施設などのように、広域型施設になじむ施設と、各種福祉センター、デイサービスセンター、保育所、児童厚生施設などのように、地域型施設として地域社会に密着する必要のある施設とがある。それぞれの種類ごとに、施設は、広域型施設を志向するか地域型施設を志向するか、明確なポリシーをもたなければならない。広域型施設と地域型施設への分化は、同一種別施設の内部においても求められる。同一種別施設内部における分化は、垂直的な機能の特化＝役割分担のみならず、さらに水平的な機能の特化＝役割分担を伴うことになろう。

当然のことながら、多くの社会福祉施設、なかでも入所（居住）型の施設にとって、このような機能の分化や特化は予想されていなかったものである。この際、思い切って機能を特化しつつ広域型施設を志向するべきか、あるいは多機能化しながら地域に密着する地域型施設を志向するべきか、選択は苦しいものとならざるをえないであろう。個別施設のあり方としていえば、広域型施設としての伝統を受け継ぎながら、同時に立地する地域社会にたいしては地域型施設として密着するという方向も考えられないことではないであろう。しかしながら、二兎を追うのも容易なことではない。いずれの方向を志向するにせよ、社会福祉の分権化・地域化の進展に伴う施設機能の再検討は、いまや社会福祉施設にとって避けては通れない喫緊の課題である。

ただ、急いで一言付け加えておけば、これまでの議論において前提としてきた現行市区町村、なかでも町村について、それが社会福祉の基礎的な運営の単位として機能しうるに必要なだけの規模的、行財政的、人材的な基盤をもちえているのかどうか、そこに懸念がないわけではない。一部の町村においては、消防行政や教育行政などにならって、一部事務組合方式を導入するなどの基盤整備も必要となろう。また、さらに一歩を進め、自治型社会福祉への展開という視点に立てば、市区町村それ自体の適正規模への合併再編成というようなことも、十分に話題になりうるであろう。

3　サービス内容＝施設機能からみた施設の再編成

わが国の社会福祉施設は実に多種多様であり、一見すると統一性、体系性に欠けるような状況を呈している。しかし、決して無秩序に種別を拡大し、数を増やしてきたというわけではない。歴史的にみれば、当初に期待されたような発展を実現しえなかったきらいのある施設を含めて、いずれの施設をとってみても、それぞれに、その時代その時期において、必要とみなされて新設され、また増設されてきたのである。無秩序にみえてそこに一本筋が通っているのは、社会福祉施設の新設や増設が、基本的には、利用者の福祉ニーズの違いによる施設の専門分化の推進という原理に基づいているからである。この福祉ニーズの違いによる専門分化という傾向がもっとも顕著にみられたのは、いうまでもなく障害児・者福祉の領域である。

福祉ニーズの違いによる施設種別の専門分化という原理は、なによりもそれ自体として重要であり、障害児・者福祉の領域のみならず、社会福祉の全般に痕跡を残している。しかしながら、専門分化主義は功績と同時に意図せざる行きづまりや弊害をもたらすことにもなった。まず、関連諸科学の進歩は福祉ニーズについての理解を深めさせ、その細分化をもたらしたが、それに対応するだけの施設種別を設定するということにはおのずから限界があった。しかも、専門分化主義に依拠する分類処遇主義とそれを前提に構築されてきた施設体系は、重複障害児・者にみられるような複合的な福祉ニーズにたいして適切に対応することができなかった。また、分類処遇主義的に設定された施設体系には柔軟性にかけるところがあり、時代と社会の変化に伴う福祉ニーズの多様化や高度化、複雑化に適切に対応することができなかった。

現在、身体障害者更生援護施設の体系は、さきにもみたように、更生型施設、生活型施設、作業型施設、地域利用型施設の四類型を基本型として構成されている。このような施設の類型は、もとをただせば身体障害者福祉の領域における施設の専門分化主義や分類収容主義の弊害を除去するために構想されたものであるが、これを社会福祉施設体系の全般的な再検討を試みる視角として捉え直してみた場合にも、比較的成功しているといってよい。それぞれの類型を特徴づけている用語の意味内容を領域の違いに合わせて適宜読み替えていけば、この類型は、身体障害者福祉以外の他の領域における施設体系の再検討を試みる場合にも、重要な手がかりになりうるものと考えられる。たとえば、更生型施設の「更生」の部分を広義の「治療（再教育を含む）」に読み替えて治療型施設とし、作業型施設の「作業」の部分を「自立支援」に読み替えれば、この四類型は、児童福祉における施設体系の再検討を試みるにあたっても、十分に有効性をもちうるのである。有効であるというのは二通りの意味においてである。第一に、この四類型を準用することによって、児童福祉施設の体系が総体としてどの領域が充実し、どの領域において不備や欠落がみられるかを評価する重要な手掛かりをえることができる。第二に、そしてこちらのほうがより重要であるが、この四類型は、それがいずれの類型にも入りにくい、あるいは複数の類型に当てはまるような施設について、そのあり方を根源的に問い直すための手がかりを提供してくれるという意味において、有効である。

養護施設をとってみよう。養護施設は基本的には生活型施設であろう。沿革的にはそういってよい。しかしながら、周知のように、近年養護施設は、一方においては治療型施設を志向し、他方においては自立（就労）支援型施設を志向してきている。また、同時に、かなりの養護施設が地域社会の子育てを支援する各種の補助金プログラムを導入してきている。この側面で捉えれば、養護施設は地域利用型施設である。このように、基本的、沿革的には生活施設として出発した養護施設も、こんにちでは生活型施設、治療型施設、自立（就労）支援型施設、地域利用型施設という四通りの側面のすべてを兼ね備えている、あるいは兼ね備えようと努力している。養護施設の多機能化傾向ということであろう。それはそれで、養護施設再構築の新しい試みとして、歓迎されてよい。しかしながら、問題は、すべての養護施設がこれら四通りの施設類型を同時的に兼ね備え、適切に運営していくことができるのか、ということである。施設の多機能化は、ある意味では施設の運営と援助活動の両面においてその求心力を低下させ、エネルギーの分散をもたらすことにもなりかねないからである。

事柄は養護施設に限ったことではない。このような多機能化の傾向に社会福祉施設の広域型施設と地域型施設への分化という課題を重ね合わせてみると、もはやすべての施設がすべての機能を兼ね備えるという時代ではない。同一種別の施設内部においても、種別を異にする施設のあいだにおいても、一定範囲の専門分化を前提にしつつ、相互に分業と協業の体制をつくり上げることこそが重要であろう。それが現実のものになりうるかどうか、その鍵を握っているのは、ほかならぬ措置制度である。社会福祉施設体系の再編成を成功裏に実現させるためには、利用者の年齢や福祉ニーズなどその属性の変化に伴う措置換え（措置変更）を柔軟に行いうるように、措置制度が改革され、その運営が大幅に弾力化されなければならない。

4 施設多機能化・複数施設化・複合施設化

社会福祉施設の多機能化、複数施設化、複合施設化はともに時代の趨勢である。施設多機能化とは、それぞれの施設のもつ本来的な機能を基盤としながら、その延長線上に、主として施設の立地する地域社会の福祉ニーズに対応するような福祉サービスを提供する事業を、その施設の機能の一部として、あるいはその施設機能の同心円的な拡張として実施することを意味している。施設多機能化の趣旨は、施設に備わっている施設や設備の機能、人的サービスの知識や技術などを地域社会のために提供し、活用することであり、いわば施設機能のイクステンション（施設機能の地域拡張）である。その典型は、特別養護老人ホームが実施機関（市区町村）によるサービス供給の委託を受けて提供しているホームヘルプサービス、ショートステイサービス、デイサービスである。さらに、一部の特別養護老人ホームは、具体的なサービスの提供だけでなく、利用申請者の相談に応じ、適宜必要とされる福祉サービスの申請手続きの代行や調整を行う在宅介護支援センターの事業を受託しているが、この場合には多機能化は本来の施設機能の単純な拡張という範囲を超えたものとなっている。

複数施設化とは、施設多機能化の発展形態ともいえるもので、一つの社会福祉法人が複数の施設を経営する場合である。複数の施設は同一敷地内に設置される場合もあるが、別敷地になる場合もある。経営される施設の組み合わせは、児童福祉施設と老人福祉施設などのように、複数の種別に及ぶのが原則である。同一種別の施設を複数経営する社会福祉法人も少なくない。ただし、この形態は多機能化とはいえず、ここでいう複数施設化とは区別しておきたい。

複合施設化とは、基本的には母体になる施設の本来的機能の拡張を意味する施設多機能化やその発展形態としての複数施設化とは異なり、本来的に異なった機能をもつ二つもしくはそれ以上の施設が、隣接して、もしくは同一の建物のなかに立地共存することを意味している。複合施設化は、積極的意図的に展開される場合もあるが、敷地や建物の不足やそれらの効率的利用という外在的な要請によって、結果としてそうなったという事例も多いようである。複合する施設は、特定郵便局と老人福祉センターや保育所、養護老人ホームと義務教育学校というように、施策の垣根を超えた施設どうしの組み合わせとなる。

施設多機能化も複数施設化も、社会福祉関係者のみならず、広く社会的にも歓迎されているようにみえる。しかしながら、そこにも問題がないわけではない。特別養護老人ホームを例にしていえば、在宅福祉サービスを受託実施しているある特別養護老人ホームは、もともとは広域型施設、生活型施設であったものが、多機能化の結果としていまでは地域型施設、地域利用型施設としての側面をもつようになり、多様な施設機能を広く地域社会に提供することになっている。このような特別養護老人ホームのあり方は、在宅福祉サービス中心の地域福祉の時代における入所（居住）型施設・生活型施設のあり方を象徴的に示すものといってよい。まさに時代に適合したモデル的ともいえるような社会福祉施設のあり方であろう。しかしながら、社会福祉施設の多機能化は、何よりもその本来的な機能と調和を保ちうる方法と形態において実施されなければならない。その本来的な機能が広域型の生活型施設であれば、施設利用者（居住者）の居住領域と拡張機能領域との空間的、物理的分離や、居住利用者と拡張機能利用者との接触・交流プログラムなどについての細心の配慮が必要であろう。

複数施設化は、そのような形態になった個別の事情がどのようなものであったかということとは別に、社会福祉施設の地域型施設化のひとつのかたちとして捉えることができる。社会福祉の市区町村化が推進されるべきだとしても、それぞれの市区町村がすべての種別におよぶ社会福祉施設をもつことは現実的ではない。そこに、既存の社会福祉法人が複数の異種別の社会福祉施設を設置経営するという形態がうまれることになる。一法人複数施設化は、社会福祉の市区町村化にともない、社会福祉施設が地域社会にたいして多様な福祉サービスを提供する基地として機能することになったことを示すものと考えることができる。その意味では、複数施設化は時宜にかなったものといえよう。経営の安定化、人事交流の可能性など、その利点も多い。しかしながら、複数施設化が経営的なうまみのみを追求して推進されているような場合には、逆に問題も多いようである。

複合施設化の実態は必ずしもよく知られていないが、施設多機能化以上に難点も多い。経験的な印象もまじえていえば、行き違いや軋轢が生まれやすい。複合しているとはいえ、それぞれの施設は本来的にその利用者や目的、機能を異にしており、運営のあり方もおのずから自己完結的なものにならざるをえない。施設どうしを、より具体的には利用者どうしの活動や生活を相互に媒介し、結び付ける強力で継続的な援助プログラムとそれを推進する媒介者（スタッフ）が準備されていなければ、折角の複合施設の試みも、同床異夢、ただ建物を共用するというだけの結果に陥りかねないのである。現状では、明確な複合の理念とそれを具体化する援助プログラムを欠く複合施設化にたいして過剰な期待をかけるようなことは、厳に慎まなければならない。

5　供給組織の再編成との関連

こんにち、社会福祉施設体系の再編成という課題をよりいっそう困難なものにしているのは、それが年来の供給組織の改革と連動せざるをえないという事実である。社会福祉施設の再編成にかかわる供給組織の改革として重要なのは、第一には、高齢者福祉と障害者福祉の領域において福祉の措置にかかわる事務と権限が都道府県から市区町村に委譲されたということである。第二には、それにもかかわらず、児童福祉、母子寡婦福祉、精神薄弱者福祉の領域においては、その事務も権限も従来どおり都道府県を中心に運用されているということである。第三には、さらにそれにもかかわらず、児童福祉、母子寡婦福祉、精神薄弱者福祉の領域を含めて社会福祉は全体として市区町村をサービス実施の単位とする在宅福祉サービスにその比重を移行させてきている。市区町村の側からいえば、それだけ社会福祉における役割と責任が、さらにはそれに伴う財政の負担が大きくなってきているということである。第四には、在宅福祉サービスの領域において、サービス実施機関とサービス提供機関との分離が着実に進行しているということである。より具体的にいえば、在宅福祉サービスの実施機関である市区町村が、制度的枠組みやサービス提供の審査決定にかかわる部分を除き、サービスの実務的、実際的な提供の部分を、社会福祉協議会や社会福祉施設その他に委託して運用するという方式が拡大してきているということである。第五には、社会福祉の供給組織と利用者とのインタフェースを改善することを目的とする在宅介護支援センターの設置が進んできているということである。しかも、多くの場合、この在宅介護支援センターの運営は、特別養護老人ホームや老人保健施設などのサービス提供機関に委託されている。サービス提供の審査決定にかかわる権限についても、部分的には在宅介護支援センターによる代行が容認されるという状況にある。

社会福祉施設体系の再編成は、それを成功裏に実施するためには、こうした近年における供給組織改革の動向を慎重に見定め、それを視野に取り入れたかたちで推進されなければならない。

第3節　措置制度改革問題

一九九三年晩秋以来の保育所措置制度改革問題に象徴的にみられるように、いまや措置制度の改革は社会福祉改革の中心的な争点、ターゲットになっており、そのことの是非をめぐって、賛否両論の厳しい応酬が行われている。いわゆる措置制度改革問題は、沿革的には、戦後間もない時期の民間社会福祉施設に対する補助金支出の可否をめぐる議論にその端を発しているのであるが、それだけにそこには戦後社会福祉の軌跡とその評価にかかわる多様かつ深刻な論点が内包されている。こんにち、措置制度改革の問題は、直接的には利用者の福祉サービスや社会福祉施設についての選択権の容認、プライバシー権の尊重、社会福祉施設の事業展開における自由度の確保といった、すぐれて現代的な課題と結び付けながら論じられることが多い(4)。しかも、措置制度改革の問題は、その基底の部分において社会福祉費支出の抑制という年来の行財政改革的な課題と密接に連動しており、そのことが措置制度改革問題をめぐる議論をいっそう複雑なものにしている。

1 措置制度問題の構造

こうして、措置制度改革問題をめぐる議論は、否応なしに深刻なものとならざるをえないのであるが、議論を生産的なものにするためには、措置制度にかかわる諸概念の理解や解釈についての整理が必要である。まず、措置制度と措置（委託）費制度との明確な区分がなされなければならない。措置制度と措置（委託）費制度は実際上は相互に連動し、いわば表裏の関係に置かれている。しかしながら、両者は概念的には別のものである。措置制度は、社会福祉の供給に関して、措置（決定）機関の実施する、①顕在的潜在的な社会福祉利用希望者の福祉ニーズの発見と認知（申請および通告の受理、職権による認知）、②一定の基準（措置・決定基準）に基く福祉ニーズの評価（調査・審査、判定）、③福祉ニーズに適合的な福祉サービスの選定と措置・提供の決定、さらには、④福祉サービス提供機関にたいする通知や送致にかかわる一連の手続きと過程の総体を意味している。これにたいして、措置費制度は、措置・決定に伴い措置・決定機関が社会福祉施設その他の福祉サービス提供機関にたいして行う、①所定の福祉サービスの提供に必要とされる費用（措置費）の支出（支弁）、②その使用方法についての監査、③福祉サービス利用者（受益者）の負担すべき額の決定と徴収などにかかわる一連の手続きと過程を意味している。そして、措置委託費は、措置が民間社会福祉施設に委託して実施される場合に、その民間社会福祉施設にたいして支出される経費を意味している。

このような措置制度と措置（委託）費制度との区別を前提にしていえば、措置制度改革問題をめぐる従来の議論のなかには、大別しただけでも、①措置制度とその運用にかかわる一般的な議論、②措置制度が福祉サービスの利用者を事実上貧困低所得階層に限定しながら運用されてきたことにかかわる議論、③措置（委託）費制度とその運用にかかわる議論、④措置（委託）費の水準や構成にかかわる議論、⑤措置・決定機関のあり方に関する議論、⑥措置委託をうける社会福祉施設のあり方にかかわる議論、⑦利用者の費用負担にかかわる議論などが未分化なままに混在し、そのことで混乱を招いているように思われる。措置制度改革問題にかかわる議論を積極的かつ生産的なものにするためには、何よりもこうした

複雑で多面的な論点の区別と整理が必要となる。(5)

2 措置基準の機能と意義

さて、措置制度のなかで重要な役割をもつ措置（提供決定）基準は、措置・決定機関が利用申請者の福祉ニーズを審査し、福祉サービスの要不要やその内容を確定するにあたって、その根拠として活用される基準である。措置基準は、都道府県あるいは市区町村の単独事業として実施されている福祉サービスを別にすれば、通常は国がこれを設定している。都道府県や市区町村は、基本的にはこの国の設定した措置基準に従って個々の利用申請者の福祉ニーズを審査し、福祉サービス提供の要不要を決定し、具体的な措置の手続きを行う。その場合、この措置は、都道府県や市区町村による行政処分として、その限りにおいて「一方的に」なされるから、結果的には福祉ニーズの審査や福祉サービス提供の要不要の決定・措置は利用申請者の関知しないところで行われ、利用申請者にはその結論だけが通知されるということになる。現状では、審査や決定の過程について利用申請者に納得が行くように説明されるということは、まず期待しえないであろう。こうして、利用申請者にとって措置基準は、利用申請者（あるいは福祉ニーズ）を「一方的に」評価し、選別する冷酷な「ふるい」として機能することになる。措置基準は、利用申請者にとって、利用申請者を「客観的に」評価選別し、場合によっては申請を拒否する冷酷な基準として機能することになる。従来、措置基準についての人びとの関心は、専ら措置基準の「冷たい」側面に向けられてきた。

しかし、そのような措置基準も視点を替えれば別のものにみえてくる。措置基準の内容がいかに制限的なものであっても、人びとは、自己の福祉ニーズがその基準に適合しさえすれば、所定の福祉サービスを利用することができる。このことを逆にいえば、国は措置基準を設定することを通じて、国民にたいして、一定の福祉ニーズについては国がその責任において福祉サービスを提供するということを約束しているのである。そこでは、措置基準は、国が自らその責任の範囲を明確化した文書として機能している。すなわち、措置基準は、利用者の側からみればとりもなおさず「利用の基準」である。措置基準が公開されることによって、国民は、いかなる状況にあればいかなる福祉サービスの利用を申請しうるのかを知り、みずからが利用申請に適合する状況にあるかどうかを考え、判断することが可能になる。さらに、措置基準は、措置・決定の権限をもつ都道府県や市区町村の行政処分が個別の吏員による恣意的無原則的な運用に陥らないように規制する濫用抑止の基準でもある。措置基準があって初めて、都道府県や市区町村の窓口における申請受理や福祉サービスの審査や決定の過程は客観的に遂行されうるのである。

すでに明らかなように、措置制度を廃止することは、こうした多面的な機能をもつ措置基準を廃止することにつながることになる。国や都道府県、市区町村は自らが対処すべき福祉ニーズの種類や範囲を明示する必要がなくなり、逆に国民は福祉サービスの利用を申請するための客観的な判断基準を喪失することになる。極端な表現をすれば、福祉サービスの利用申請者が当該福祉サービスを利用しうるかどうかは、ひとえに利用申請者と福祉サービス提供者の直接的な折衝（ネゴシエーション）に依存するということになる。この方式は、福祉サービス提供の決定過程に利用申請者が直接的に関与するという意味では利点をもたらすことになるが、逆にその分だけ、福祉サービス利用者の利用の基盤は不安定なものとならざるをえないであろう。

3　措置方式か契約方式か

こんにち、措置制度改革問題をめぐる議論は、しばしば措置方式と契約方式の優劣を問うというかたちにおいて展開されている。議論のなかで、しばしば措置方式の欠点、契約方式の利点として強調されているのは、概略次のような論点である。すなわち、措置方式は、①福祉サービスの種別や施設にたいする選択権を保障せず、②伝統的に措置の対象は貧困低所得階層に限られてきており、その利用にはスティグマが伴いがちである。したがって、③福祉サービスが普遍化したこんにち、措置制度は福祉サービスの利用の方式として適切性を欠いている。しかも、④措置制度は手続きが煩瑣で、判断に柔軟性を欠く傾向にある。このような措置制度にたいする疑問と批判は、こんにちにおける措置制度の運用の状況を前提にしていえば、多かれ少なかれ妥当なものであろう。けれども、ここで措置方式の難点として指摘されている論点は、必ずしも措置方式に不可避的で、論理的にそうならざるをえないという性格の問題ではない。

たとえば、すでにみてきたように、措置は、その過程に利用申請者の介入を予定していない。その限りでは、「一方的」な行政処分として実施されている。しかしながら、その過程の全体が強権的に運用されているというわけではない。たしかに、わが国の福祉サービスは、法的には、行政処分にともなう反射的利益として実現されるという構造をもっている。しかし、措置制度は実際的には申請主義をとっており、利用申請者による施設の選択についても、保育所など一部の領域では申請時に入所施設についての希望を記入させる、というかたちで容認されている。[6] 措置制度であるがゆえに、必ずしも利用者の基本的な人権、市民権的諸権利のひとつとしての施設選択権が確保されえない、というわけではない。利用申請者による選択権の行使を可能にするだけの福祉サービスのメニューや施設の種類と数が準備され、インフォームドコンセント原則が導入され、利用申請者の意向を措置・決定の過程に反映する途が開かれれば、措置方式においても利用者の権利は十分保障されうるはずである。

措置方式のもとでは利用者の範囲が限定されるという指摘についていえば、措置制度であるがゆえに利用の対象が低所得貧困階層に限定されるというわけではない。利用者の範囲をどのように設定するかはすぐれて政策的な判断に帰属するものであり、措置制度のあり方とは別の次元の問題である。措置制度の機能は、原理的には、利用申請者のなかから、あらかじめ当該制度の利用対象として設定された範疇に該当する者をそれとして選びだし、福祉サービスの供給を行政処分として決定することに限定されている。したがって、措置制度が一般階層を対象に運用されるということも十分ありうることである。事務手続きが煩瑣で柔軟性に欠けるという指摘は、前例主義、繁文縟礼主義《はんぶんじょくれいしゅぎ》、形式主義など、いずれも官僚主義の通弊であり、措置制度に不可避的に付随する特性ではない。これまた、措置制度のもとにおいても改革可能な問題である。

措置方式の効用についてももう少し触れておきたい。第一点は、現行の措置方式が申請主義を前提としているという事実にかかわっている。すなわち、利用申請者は、現行措置方式のもとにおいては、措置（行政処分）の内容に不服があった場合や措置の決定が一定の期間を超えて延引した場合には、それぞれの法令の規定するところに従って関係官庁に不服の申立てを行い、最終的には行政訴訟に訴えることが可能である。不服申し立ての制度は国民の福祉サービス受給権を救済する最後の手段である。契約方式への転換は、論理必然的に、この権利救済の途を閉ざしてしまうことになる。福祉サービス利用の方式が全面的に契約方式に移行した場合には、ひとたび福祉サービス提供者との折衝が不調に終われば、福祉サービス利用希望者の福祉ニーズは充足されえず、そのまま放置されるというような最悪の事態も起こりうるものと考えておかなければならない。

第二点は、福祉サービス利用申請者の周辺には、契約方式になじみにくい人びとが少なからず存在しているという事実にかかわっている。まず、契約方式のもとにおいては、契約の当事者、すなわち福祉サービスの利用をめぐる折衝の主体となりうる者は、事柄の性質からして、折衝に必要な状況判断能力や折衝に耐えうる健康その他の精神的身体的諸条件を具備している人びとに限定されざるをえなくなる。また、客観的もしくは社会的にみて福祉サービスの利用が必要であると考えられるにもかかわらず、そのことを自覚しない人びとやスティグマを恐れて利用を忌避する人びとも少なからず存在している。これらの人びとについては、むしろ福祉サービス提供者の側から、リーチアウト戦略などを通じて積極的に福祉ニーズを発見し、福祉サービスの利用に結び付けていくような方策が必要とされる。しかしながら、このような福祉サービス利用申請者の周辺部に位置する人びとにたいする職権主義的な活動の仕方を契約方式にたいして期待することはまず不可能であろう。

ここまで措置方式のもつ利点を中心に議論を進めてきた。しかしながら、一方には、その現状が社会的な需要の総量を賄いうる状況にあるかどうかを別にすれば、軽費老人ホームのように、既存の社会福祉施設のなかにも契約方式のほうが適合的といえる施設が存在している。たしかに、すべての福祉サービスや施設が措置方式を必要としているわけではない。また、福祉サービスや施設の種類によっては、措置方式と契約方式の組み合わせということもありうるであろう。ただし、契約方式が導入されたとしても、それによって懸案事項のすべてが解消されるというわけではない。むしろ、利用者にとって不利な状況も起こりうるということである。

契約方式の導入を図る必要があるとすれば、それは利用者の属性、福祉サービスや施設の種類、それらの質や量、地域分布、地域社会の生活意識、国民の福祉意識などの諸条件についての慎重かつ多面的な議論を前提とするものでなければならない。契約方式の推進を意図する議論の多くは、利用者の施設選択権の尊重や煩瑣な窓口事務の回避という契約方式の「積極的な側面」のみを強調する見解や抽象的な一般論に偏りすぎているように思われる。

4 福祉ニーズ評価の主体

ところで、福祉サービスの利用方式いかんという問題には、利用申請者の福祉ニーズの評価を誰が行うのかという論点が含まれている。現行措置制度のもとにおいては福祉ニーズの審査・判定は措置・決定権者によって行われ、その過程に利用申請者が介入し、意見を表明するという機会が与えられることはない。利用申請者は、審査・判定のために必要な情報の源泉ではあるが、審査判定の権限は全面的に措置・決定権者の側にある。こうした事態がうみだされてくるのは、基本的には、すでにみてきたように、措置が行政処分として実施されていることによる。しかし、そのことと同時に、そこには、福祉ニーズの評価には専門的な知識や技術が必要であり、その審査・判定については専門的な知識や技術を動員し、それを活用することのできる措置・決定権者にゆだねるのが妥当である。それが利用申請者の利益でもあるという判断が介在しているように思われる。

措置制度は、「患者はすべてを医師にゆだね、その指示にしたがうのが最良である」とするような、ある種の「医療モデル」を前提にしている。利用申請者の選択権や自己決定権が尊重されなければならないのは、措置・決定過程の手続き的な側面においてだけではない。施設選択権や自己決定権は、内容的な側面においても尊重されなければならない。近年、措置・決定機関においてケースマネージメントの導入が進み、その有効性が高く評価されてきている。周知のように、この技法は、痴呆・病弱高齢者の福祉ニーズの評価とサービス供給の過程における措置・決定の権限をもった保健・福祉専門家による調整・媒介活動を通じて開発されてきたものである。それだけに、措置・決定の過程から専門家主義の弊害を排除するには、利用者の権利擁護のためのインフォームドコンセント原則の徹底や代弁者の同席などに十全な配慮が必要となってこよう。

しかし、そうした配慮がなされたとしても、現行の措置制度のもとでは、それはいわば措置・決定権者側の配慮の域を出るものではない。そこに専門的な知識と技術を援用するとしても、利用申請者の福祉ニーズの審査・判定は措置・決定権者がその権限に基づいて行政処分として行うという、利用の申請受理から、審査・判定、さらには措置・決定に至る過程の構造は従来のまま何ら変化していないからである。そこに、利用申請者による福祉ニーズの自己評価を前提に、措置の過程を利用申請者と措置・決定権者による折衝の過程として再構成すべしとする提案もうまれてくる。[7] それが現行制度のもとで直ちに実現されうるものであるかどうかは別にして、措置制度改革のひとつの方向として傾聴に値する提案というべきであろう。

次の論点は、たとえば一部の社会福祉施設に契約方式が導入されたとして、福祉ニーズを評価し、福祉サービスの提供を最終的に決定するのはだれかという問題である。契約方式のもとにおいては、そこに利用希望者との折衝が介在するにしても、最終的な福祉ニーズの評価と福祉サービス供給の決定権は社会福祉施設の関係者――アドミッション（受入れ業務）担当者にゆだねられることになる。そこでは、当然のことに、アドミッション担当者がそのような評価と決定に必要な知識や技術を備えているということが前提的な条件となる。そのうえで、双方の当事者――利用希望者とアドミッション担当者とのあいだでどのような折衝が行われ、決定が行われるかは、双方の当事者たちにゆだねられるということになる。それが契約方式の趣旨であろう。

費用の決済についても、それが当事者どうしのあいだで処理される場合には、特に問題はないであろう。しかし、世上話題になっているように、費用の決済方法として保険技術をもちいる介護保険が導入されるという事態になれば、健康保険の場合と同様に、福祉ニーズの評価や福祉サービス供給の決定をなしうる立場にある者——ここでいえばアドミッション担当者にたいする一定の資格の付与、制限ということが必要となる。同時に、評価と決定の内容について点検し、放漫医療ならぬ放漫福祉サービスに陥らないように、利用希望者とアドミッション担当者との折衝を間接的に制御する審査機構の設置も必要となってこざるをえないであろう。

5　費用負担の問題

周知のように、わが国では福祉サービス利用の費用については利用者による受益者負担が前提であり、基本的には国の設定した徴収基準に従い、福祉サービスの利用者が措置費のうちの一定の部分についてこれを負担している。負担額の決定には、負担額を利用者が前年度において納付した住民税や所得税の額に連動させる、いわゆる税額転換方式が採用されている。

このような費用負担方式については、受益者負担主義の適用そのものにたいする批判から、費用負担を求めうる近親者の範囲や費用負担の額をめぐる批判に至るまで、多様な問題提起がなされてきている。しかしながら、そのような問題提起の根拠となるべき費用負担の実態については、必ずしもよく知られているとはいえない。それぞれの施設種別ごとに費用徴収の基準額は開示されているが、しかしながら徴収の実態についてその詳細を知ることは難しい。施設別、階層別の費用徴収の実態が明らかになれば、議論ももう少し客観的になり、負担額の公正性や公平性についても冷静な判断が可能となろう。客観的な情報に乏しい現状では、費用負担問題についての議論は、政府の提出する限られた範囲の資料や時折話題になる特異な事例についてのジャーナリスティックな論評に左右されがちである。費用負担の問題については、国民感情にたいする配慮も必要であるが、客観的な数字をもとにした第三者機関による専門的で冷静な分析が必要であろう。

第一に、応能負担主義による費用徴収という方式そのものについてさまざまに疑問が寄せられている。自由契約による利用料の直接的支払いという提案も応能負担主義にたいする問題提起の一種である。しかしながら、国民の階層間に所得の格差が現存するのみならず、近年それがむしろ拡大する傾向にあるという状況のもとでは、税額転換方式による費用の徴収は、累進性を高めればそれ自体として所得再分配の制度としての意味をもっている。徴収基準の簡素化も必要ではあるが、そのためには所得保障の充実や累進所得税や扶養控除制度などによる所得の平準化が前提となる。

つぎには費用負担者の範囲である。福祉サービスは、ミクロ的には自立的生活の支援や援助による個人生活の安定を目指すシステムであるが、マクロ的には社会的な統合の推進による社会生活の安定を目指すシステムである。また、それは、ミクロ的には近親者による子や親の私的な扶養を補強代替するシステムであるが、マクロ的にはさまざまの異なった属性をもつ下位集団からなる社会をその総体において維持再生産していくためのシステムである。すなわち、福祉サービスは世代間扶養のシステムであり、また高齢者、障害者、児童を扶養する家族とそうでない家族という一定の属性を異にする社会集団間における相互支援・相互扶助のシステムである。このような視点に立てば、費用はできるだけ社会的に負担されるべきであり、直接的に費用の負担を求められる親族の範囲は、利用者本人およびその妻、そして未成年の子に扶養の責任をもつ父母に限定されるべきであろう。国際的にも、また社会保険については国内においても、生活の保障は個人を単位としてなされる趨勢にある。生活保障の課題は、社会生活の確保から個人生活の安定・増進に移行する傾向にある。そのことからいえば、わが国の生活保護が世帯単位の原則に固執し、福祉サービスが費用負担を請求する者の範囲に生活保持義務者のほかに扶養義務者を含めていることは時代の趨勢に立ち遅れるものといえよう。

周知のように、費用負担の額については、義務教育の例にならって、その無料化を求めるような議論もみうけられる。しかしながら、この議論には現実的にみて無理があろう。近年の納税者意識の動向からみれば、租税による負担を前提に福祉サービスを無料化するという方向で国民の合意が成立するということはまず期待できそうにないからである。福祉サービスの利用にスティグマがともなうという状況を勘案し、かつ利用者にコスト意識を醸成するという視点からいえば、むしろ費用負担の能力のある利用者については、従来の受益者による応能負担ではなく、福祉サービスの利用料として応分の費用の負担を求めるという選択もありうるであろう。ただし、措置費を構成する事業費と事務費とを分離し、人件費を含む事務費の部分については国庫および都道府県による公費助成として処理し、事業費の部分を利用料（福祉サービスの対価）として利用者に負担を求めるという方向で措置費制度を改革することが、その前提となる。体育館や集会場など、社会教育施設における利用料には人件費は含まれていない。社会福祉が事務費、なかでも人件費の実質的な負担を求めることは、同じ公共施設政策として公平を欠くものといわなければならない。この事業費と事務費とを分離するという方式の効用については、後にもう一度言及することになろう。(8)

第4節 最低基準・財政・運営組織

最後に、以上の議論を踏まえながら、社会福祉施設の最低基準、財政、および運営組織に関する問題について、簡潔にでも触れておきたい。

1 最低基準の弾力化

近年社会福祉施設改革問題に関連して、施設・設備と職員組織を中心に、その枠組と内容を決める最低基準の弾力化あるいは大綱化への期待がいっそう強まってきている。最低基準の弾力化あるいは大綱化は、一般的にいえば、行財政における規制緩和の促進という時代の要請に対応する措置ということになろう。しかしながら、社会福祉の領域では事情はより緊迫したものになっている。社会福祉施設最低基準の多くは、戦争直後から高度経済成長前期に至る入所施設型福祉サービス中心の時代に設定された。こんにちでは、その基準をもってしては、その後の急激な社会構造や生活様式・生活意識の変貌とそこからうまれてきた福祉ニーズの多様化、複雑化、高度化に適切に対処しえなくなっている。周知のように、過疎地域の高齢者問題や寝たきり老人問題など新たな課題に直面することになった高齢者福祉の領域においては、一足早く最低基準の弾力化が図られ、最低施設定員の引き下げが実現した。

このような最低基準と実態との乖離は高齢者福祉の領域だけに特有のものではない。それは、多かれ少なかれ、社会福祉のすべての領域についていえることである。さらには、社会福祉の分権化と地域化の進行が地域型施設にたいする需要を高め、施設の小規模化が要請されている。そこには、利用者の属性を超えた施設の複数化や総合施設化への要請も含まれている。施設利用者のプライバシー確保のために居室を個室化するということも避けて通ることのできない時代の要請であろう。ホスピスなど、これまでにない新しいタイプの施設も登場してきている。

このような近年における状況の変化に適切に対処するためには、最低基準の抜本的な改正作業が必要となる。改正にあたっては、将来への展望を考えれば、基本的には可能なかぎり自由度の高い基準とする方向が志向されなければならないであろう。しかしながら、その場合にも、最低基準が常に最高基準として機能してきたという従来の経緯をかんがみれば、最低基準の改正は、行政サイドや経営サイドの視点に偏重することのないように、利用者の生活と市民権的ならびに社会権的な諸権利を擁護するという視点を基盤としながら推進されなければならない。実際、最低基準を設定する目的は、施設の利用者にたいして健康で文化的な生活を保障するに足る物的・人的両面にわたる条件を整備することにある。そのことは、社会福祉施設の最低基準としては最も整備されている児童福祉施設最低基準の第二条（最低基準の目的）の規定するところをみればおのずから明らかである。なかでも、施設の核となる職員組織（職種と員数）の最低限については、就労の形態や労働の密度、専門的資質の重要性など、必要と実情に応じて、的確な基準が設定される必要がある。職員組織の拡充整備は施設の種別を越えた社会福祉施設の喫緊の課題である。

2　社会福祉施設の自立性と措置委託費

社会福祉事業法は、民間の社会福祉事業経営者について、一方においては国や地方自治体による責任転嫁や不当な関与をなすことを禁止し、他方においては民間の社会福祉事業経営者が国や地方自治体に財政的、管理的援助を求めることを禁止するというかたちで、その自主性と主体性、すなわち自立性を担保している。しかしながら、周知のように、民間社会福祉事業経営者たる社会福祉法人の経営する施設は、人事管理と処遇理念の部分を除けば、そのほとんどが準公立施設、第二公立施設といってよいような状況にある。こうした事態をうみだしてきたのは、しばしば強調されてきたように、措置委託費制度とその運用のあり方であった。

措置委託費制度は、戦後の混乱のなかで、憲法八九条にいう公金支出制限条項に抵触せず、公的福祉サービスの不備を補い、同時に民間社会福祉施設の経営基盤を安定させるという二重、三重の目的を掲げて、苦肉の策として創出された[9]。そして、この制度は、所定の目的を達成することに成功した。国は、憲法八九条の制約をくぐり抜け、措置委託費制度を挺子に民間社会福祉施設を活用し、公立施設の設置を最低限度に抑えながら、どうにか国民を戦後の窮乏生活のなかから救出することに成功した。他方、民間社会福祉施設もまた、措置委託費制度を通じて戦後の混乱のなかから立ち直り、その後の発展の基盤を獲得することができたのである。

このような経緯からいえば、戦後の社会福祉の発展における措置委託費制度の功績はきわめて大きいといわなければならない。しかし、同時にその負債もまた大きい。国は、民間社会福祉施設を公の支配の下に置くという名分のもとに、措置委託費の支弁に随伴する監査を通じて民間社会福祉施設の運営をその隅々に至るまで支配してきた。逆に、民間社会福祉施設は措置委託費に全面的に依存することによって、その自主性や主体性、自立性を喪失しかねないような状況に陥ってしまった。論理構造的にいえば、措置委託費制度は、まず、独立した財政基盤をもって自立的に経営されている民間社会福祉施設が存在し、そのような社会福祉施設にたいして国や地方自治体が要保護者・要援助者の保護・援助を措置委託し、その者を保護・援助するに必要な費用について委託費を支払うという関係を前提に成立することになる。

しかしながら、実態的には、多くの民間社会福祉施設は当初から独立した財政基盤をもちえず、その存立自体を全面的に措置委託費収入に依存した。この状況はその後もほとんど改善されてこなかった。こんにちにおいても民間社会福祉施設のかなりの部分が、その経営を全面的に措置委託費に依存している。国の側も、これと呼応するように、戦後一貫して、私的契約の受け入れや地域社会にたいする施設機能の拡張などを通じて民間社会福祉施設が自主的、主体的にその事業展開を試みる余地を事実上制限し、民間社会福祉施設が全面的に措置委託費に依存せざるをえないような状況を醸成してきたのである。いま地域福祉の時代を迎え、国は一転して、民間社会福祉施設に予算事業的に補助金を交付し、地域社会に開かれた在宅福祉サービスの供給など、自主的、主体的な施設経営への展開を求めている。しかし、その要請に呼応して付帯事業を展開しうるだけの財政的基盤と職員組織を備えている施設は、施設の全数からみれば、一部の限られた存在といわざるをえないであろう。そうした状況がうまれてくるのは、国の側からみても、民間社会福祉施設の側からみても、当然というほかはない成り行きであった。

3 事務費の分離と補助金化

契約方式の提唱は、このような、措置制度・措置委託費制度を前提とする閉塞状況を一挙に打開しようとする試みとして理解することも不可能ではない。しかしながら、これまであれこれと検討してきたことからも明らかなように、その効用として指摘されてきたいくつかの論点とは裏腹に、契約方式は、これまで国や地方自治体の公的責任において供給されてきた福祉サービスの性格を基本的に変更し、措置制度のもとで保障されてきた利用者の利益を損ない、その立場を不安定なものにしかねない危険性をもっている。それは、民間社会福祉施設の経営基盤を掘り崩す危険性すらはらんでいる。契約方式の一般的な導入は、懸案事項の解決をもたらすどころか、逆に事態をいっそう混乱させるということにもなりかねないのである。

一九九〇年の福祉関係八法改正によって、民間社会福祉施設の経営基盤を強化するため、社会福祉法人が収益事業を実施しうる途が開かれた。しかしながら、それとてすぐにも根源的な解決をもたらすというわけではない。また、寄付勧募その他の手段によって民間社会福祉施設が独自の財源を調達することにも限度があろう。そうだとすれば、事態を打開するには、措置委託費制度の存続を前提に、実現可能な改善策を追求しなければならない。結論を先取りしていえば、いま実現可能な改善策は、まず措置委託費の事業費と事務費とを分離し、次に事務費を義務的な性格をもつ補助金に改めることである。

民間社会福祉施設の経営の安定という視点からみた場合、措置委託費制度の最大の隘路は、監査の煩雑さや厳格さということもさることながら、措置委託費のなかに職員の人件費が含まれ、しかもそれが「人頭税方式」によって支払われているということにある。措置委託費が人頭税方式、すなわち、まず措置委託者一人当たりの措置委託費が算出され、それに委託者数を乗じて得られた総額が民間社会福祉施設に支払われるという方式がとられているために、民間社会福祉施設の側は常にその施設の設置定員が充足されているかどうかに神経を配らなければならない。措置費のうち人件費が組み込まれている事務費についてこれを補助金化するという方向での改革が実現すれば、民間社会福祉施設は短期的な保護受託者数の変動に煩わされることなしに本来の業務に専念することができ、地域社会にたいする福祉サービスの供給を幅広く展開するということも可能となろう。

措置委託費制度が人頭税方式をとっているのは、民間社会福祉施設の提供する福祉サービスを委託者一人当たりの単価で購買するというかたちをつくることによって措置委託費の支弁が民間社会福祉施設それ自体にたいする公金の支出となることを避けんがための方便であった。しかしながら、措置委託費の支弁はすでに半世紀に近い実績をもっている。民間社会福祉施設は事実上、準公立施設として機能し、国や地方自治体の供給すべき公的福祉サービスの過半以上を代行してきている。さらに、民間社会福祉施設の建築や改築についても措置委託費とは別に補助金の交付がなされている。このような事実にかんがみれば、措置委託費の事務費部分を措置委託費からはずし、民間社会福祉施設にたいする補助金として支弁したとしても、もはやそれが憲法八九条の公金支出制限規定に抵触するということにはなりえないであろう。

もとより、事務費の補助金化ということになればそこには新たな支弁の枠組や基準が必要となるが、ここでは事務費を人頭税方式から解放し、義務的支出の性格をもつ補助金に改めるという提案にとどめておきたい。なお、事業費については、事務費とは異なり、そのすべてが衣食や日常生活用品など利用者一人ひとりの保護・援助のために要する費用であるから、従来どおり人頭税方式によるものとして支障ないものと思われる。ただし、この部分についても受益者負担としてではなく、階層性をもつ利用料として徴収するという方式に改めることも考えられる。そのことについては前述した。

4　施設運営の社会化

さて、このように民間社会福祉施設に事務費が直接的な補助金として交付されるということになれば、民間社会福祉施設の側でも、経営の透明化や社会化にたいする相当の配慮が必要となろう。民間社会福祉施設のなかには、法人の役員のみならず管理職、直接処遇職員、さらには雇員に至るまで、家族や親族をあてるという、一族支配が少なからずみうけられる。経験的印象的には、小規模の単一事業法人に、そのような事例が多いように思われる。

こうした通弊から解放されている民間社会福祉施設についても、その経営を透明化し、より健全なものとするためには、施設の内と外の両面において、経営を社会化するための配慮が必要であろう。まず、経理については、内部の理事や管理職だけでなく、外部の専門家や直接処遇職員をも包摂するかたちでの「経営懇談会」を設置するなど、施設経営の理念や具体的な課題について自由な討議を試み、その成果を日常的な業務にフィードバックしていく組織が必要である。経営を透明化し、適正な事業運営を確保するとともに、直接処遇職員にもコスト意識をもたせるなど、公費による社会福祉施設経営に対応するだけの責任体制を確立する必要がある。

処遇の側面についても、理事や一般職員を包摂する「処遇問題懇談会」を設置するなど、処遇のあり方について多様な観点から検討を加え、その成果を日常的な処遇にいかす試みが必要であろう。さらに、利用者の市民権的社会権的諸権利を確保するには、プライバシーの確保やインフォームドコンセント原則の遵守ということに加えて、利用者を中心に第三者を加えた「利用者人権擁護委員会」を設置し、利用者の訴えを適切に処理していくことも重要である。措置・決定機関や第三者的な専門家の参加を求め、利用者の意見表明を含めて、施設における援助のあり方について、総合的個別的に評価し、問題点をチェックし、改善を求める「援助評価委員会」を設置するということも一案である。いうまでもなく、こうした援助点検組織を必要とするのは成人施設だけではない。適切な指導のもとに児童福祉施設にも同様の組織を導入し、子どもたちの意見表明権を実現していく工夫がなされなければならない。

施設の外側との関係においては、すでに一部で実施されているように、理事会のメンバーに地元地域社会の代表を加え、その意見を直接的に経営に反映させる工夫が必要とされる。また、後援会などとは別に、地域社会の代表に参加を求め、経営のあり方、処遇のあり方などについて自由に討議してもらい、その成果を経営や処遇の参考にしていけるような「施設地域社会懇談会」の設置も有意義であろう。そこに、オンブズマン的な機能を期待することも考えられる。

このような施設運営の社会化は、ただ地域社会にたいして社会福祉施設の実情についての理解を求め、地域社会との深刻なコンフリクトを回避するという配慮のために必要なのではない。施設運営の社会化は、社会福祉施設が常に日常的に自己点検と自己評価を繰り返しながら、経営や処遇のあり方を改善していくうえで必要とされる。これからの社会福祉施設の運営は、施設経営者や職員、行政の立場だけでなく、利用者、地域住民、納税者としての市民の立場からみても、それぞれに得心のいくようなものでなければならない。経営の透明化、社会化は、これからの社会福祉施設が、それぞれそれが立地する地域社会のなかで社会の信託をうけ、地域社会の生活に必要不可欠な公共の施設、すなわち生活インフラストラクチャー（生活環境基盤施設）の一部分として位置づけられ、発展していくために必要とされるのである。

notes

(1) 自治型社会福祉の構想なり概念については、拙著『社会福祉学序説』(有斐閣、一九九四年)一八九頁、また、拙稿「地域福祉の供給システム」山下袈裟男編著『転換期の福祉政策』(ミネルヴァ書房、一九九四年、所収)を参照されたい。なお、自治型社会福祉の概念については、右田紀久恵教授の「自治型地域福祉」論に触発されるところが多かった。右田紀久恵「分権化時代と社会福祉」(右田紀久恵編著『自治型地域福祉の展開』法律文化社、一九九三年、所収)を参照されたい。

(2) 『国民の福祉の動向』(厚生統計協会、一九九三年、第四〇巻第一二号)三三八―三三九頁、三四二―三四五頁。

(3) 社会福祉施設地域社会間のコンフリクトの実態とその意味するところについては、古川孝順・庄司洋子・三本松政之編著『社会福祉施設―地域社会コンフリクト』(誠信書房、一九九三年)を参照されたい。

(4) 措置制度を批判するとともに、契約制度の導入を主張している議論として代表的なものに、小室豊允『社会保障と福祉施設の展望』(全国社会福祉協議会、一九八六年)、堀勝洋『福祉改革の戦略』(中央法規出版、一九八七年)がある。

(5) 措置および措置(委託)制度問題の構造については、拙著『児童福祉改革』(誠信書房、一九九一年)の関係箇所(一三二―一五八頁)も参照されたい。

(6) 田村和之「社会福祉改革論の問題点――措置制度改革論批判」(日本科学者会議編『日本の科学者』水曜社、一九八八年、二三巻一二号、四二―四三頁)。

(7) 河野正輝「在宅サービスの基準保障のあり方」(『週刊社会保障』一九九四年、四八巻一七八六号、四六―四七頁)。

(8) 関連して、保育料を保育サービスの対価として理解し、使用料として位置づけるという構想がある。田村和之『保育所行政の法律問題』(勁草書房、一九九二年)一四九頁以下を参照されたい。

(9) 措置費制度の成立過程とその問題点については、右田紀久恵「社会福祉サービスの費用に関する法と構造」(佐藤進・右田紀久恵編著『講座社会福祉　社会福祉の法と行財政』有斐閣、一九八五年)一六六―一六七頁を参照されたい。また、成瀬龍夫「序　福祉補助金の仕組みと研究の課題」(成瀬龍夫・小沢修司・武田宏・山本隆『福祉改革と福祉補助金』ミネルヴァ書房、一九八九年)を参照されたい。

第3章 社会福祉供給システムと民生委員・児童委員
――サービス・マネージャーとしての民生委員・児童委員

はじめに

わが国の社会福祉は大きな変貌を遂げようとしている。

ここ数年来政府主導によって追求されてきた社会福祉改革の基本的な方向は、社会福祉サービス供給組織の地方分権化、地域化、多元化、専門職化などとしてこれを要約することができるであろうが、それにともなって民生委員・児童委員活動にたいする期待も従来とは大きく異なったものになろうとしている。

このような新しい期待に応えるためには、民生委員・児童委員活動のあり方についても、その基本的な枠組にまでさかのぼる根源的な再検討が必要である。端的にいえば、こんにち要請されている課題は、新しい社会福祉のあり方を前提に、供給組織による社会福祉サービスの創出から、その地域住民による利用の過程にいたる社会福祉の供給＝利用体制のなかに民生委員・児童委員を適正に位置づけ、そこで期待されうる活動のあり方について、理論的、かつ実証的に、解明を試みることにほかならない。

第1節　基本的視点

1　社会福祉の転型と民生委員・児童委員

従来、戦前の方面委員以来の伝統を重視するなかで、民生委員・児童委員制度とその活動は、どちらかといえば即自的に、すなわち社会福祉の全体的過程から切り離すかたちで論じられることが多かった。こんにち基本的に必要なことは、民生委員・児童委員制度やその活動について、それを施設入所型社会福祉から地域福祉型社会福祉への転型という社会福祉の動向、さらにはその将来についての展望のなかで再検討する視点に立つことである。

2　社会福祉の供給＝利用体制の一環としての民生委員・児童委員制度

さらに、重要なことは、従来いわば供給サイドから論じられることの多かった社会福祉の供給体制を利用サイドから捉え直し、そのうえで民生委員・児童委員を社会福祉の供給＝利用体制の一環をになうものとして位置づけるという視点に立つことである。つまり、これからの民生委員・児童委員の制度とその活動は、社会福祉における福祉ニーズの発生→福祉サービスの創出（生産）→配分（流通）→利用（消費）→福祉ニーズの充足、という一連の過程を社会福祉供給＝利用体制として再構成し、その一環に民生委員・児童委員を位置づけるものとして論じられなければならない。

3　リーチアウト戦略の先端的機関としての民生委員・児童委員

より具体的にいえば、そのことはとりもなおさず、民生委員・児童委員をリーチアウト戦略の先端的機関として位置づけるということである。戦後の社会福祉供給システムは、通告や職権による保護の開始などを例外として、申請主義を前提にしてきたが、これからの社会福祉には、その利用を積極的に促進していく姿勢とそのための体制、すなわち利用促進体制の整備――リーチアウト戦略が必要であり、民生委員・児童委員には、その先端的機関としての役割と活動をになうことが求められている。

4　社会福祉の供給過程と利用過程を媒介する民生委員・児童委員

そのような民生委員・児童委員活動の内容として期待されることは、地域に活動の場をもち、地域住民の一人として活動する機関として、社会福祉の供給の過程とその利用の過程との接点において両者を媒介すること、換言すれば社会福祉の機関・施設と地域住民とのあいだを媒介し、調整することである。すなわち、民生委員・児童委員は、リーチアウト戦略を推進する供給体制の先端機関であり、同時に社会福祉の利用者としての地域住民を代弁し、その福祉ニーズの充足を促進し、供給体制のあり方を評価する媒介＝調整＝代弁の機関として位置づけられなければならない。

第2節　社会福祉供給システムの整備

1　社会福祉の転型

戦後日本の社会福祉は、国（中央政府）の役割を重視した中央集権的な供給体制をもっていた。しかし、一九八五年以降の福祉改革のなかで地方分権化がはかられ、都道府県の権限が強化されるとともに、市町村にたいする権限委譲の必要性が強調されるようになってきている。

また、福祉六法成立段階までのわが国の社会福祉は施設入所を中心とする施設福祉型社会福祉であったが七〇年代以降、急速に在宅福祉サービスを中心とする地域福祉型社会福祉に移行し、こんにちでは①ホームヘルプサービス、②デイサービス、③ショートステイサービスが在宅福祉の三本柱として位置づけられるにいたっている。

2 福祉サービスの多様化・細分化・多元化

施設入所が中心であった時期の福祉サービスは社会福祉の利用者を施設に入所させればそれで完結するという単純な形態と内容をもつものであり、福祉サービスを供給する側もそれを利用する側も福祉サービスと福祉ニーズの適合（マッチング）の過程にことさらに配慮する必要はなかった。たとえば、身寄りのない老人は養護老人ホームへの、親のいない子どもは養護施設への、障害者は障害者施設への入所が実現すれば、それで社会福祉援助の手続き過程は完結したものとみなされる傾向にあった。しかしながら、こんにちの福祉サービスには、形態的には施設入所のほかに通所サービス、訪問サービス、さらには宅配サービスがあり、内容的にはデイサービスにみられるように多種多様なサービスが提供されている。

このような福祉サービスの多様化は、同時にその細分化をともなっていた。施設入所サービスは、全生活的、包括的な生活サービスであり、施設は生活サービスの創出の場であり、また同時にその配分＝提供の、そして利用の場であった。利用者には、そのような施設への収容（入所）と引換えに、生活の全体が保障されることになっていた。これにたいして、通所や訪問によるサービスは、利用者の生活の全体にではなく、その一部分ないし側面に対応するものとなっている。そして、そのような状況のもとにおいては、個々の地域住民の福祉ニーズを充足するために、細分化されたサービスのうち、どれを選択し、どれとどれを組み合わせて提供するかということが重要な意味をもってくる。

さらに、従来の福祉サービスはそのほとんどが国や地方公共団体もしくは社会福祉法人によって創出、配分＝提供されていたが、こんにちでは福祉公社その他のいわゆる第三セクターやさらには生活協同組合や農業協同組合などの民間非営利組織も福祉サービスを供給している。さらに、いわゆるシルバー産業やチャイルド・ビジネスによる生活サービス商品が私的市場メカニズムを通じて供給されている。そして、そのような福祉サービスは、それぞれその利用あるいは消費の手続きや方法が異なっており、その分利用者の側の選択や判断が必要とされる。

3　福祉ニーズと福祉サービスとの選択不適合

このような福祉サービスの多様化・細分化・多元化はいずれも福祉サービスの創出から配分＝提供、利用にいたる過程を複雑なものとし、結果的に福祉ニーズと福祉サービスとの間に選択不適合（ミスマッチ）のうまれる傾向をうみだしている。選択不適合は、より具体的にはつぎのような結果をもたらすことになる。第一には、福祉ニーズと福祉サービスとの結合、すなわち福祉サービスの利用がはかられる場合に、相互に適合的なかたちでの満足のいく利用がはかられにくいということである。第二には、それに見合う福祉サービスがありながら福祉ニーズの充足がはかられず、また逆にそれを求める福祉ニーズがありながら福祉サービスが十分に利用されえないという事態がうみだされてくるということである。

福祉ニーズと福祉サービスとの選択不適合がうまれてくるのは、すでにみてきたように、一つには福祉サービスの多様化、細分化、多元化の結果である。しかし、同時にそれは福祉ニーズの側の多様化、複雑化、高度化の結果でもある。近年、福祉ニーズの種類が増加し、多面化あるいは多問題化しながら、より高度の対応を必要とするようになってきている。そして、そのことが、福祉ニーズと福祉サービスとの選択不適合をうみだす一因となっているのである。

さらに、重要なことは福祉サービス供給体制のあり方である。現在の供給体制は、基本的には、社会福祉が施設入所型サービスであった時代の機構と考え方を前提とするものであり、こんにちにおける福祉ニーズの多様化・複雑化・高度化、福祉サービスの多様化、細分化、多元化に対応しうるものになっていない。従来、供給体制は、社会福祉の提供の過程が申請に始まり、行政処分（措置）によって終了するという前提に立ち、利用する側にたいする配慮が不十分であった。いうなれば、社会福祉の供給体制についての議論はあっても、利用体制についての議論は存在しなかったのである。

4　申請主義を克服するリーチアウト戦略（利用促進戦略）

伝統的な社会福祉供給システムは、利用者の申請と供給主体による措置という行政行為を基軸にして成り立っている。

社会福祉の利用が利用者の申請によって始まるべきだという考え方は、利用の具体化が措置権の行使を前提にするという法解釈による制約を強く受けるとはいえ、戦前の職権主義を前提にする供給体制の限界を克服しようとするものであった。すなわち、戦前には社会福祉の利用はすべて職権によって行われていた。これにたいして、戦後においては申請主義を前提とし、それを通告や緊急時の職権による保護によって補うというかたちで、国民の社会福祉サービスにたいする接近をより容易にするという方向へ供給体制の改善がはかられたのである。

けれども、申請主義には限界があった。第一に、申請主義は社会福祉の利用者の側にいくつかの前提となる条件が具備されるところで成立するという限界をもっている。その前提条件とは、①利用者が自己の福祉ニーズについて自覚的であること、②利用者が福祉サービスを利用することによって自己の福祉ニーズを充足しようとする動機づけをもっていること、③利用者が自己の必要とする福祉サービスの所在、窓口、手続きなどについて一定の知識と判断能力をもっていること、そして④実際に申請手続きを進めるに必要な移動の能力や判断能力をもっていること、である。利用者が、これらの前提条件を具備しているかどうかは、供給機関の側では問題になりにくい。申請がなければ、福祉ニーズは存在しないとみなされる傾向にある。そして、このような考え方の延長線上に、申請主義の第二の限界である「待ちの姿勢」が築かれることになる。

こんにちの社会福祉供給システムにとっての重要な課題は、このような「待ちの姿勢」を克服し、自己の福祉ニーズを自覚していない（あるいは、そのような能力を期待しえないような）地域住民、福祉サービスを利用しようとする動機づけをもたない（あるいはもちえない）地域住民、そして自覚や動機づけはあっても適切な福祉サービスについての情報や手続きを進めうる能力を欠いた地域住民たちにいかにして福祉サービスの利用を拡大させていくかということである。すなわち、ここで必要になるのが最近とみに強調されるリーチアウト戦略（利用促進戦略）である。従来の供給体制は供給機関を中心とするものになりがちであった。そこに、いかにして利用者側の論理を組み込み、福祉ニーズと福祉サービスの新しい展開に適合した社会福祉供給＝利用体制をつくりあげていくかがこれからの重要な課題となる。

5　新しい供給＝利用体制の構築と民生委員・児童委員

このような状況のなかで期待されている新しい供給＝利用体制確立の鍵は、多様・複雑・高度な福祉ニーズと多様で細分化され多元化された福祉サービス、換言すれば福祉サービスの潜在的・顕在的な利用者である地域住民と福祉サービス供給機関との選択的かつ適合的な結合を媒介する制度・機関を整備することにあると考えられる。

こうした媒介機関の整備は、すでにさまざまの機会にそのあり方が構想され、あるいは具体的に提案されているが、重要なことはそのような媒介機関が福祉サービスの供給機関の一部分として、あるいは供給機関に近接した部位に設置されるものとして、構想されていることである。しかも、そこではなお自発的な地域住民の申請が前提になっている。しかしながら、それでは、問題の解決もそのなかばにとどまらざるをえないであろう。こんにち求められていることは、福祉サービスについての情報に欠ける地域住民、客観的には福祉サービスの利用が必要かつ可能でありながらも、そのことを自覚していない（しえていない）地域住民、さらには福祉サービスの利用にたいする動機づけに欠ける、あるいはそれに乏しい（社会福祉サービスを利用することを拒否し、または躊躇する）地域住民などにはたらきかけ、福祉サービスの利用を促進することである。現在構想されている媒介機関は、リーチアウト戦略（利用促進戦略）の推進にとって必ずしも十分なものになっていない。

ここで、新しい社会福祉の供給＝利用体制のなかで民生児童委員のとるべき役割が重要な意味をもってくる。歴史的にみると、民生委員は当初生活保護行政の補助機関として再発足し、やがて社会福祉行政一般の協力機関として位置づけられるようになってこんにちに及んでいる。その限りでいえば、これまで民生委員・児童委員は、行政を機軸とする社会福祉供給機関に限りなく近接した位置関係におかれてきたといってよい。しかしながら、これまでみてきたような福祉ニーズと福祉サービスの新しい展開、申請主義からリーチアウト戦略（利用促進戦略）へという供給原理の転換を前提にすれば、民生委員・児童委員にはむしろ地域住民に近い場所に位置して、地域住民の社会福祉サービスの利用の過程をその側面から支援し、促進するような活動が期待されるようになってきている。それは、供給体制の一環としての専門媒介機関にたいし、民生委員・児童委員をいわば初期媒介機関として位置づけようとするものといってよい。

以下、そのようなものとしての民生委員・児童委員活動のあり方について検討する。

第3節 初期媒介機関としての民生委員・児童委員

1 供給=利用体制の類型化

社会福祉をめぐる新しい状況のもとで民生委員・児童委員のとるべき役割について議論を深めるためには、まず戦後福祉改革以来の社会福祉の供給体制とそこにおける民生委員・児童委員の役割がどのようなものであったか、またそこにいかなる難点が包摂されていたかを明らかにしておくことが必要である。そして、その作業を前提に、新しい社会福祉供給=利用体制とそこにおける民生委員・児童委員の位置と役割が構想されることになる。

2 供給=利用体制の諸類型

戦後福祉改革以来のあり方や近年の提案を前提とし、さらにわれわれの構想を加味していえば、地域住民の社会福祉サービスにたいするアクセシビリティ（接近可能性）を軸にしてみるとき、社会福祉の供給=利用体制は、**図1**のように類型Ⅰから類型Ⅳまでの四通りに類型化することができる。

類型Ⅰは個別対応型であり、福祉サービスは福祉事務所、児童相談所、あるいは市町村の窓口を通じて、個々の申請者（地域住民）にたいして個別的に供給される。

類型Ⅱは窓口集中型であり、個別対応型の弊害——選択的不適合やそれにともなう窓口のたらいまわし——を避けるために、いくつかの相談・措置機関を一箇所に集中させる方式である。

類型Ⅲは、供給体制の一部もしくはそれに近接した部位に専門的媒介機関を組み込む方式である。すなわち、類型Ⅱに媒介調整機能を付加した方式である。この措置によって選択的不適合の回避はある程度期待しうる。しかし、それでも申請主義の限界は十全には克服され難い。

類型Ⅳは、類型Ⅲの限界を克服するために、二段階の媒介機関を設定したものである。民生委員・児童委員は、この類型のもとで、初期段階における媒介を担当することになる。

第4節　各類型の特質

以下、各類型についてその特質を比較検討する。

1　類型Ⅰ：個別対応型

(1)　戦後福祉改革以来の伝統的な供給＝利用体制。

(2)　申請主義を前提とするため、通告や職権による場合を例外として、地域住民がみずから供給機関にアクセスしてきた時点において供給＝利用過程が始動する。

(3)　福祉サービスの利用は、福祉サービスについての情報をもち、意識的、自発的にそれを求めようとする姿勢をもつ地域住民に限定される傾向がみられる。

(4)　すなわち、福祉ニーズと福祉サービスの適切な結合は地域住民の福祉サービスおよび自己の福祉ニーズについての認識能力の水準、そして場合によってはかなりの程度まで、偶然性によって規定される。

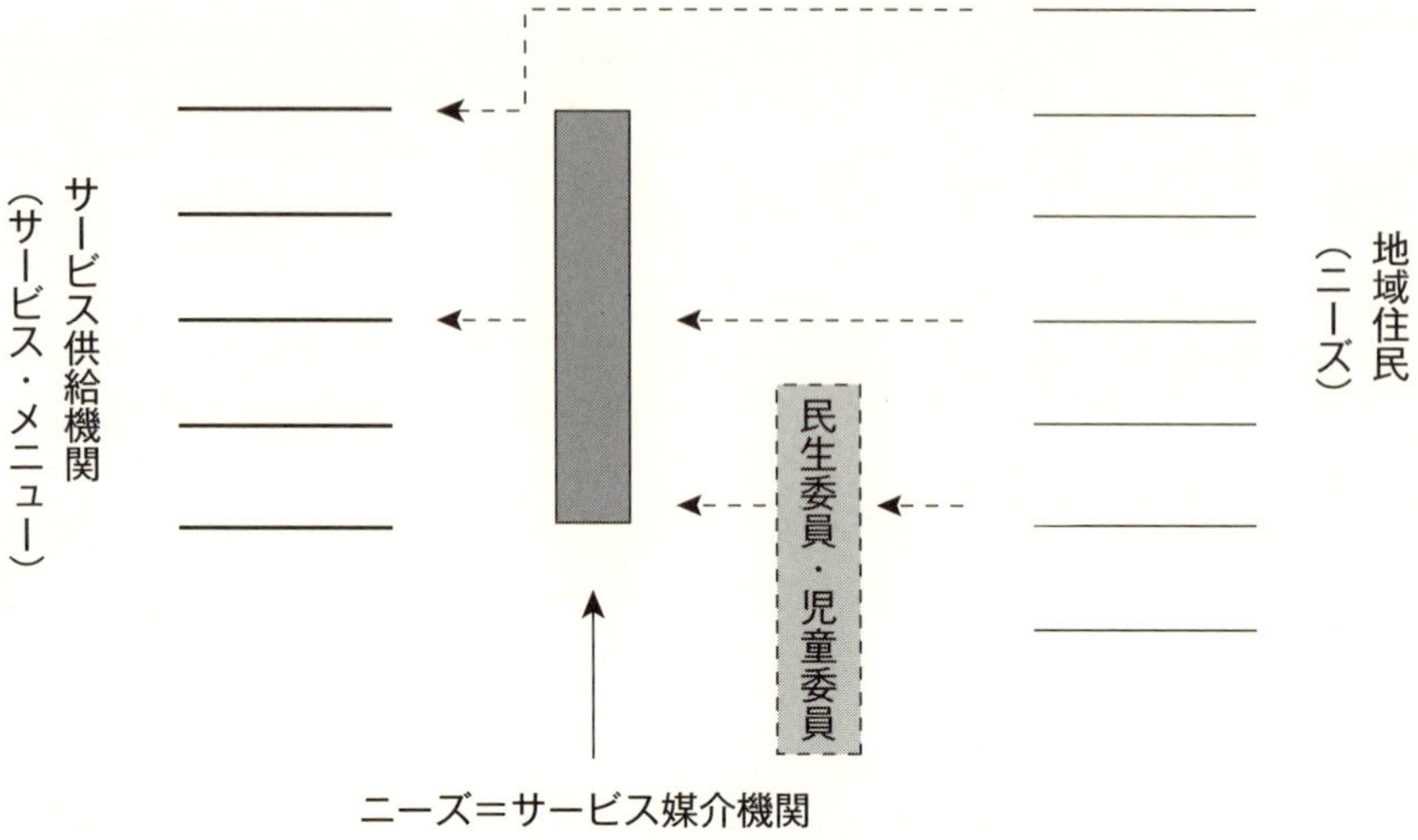

（c） 類型Ⅲ：ニーズ＝サービス媒介型

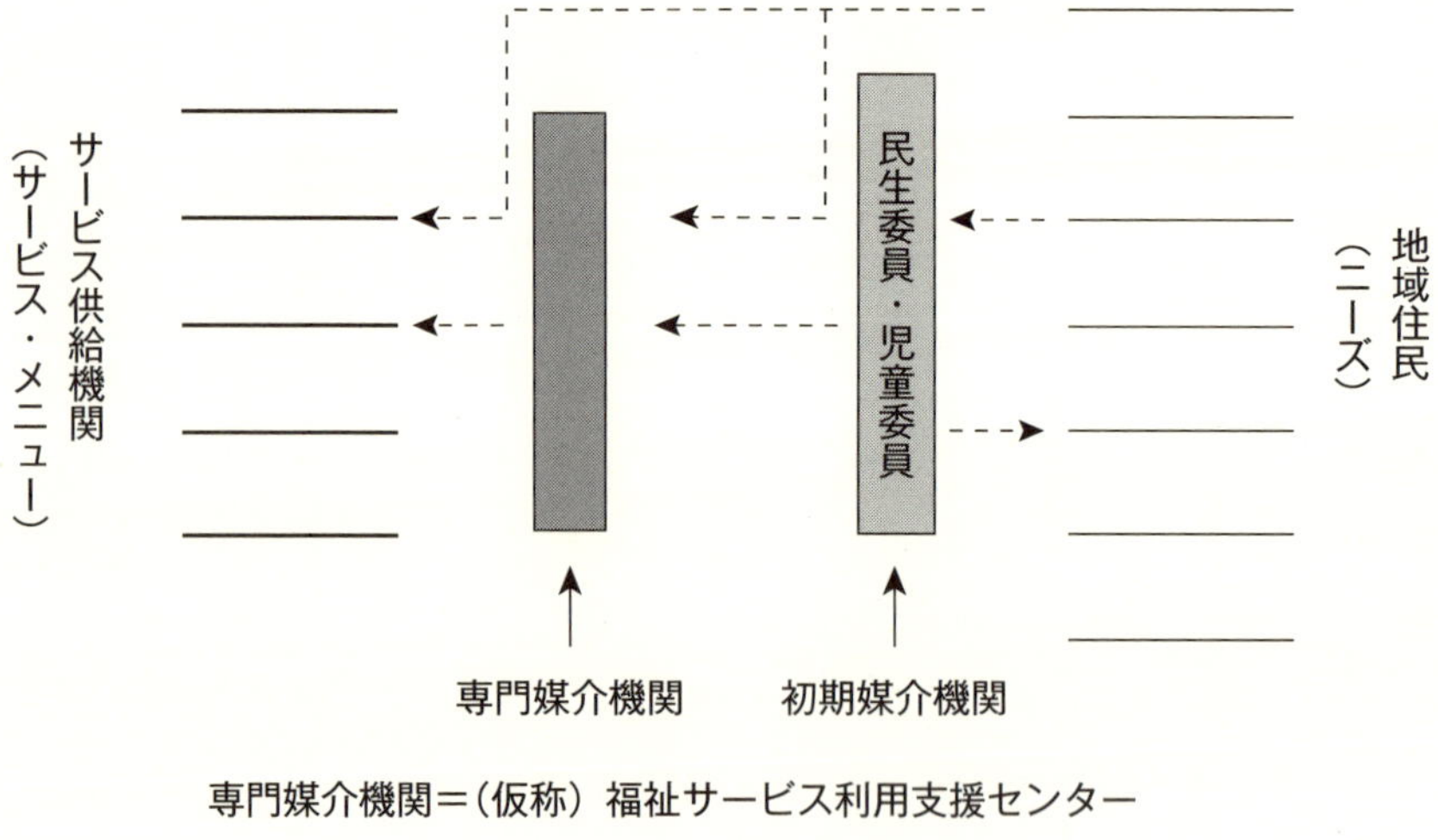

（d） 類型Ⅳ：２段階媒介型

古川孝順　作成

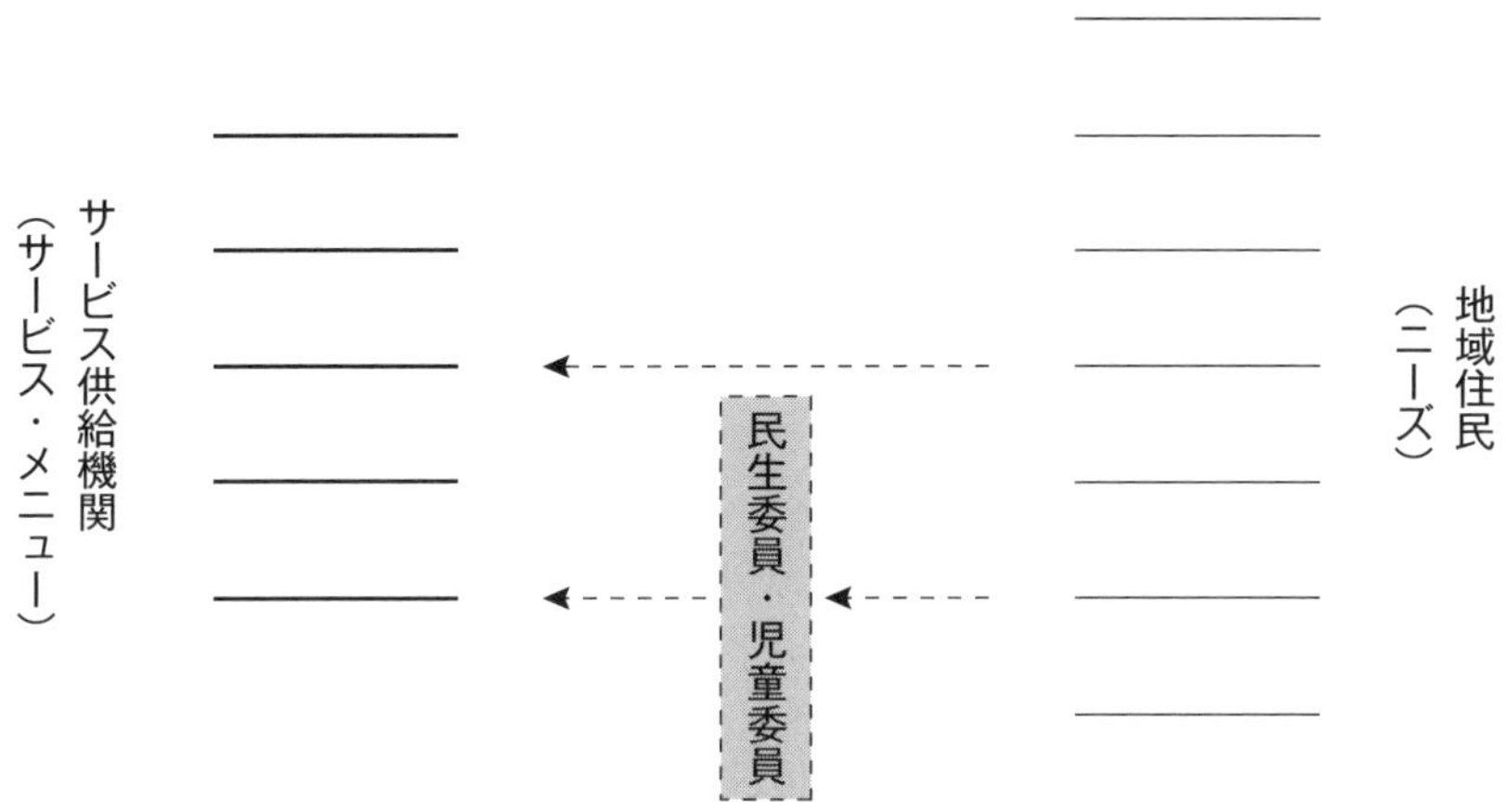

(a)　類型Ⅰ：個別対応型（福祉事務所・児童相談所・市町村）

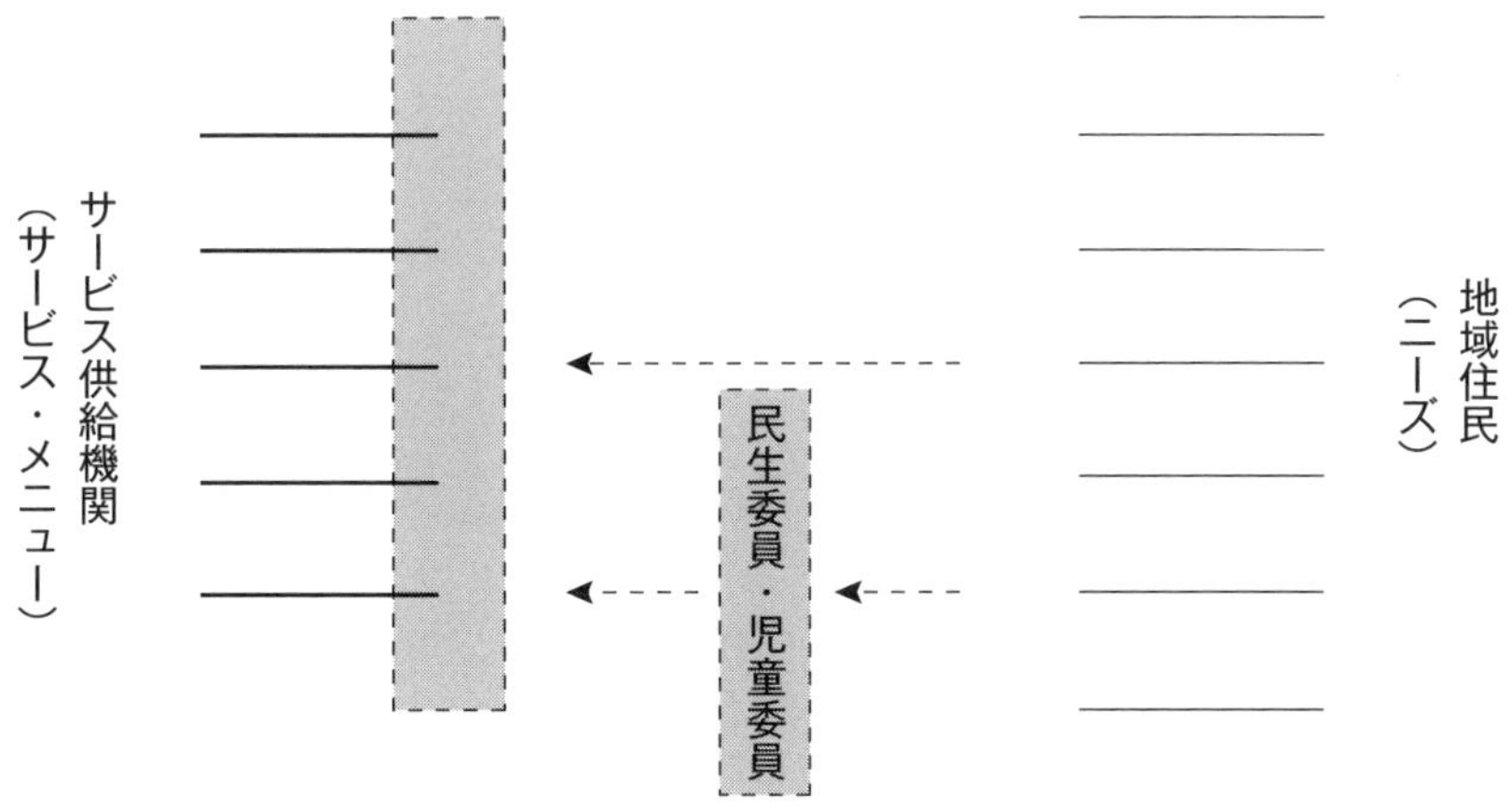

(b)　類型Ⅱ：窓口集中型（福祉センター）

図 1　社会福祉の供給＝利用体制の類型

(5) 多様な福祉サービスのなかからもっとも自己の福祉ニーズに適合した福祉サービスを選びだす責任はもっぱら地域住民に課せられる。

(6) 自己の福祉ニーズについての十分な理解と福祉サービスについての十分な情報をもちえない地域住民はえてして複数の窓口を遍歴する結果になる。

(7) 民生委員・児童委員には協力機関としての性格、つまり供給体制の末端に位置する機関としての意識（自己規定）とそれにともなう活動内容が強くみうけられる。

(8) 福祉サービスの利用者は少なく、地域住民の福祉ニーズの充足度や福祉サービスの費用効果は低くならざるをえない。

2　類型Ⅱ：窓口集中型

(1) 申請主義を前提にする限り、状況は類型Ⅰの場合とそれほど変わりがない。

(2) 福祉ニーズによりよく適合した福祉サービスを選択する責任は、ここでも基本的には地域住民の側にある。しかしながら、窓口が相互に比較的接近しているため、遍歴に要する労力は少なくなる。

(3) 地域住民の福祉ニーズの充足度と福祉サービスの費用効果はいくぶん高くなる。

(4) ここでも、民生委員・児童委員には協力機関としての性格、つまり供給体制の末端機関としての意識（自己規定）とそれにともなう活動内容が強くみうけられる。

3　類型Ⅲ：ニーズ＝サービス媒介型

(1) 原則として自発的に窓口にアクセスした地域住民について、福祉ニーズの自覚化・明確化を促し、その解決に資する福祉サービスを選択し、提供することができる。

(2) 結果的に、福祉ニーズに適合した福祉サービスをみずからの責任において選びだすという地域住民の負担はいくぶん緩和される。地域住民の窓口遍歴の労力もそれだけ少なくなる。

(3) その分、地域住民の福祉ニーズの充足度や福祉サービスの費用効果は高くなるが、申請主義を前提にする限り、客観的にはそれが必要でありながら福祉サービスを利用しえない、あるいは利用しようとしない地域住民を取り残すことになる。

(4) ここでもなお、民生委員・児童委員には協力機関としての性格、つまり供給体制の末端機関としての意識と活動内容が期待される。

4 類型Ⅳ：二段階媒介型

(1) 申請主義にリーチアウト戦略（利用促進戦略）を加味した供給＝利用体制。

(2) リーチアウト戦略（利用促進戦略）の意図は、①潜在化している福祉ニーズにたいする住民の自覚を促し、②福祉サービスの利用を動機づけ、③福祉サービスの申請行動を助長し、④利用（経過）過程、および、⑤予後をみまもり、総じて福祉サービスの利用を積極的に促進することにある。

(3) このようなリーチアウト戦略（利用促進戦略）は、類型Ⅰ、Ⅱ、Ⅲにおいても採用可能であるが、しかしそれらはいずれも基本的には住民の自発的な福祉サービス利用申請を前提にする体制であり、その本格的な展開は困難である。

(4) このため、類型Ⅳでは、類型Ⅲの福祉ニーズ＝サービス媒介機関に、さらにリーチアウト（利用促進戦略）のより積極的な担い手としての初期媒介機関を加え、二段階の媒介体制を導入する。

(5) 初期媒介機関には民生委員・児童委員をもってあて、①住民の潜在的な福祉ニーズを掘り起こし、②住民がその必要とする福祉サービスを選択する過程を側面から援助し、③福祉サービス供給機関と連携しながら住民の福祉サービス利用過程をみまもるとともに、④さらに予後について事後指導・調査を担当することを期待する。

(6) より具体的には、初期媒介機関の課題は、地域住民の福祉ニーズを掘り起こすとともに、福祉ニーズを再構成して、その解決ないし緩和にもっとも効果的と考えられる福祉サービスの供給窓口（個別的な窓口あるいは専門媒介機関）を紹介すること、電話連絡、面会予約の取りつけ、同道、経過の確認など側面的な援助の方法を通じて、福祉サービス利用の拡大、具体化、効果の増進をはかることにある。

(7) これにたいして、専門媒介機関に期待される固有な機能は、福祉サービスの利用を申請した地域住民について、多様な福祉サービスのなかからその福祉ニーズを充足するに必要な福祉サービスを、より個別的、専門的に選択し、再構成し、利用の段取りをつけ、申請から福祉ニーズの充足にいたる全過程に介入し、これを援助することである。

(8) すなわち、第一段階の初期媒介機関の課題は、地域住民の福祉ニーズについて自覚することから申請、福祉サービス利用の開始にいたる過程、および福祉サービス利用後の予後の過程に関して地域住民の福祉サービス利用の促進と利用の過程を側面的に援助することであり、第二段階の専門媒介機関に期待される機能は利用に供されるべき福祉サービスその他の社会サービスを調整・選択し、提供の手順を設定し、さらに具体的な提供の過程に直接間接に関与し、住民の福祉ニーズ充足をより専門的に援助することにある。

(9) このように、初期媒介と専門媒介は、その機能を異にする。したがって、第一段階の初期媒介機関としての民生委員・児童委員が第二段階の専門媒介機関に関与し、直接専門媒介機関に福祉サービスの利用を申請した地域住民にたいして専門的媒介にいたるまでの事前の援助を提供するということも、十分に考えられることである。

(10) このような二段階の福祉ニーズ＝サービス媒介の過程を含む供給＝利用体制が確立されれば、地域住民の福祉ニーズの充足度と福祉サービスの費用効果は飛躍的に増大することになろう。

(11) このような体制、とくに民生委員・児童委員による初期媒介機能が適切に機能しうるかどうかは、民生委員・児童委員の資質もさることながら、専門媒介機関が民生委員・児童委員を初期媒介機関として活用しうる力量をもちうるか否かにかかっている。

⑿さらに、重要なことは、地域住民が民生委員・児童委員を初期媒介機関として認識し、活用するかどうかである。この側面では、民生委員・児童委員のたんなる氏名、住所、電話の紹介などを越えた、地域住民にたいする初期媒介機能についての広報・教育活動が展開される必要がある。

第5節　民生委員・児童委員活動のモデル

1　モデルの設定

すでに、これまでの検討によって、新しい社会福祉供給＝利用体制のもとで民生委員・児童委員に期待される活動のあり方はほぼ明らかにされたものと考えるが、最後に、これまでとは違った視点から、いま一度整理しなおしておきたい。従来展開されてきた議論、およびここでの議論を前提にしながら、あらためて民生児童委員活動のあり方を類型化してみると、①供給補助モデル、②潤滑油モデル、③供給啓発モデル、④媒介モデルという四通りのモデルを設定することができる。

2　供給補助モデル

供給補助モデルでは、民生委員・児童委員に供給体制の末端を担う者として、供給の意図や目的、方針を住民に理解させ、あるいは自らサービスの供給過程を担うことが期待される。伝統的な行政協力機関としての民生委員・児童委員活動の考え方や、新しいところでは在宅福祉サービスにおける宅配過程担当者（たとえば給食サービスにおける配食担当者）を、民生委員・児童委員に期待する考え方もこれに属する。

3　潤滑油モデル

潤滑油モデルでは、民生委員・児童委員に社会福祉供給主体と地域住民との中間に位置して、潤滑油的な役割を果たすことが期待される。潤滑油といういい方は耳に入りやすい表現になっているが、しかしそのように呼ばれる活動が具体的、実際的にいかなるものであるかはいまひとつ明確にされていない。また、潤滑油は、その役割の重要性はいうまでもないとしても、その存在自体はあくまで副次的なものであろう。潤滑油的という表現はいかにも耳に入りやすい表現ではあるが、しかしそこに民生委員・児童委員にたいする主体的、かつ能動的な役割への期待を読み取ることは難しい。

4　供給啓発モデル

供給啓発モデルでは、民生委員・児童委員に地域住民の立場から、地域住民の福祉ニーズの充足を求めて、社会福祉供給システムに福祉サービスの拡充や新設を積極的に働きかけることが期待されている。このモデルは比較的新しい考え方として一部で強調されている。たしかに、地域福祉型の社会福祉を充実させていくには、こうした民生委員・児童委員活動のあり方も必要になってくる。けれども、それは民生委員・児童委員活動の一側面であって、供給啓発モデルから民生委員・児童委員活動の全体を構想することにはいささか無理があるだけでなく、ときとして政治主義的な民生委員・児童委員活動に陥る危惧もないわけではない。

5　媒介モデル

さて、われわれが二段階媒介機能を基盤とする社会福祉供給＝利用システムに適合するものとして期待するモデルは、④の媒介モデルである。このモデルは、潤滑油モデルに比較して、民生委員・児童委員のより主体的、能動的な社会福祉供給＝利用体制への介入（媒介的介入）を強調している。媒介モデルの前提となっている民生委員・児童委員の活動は、

②の潤滑油モデルとは異なり、従来の民生委員・児童委員活動についての議論には想定されていない活動のタイプであるが、民生委員・児童委員の活動報告、事例報告、民生委員・児童委員にたいするヒヤリングからえられたデータを基礎にして構成されたものである。

以下、媒介モデルについてさらに若干の敷衍を試みておきたい。

第6節　媒介機能の内容規定

1　媒介機能のアウトライン

媒介機能は、とりあえず(a)福祉ニーズ（地域住民）と福祉サービス（福祉サービス供給機関・施設）との媒介、(b)関連領域・関連機関相互間の媒介、(c)地域住民相互間を媒介して社会的支援ネットワークを構築し、運用することとして整理することができる。

2　福祉ニーズと福祉サービスとの媒介

このうちもっとも重要な機能は、福祉ニーズと福祉サービスとの媒介機能であるが、その内容はさらに以下のように整理することができる。

(1)　潜在化している福祉ニーズを掘り起こし、地域住民にそれを自覚させること。
(2)　地域住民に福祉ニーズ充足に必要な福祉サービスについて情報を提供すること。
(3)　福祉サービスの利用にむけて地域住民を動機づけること。
(4)　福祉サービスの利用申請を側面から援助（手続きの代行を含め）すること。

(5) 地域住民の福祉サービス利用の過程をみまもり、利用の効果を助長すること。
(6) 地域住民の福祉サービス利用後の経過をみまもり、必要な援助を行うこと。
(7) 以上の過程を通じて、地域住民の側から福祉サービスの利用効果(福祉ニーズ充足の直接的効果と費用効果)を評価し、福祉サービス供給機関に改善その他の意見を述べること。

3 供給機関・施設間の媒介

第二の機能は、地域住民にたいして福祉サービスだけでなく、医療、保健、教育、住宅その他の関連する領域の社会サービスが複合的、競合的に供給されるような場合には、利用者の立場から各種社会サービスないし社会サービス供給機関・施設相互間の媒介を試み、あるいは専門媒介機関による調整を求めることである。

4 社会的支援ネットワークの構築

第三の機能は、独居老人、障害者などの自立的生活を支援するために近隣住民、親類縁者、保健婦その他の地域活動専門職などの活動を相互に媒介し、地域のなかに社会的支援ネットワークを構築し、それを効果的に運用することである。

5 民生委員・児童委員活動の一般的規定

これらの民生委員・児童委員に期待される機能をより一般的に規定するとすれば、それらの機能は、地域住民(福祉サービス利用者)の側に立って、地域住民による福祉サービスの選択と利用の過程を媒介し、側面から援助するとともに、そのような経験をもとに福祉サービスの供給機関に福祉サービスの改善や新しい福祉サービスの創出を働きかけ、もって地域住民および地域社会の福祉の増進に寄与することにあるといえよう。

第7節　専門媒介機関

1　既存の専門媒介機関

既存の専門媒介機関のひとつに「高齢者サービス総合調整推進事業」の一環として市町村に設置される「高齢者サービス調整チーム」がある。また、「高齢者在宅サービスセンター」にサービスコーディネーターを設置し、「ケース会議」によってサービス供給の調整を実施するという機関の構想もここでいう専門媒介機関に該当するといってよい。しかしながら、これらの構想には、ここでの視点からみればいくつかの限界がみうけられる。第一に、既存の相談・措置機関（福祉事務所、児童相談所、保健所など）による相談機能との関係や利用の申請手続き、措置などにかかわる権限の配分関係など不透明な部分が多くみられることである。第二に、議論の範囲が老人福祉の領域に限定されていること、などである。

2　総合的媒介機能

専門的な媒介機関には、第一に老人福祉に限らず、児童福祉、母子・寡婦福祉、障害者福祉、低所得者福祉およびこれらの領域にかかわる医療・保健、雇用、教育、住宅サービスなど社会サービス全般にかかわる媒介を行い、第二に地域の老人ホームや児童福祉施設などの実施する相談活動を調整・指導するなどの機能をもたせることが望ましい。

専門媒介機関は市町村を設置主体とするが、配置の基準としては、少なくとも中学校区に一カ所程度が望ましいと考えられる。同一市町村に複数の専門媒介機関が設置される場合には、そのひとつを中央機関とし、他の専門媒介機関にたいする総括および指導の機能をもたせることが考えられる。

第8節　民生委員・児童委員の位置づけについての再検討

1　民生委員・児童委員の新しい役割

民生委員・児童委員はその一人びとりが初期媒介機関として機能するが、同時に専門媒介機関の「ケース会議」の重要なメンバーの一人として、あるいは専門媒介機関の管理のもとで初期媒介機能をになうスタッフとして位置づけられるべきである。

2　再検討の課題

民生委員・児童委員に以上のような機能を分担させるためには、現行の位置づけについての再検討が必要である。再検討は、つぎのような方向で実施されることが望ましい。

(1)　名誉職的規定を改め、地域福祉における実質的なサービス利用支援機関としての位置づけを明確にする。

(2)　従来の福祉行政にたいする協力機関という漠然とした位置づけのあり方、換言すれば社会福祉供給システムの末端機関としての位置づけのあり方について再検討し、地域社会のなかで独自の立場から、社会福祉供給機関と地域住民を媒介する独立したサービス利用支援機関としての性格、位置づけを明確化する。

(3)　報酬については職務の実態に見合う定額支給とし、交通費・電話料金などの所要経費については実費償還とする。

(4)　身分については市町村長任命とし、推薦については当該地区を担当する専門媒介機関の意見を徴することとする。

(5)　以上の課題に関連して、民生委員法および関連法制に必要な再検討を加える。

第4章 社会福祉の改革とボランティア活動

第1節 これからのボランティア活動

従来、ボランティア活動は社会福祉と結びつけて論じられるのが一般的であった。

しかしながら、結論を先取りして端的にいえば、これからのボランティア活動は、「市民の、市民による、市民のためのボランティア活動」でなければならない。社会福祉に結びついたボランティア活動も、そのような市民のための、市民生活に密着したボランティア活動の一部として位置づけられなければならない。そうなったときにはじめて、ボランティア活動は、これまでにも増して、広い間口と深い奥行をもつ実り豊かな活動として発展されていくことになろう。

こんにち、ボランティア活動にたいする社会的な関心はこれまでになく拡大し、それへの期待もまた拡大してきている。そうしたなかで、いままさにボランティア活動におけるパラダイムの転換が求められているのである。

1 社会福祉の変化とボランティア活動

自明のことながら、これまでわが国のボランティア活動は社会福祉と不可分の関係において発展されてきた。ボランティア活動といえば、それはなによりも社会福祉におけるボランティア活動を意味してきた。しかしながら、これからのボランティア活動は、広く市民生活のためのボランティア活動としての発展が期待されるようになってきている。まず、そのような期待がうみだされてきた背景を、近年における社会福祉の変化を尋ねることから明らかにしておきたい。

第一に、近年の高齢社会の到来に象徴される社会経済情勢の大きな変化のなかで、社会福祉にたいする市民の期待は拡大し、社会福祉はめざましくその裾野を広げてきた。市民生活のなかには、しらずしらずのうちに、高齢者や障害者に特有とされてきた生活上の困難や障害の問題が、広く、深く、浸透してきている。一方、貧困や保護を必要とする子どもたちの問題も影をひそめてしまったわけではない。経済的不調が続くなかで貧困の問題はむしろ深刻化してきている。子どもたちの問題も、少子化、育児不安、虐待、いじめなど新しい側面をみせながら、深刻さを増してきているように思える。そのほかにも、アルコール依存、薬物嗜癖、外国人滞在者問題など、市民生活のなかに新しい課題が山積してきている。このような状況のなかで、これまでにも増してボランティア活動への期待が高まってきている。

第二に、社会福祉制度の改革が進むなかで、社会福祉を市区町村という基礎的自治体の責任において、つまり市民の生活にもっとも身近なところにある自治体――行政とそれを支える地域社会――の責任において、計画し、運営する体制の整備が求められてきている。社会福祉をできるだけ市民の生活に近いところで、市民の参画を得ながら推進しようというわけである。社会福祉の軸芯的な部分が行政を中心とする公的社会福祉とそれを支える専門職員によって担われることはいうまでもないことであるが、社会福祉をより市民に身近で、利用しやすいものにしていくために、さまざまな場面において市民の参画が求められるようになってきている。そうした動きのなかで、ボランティア活動にたいする期待が高まってきているのである。

第三に、社会福祉における援助のしかた、その方法や技術のあり方も著しく変化してきている。従来は、社会福祉といえばそのまま社会福祉施設の利用を意味していた。社会福祉を利用しようとする人びとは、それまでの生活のきずなや思い出を捨て去って遠隔地にある社会福祉施設に入所することを求められた。これにたいして、近年では、ノーマライゼーション（常態化）理念の定着とともに、社会福祉を利用するにしても、利用者のそれまでの生活の仕方をできるだけ尊重し、その継続をはかるという考え方に立って、居宅（在宅）を前提に提供される在宅福祉サービスが重視されるようになってきている。ホームヘルプサービス、デイサービス、ショートステイサービスが在宅福祉の三本柱として強調されるようになってきているのは、そのような変化を象徴するものといえよう。

このような援助のしかたの変化は、市民の立場からみれば歓迎すべきことであるが、しかしながら、そこには新しい課題もうまれてきている。すなわち、社会福祉施設が提供してきた二四時間体制での身辺の介助や介護、急変時の対応、日常的な食事の提供などを在宅福祉サービスだけでカバーするということは、決して容易なことではない。都市化された生活のなかでは家族や親族に多くを期待することは不可能である。企業の提供するサービスに全面的に依存することもまた不可能であろう。そうした状況のなかで在宅福祉サービス中心の社会福祉を充実していくためには、行政や社会福祉法人による在宅福祉サービスの供給を核にしながら、会員制互助組織をはじめとする民間非営利団体など多様な供給組織の動員が必要になってきている。

これからのボランティア活動のあり方は、こうした社会福祉の動向を前提にしながら検討されなければならない。もとより、ボランティア活動は、行政や社会福祉法人その他によるフォーマルな福祉サービス供給の一翼を担い、あるいはそのような福祉サービスを代替するというものではない。しかしながら、これからのボランティア活動に、緊急時の対応や見守り活動など、フォーマルな在宅福祉サービスと協働する関係において、市民生活のアメニティの向上に貢献することが期待されていることは明らかである。そして、ボランティア活動がそうした期待にこたえる力量をもちうるためには、従来の施設慰問や奉仕活動、あるいは朗読や点訳などの個別的ボランティア活動とともに、市民生活の共通の基盤となる日常的な生活場面において、近隣社会における相互支援や相互扶助を活性化させるような、新しいボランティア活動のあり方が追求される必要があろう。

2　市民生活の変化とボランティア活動

このように、ボランティア活動にたいする期待が高まってきているということの背景には、社会福祉のあり方が変化し、その裾野が広がってきているという事実がある。しかしながら、それだけではない。社会福祉の基盤にある市民生活そのものが変化してきているということ、そのことがボランティア活動への期待を高めてきている。

われわれの社会は、一九六〇年代以降、農業社会から産業社会へ、さらには脱産業社会とよばれるような新たな段階に発展してきた。別の角度からいえば、われわれの社会は血縁や地縁を重視する農村型の社会から個人の自由や自立を重視する都市型の社会に変化してきたのである。その間、われわれの生活は、個々人の生活や活動が尊重されるようになり、ある意味では随分快適になってきた。しかしながら、同時に、われわれの生活は、多様化や複雑化が進み、また孤立化も進行してきている。都市化の進展とともに、親類づきあいや近所づきあいのあり方も近代化し、その分風通しはよくなった。けれども、われわれの生活は、その分だけ弱体化してきている。都市的な生活は、心身ともに活力に溢れる人びとには快適なものである。しかし、高齢者、障害者、子どもたちのように社会的に不利益を受けやすい人びとにとっては、大変に厳しい、ときには過酷ともいえる状況がうまれてきている事実に留意しなければならない。

たとえば、高層住宅とはいわないまでも、二階家であっても、寝たきりの高齢者を階下まで移動させるに必要な労力が確保できない。ハンディキャブを利用しようにも介助者がいない。高齢夫婦だけの世帯では、どちらかが倒れてしまえば、残ったほうは通院もままならない。このような状況も、こんにちでは特殊な事例ではなくなってきている。人びとは、いつまでも若くはないし、健康な時期ばかりではない。いつ、いかなるときに交通事故に出会い、傷病に苦しむようになるか、こればかりは知りようもないのである。ライフサイクルの一時期には、老親の介護や子育てに追われることも避けられない。

このような日常的な生活上の事故（生活危険）や起伏にともなう困難や障害は、こんにちの産業化され、都市化された市民生活のもとにおいては、だれもが、いつかは遭遇するという性格のものとなっている。市民のだれもが、そのような困難や障害を乗り越え、市民の一員としてそれにふさわしい生活を維持し、アメニティを確保していくには、市民が相互にその生活を日常的に支え合い、高め合う、隣近所どうしの新しいタイプの助け合いの活動、すなわち相互支援活動や相互扶助活動が必要とされるようになってきている。

こうして、これからのボランティア活動には、近隣社会の相互支援活動や相互扶助活動を基盤とする活動として、市民生活のなかに根づき、発展していくことが期待されることになる。

3 生活環境の変化とボランティア活動

現代の社会は、交通機関が発達し、上下水道や電気、ガス、水洗トイレなど生活の基盤となる生活環境施設も整い、一昔前に比較し、市民生活も随分便利になり、また楽にもなっている。しかしながら、生活の都市化、文明化が進むなかで失われたものも少なくはない。新鮮な大気、大小の樹木や小川、子どもたちが安心して遊べる広場など、かつて人びとの生活を潤していた自然は著しく後退し、縮小してきている。また、道路や公園など生活環境の整備は、都市化の波に追いつかず、そのことがわれわれの生命や生活を脅かしている。都市化、文明化も喜んでばかりはいられない。そうしたなかで、自然の保護、生活環境の美化や保護など、市民生活をまもるために市民一人ひとりの努力と相互支援・相互扶助が期待される領域が広がってきている。ここでも、市民の、市民による、市民のためのボランティア活動が期待されているのである。

4 市民生活の国際化とボランティア活動

つぎに、われわれは、市民生活の国際化という問題にも関心を向けなければならない。国際化には二つの側面がある。一つの側面は、われわれが世界の各地で起こっているできごとに関心をもち、さまざまなかたちでそれに関わりをもっていくということである。そこでは、われわれ一人ひとりが、わが国の社会の一員であると同時にグローバル社会（地球社会）の一員でもあるという自覚をもって、考え、行動することが期待されている。もう一つの側面は、内なる国際化、つまり国内社会の国際化を直視し、国際的に開かれた社会として、わが国の社会を変革し、創り直していくということである。

これからは、市民としてのボランティア活動にもこのような二つの国際化にたいしてより積極的に対応することが求められることになろう。なかでも、まだ日の浅い国内社会の国際化にかかわるようなボランティア活動の推進が求められている。たとえば、外国人来住者ができるだけはやくわが国の市民生活に適応し、安心して生活が営めるように、行政窓口との折衝、ガスや電気の手続き、生活習慣の問題などについて日常的に援助するような活動が期待されている。一般に関心の寄せられる機会の多い海外ボランティア活動への参加や寄金だけでなく、これからはこのような地域社会のなかでの地道な国際ボランティア活動が重視されなければならない。われわれの日常的な活動のなかにも、わが国の国際化に効果的に貢献しうる領域が開かれている。

さらに、周知のように、わが国にはいわゆる目的外滞在者とよばれる多数の外国人が居住している。かれらの多くは、貧しい住環境、劣悪な労働条件と低賃金という過酷な生活のなかで、健康を損ない、病気に苦しんでいる。そうした生活のなかで、国籍をもたない子どもたちも増加してきている。これらの人びとのかかえている問題は、基本的には、行政的な方策によってその対応がなされていくべき課題である。しかしながら、これらの人びともまた、われわれの地域社会に生活する隣人の一人であり、同じ地球社会に居住する同胞の一人である。かれらのかかえる問題は、同じ地域社会において生活をともにする市民の一人として、われわれにとって看過することのできない課題なのである。

5　市民の、市民による、市民のためのボランティア活動へ

従来、ボランティア活動はややもすれば社会福祉にかかわる活動として限定的に捉えられてきたように思われる。社会福祉の領域においてはいうまでもなく、世間一般においても、そのように考えられてきたといって過言ではない。しかしながら、これまでみてきたように、社会福祉とその前提となる市民の生活様式や生活意識、生活環境が大きく変化してくるなかで、ボランティア活動にたいする期待はすでに従来の社会福祉ボランティアの範囲を超えて大きく変化し、拡大し

てきている。実際すでに社会福祉の範囲を超え、市民生活の広範な領域でボランティア活動が展開されはじめている。そして、将来的にはこのような傾向は一層強まっていくことになろう。

われわれは、このような社会福祉や生活の変化、そのなかでのボランティア活動の動向についての理解にもとづいて、ボランティア活動についての考え方の思い切った脱皮をめざさなければならない。われわれは、これからのボランティア活動を、われわれの市民生活を、すべての市民にとって、より快適で、文化的なものにしていくために、市民自身によって自主的、自発的に展開される活動として、それを通じて市民それぞれが、それぞれの方法によって自己実現をはかることのできるような活動として位置づけ、積極的にこれに取り組んでいくことを提案したいと考える。

もちろん、このようなボランティア活動の位置づけは、決して社会福祉の領域におけるボランティア活動の重要性を薄めるものではない。われわれがここで指摘したいことは、社会福祉の領域におけるボランティア活動だけがボランティア活動ではないということにほかならない。まず、市民生活の向上と市民一人ひとりの自己実現を目指す広範なボランティア活動があり、そのようなボランティア活動の最も重要な活動領域、重点項目のひとつに社会福祉の領域があるということである。

これまで社会福祉の領域に限定して捉えられがちであったボランティア活動の領域を市民生活一般に拡大することによって、ボランティア活動の裾野が広がり、そのことによって逆に社会福祉の領域におけるボランティア活動にも一層の質的向上を期待しうるものといいえよう。

6　ボランティア活動の活性化と多様化

このように、従来の社会福祉ボランティア活動を社会福祉を含む市民生活ボランティア活動に拡大させ、転換させていくためには、ボランティア活動の活性化と多様化が推進されなければならない。その端緒は、まず社会福祉の領域におけるボランティア活動の活性化と多様化をはかることである。これまで社会福祉のボランティア活動はどちらかといえば居住（生活）型の社会福祉施設にかかわる活動や点訳、朗読、手話通訳などを中心にしてきた。しかしながら、近年における社会福祉の動向を前提にしていえば、ボランティア活動の場は通所施設や利用施設の領域にも、また在宅福祉の領域にも、一層拡大していく必要があろう。たとえば、近年、近隣社会のなかで高齢者や障害者、児童青少年、年若い母親などを援助する社会的支援ネットワークに参加することがボランティア活動の新しい領域として期待される傾向にある。そのほかにも、市民生活のなかには、すでにみてきたように、保健医療、社会教育、更生保護、青少年育成、文化活動、生活環境整備、国際化問題、公共機関・施設へのアクセス促進問題など、ボランティア活動を必要としている領域が限りなく広がってきている。このような新しい領域にボランティア活動を拡大していくには、ボランティア自身やボランティア活動を推進する立場にある人びとによる領域拡大の努力とともに、ボランティア活動を受入れ、活用する可能性をもつ人びとや機関・施設の側の、意識改革をはじめとして、受入れ、活用するための態勢を大幅に整備していくことが必要になってくる。

つぎに、ボランティア活動を市民生活に拡大していくためには、活動内容や担い手の多様化をはかることが必要となる。これまでボランティア活動といえば、居住（生活）施設における労力の提供や慰問、手話通訳、点訳、学習指導、ガイドヘルプ、付添いなどを意味していた。その担い手も中学生、高校生、大学生などの学生を除けば、家庭の主婦などに限られる傾向がみられた。しかしながら、ボランティア活動を市民生活のためのボランティア活動として位置づけ、その活性化をはかるためには、理容・美容、調理、大工仕事、通訳、ワープロ、コンピュータ、経理事務、法律相談その他専門的職能の提供をはじめ、ペンフレンド、精神里親、さらにはあしながおじさん的な資金援助などボランティア活動の内容をできるだけ幅広く捉えていく必要があろう。そして、そのことは、とりもなおさずボランティア活動の担い手を多様化させることでもある。ボランティア活動の時間についても、週末や勤務後の数時間ということでも対応できるような受入れと活用の体制を整備していくことが必要となろう。要は、市民一人ひとりが、可能な範囲で、自分のもてる能力と時間の一部をさき、市民生活の向上と自己実現のために、自主的、自発的に努力し、協力し合うということである。すべてはそこからはじまる。

7　ボランティア活動の担い手の多様化

ボランティア活動の担い手についてはもう一度取り上げておくことが必要であろう。さきにも指摘しておいたように、これまでボランティア活動の中心的な担い手は、熟年層に属する一般市民、なかでも主婦層であった。これからは、まず、このような担い手を多様化させ、拡大させていくことが求められる。一般市民だけでなく、いわゆる「企業市民」にたいしても積極的な参加を促していかなければならない。もとより、企業（各種の事業所）と市民とでは基本的にその立場が違っている。しかしながら、地域社会の一員としてみれば市民も企業も同じ船の乗客である。企業市民というのはそのことをいっているのである。企業そのものが地域社会の一員という意味において市民であり、企業に勤務している人びともまた、勤務中という限られた時間であるとはいえ、その間は地域社会の一員である。どの地域社会をみても、そこには相当数の、このような意味での市民が含まれているはずである。企業やそこに勤務する人びとにとって、所在する地域社会の生活環境が向上することに異存はないであろうし、また地域社会の活動に参加し、応分の貢献をなすことは地域社会のなかにともに地歩をしめるものとして当然の義務である。そういって過言ではないであろう。そういう観点から、企業市民のボランティア活動への参加と貢献が期待されるのである。

つぎに、現にボランティア活動を担っている人びとの世代的な高齢化、世代交代という問題がある。これからボランティア活動の活性化をはかるということになれば、若い世代への働きかけが不可避的な課題とならざるをえない。これまで中学生や高校生については国の施策としても、ボランティア協力校の設定や青少年ボランティア講座、体験学習などのかたちで働きかけがなされ、それなりの成果を収めてきている。これからの課題は、これまで参加の少なかった青壮年層について、積極的、計画的に働きかけ、幅広く後継者を養成確保していかなければならない。将来にむけて、ボランティア活動を推進し、活性化をはかっていくうえで最優先されるべき課題である。

8　ボランティア活動の基本原則

ボランティア活動の基本的な原則あるいは性格については、周知のように、さまざまの議論があるが、ここでは⑴自主性・自発性、⑵社会性・連帯性、⑶創造性・開拓性、⑷無給性・無償性の四点をあげておきたい。

⑴ 自主性・自発性　ボランティア活動は、市民の自発的な自由意思にもとづいて行う活動であり、他人に強要されたり、義務として押しつけられて行うものではない。

⑵ 社会性・連帯性　ボランティア活動は、生命の尊さを何よりも大切に考え、人間が人とともに手を携えていきるというノーマライゼーションの思想を基礎とする活動である。

⑶ 創造性・開拓性　ボランティア活動は、人びとがそのもてる力を多様に発揮し、自己自身の開発をはかるとともに、新しい生活や社会のあり方を追求することをめざして行う活動である。

⑷ 無給性・無償性　ボランティア活動は、物質的な報酬ではなく、相手の喜びを自分の喜びとし、自己実現の喜びを求めて行う活動である。

このような、ボランティア活動の基本原則とよばれるものは、あくまでもひとつの理念である。こうありたいという願いを表現したものである。ボランティア活動には、そこに完成された、理想的な姿があるというわけではない。ボランティア活動に参加する一人びとりについてみても、初心の時期から経験を重ねるにしたがい、徐々にボランティア活動についての理解が深まり、納得のいく活動にたどりつくという成長の過程が認められるのである。

9　会員制互助組織

ボランティア活動と密接に関わりながら、近年ではそれとは区別されるようになってきた活動に会員制互助組織の活動がある。会員制互助組織で活動している人びとは、一般に「協力会員」と呼ばれ、同じ会員である「利用会員」にたいしてホームヘルプサービスや給食サービスなどを提供している。

互助組織の協力会員は、その活動にたいして、金銭による支払や将来におけるサービスの利用についての保証というかたちで、なんらかの意味での「報酬」を受け取っている。したがって、さきほどのボランティア活動についての基本原則を厳格に適用すれば、「協力会員」はボランティアではない、ということにならざるをえない。しかしながら、「協力会員」にボランティア的な性格が全くないのかというと、必ずしもそうとばかりはいいきれない。第四原則を除いてみれば、ボランティア活動の基本原則に抵触するということにはならないからである。

その一方において、提供される活動、ホームヘルプサービス提供の安定性や継続性の確保ということやそれを利用する市民の側の負担感（スティグマ感）を避けるという観点からいえば、手続きが面倒でなにかと制約の多い行政による福祉サービスや、量的にも質的にも少なからず不安定な部分の多いボランティア活動に頼るよりも、金銭その他の報酬を前提とする契約関係にもとづくサービスの提供として割り切って考えることのできる会員制互助組織のほうがはるかに利用しやすい、という事実にも十分留意する必要がある。行政による福祉サービスや社会福祉法人による福祉サービスなど、会員制互助組織の活動に代わりうるサービス、すなわち代替的サービスが存在しているという条件をつければ、これはこれで十分に活用されてよい方式だということになろう。

いずれにしても、こんにちでは、ボランティア活動と会員制互助組織活動とは類似の性格をもちながらも、相互に異なった仕組として活動しているといってよいであろう。それぞれが相互の性格の違い、役割の違いを認識しながら、あい携えて発展の道を探っていかなければならない。

10　ボランティア活動基金

ところで、ボランティア活動と「報酬」という問題に近接する争点に、「実費弁償」の問題がある。「実費弁償」は、はたしてさきほどのボランティア活動の第四原則に抵触するのか、という問題である。結論をさきにいえば、第四原則はボランティア活動を行うために必要とされる交通費、材料費などの受領までも否定するものではない。ボランティア活動の基本的な性格は、ボランティアがその人的サービス（活動）を主体的、自発的に、無償で提供するということにある。第四原則は、そのような意味において、ボランティア活動に「無償」であることを求めているものと解される。したがって、ボランティア活動の場に行き着くまでの交通費や活動に必要な材料費をボランティアが受領するようなことがあったとしても、それを妨げるものではない。

さらに、ボランティア活動を推進するためには、それなりの環境整備的な費用も必要となってくる。この費用もまた、ボランティア個人の利益に結びつくという性格のものではない。こうした費用は、ボランティア活動の社会的な性格に照らしていえば、当然社会的に賄われてよいものと考えられる。

これらのボランティア活動に関連する費用、なかでも環境整備的な費用については、その性格上、社会的な費用として行政による負担に期待してよい。しかしながら、同時に、ボランティア活動の基本原則、さらにはボランティア活動の独立性の確保という観点に立てば、これらの費用についても公費（行政）に頼るというのではなく、市民による自主的な資金確保努力に期待するところがあってよいように思われる。

これからボランティア活動の活性化をはかり、一層の発展を期すためには、行政による助成を原資にしながら、一般市民や企業市民による寄金を募り、ボランティア基金を醸成する努力が必要になってこよう。

11　ボランティア活動と公的責任

つぎに、ボランティア活動と行政（公的責任）との関係について簡単に触れておかなければならない。よく知られているように、わが国の社会福祉事業法は、一方において国や地方自治体にたいして社会福祉法人その他の民間による社会福祉、民間社会福祉事業の自主性や独立性を尊重することを求めるとともに、他方において民間の社会福祉にたいして国や地方自治体に依存することを戒めている。もとより、ボランティア活動は民間の社会福祉そのものではない。しかしながら、社会福祉事業法が民間社会福祉事業に求めている自主性や独立性の尊重、依存の排除という基本的な考え方は、ボランティア活動にもそのまま適用されうるものと考えられる。

近年ボランティア活動にたいする国や地方自治体の期待は、ますます大きくなってきている。そのこと自体は、ボランティア活動の活性化ということからいえば、喜ばしいことに違いない。けれども、その期待も過剰なものになれば、大きな負担である。ボランティア活動は、あくまでも市民の自主性、主体性にもとづいた、任意の、自発的な活動であり、継続性や安定性、責任能力という側面において限界があることは明らかである。ボランティア活動は、それがどれほど活発になり、発展しても、行政や社会福祉法人などによる公的サービスに取って代わるものではない。ボランティア活動は、あくまでも公的サービスの周辺に働くものであり、行政や社会福祉法人などによる公的責任が十分に果たされてはじめて、その持ち味を発揮しうるのである。

12　ボランティア活動の提供者と利用者

最後に、ボランティア活動の提供者と利用者（享受者）との関係について一言しておくべきであろう。あらためて指摘するまでもないのであるが、もともとボランティア活動の提供者と利用者とは、利用者のほうがある種の社会的ハンディを背負っているという事実を除けば、本来対等の、同じ地平に立っているはずの市民どうしである。しかし、ボランティア活動の提供者と利用者という関係になると、それぞれの状況に応じて、相手方の考え方や心情について異なった期待をもつということも少なくない。残念なことであるが、現実には提供者と利用者との間に思わぬ行き違いや感情のもつれがうまれるということもしばしばである。

こうした行き違いや感情のもつれを未然に防ぎ、起こってしまった問題についてはこれを適切に処理していくには、ボランティア活動の提供者と利用者とのあいだを調整するような社会的システムが必要になってくる。ただし、このような行き違いや感情のもつれを未然に防ぎ、解決していくためには、まずなによりも、ボランティア活動の利用者も提供者も、自分たちが相互に対等な立場にいる市民どうしだということを再確認し、つねにそのことについての自覚をもつことが必要である。そのことがすべての基本となる。そのような認識と自覚があってはじめて、ボランティア活動は、その利用者にとっても提供者にとっても、さらには社会にとっても、すばらしい活動として発展していくことになろう。

第2節　ボランティア活動推進のための長期計画

1　計画策定の意義

これまで、ボランティア活動は市民生活上の問題、なかでも社会福祉に関心をもつ人びとが自主的、自発的に参加する活動であり、人びとの自主性や自発性を尊重するところにうまれる活動であるとみなされてきた。行政や社会福祉協議会は、みずからの役割はそのような自主的自発的な活動を側面から援助し、促進することにある、という姿勢をとってきた。これからも、基本的には、このような考え方や姿勢に変化はうまれないものと思われる。しかしながら、これまでの行論においても指摘してきたように、これだけボランティア活動にたいする社会的な期待が拡大してくると、ただ市民の自主性や自発性に期待するというだけでは済まなくなってくる。市民の自主性や自発性を尊重することはいうまでもないことであるが、それを出発点としながらも、一定の見通しと計画にもとづいてボランティア活動の推進にあたるということが必要になってきているのである。

2　社会福祉の計画化

その背景として重要なことは、まず、国による地方自治体老人保健福祉計画策定の義務化にみられるように、ボランティア活動の最重点領域である社会福祉において行政の計画化が推進されつつあるということである。かつての社会福祉には、問題が起こってからそれにたいする対応策を講じるという、いわゆる後追い施策的な性格が強くみうけられた。しかし、これからの社会福祉にたいしては、福祉ニーズの出現を見越し、その解決のために必要とする制度をつくり、人的、財政的な資源を確保するという課題先取り的な施策の展開が求められている。

こうした社会福祉の計画化は行政サイドだけでなく、民間の社会福祉活動においても必要だと考えられるようになってきている。ちなみに、東京都は市区町村に国の老人保健福祉計画を包摂するようなかたちでの地域福祉計画の策定を求めるとともに、民間にたいしても地域福祉活動計画（住民活動計画）を策定することを求めている。このような流れのなかで、民間の社会福祉の一端を支えるボランティア活動にもその計画化が求められるようになってきているのである。

3 量と質の確保

市民の、市民による、市民のためのボランティア活動が広く社会の期待に応え、高い評価を獲得していくためには、量および質の両面において安定したボランティアとその活動が確保されていなければならない。そのためには、ボランティアの募集や学習機会の確保、さらにはボランティア活動にかかわる調整や連携など、ボランティア活動を支援する活動が計画的に実施されていかなければならない。ボランティア活動の出発点は市民の自主性と自発性、そして主体性にある。利用者に喜んでもらえ、同時に社会的にも評価されるような質の高いボランティア活動が展開されていくためには、市民の自主性と自発性、主体性を支え、それを広げていくような計画を策定し、着実に運用していくことが重要な課題となってこよう。

4 即応性・継続性への期待

再三繰り返すことになるが、ボランティア活動はボランティアの自主性と自発性がその出発点となる。けれども、同時に、利用者に喜んでもらえてこそのボランティア活動である。ボランティア活動に参加しようとする人びとが、職業活動や家族の世話、自分の生活などその本来的な活動に差し障りのない範囲内で、それぞれに可能なかたちにおいて時間と労力を提供する、これがボランティア活動の一般的なあり方であろう。

しかしながら、利用者にとっては、必要なときに、必要なだけの、そして必要な内容をそなえたボランティア活動が提供され、それを自由に利用できるということがなによりも重要である。それを可能にするのでなければ、ボランティア活動を推進するといっても実質的な意味はない。しかしながら、その本来的なあり方に鑑み、個々のボランティアについてその活動の時間や場所を拘束するというわけにはいかない。ボランティア活動が全体として効果的に展開されるためには、このような利用者の期待に応えうるような準備態勢が用意されていなければならない。利用の申し出があったときに、たまたまボランティア活動の希望者がいて、両者の条件がそろえばという状況では不十分である。こうした難点を克服するためには、ボランティアによる時間と労力の提供を、いつでも、どこでも、しかも継続的に、利用することができるような準備態勢をまえもって計画的に整備しておかなければならないのである。

5 調整機能の重要性

計画的な整備のなかでもとくに重要なのは、ボランティア活動を利用することを希望する利用者側とそれを提供する側とのあいだの媒介・調整をどのように進めるかということである。ボランティア活動は市民の自主的・自発的活動であるから、活動の時間や場所、内容を強制したり拘束したりすることはできない。ボランティアの登録ということでも、個々のボランティア活動参加者の意思が尊重されなければならない。しかしながら、とはいえ、ひたすら市民の自主性・自発性を待つということでは、必要なときに、必要な質と量のボランティア活動を提供して欲しいという利用者の希望に沿うことは不可能である。それでは、誰のための、何のためのボランティア活動かということにもなりかねないであろう。ここに、ボランティア活動の利用者側と提供者側の間に立って、両者の希望や条件をつきあわせ、両者を媒介・調整する機能が必要になってくる。

いま社会福祉の世界ではケースマネージメントとよばれる援助の方法が注目を集めている。ケースマネージメントには、ここでいう利用者側と提供者側の間に立って両者の希望や条件をつきあわせ、媒介・調整する機能が含まれている。ボランティア活動の領域でもケースマネージメントが必要とされている。換言すれば、ボランティア活動をめぐって利用者側と提供者側が相互に必要な情報を提供し、交換し合うしくみと場所、そしてその過程を支援する媒介者が必要になっているのである。

この媒介者（＝コーディネーター）は、専任の専門家をえられればそれが最善である。しかしながら、必ずしもそれにこだわる必要はない。コーディネーター自身もまたボランティアであってよい。むしろ、ボランティアの実情をよく知っているという意味では、そのほうがよりよいあり方というべきであろう。要するに、ボランティア活動を推進するためには、ただボランティア希望者をつのり、活動の場を拡大するというだけでは不十分である。ボランティア活動の推進を確実性の高いものとするためには、利用者とボランティア活動の参加者を媒介・調整し、結びつける制度が不可欠である。

6　ボランティア自身による計画化

これまでは、行政や社会福祉協議会がボランティア活動をお膳立てし、推進してきた。しかし、これからはむしろボランティア自身による自主的、主体的な計画化が機軸にならなければならない。その理由の一つは、まず、ボランティア活動自体が自主的、主体的な活動だということにある。ボランティア活動の計画化もまたボランティア活動の自主性、主体性の延長線上にあるものと考えられる。第二の理由は、ボランティア活動が行政のなかに飲み込まれたり、一方的に利用されたりすることのないようにするためにも、ボランティア活動の計画化がボランティア自身によって策定され、推進される必要があるということである。ボランティア活動の自主性、主体性を確保するというそのことのために、ボランティア自身による計画化がなされなければならないのである。

第3節　ボランティア活動推進のためのシステムづくり

これまでみてきたような観点からボランティア活動を推進するにあたって、その基盤として、以下のような七通りのシステムが開発され、あるいは整備されなければならない。すなわち、①ボランティア活動についての理解を進めるための啓発システム、②ボランティア活動の輪を広げるための募集システム、③ボランティア活動の利用と提供を媒介するための調整システム、④ボランティア活動をバックアップするための支援システム、⑤ボランティア活動を円滑にすすめるための連携システム、そして⑥ボランティア活動を推進するための財政システム、⑦ボランティア活動活性化の支柱となる推進組織システム、である。

1　啓発システム

超高齢社会の到来を間近にして、それにたいする様々な福祉対策が考えられ、施行されようとしている。福祉社会が形成されるためには、地域住民の一人びとりが問題点を認識し、地域のなかで、さらには社会全体とのかかわりのなかで、相互に支援し、扶け合う精神をもつなど、物質的な豊かさと同時に、あるいはそれ以上に精神的な豊かさを求め、それを行動に移すことができるようになることが前提となる。

「ボランティア」という言葉だけは身近になり、国民の半数以上の人びとは何らかのかたちで社会に役立ちたいと考えているという指摘もなされている。しかし、実際には、ボランティア活動は、まだまだ限られた一部の篤志の人びとの活動である、という状況にとどまっている。だれもが自分の立場や状況に応じて参加することができるものだというボランティア活動についての理解とその実際のあり方を広めていかなければならない。

ボランティア活動は理解されているようで、手を出しにくい、参加しにくいという認識が一般的である。押しつけにならず、自主性・主体性を損なうことのないよう十分に工夫されたかたちでの啓発活動が必要であり、そのためのシステムの整備が必要である。

2 募集システム

社会の発展、寿命の延伸とともに、人びとの余暇時間は増加し、その分社会参加への意欲も高まってきている。ボランティア活動を志向する人びとも増加している。しかしながら、実際に参加する人びとの数は、それほど多くはない。思いと行動とのあいだにはかなりの距離が存在する。この距離を克服するためには、ボランティアにたいする理解を一層深める工夫と同時に、潜在しているボランティア志向を的確に把握し、それを具体的な行動に結びつけていくための手立てが必要となってくる。なかでも、最初のきっかけづくりが重要である。「いつでも、どこでも、だれでも」が参加できるボランティア活動を実現するには、まず人びとのボランティア活動についての疑問や不安に応え、活動の機会などについて気楽に相談できる窓口が必要となる。アドバイザー的な役割をもつ経験者の存在も重要である。

ボランティア活動を活性化するためには、どこで、どのようなボランティアが必要とされているのか、またボランティア希望者の募集が行われているのか、つねに情報を提供するとともに、年齢、性別、活動領域、経験年数、居住地域などの項目ごとにボランティアに関する情報を整理、登録し、学習（研修）や活動の機会に関する情報を提供するためのシステムが構築される必要がある。

3 調整システム

ボランティア活動を「いつでも、どこでも、だれでも、気軽に、たのしく」参加できる活動として促進するためには、ボランティアを必要とする人（利用者）とボランティア活動をしたい人（提供者）との関係、いわばボランティアをめぐる需要と供給の関係を把握し、調整するシステムが必要となる。従来、ボランティア活動の利用者と提供者の結びつきは個人的な紹介やボランティア活動団体への参加など、どちらかといえば個別的、偶発的な機会に委ねられてきた。個々のボランティアによる活動が本来的に自主的、自発的な活動であるということを考えれば、利用者と提供者の結びつきの個別性や偶発性は、それはそれで不可避的ともいいうるであろう。しかしながら、ボランティア活動の利用希望を社会的ニーズとして把握し、ボランティア活動を社会的資源として把握するという観点からいえば、一方においてどこにどのような必要（ニーズ）があるかを知り、他方においてどこにどのようなボランティア活動の希望者がいるかを把握し、両者のあいだを迅速に媒介し、調整するという機能はきわめて重要な意味をもつことになる。それは、一方において社会的ニーズの効果的、効率的な充足を促すとともに、他方において社会資源の効果的、効率的な活用を促すことになるからである。

このような、ボランティアの需要と供給の調整をするという機能は、これまで事実上、行政の窓口や社会福祉協議会の一部門（ボランティアセンター）によって担われてきた。しかしながら、これからは、この調整機能を担うこともボランティア自身の重要な役割として期待されることになろう。直接ボランティアを必要とする人びとに接するボランティアのみならず、ボランティア活動の利用者と提供者の媒介、調整の過程を担うあらたなボランティアが必要とされるのである。

4　支援システム

ボランティア活動は、本来的に個人の自主性や自発性に根ざす活動である。その意味では、個別的、個人的な活動である。しかしながら、福祉コミュニティをつくりあげ、発展させていくためには、国や地方自治体による施策や社会的な組織・団体による活動に加えて、草の根的な個人や近隣社会による相互支援的、相互扶助的な活動が、その基盤として発展させられていく必要がある。そのような相互支援的、相互扶助的な活動のひとつとしてのボランティア活動の重要性は今後一層拡大するものと考えられる。

このようなボランティア活動の社会的な性格や貢献を考えると、ボランティア活動は個々人の熱意や労力の提供に一任されてよいという性格のものではありえない。ボランティア活動を支える社会的な支援システムが必要となってくる。支援の内容としては、活動の場の確保、情報提供、学習機会の提供、グループによる連帯感づくり、活動にともなう不安の解消、トラブルの解決など、さまざまなものが考えられる。

無償性ということはボランティア活動の重要な構成要素のひとつである。しかしながら、ボランティア活動の社会的な性格を考えれば、活動に必要な交通費、材料費などの必要経費的な部分については社会的に負担していくシステムが必要であろう。このようなボランティア活動にともなう費用の負担は、実費弁償的なものであり、報酬的な性格のものではない。その額については社会通念上妥当なものでなければならない。

5　連携システム

ボランティア活動は、市民一人びとりの自主的、主体的な意志にもとづいてなされる活動である。しかし、その活動は、一人より二人、二人よりグループによって展開されることによって、一層力強いものとなる。市民参加によるボランティアグループの組織化を促進し、個人で活動するボランティアやボランティアグループ間の連絡を密にし、ボランティア活動を点としての活動から線としての活動に、さらには面としての活動に展開し、ネットワークづくりを推進していくことが重要である。

内容的には、情報交換の場の設定にとどまらず、ボランティア活動の担い手たちが相互に連携し、協働できるシステムがつくりあげられなければならない。福祉のまちづくり運動の核をなす相互支援・相互扶助活動とともに、ボランティア活動のネットワークの形成は、福祉コミュニティづくりの第一歩としての意味をもっている。

6　財政システム

ボランティア活動を推進していくためには、それを支える財源が必要である。さきにも指摘しておいたように、ボランティア活動には、活動の場までの交通費、活動にともなう材料費、活動の利用者やボランティア仲間との連絡通信費など、一定の費用の負担は避けられない。これらの費用については、現状では、ボランティア個人が負担したり、活動の場が施設などの場合には当該施設が負担している。

さらに、ボランティア活動を活性化するためには、個別のボランティア活動にともなう費用の負担の問題とともに、その啓発、募集、学習、調整などのシステムを設け、維持する費用が必要となる。これらの業務は一般に社会福祉協議会のボランティア・センターによって担われているが、個人や企業からの寄付金、財団などによる助成金を除けば、その経費のかなりの部分は行政による補助金に依存し、不安定な状況にある。

ボランティア活動を活性化していくためには、ボランティア自身による費用の負担を軽減し、継続して活動ができるような環境の整備が必要であり、同時にボランティア活動の推進機関であるボランティア・センターの経営も寄付や補助金に依存しない、安定した財源を得ることが必要になってくる。そのための方法のひとつは、行政による助成を含めて、地域社会の出資によってボランティア基金を醸成することである。

7　推進組織システム

市民による自主的、自発的な活動を支援し、ともに歩むという視点に立ち、社会福祉分野に限らず、市民生活の広い領域においてボランティア活動を推進していくためには、その啓発、募集、調整、支援や連携の促進、財政基盤の整備などに携わる中心的なセンターの存在が必要となる。この役割を担うのが社会福祉協議会に設置されるボランティア・センターにほかならない。

ボランティア・センターは、市民どうしがボランティア活動を通じて交流する場としての機能をもち、市民活動の拠点として存在することによってはじめて、市民のボランティア・センターとして認められる存在となる。ボランティア・センターは、市民が、ボランティア活動を契機とする交流を通じて、相互に啓発しあい、自己実現を達成するための文化的、社会的な拠点としての機能をもたなければならない。

このような観点にたち、「市民の、市民による、市民のためのボランティア活動」というボランティア活動の理念の実現に向けて、ボランティア・センターが市民の活動を支援しうるためには、ボランティア・センターは市民に身近な存在でなければならず、情報を必要とする市民にたいして直ちに対応できる体制を整えることが不可欠の条件となる。従来、ボランティア活動の推進体制はボランティア・センターの職員が中心となり講座の企画、活動の需給調整を行うというかたちをとってきた。このような体制は、ボランティア活動の萌芽期、その離陸を促す時期には不可避的なものであったといえよう。しかしながら、今後は、ボランティア活動に関心をもち、参加する市民の直接的な参画により、市民自身による主体的積極的な運営の行われる範囲を拡大していくことが必要となる。

こうしたボランティア・センターのあり方を実現するためには、ボランティア・センターを効果的に管理することを含めて、市民のボランティア活動の全体を検討し、計画化し、推進する役割を担うボランティア活動推進協議会の役割が重要な意味をもつことになる。ボランティア活動推進協議会の役割は、ボランティア・センターを拠点として、ボランティア活動にたいする市民の理解をひろめたり、活動の調整やボランティア間の連携などボランティア活動推進における様々な課題を解決していくためのプランを検討し、プログラムを企画するなどの一連の事業を計画化し、効果的に実践に結びつけ、その結果を評価し、つぎの段階のプログラムに発展させていくことにある。

ボランティア活動推進協議会は、ボランティア活動に参加するグループの代表、社会福祉団体・施設の関係者、行政関係者、学識経験者などから構成されるのが一般的であるが、将来的にはボランティア関係者や一般市民の比率を高め、ボランティア活動を奨励し、推進する組織から、文字通りボランティア関係者や一般市民がみずから企画し、運営管理する組織として脱皮発展していくことが期待される。

第5章 社会福祉の国際比較
――基礎的諸問題を中心に

はじめに

世界的にグローバル化が進展し、ボーダーレス化が現実化していくにつれ、社会福祉についても国際化という文脈のなかで、その展開の過程や特性を把握することが期待されるようになってきている。もとより、社会福祉の国際化に関わる諸問題には多様な領域が存在するが、社会福祉の国際比較ないし比較社会福祉もそのひとつである。ここでは、事柄をその社会福祉の国際比較あるいは比較社会福祉に限定し、かつその基礎的、方法論的な諸問題について若干の議論を試みる。

第1節 課題の整理と限定

ここでの課題は比較社会福祉の方法論的な側面について検討することであるが、そのことについての議論に入るまえに、社会福祉の国際化問題として考えられる諸領域について一応の整理を試みておくことが必要であろう。いま箇条書き的に整理すれば、社会福祉の国際化問題にはつぎのような諸領域が内包されているように思われる。

A　社会福祉の国際的展開

(1)　国際社会を舞台とする社会福祉

(a)　国際機関による国際社会福祉——国際的な社会問題対策としての社会福祉

①　国際政府機関による国際社会福祉

②　国際ＮＧＯによる国際社会福祉

(b)　二国間関係における社会福祉——国際協力／国際援助としての社会福祉

①　政府機関による二国間社会福祉

②　ＮＧＯによる二国間社会福祉

(2)　国内社会福祉の国際化

(a)　国内制度の適用の問題

(b)　法外援助の問題

B　社会福祉の国際比較

(a)　政策や実践など実際的な目的をもって実施される国際比較

(b)　理論的な目的をもって実施される国際比較

社会福祉の国際化問題は、まず「社会福祉の国際的展開の領域」と「社会福祉の国際比較の領域」に類別化される。前者は、社会福祉の展開それ自体が問題になる領域である。後者は、社会福祉を国際的に比較し、そのことを通じて実際的ないし理論的な成果を得ようとする研究活動の領域である。社会福祉研究のひとつの方法として社会福祉の国際比較を位置づける領域である。

前者の領域は「国際社会を舞台とする社会福祉問題」と「国内社会福祉の国際化問題」に類別される。「国際社会を舞台とする社会福祉問題」はさらに「国際政府機関による国際社会福祉」および「国際NGOによる国際社会福祉」からなる「国際機関による国際社会福祉」と、「政府機関による二国間社会福祉」および「NGOによる二国間社会福祉」からなる「二国間関係における社会福祉」とに類別される。「国際政府機関による国際社会福祉」に該当するのは、たとえばILO、WHO、UNICEFなどの国際政府機関による社会福祉活動である。「国際NGOによる国際社会福祉」に該当するのは、たとえば国際赤十字、国際YMCA、キリスト教関係国際福祉団体などによる社会福祉の活動である。「政府機関による二国間社会福祉」および「NGOによる二国間社会福祉」については、たとえばわが国政府のODAや民間ボランティア団体などによる東南アジア諸国にたいする、保健・医療、福祉援助活動を思い起こすことができる。「国内社会福祉の国際化問題」については、わが国に滞在する外国人、いわゆる目的外滞在外国人、あるいは無国籍児童などにたいする医療扶助や福祉サービスの適用に関する問題、またこれらの人びとにたいする民間社会福祉団体などによる援助活動がこれに該当することになる。

「社会福祉の国際比較の領域」は、先にも指摘しておいたように、施策や活動の領域というよりは直接的には理論的営為の領域である。もとより「社会福祉の国際的展開の領域」においても実際的な、また理論的な研究が実施されている。しかしその場合には社会福祉の国際的な施策や活動そのものの開発、精錬、評価などが直接的な研究の課題となってくる。「社会福祉の国際比較の領域」においては、国際比較は多様にありうる社会福祉の研究方法のひとつとして、その限りでいえば研究方法上のひとつの手続きとして取り扱われる。以下の行論においてわれわれが取り上げるのは、そのような意味での社会福祉の国際比較あるいは比較社会福祉の領域であり、そこにおける基礎的方法論的な諸問題の一端である。

第2節　比較の意義

さて、わが国における社会福祉の研究はイギリスやアメリカの社会福祉に関する研究からはじまっているといって過言ではない。そこには、彼我の「比較」という営為が研究の手続きとして前提的に含まれている。しかしながら、イギリスやアメリカの社会福祉の歴史や実態についての紹介に終始しているような場合は別にしても、イギリスやアメリカの社会福祉についての研究といえども必ずしも厳密な意味での比較研究になっているわけではない。すべての場合に、彼我の比較を国際比較として明確に意識し、その視点からわが国の社会福祉の特質、さらには社会福祉の普遍的な特質やその形成過程の解明に進むという問題意識を期待することは難しいように思われる。むしろ、そのような先行研究の多くは、イギリスやアメリカにおける社会福祉をひとつの典型、あるいは理想的な姿として把握し、そこからわが国における社会福祉の歴史や実態を逆照射し、そこにみられる封建性や非近代性を克服すべき課題として摘出するという問題意識に先導されてきたといってもよいであろう。

たしかに、ある時期まで、少なくとも七〇年代までは、このような問題意識にもとづくイギリスやアメリカの社会福祉の研究にもそれなりの意義を認めることができる。しかしながら、こんにちのわが国の社会福祉はかつての七〇年代までのわが国のそれと同じではない。イギリスやアメリカの社会福祉の姿もまた同様である。彼我の関係はかつてのそれとは異なっている。明らかに、彼我の関係は、一方が他方を教師やあるいは反面教師として位置づけ、そこから教訓を引き出すという一方向的な関係ではなくなってきている。われわれは、そうした状況のなかで改めて「国際比較」とは何かということを考え直してみなければならなくなっているのである。

ところで、周知のように、複数の事象を相互に「比較」し、その異同を論じ、分類するという手続きはいわば科学的思考の初歩であるが、多様な科学のなかにはそのような水準を超えて「比較」ということそれ自体をその主要な研究の手続き、研究の方法として位置づける領域が存在する。たとえば、文化人類学、比較心理学、比較文化論、比較法制史、比較社会論などがそうである。これらの領域では、これまで「比較」という手続きを通じて、多様かつ貴重な成果が蓄積されてきている。いま、そうしたさまざまな領域で試みられてきた「比較」の方法を整理してみると、それは大きくは、①原初事例比較型（比較の対象に未開社会や開発途上国やその社会が選ばれている場合）、②先進事例比較型（比較の対象により先進的とみなされる国や社会が選択されている場合）、③同列事例比較型（ほぼ同等の状況にあるとみなされるようないくつかの国や社会が相互比較の対象として選ばれている場合）に分類することが可能であるように思われる。

これら三通りの比較の方法のうちいずれの類型が選択されるかは、もとより研究の主題とそこで設定されている仮説によって異なってくる。たとえば、第一の類型が選択されるのは、未開社会の社会構造やそこにおける人びとの行動様式のなかに現代社会の構造やそこにおける行動様式のありかたに通じるプロトタイプ、原初型をみいだそうと意図しているような場合である。比較の対象は、できるだけ構造が単純で、プリミティヴな社会組織や行動様式にとどまっている社会や国であるほうが研究の意図にかなう場合が多い。第二の類型が選択されるのは、ある種の社会的な事象や制度について先進的な状況にあるとみなされる社会あるいは国とそうでない社会あるいは国とを比較し、先進的な状況のもたらされた背景や要因を解明し、そこから後者にとって意味のある教訓をひきだそうとするような場合である。第三の類型が選択されるのは、単なる先進的事例の紹介やそこから引き出されうる教訓の提示の範囲を超えて、一定の社会的な事象や制度について比較の対象となっている社会や国について、その客観的、あるいは相対的な位置を確定すること、さらにはより一般的普遍的にそれらの社会的な事象や制度を規定している要因や規定のメカニズムを解明することが研究の課題になっているような場合である。

それでは、つぎにこのような比較の類型を社会福祉研究の領域に適用してみよう。社会福祉研究の領域においては、これまで第一の類型に属する比較研究が意味をもつ可能性やその意義を積極的に議論の課題とするようなことはなかったように思われる。ちなみに、たとえば未開社会における相互支援・相互扶助的な行動ないしそのための組織のあり方の研究が試みられたとして、それはどのような意味をもつことになるのであろうか。現代の社会福祉といえども、その基盤に共同体的な相互支援や相互扶助があるという前提に立てば、このような比較もあながち無意味とはいえないであろう。あるいは、開発途上国における貧困や児童労働についての研究も、社会福祉史上の一時期の研究を深めるうえで役に立つということもありうるかもしれない。

第二類型に該当するのは、たとえばかつてのわが国の欧米社会福祉についての研究である。わが国の社会福祉は、イギリスの社会福祉の歴史に比肩しうるような、そしてアメリカのそれに比べればずっと長い、近代以前の伝統を承け継いできている。けれども、明治維新という近代への出発点において比較すれば、わが国の社会福祉は、イギリスはいうまでもなくアメリカのそれと比べても、大きく遅れを取っていた。その限りでは、明治期以降におけるわが国の社会福祉研究が先進諸国の社会福祉を研究し、そこから教訓を引き出そうとする第二類型のかたちをとってきたことは、それはそれとしてやむをえないことであったといわなければならない。けれども、こんにちでは彼我をとりまく状況は大きく変化してきている。長らく先進国としてのイギリスやアメリカの社会福祉を到達すべき理想、モデルとして位置づけ、それへのキャッチアップを喫緊の課題としてきたわが国の比較社会福祉研究にも脱皮が求められるようになってきている。

すなわち、こんにちのわが国の社会福祉研究にとって焦眉の課題は、第二類型（先進事例比較型）から離脱し第三類型（同列事例比較型）にみられるような視点と方法をとる比較社会福祉研究を推進し、世界史的かつグローバルな視野においてわが国の社会福祉の歴史や現状を再評価し、捉え直していく作業を試みることである。しかしながら、そうした研究を実りあるものにするためには、その前提として、いくつかの重要な方法論上の問題についての議論が必要となる。

第3節　比較の基盤

わが国の社会福祉研究においても本格的な比較社会福祉研究の必要性と重要性が指摘されるようになってきている。しかしながら、比較社会福祉といっても、ただあれこれの社会や国について比較を試みれば、それで目的が達成されるというものではない。比較の対象としてどのような社会を選択するのか、どのような国々を相互に比較するのか、そこには一定の作業仮説にもとづいた選択がなされていなければならない。特定国の経験的な研究から出発したとしても、そこに比較社会福祉の研究としての意味をもたせるためには、そこから得られた知見のなかに一般性や普遍性をみいだす作業がなされていなければならない。一定の作業仮説にもとづいて対象とすべき社会や国を選択することや個別事例を一般化・普遍化するという作業は、比較社会福祉の研究を実りあるものにするための共通の基盤であり、最低限充足されるべき前提条件である。そして、それ自体極めて理論的な課題である。

たしかに単なる可能性としていえば、比較の対象としていかなる社会や国を選択したとしても、それなりに比較社会福祉研究は成立しうるであろう。いかなる社会や国であれ、みずからの生活上のニーズを家族や市場機構という通常の経路によっては十分に充足することができず、その生活の維持を親族、友人や隣人、援助団体、そしてさまざまな水準の政府に依存せざるをえない人びとが存在しているであろうし、そのような人びとの生活保障を目的とした社会的なシステムもまた何らかのかたちで存在しているであろう。その意味では、いかなる社会や国をとってみても、そこにはわれわれのいわゆる福祉ニーズが存在し、公的扶助や福祉サービスの制度が存在するといってよい。したがって、その限りでいえば、いかなる社会や国を対象とする比較社会福祉研究であっても、われわれはそこから何がしかの教訓を引き出すことができる。

しかしながら、現実的実際的には、いずれかの社会や国をただ横並び的無作為的に、あるいは任意的にとりあげ、その比較を試みたとしても、そこに比較研究としての十分な成果を期待することは難しいであろう。いわれるところの福祉ニーズも社会福祉の制度も、社会や国によって、あるいは微妙に、あるいは基本的根源的に異なっており、それらをそれぞれの社会や国を特徴づけている歴史的、経済的、政治的、社会的、文化的などの諸条件を捨象したところで比較してみたとしても、そこから得られるものは必ずしも多くはないであろう。比較社会福祉研究をそれとして実りのあるものとするためには、一方においては比較の内容となる福祉ニーズや社会福祉そのものについての、他方においては比較の対象となる社会や国に関する情報についての一定の地均しが、すなわち比較の基盤となる共通の土俵を準備しておくことが、前提的に必要となってくるのである。

まず、後者の論点から取り上げてみよう。ここでは、われわれは、先程試みた比較の類型を考慮に入れながら、比較社会福祉の対象となる国々を①先進資本主義諸国、②新興工業諸国、③開発途上諸国、④（旧）社会主義諸国の四通りに類型化してみよう。このような対象国類型を前提にしていえば、比較にはそれぞれの類型の内部において行われる場合と類型を超えて行われる場合とに区別することができる。方法論的にみて比較的容易かつ確実と考えられるのは、それぞれの類型の内部における比較であろう。それにたいして、類型を超えた比較を試みようとすれば、そこには相当の困難が予想される。たとえば、第一類型と第四類型とを比較するような場合がそうである。第四の類型に内包される現存の社会主義国や旧社会主義国にもわれわれのいう社会保険、公的扶助、福祉サービスに類似する制度が存在している。そして、そうした制度の実態を紹介しあるいは分析するような研究もなされてきており、それはそれなりに裨益するところもあったように思われる。しかしながら、比較社会福祉ということを多少とも厳密に考えてみると、資本主義体制下の社会福祉と社会主義体制下における社会福祉類似の制度を単純に横並び的に、同列において比較をするという方法については疑問なしとしない。そして、その疑問は、最終的には、われわれが社会福祉をいかなるものとして把握しようとしているのかということ、もっとも基本的かつ理論的な課題に帰着することになる。

第二類型や第三類型との比較についてはどうであろうか。これまでのところ、わが国においても、あるいは欧米においても、新興工業諸国や開発途上国を比較の対象とする研究――各国の社会福祉の紹介や実態の簡単な分析を超えるような本格的な比較研究は、管見するかぎり、ほとんど試みられていないようである。したがって、そうした国々を比較研究の対象として選択することの意義やその場合に採用されるべき比較の方法に関する議論もまた熟していないように思われる。前出の比較の類型との関連でいえば、開発途上国を対象にする比較研究は原初事例比較型に対応することになろう。開発途上国における相互支援・相互扶助活動やその組織が社会福祉の原点とでもいうべき諸問題についての理解を深め、あるいは社会福祉の形成過程の一時期についての理解や形成過程を規定する諸要因についての理解を深めるということも当然ありうることである。しかし、たとえば政府による社会福祉のほとんど存在しないような社会や国の社会福祉とわが国の社会福祉を比較するような場合にはどうであろうか。そこに、比較社会福祉研究としての意味をみいだすことは困難なようにも思えてくる。いずれにせよ、いかなる社会や国を選択し、比較の対象とするかという問題の解明は、理論的にも実際的にもこれからの課題ということであろう。

第4節　比較の枠組

1　対象国

しかし、そのことはそのこととして、ここではもう少し現実的に、議論の範囲を第一の対象類型に属する国々を対象とする場合に直面する諸問題に限定することにしよう。この対象類型を構成するのは、世界で最初に資本主義経済を発展させた国としてのイギリスから先行資本主義諸国による植民地化を経験せずに自力で資本主義を発展させることに一応の成功を収めた最後の国としてのわが国までを含む、そしてヨーロッパおよび北アメリカ諸国を中心とし、多少ともわが国を例外的とする、いわゆる先進資本主義諸国である。これらの国々にかかわる先行諸研究の比較の方法をみると、そこには大きく二つの範疇を考えることができる。第一の範疇は、何らかの意味で典型となる国が設定され、それを中心に比較がなされている場合がある。つまり、われわれの比較の類型でいえば先進事例比較型の研究である。第二の範疇は、いくつかの特徴によって他と区別される複数の国々が対象国として設定され、相互間の比較を手掛かりとしながら社会福祉の研究が展開されている場合である。すなわち、比較の類型でいえば同列事例比較型の研究である。

第一の範疇に属する研究の典型は、いうまでもなくわが国の比較社会福祉（史）研究である。わが国の比較社会福祉（史）研究において典型国とみなされたのはイギリス（やや厳密にいえば、イングランド）である。その前提には、イギリスは、世界でもっとも早くから、そしてそれだけにもっとも純粋なかたちで、資本主義経済を発展させてきた典型的な資本主義国であり、したがってまた資本主義の消極的な側面としてうみだされてくる貧困その他の諸問題に対応する社会的施策の体系としての社会福祉もそのイギリスにおいてもっとも典型的に発展してきたとする仮説が横たわっている。周知のように、この仮説はこれまでほとんど自明のこととして処理されてきている。しかしながら、事柄を多少とも厳密に取り扱おうとすれば、研究の主題や研究の対象となる時期についての一定の限定も必要となってくる。実際、イギリスを社会福祉発展の典型国として設定する先行比較社会福祉（史）研究においても、主題や時期によって副次的な典型国を設定するという一種の補強的な修正が施されている。たとえば、社会福祉援助技術の体系としてのソーシャル・ワークの研究に関しては、イギリスではなくアメリカが、そのような技術を典型的に発展させてきた国として取り扱われている。また、戦間期のアメリカは、世界でも逸早い時期に国家独占資本主義体制のもとで社会保障法を成立させた国として、最低生活の保障という領域における国家ないし中央政府の役割の変化やその意義について研究を進めていくうえで恰好の素材とされてきた。そして、第二次世界大戦以降におけるアメリカの経済的政治的影響力の拡大は、そのようなアメリカの比較対象国としての地位を一層際立たせることになった。

もとより、その間、資本主義と社会福祉の典型国としてのイギリスの比較対象国としての地位が一挙に低落したというのではない。イギリスは、第二次世界大戦後、世界の政治や経済の牽引者としての地位こそアメリカに譲り渡したものの、社会保障や社会福祉の発展、なかでもその制度的な発展という側面においては先導的な役割を取り続けた。アメリカは、ソーシャル・ワークという技術的な側面ではともかく、制度的な側面においてはなお後進国であった。実際、第二次世界大戦後、イギリスはすでに戦時下において準備されていたベヴァリッジ報告を矢継ぎ早に具体化し、短期間のあいだに福祉国家体制とよばれる独特の政治的、社会経済的な体制を樹立することに成功した。そして、この福祉国家体制は、戦後の冷戦構造のもとにおいて、わが国を含む先進資本主義諸国の模範とすべき政治的、社会経済的な体制として、キャッチアップの対象とみなされ続けてきたのである。

けれども、イギリスがまがりなりにも社会保障や社会福祉の典型国としての位置を保持しえたのは七〇年代も中頃までのことであった。七〇年代の後半、スタグフレーションの進行するなかで急速に勢いを増してきた新保守主義的・新自由主義的な政治的潮流のなかで、イギリスは典型国としての地位を一挙に喪失することになった。一九七九年に成立したサッチャー政権は自国の経済的低迷の原因を戦後の福祉国家体制の行き過ぎに求め、国民にたいして自助努力の強化を訴えるとともに、福祉予算の削減や公的福祉サービスの民営化、さらには私営化を推進した。こうした福祉国家体制への批判は、周知のように、八一年に成立したレーガン政権によって増幅され、中曽根政権下のわが国にも波及する。

さらに、八〇年代末から九〇年代初頭における東欧・ソビエト社会主義体制の崩落は社会福祉の研究にも深刻な影響を与えることになった。従来、社会福祉の施策にも、またその研究にも、それが明示的であるか黙示的であるかを別にすれば、またその影響の程度についての評価を別にしていえば、海外における社会主義国家と国内における社会主義的諸勢力の存在を前提にしながら推進されるという部分が認められた。東欧・ソビエト社会主義体制の崩落は、そのような前提を根底から揺り動かすものであった。社会主義体制の崩落は、一方において社会主義的諸理念の退潮をもたらし、他方においては資本主義体制を相対化させるとともに、民族問題や宗教問題、環境問題などを核とする思想的、宗教的、社会的政治的な利害の分立顕在化と対立の激化をもたらした。いわゆる多元主義社会的な状況がうみだされてきたのである。

このような世界的、国内的な状況の顕著な変化のなかで、比較社会福祉の研究についてもそれまでの典型国中心の接近法に代わるあらたな視座と方法が求められるようになるのは当然の成り行きであった。そして、典型国中心の接近方法にかわるべき比較研究のあり方を求めるとすれば、それはおのずと一定の基準にもとづいて複数の対象国を選択し、それらを相互に比較校量するという方法、われわれのいう第二の範疇、すなわち同列事例比較型の研究に行き着くことにならざるをえない。そうだとすれば、われわれは一体どのような基準にもとづいて対象国を選択すればよいのか。残念ながら、わが国においてはこうした方向での議論は従来ほとんどなされてきていない。ここでは、やや旧いがそのような方向での数少ない比較社会福祉先行研究のひとつになっているA・J・カーンとS・B・カマーマンによる『社会福祉サービスの国際的展望――第六番目の制度』をとりあげ、そこにおける比較対象国選択の方法を垣間見ておくことにしよう。

カーンとカマーマンは、その比較社会福祉研究のなかで比較の対象国としてアメリカ、カナダ、イギリス、フランス、西ドイツ、ポーランド、ユーゴスラビアならびにイスラエルの八カ国をとりあげている。これら対象国の選択は理論的ならびに実際的な見地からなされているが、カーンとカマーマンは、その基準について、①連邦、州、地方という三段階の相対的に分化した政治権力体から構成された連邦共和制をとる国と、実質的には二段階の政治権力体からなるどちらかといえば中央集権的な国、②社会福祉サービスの発展の程度を異にし、かつ社会福祉サービス供給組織にたいする接近方法に基本的に違いのある国、③社会主義体制に属する国と自由主義体制に属する国、を選択したとしている。これら三通りの基準のうち、①の基準、すなわち三段階の政治権力をとる国と二段階の政治権力体制をとる国とを比較するという視点は、カーンとカマーマンがアメリカの研究者であり、かれらの研究がアメリカ政府の後援のもとになされていることからすれば当然のスタンスとしてこれを理解することができる。③の基準は、体制の違いに着目しようとするものであるが、この研究が実施されたのは東欧・ソビエト社会主義体制崩落のはるか以前のことであった。ちなみに、カーンとカマーマンは社会主義国をその比較研究の対象に加えながらも、新興工業国や開発途上国との比較については、その可能性を疑問視している。もっとも進んだ国とそうでない国という両極端を比較してみても多くの成果は期待しえない、というのがその理由である。かれらのねらいは、近代化ないし経済発展の水準を対象国選択の基準とし、比較の土俵を共通化することを前提に、権力構造、接近方法、体制の違いというそれぞれの要因がいかなる規定力をもつかを明らかにするということに向けられている。このようなカーンとカマーマンの意図は、それなりに理解することができる。しかしながら、そのカーンとカマーマンといえども必ずしも選択の基準に確信があるわけではない。カーンとカマーマンは、われわれの社会福祉についての知識がもっと増え、もっとすぐれた理論がうみだされてくるまでは、比較の対象としてより適切な国を選択することも、また議論の焦点を定めることも望みえないのだと弁明している。[1]

こんにちにおいても、この指摘を修正することは困難であろう。ただ、それでも多少の踏み込みは可能かもしれない。たとえば、われわれは、先進資本主義諸国における社会福祉のあり方に、イギリス連邦型（イギリス、カナダ、オーストラリア、ニュージランドなど）、ノルディック型（スウェーデン、デンマーク、ノルウェーなど）、ヨーロッパ大陸型（フランス、ドイツなど）、アメリカ型、そしてあえていえば、わが国や韓国、台湾などからなる東アジア型などの下位類型を設定し、そうした下位類型を前提に比較を試みるということもひとつの方法であろう。しかしながら、それも現在のところでは試論の域を出るものではない。比較対象の類型化それ自体が、比較社会福祉研究のある程度の蓄積を前提としてはじめて可能になるという性格のものだからである。

2　社会福祉の範囲

このように、社会福祉における比較研究が容易に進展しないことについてはそれなりの理由が存在している。いま一つの難問は、われわれが比較しようとしている社会福祉それ自体が大変に把握し難い社会的事象であるという周知の事実である。

イギリスやアメリカとわが国とでは社会福祉の概念内容は同一ではない。イギリスではわが国でいう社会福祉は広汎な社会サービスの一分野である。たとえばW・E・バフは、イギリスの社会サービスについて、これを極めて簡略に「ニーズ（それは必ずしも金銭的ニーズに限らない）をもつ人びとにたいして社会によって提供されるサービス」と定義したうえで、その主要な領域として、①国民保険、②補足給付、③児童給付、④家族所得補足、⑤待機手当、⑥国民保健サービス、⑦地域ケアサービス（パーソナル・ソーシャル・サービス）、⑧児童サービス、⑨教育サービス、⑩青少年サービス、⑪雇用サービス、⑫住宅政策、⑬都市計画、⑭更生保護サービスをあげている。(2) これにたいして、カーンとカマーマンは、アメリカの社会サービスを、①教育、②所得移転、③保健、④住宅政策、⑤雇用訓練、⑥パーソナル・ソーシャル・サービスの六通りに分類している。(3)

イギリスやアメリカの社会サービスの範囲・構成は、わが国の社会福祉と大きく異なっている。こうした社会福祉の範囲ないし構成の相違を捨象したかたちでの比較研究はほとんど意味をなさないであろう。比較社会福祉研究を厳密に実施しようとすれば、比較対象を限定することに細心の注意を払うことが必要になってくる。たとえば、イギリスやアメリカの社会サービスをかなり絞り込み、両国においてパーソナル・ソーシャル・サービス（個別的社会サービス）とよばれているものを抽出すれば、われわれはそれをわが国の福祉サービスにあたる方策施設としてほぼこれを等置することができるかもしれない。しかしながら、それでも彼我の具体的な内容には少なからぬ違いの含まれていることは明らかである。

こうして、比較社会福祉研究にとってまず基本的に重要なことは比較すべき事象の範囲を共通なものにするように細心の注意を払うことであるが、その場合にも、最近のわが国の社会福祉の動向を考慮にいれるならば、つぎの二点について留意することが必要となってくる。まず、第一点は、このところ、わが国の社会福祉は、それ自体として拡大するとともに、近接領域と関連し、連携する部分が拡大しつつあるという事実である。わが国の社会福祉は、高度成長期以降、徐々にその領域と機能を拡大させながら、相対的に独自固有の施策としての発展をみせてきている。わが国の社会福祉は「階層的福祉」から「普遍的福祉」へ移行してきたという指摘などはその一面をとらえたものといえよう。こうしたことを考慮するならば、われわれは、比較社会福祉の研究を試みるにあたって、わが国における社会福祉の伝統的な規定から離脱し、むしろイギリスやアメリカの社会サービスの規定を援用しつつ、逆にわが国の社会福祉を捉え直してみることもあながち無意味なことではないであろう。周知のように、わが国には社会福祉の独自固有性を強調しようとして社会福祉をできるだけ限定的に捉えようとする傾向もみうけられる。しかしながら、そのことによって、社会福祉をかえって理解し難いものにしてしまっているという部分もあるように思われるからである。

第二の点は、近年経済のサービス化が進展するにつれ、わが国においても営利事業体による福祉サービス類似の生活サービス商品の市場ベースでの提供が拡大してきているという事実に関連している。営利事業体による福祉類似生活サービス商品を社会福祉の範疇に含めうるか否かという問題は、いうまでもなく社会福祉にとって基本的かつ本質的な争点である。しかしながら、福祉類似生活サービス商品を社会福祉とみなすかどうかという問題から一応離れていえば、すでにわが国の社会福祉がそれを視野に入れたかたちでの研究を必要とする状況にあるという事実は、もはやこれを否定し難いであろう。これまで、わが国の社会福祉研究は、イギリスやアメリカにおいてわが国の保育所や特別養護老人ホームにあたる施設のかなりの部分が伝統的に営利事業体によって経営されてきたという事実にたいして眼を塞ぎ、必要な関心を払ってこなかったきらいがある。むしろ、われわれは、そのような事実を考慮に入れたかたちでの比較社会福祉研究を展開することを通じて、福祉類似生活サービス商品の功罪両面にわたってのより適切な情報と評価を獲得することができるはずである。

第5節　比較の内容

最後に、比較社会福祉研究の内容について、われわれはそこに二通りのレベルを設定することができる。第一のレベルは、社会福祉をその総体において捉えつつ、比較研究を通じてその形成の過程やそれを規定する要因、さらには政府の方策施設としてのその基本的な性格その他の解明に向かう議論である。第二のレベルは、それぞれの国における社会福祉の政策・制度、供給組織、利用者、給付内容などの社会福祉を構成する諸要素を取り上げ、個々の要素どうしの類似や相違、さらにはそれらをうみだしてきた背景や規定要因などについての解明に向かう議論である。

1 比較のレベル

まず、前者に属する議論について簡略にみておきたい。社会福祉がいかなる経済的、政治的、社会的、文化的等々の要因の規定をうけ、どのように形成されてきたかを明らかにすることは、いうまでもなく社会福祉研究の最終的な関心事である。そのような志向をもつ研究のひとつに、たとえばH・L・ウィレンスキーの研究がある。まず、ウィレンスキーは定量的な手法による国際比較の結果として、各国における社会保障の発展を規定する要因は、媒介的には①高齢化に代表される人口構造の変化ならびに②官僚機構の増分主義を背景とする制度の自己肥大化の傾向であると指摘する。しかしながら、これら二つの要因は最終的にはいずれも一国の経済水準の高低に収斂するという。もとより、ウィレンスキーは社会体制や社会構造、政治体制、イデオロギーの違いにも留意する。しかしながら、それらの影響はいずれも、あれこれの媒介的要因を介在させれば、経済水準の違いと結びつけることによって首尾一貫して説明することが可能であるという。[4] ウィレンスキーはある種の収斂理論の立場をとっているのである。

たしかに、経済水準の向上は社会保障・社会福祉発展の基盤である。そのことは新興工業国や開発途上国の状況を考えれば誰しもが納得しうるところであろう。分配すべきパイの大きさがある範囲を超えなければ、再分配の方策施設としての社会保障や社会福祉の発展は望みえないからである。その意味では経済水準は社会保障・社会福祉発展の基底的な規定要因である。そのことに疑いをさしはさむ余地はない。しかしながら、経済水準の向上が自動的に社会保障・社会福祉の発展をもたらすというわけではない。たとえば、よく引き合いに出されることではあるが、社会保障の一部を構成する社会保険が世界で最初に成立したのは一八七〇年代のドイツにおいてであった。けれども、後発資本主義国ドイツの当時の経済水準はイギリスに大きく遅れをとっていた。そのようなドイツが、イギリスの一九一一年の国民保険法の成立に際しては社会保険の構成や運用についてのモデルを提供しているのである。

また、こんにちにおいてなお世界最高の経済発展を誇るアメリカは、あるいは「不承不承の福祉国家」(5)(J・ヒギンズ)とよばれ、あるいはみずからを「半福祉国家」(6)(M・B・カッツ)と称するように、福祉政策の立ち遅れが目立っている。先のウィレンスキーにしても、アメリカがなお「福祉後進国」にとどまっていることを認めざるをえないような状況にある。そのことでいえば、自由世界第二位のGNPを誇るわが国もウィレンスキーの指摘を待つまでもなく、まさしく「福祉後進国」(7)である。経済水準は必ずしも社会保障・社会福祉の発展を規定する単独唯一の要因ではないのである。

社会保障・社会福祉の発展を経済的要因以外にも多くの因子を考慮しながら解明しようとしたのはV・リースである。リースは社会保障・社会福祉の規定要因を、まず、主として国内的なものと、主として国際的なものとに分類した。そのうえで、リースは前者の国内的要因として、①人口的要因、②経済的要因、③社会構造的要因、④政治的要因、⑤圧力集団的要因、⑥制度展開的要因、⑦社会心理的要因をあげ、後者の国際的要因として(a)文化普及的要因、(b)技術発展的要因、(c)国際的標準化および技術援助的要因、(d)国際協力的要因をあげている。(8)これらの要因のうち、リースが社会保障・社会福祉の「環境的」要因としてもっとも重要視したのは、政治的要因であった。リースは、必ずしも人口的、経済的、社会構造的、社会心理的などの他の諸要因の重要性を否定するものではない。しかしながら、リースは、結局すべての要因は社会保障・社会福祉の骨格についての立法的な判断のなされる場としての政治の水準にこれを移調することができると主張している。このようなリースの主張は、政治的要因の重要性の指摘とともに多様な要因の影響を考慮にいれながらも、いたずらに羅列主義に陥る危険性をうまく切り抜けようとしているという意味において、興味深い議論になっている。

ヒギンズは、このリースの政治的次元の強調を継承しつつ、さらにその内容を深めるため、比較の柱として、①国家の役割、②宗教の役割、③労働と福祉、④公私の福祉システム、の四点を考慮に入れることを提案している。(9)このうち社会福祉政策の基本的な規定要因として取り扱われているのは、①の国家の役割と②の宗教の役割であり、労働倫理と社会福祉の関係や社会福祉における公私の分業と協業の問題にかかわる③の労働と福祉、④の公私の福祉システムの柱は、やや副次的に社会福祉政策の運用面にかかわる論点として位置づけられている。ここはヒギンズの研究の全体について評価を試みる場所ではないが、宗教が社会福祉政策の二大規定要因のひとつとして位置づけられることに留意しておきたい。従来、社会福祉研究において宗教が問題になるのは慈善事業の母体としてであることが多く、政策としての社会福祉の規定要因としてこれを正面から扱った例はあまりなかったように思われるからである。わが国の社会福祉政策研究においてなおざりにされてきた視点として参考になろう。

2 要素レベルの比較

比較社会福祉にとってもっとも困難な課題は、内容的にみる場合、社会福祉のどこを、そのいかなる側面ないし要素を比較するのかという問題、これである。たとえば、社会福祉を対象、主体、方法、あるいは運動という各要素に分解して議論するというわが国に伝統的な社会福祉研究の枠組からすれば、比較社会福祉研究においてもそれぞれの要素について国際比較を試み、各国間の異同やその背景、規定要因などについての分析を試みればよいということになろう。たしかに、社会福祉の対象となる生活問題やその担い手、あるいは社会福祉の利用者について国際比較を試み、それぞれの特質やそれに対応する施策のあり方について検討することも興味深い課題である。また、各国の社会福祉運動のあり方やその社会福祉政策にたいする影響について明らかにすることも重要である。しかしながら、そうした角度からの研究はむしろ、総体としての社会福祉の規定要因に関する研究の領域に属するものというべきであろう。

社会福祉それ自体の内的構成要素どうしの比較という、ここでのわれわれの課題意識からいえば、対象、主体、方法、さらには運動というそれぞれの要素は、それらを個別に扱うのではなく、主体と方法を中心に供給体制（デリバリー・システム）という観点から捉え直し、両者を相互に関連づけて取り扱うのがよいように思われる。その場合には、社会福祉の対象は供給体制に対置される利用者とその担う個別的生活課題あるいは福祉ニーズとして、運動は供給体制への要求・批判、また参加の問題として、取り扱われることになり、その枠組に入り込む限りにおいて、比較研究の対象となってこよう。

供給体制という観点から社会福祉を捉えれば、それは供給のための組織およびその運用のあり方と供給される給付それ自体——金銭ならびに福祉サービス——から成り立っているとみることができる。そのことを念頭におきながら、以下箇条書的に、比較社会福祉研究において重要と考えられる要素を列挙してみよう。

(1) 社会福祉における公私・公民関係のあり方
(a) 政府の役割と自助・相互扶助との関係
(b) 政府の役割と民間福祉機関との関係
(c) 政府の役割と営利的サービス企業との関係
(2) 社会福祉における国・地方関係のあり方
(a) 国と地方自治体との事務分担
(b) 地方自治体のイニシアティヴおよび裁量の範囲
(c) 地方議会の関与の程度と範囲
(3) 社会福祉における財政のあり方
(a) 財源調達方式
(b) 国庫補助の方式と程度
(c) 利用者負担の有無、程度、方式
(4) 社会福祉における政策決定機構のあり方
(a) 政策決定の水準
(b) 利用者参加の方式

(c) 住民参加の方式
(5) 社会福祉における給付体系のあり方
(a) 給付の範囲——配分の原理
(b) 給付の種別
(c) 受給の資格と手続き
(6) 社会福祉における施設体系のあり方
(a) 施設体系化の原理
(b) 施設の種別と形態
(c) 在宅福祉サービスの種別と形態
(7) 社会福祉における援助のあり方
(a) 援助観
(b) 援助技術の種類と適用
(c) 関連領域との連絡、調整、協働
(8) 社会福祉におけるマンパワーのあり方
(a) 専門職の種別、水準、資格
(b) 専門職養成の機関と課程
(c) ボランティアの導入形態、規模、募集、養成
(9) 社会福祉に関わる意識のあり方
(a) 供給主体の社会福祉意識
(b) 利用者の社会福祉意識

（c） 国民（納税者）の社会福祉意識

…………

⑽ 以上の総括としての社会福祉の達成度

（a） 定量的評価

（b） 定性的評価

（c） 総合的評価

以上、比較社会福祉研究――社会福祉の国際比較研究を展開するにあたって前提的に明確にしておくべきと考えられる基礎的諸問題の一端について、不十分ながらも若干の検討を試みてきた。

比較社会福祉の研究には、比較という研究方法それ自体につきまとう困難さに加えて社会福祉という研究対象に潜む研究のむずかしさが重畳している。比較社会福祉の研究においては、つねに彼我の社会福祉の、そしてそれを包摂し、規定しているそれぞれの社会や国家、それらを特徴づけている経済、政治、文化、宗教などの諸要素、それらの全体像を視野に収めながら、しかもできるだけ個別的具体的に分析の視角や必要な手続きを設定し、それを精錬しつつ成果を積み上げていくという一連の粘り強い作業が重要な基礎となる。

比較社会福祉の研究には、比較の対象として設定された社会や国の自然的地理条件、人種や民族の構成、歴史、経済、政治、社会、文化、宗教、生活の様式や意識、心理的特性などにおよぶ深い知識と洞察をもつことが求められる。そのことは、こと改めて指摘するまでもなく、比較社会福祉研究の当然の前提でなければならない。

notes

(1) Kahn, A.J. & S.B. Kamerman, *Social services in international perspective : The emergence of the sixth system*, Preface, Transaction Books, 1980.

(2) Baugh, W.E., *Introduction to the social services*, Macmillan, 1983, pp. 1–2.

(3) Kahn, A.J. & S.B. Kamerman, op. cit.

(4) H・L・ウィレンスキー、下平好博訳『福祉国家と平等』木鐸社、一九八四年、九八頁。

(5) Higgins, J., *States of welfare : commparative analysis in social policy*, Basil Blackwell & Mart Robertson, 1981, p. 61.

(6) Katz, M.M., *In the shadoow of the poorhouse : A social history of welfare in America*, Basic Books, 1986.

(7) ウィレンスキーは「福祉先進国」としてオーストリア、ドイツ、スウェーデン、オランダ、ベルギー、フランスをあげ、「福祉後進国」として日本、アメリカ、カナダ、スイス、オーストラリアをあげる。ウィレンスキーによる前掲書の六頁を参照。

(8) Rys, V., The sociology of social security, *Bulletin of the International Social Security Association*, Jan./Feb. 1964, pp. 14–34.

(9) Higgins, J., op. cit., pp. 47–53.

第6章 社会福祉分析の基礎的枠組

はじめに

ここ数年間における社会福祉の変貌ぶりは目覚ましい。しかしながら、その社会福祉の展開の場である現代社会の変化の速さ、広さ、そして深さにはそれ以上に目覚ましいものがある。社会福祉の基本的な性格と現状についての認識をより行き届いたものとし、その将来を展望するということになれば、社会福祉についての分析は、その展開の場としての現代社会とそこにおける人びとの生活がいかなる特質をそなえ、いかなる原理のもとに推移しているのか、そのことについて基本的に問い直すことからはじめられなければならないであろう。

われわれは、これまで、社会福祉を、世界史の水準でいえば一九二〇年代ないし三〇年代を転機として成立した現代資本主義の所産として把握してきた。しかしながら、戦後五〇年を経過したいま、ポスト冷戦構造時代の到来するなかで、その現代資本主義そのもののありようとその将来が、広く深く問われている。社会福祉の分析もまた、そのことと無関係ではありえないのである。

われわれは、拙著『社会福祉学序説』（一九九四年）のなかで、戦後日本における社会福祉研究の系譜を跡付け、先行諸研究の功績と限界について吟味し、評価を加えるとともに、冷戦構造崩壊後の新しい時代と社会の到来を視野に入れつつ、社会福祉研究の視座と方法にかかわる基礎的な諸問題を取りあげ、検討を試みた。(1) ここでの課題はその検討をさらに一歩前進させることにある。

第1節　社会福祉の展開の場とその枠組

1　三相構造社会

社会福祉は社会的、歴史的所産であるといわれる。そのことは、社会科学的な視角から社会福祉に関心をもつものであれば、誰しもが等しく認めるところであろう。しかしながら、社会福祉をうみだす場としての社会、あるいは社会福祉の展開する場としての社会についての議論は、必ずしも十分になされてきたとはいえない。歴史的ということの意味に関してもそうである。社会福祉を論じるにあたって、まずわれわれがしなければならないことは、「社会福祉にとっての社会像」を確定し、その歴史的な展開の過程を明確にすることである。

われわれは、このような問題関心のもとに社会福祉の先行諸研究を吟味し、それらがどのような社会像のもとに社会福祉に関する議論を展開しているかを明らかにしようとしてきた。たとえば孝橋正一、一番ヶ瀬康子、真田是、高島進などのいわゆる政策論の系譜に属する社会福祉論の前提にある社会はまぎれもなく資本主義社会である。小川政亮、佐藤進などの社会福祉を権利保障の方策施設として論じる議論の前提にあるものは近代市民社会であろう。そして、岡村重夫はその社会福祉論の基底に共同体社会の存在を想定し、そこにおける相互支援や相互扶助を社会福祉の原初的な形態として措定していた。

すなわち、われわれは、先行する社会福祉に関する諸議論のなかから、明示的もしくは黙示的に、社会福祉の前提ないしその舞台装置として措定されている社会として、資本主義社会、近代市民社会、共同体社会の三通りの社会を抽出することができる。いま三通りの社会といったが、もとよりそれらは字義通りに、相互に独立した三種類の社会ではない。それら三通りの社会は、同じひとつの社会、すなわち近代社会のもつ三通りの側面ないし位相にほかならない。われわれがそこに生活し、社会福祉がそこにおいて生成し展開する社会、すなわち近代社会は、資本主義社会、近代市民社会、共同

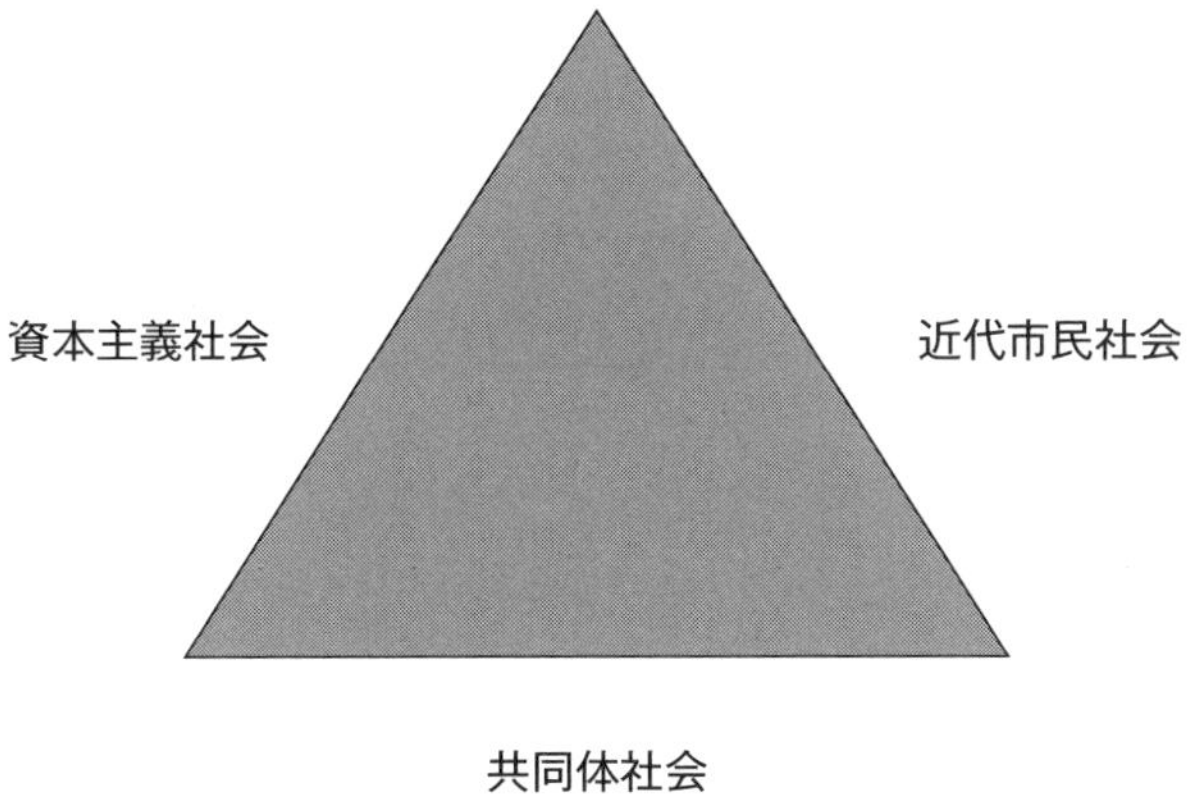

図２　近代社会の三相構造　　　　古川孝順　作成

体社会という三通りの側面ないし位相をもつ社会、いわば「三相構造社会」である。**図2**はそのことを図示したものである。

三相構造社会という場合の「三相」は、かくして「三通りの位相」という意味であって「三層」ではない。歴史的社会としての近代社会は一般に資本主義社会とよばれる。近代社会がそのように呼称されるのは、近代社会がその基底の部分において市場経済原理と資本主義的生産関係による規定をうけているとみなされているからである。たしかに、経済原論的には、近代社会の三通りの位相のうちもっとも強い規定力をもつのは、その資本主義社会としての側面である。しかしながら、現実的には、それ以外の、近代市民社会としての位相や共同体社会としての位相が、資本主義社会としての側面に全面的に吸収され、それによって完全に規定されているわけではない。近代社会の三通りの位相は、それぞれに固有の原理をもちつつ、しかも相互に規定しあうという関係にあり、その規定力の強弱、規定関係の方向や内容は、近代から現代へという歴史的な時間の推移とともに、変化してきている。

三相構造社会という社会像は、社会福祉に関する先行諸研究を吟味する過程において導出されてきたものである。従来の社会福祉研究は、三相構造社会を構成する三通りの位相のうち、そのいずれかに視角を絞り込むようなかたちで展開されてきたといってよい。政策論的社会福祉論は社会福祉をもっぱら資本主義社会の位相から把握し、権利保障論的社会福祉論は近代市民社会の位相から、共同体論的社会福祉論は共同体社会の位相から把握するという具合にである。これにたいして、これからの社会福祉研究には、理論的にも実践的にも、社会福祉を三相構造社会の所産として把握する視角と方法とが必要とされる。なかでも、共同体社会という位相のもつ意味があらためて強調されなければならない。しかしながら、そのことについて言及する以前に、まず三相構造社会の意義について、その歴史的展開の過程という文脈から若干の敷衍を試みておきたい。

2 三相構造社会の歴史的展開

さて、次頁の**図3**は、近代社会、われわれのいう三相構造社会の歴史的展開の過程を概念的に図示したものである。ここにいう近代社会は、世界史的には中世封建社会の崩壊とともに生成しはじめ、一八世紀末から一九世紀の初頭にかけて発展期に到達し、やがて一九世紀末には成熟期に移行してこんにちに及ぶ、歴史的社会としての近代社会である。そのような近代社会が、その生成、発展、成熟の過程を通じて、なかでも発展期から成熟期にかけて、いかなる歴史的な変化、展開を経験してきたのか、そのことをイギリスにおける近代社会の生成、発展、成熟の過程を念頭に置きながら、三通りの位相のそれぞれについて垣間みておこう。

まず、資本主義社会としての位相である。発展期から成熟期にかけての資本主義社会の変化は、結論を先取りしていえば、市場（型）資本主義から組織（型）資本主義への移行として定式化することができる。発展期における資本主義は自由な経済市場における自由競争の確保を最大の眼目とした。それは、産業資本を機軸とする自由な利潤追求活動の保証、すなわち自由放任（レッセフェール）主義こそが、経済の、ひいては社会全体の、調和的な発展をもたらすものと確信し、経済過程に影響を及ぼすように思われるあらゆる要素を排除しようとした。けれども、そのような、一面において粗野ではあるが、しかし同時に活力に満ち溢れていた発展期の資本主義も、やがてさまざまな難局に直面させられ、それが過去において排除しようとしてきた要素、すなわち政府による政策に依存せざるをえなくなってくる。

資本主義経済に恒久的な発展を約束していたはずの自由な経済市場における競争は、一九世紀末には、その信奉者たち

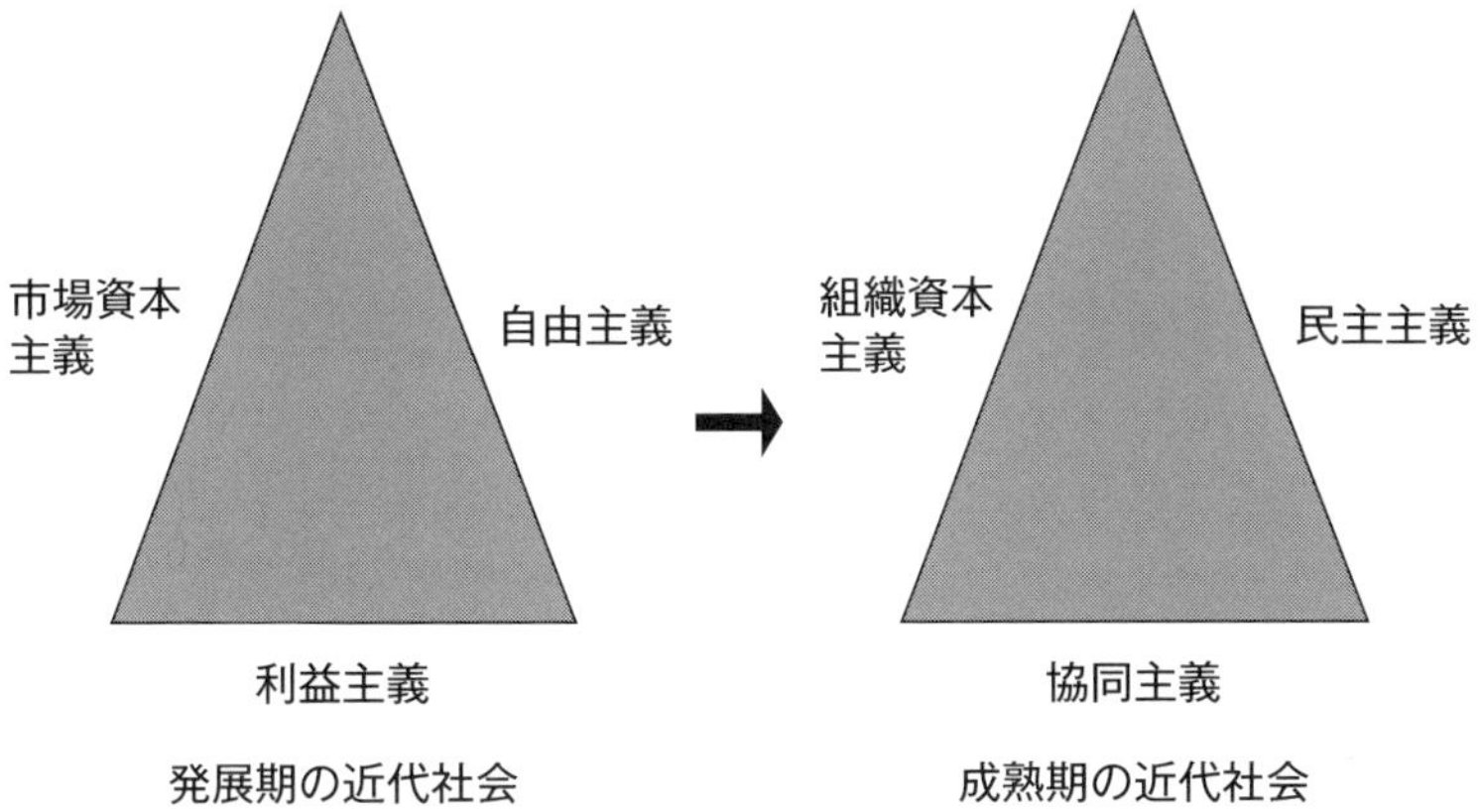

図３　三相構造社会の歴史的展開　　古川孝順　作成

の期待とは裏腹に、カルテルやトラストによる寡占や独占の発展をもたらした。資本主義は、自由競争を維持するために、かつてそれが発展期において排除してきた政府による政策的な介入を必要とするような状況に立ち至ったのである。政策的な介入は、寡占や独占を排除するためだけでなく長期化し慢性化する不況を克服するためにも必要であった。さらに、戦間期の世界恐慌の経験を経て第二次世界大戦以降になると、国家の金融や財政を通じた経済過程への直接的な介入、すなわち管理通貨制度を機軸とする景気調整策が資本主義の維持存続にとって必要不可欠の手段とみなされるようになった。国家による直接的な政策的介入は労働市場についても必要であった。資本主義は、それに不可避的な労資間の紛争を処理し、本来的にみずからの支配の及びえない特有の商品としての労働力を一定の質量において確保し、支配するために、政府の政策的な介入を必要とした。

こうして、自由な経済市場における自由放任主義的な競争の確保を最大の価値として追求してきたはずの資本主義は、多様な国家による政策的介入、すなわち産業間、企業間、労資間その他における利害の調整や景気刺激策などの導入なしには、換言すれば、政策的介入による市場や生産過程の組織化や計画化を前提とすることなしには、その存続すら危ぶまれるような状況に陥っていった。もとより、このような国家による資本主義の組織化、計画化という傾向が一九八〇年代以降、新自由主義や新保守主義の興隆とともに抑制され、逆に自由化、脱規制化が求められてきたことに留意しておかなければならない。しかしながら、それにもかかわらず、現代の資本主義は国家による組織化、計画化を抜きにしては存立しえないのである。

近代市民社会という位相における変容は、自由主義から民主主義への変化としてこれを定式化することができる。近代社会の発展期を近代市民社会という位相において捉えれば、それは市民権的基本権、すなわち市民の財産権、自由権そして平等権を最大限に尊重し、確保することが求められた時代であった。国家や社会による市民生活への介入は、国防、治安、防災、防疫、税制など最小限の共同事務に抑制されなければならず、私的領域にたいする公権力の介入は極力排除されねばならなかった。

市民個々の生活の成否はおしなべて個人の才覚や努力のいかんによって決定されるものとみなされ、したがって成功の報酬はいうまでもなく、失敗の責任もまた、個々の市民にのみ帰属するものとみなされた。零落した生活は、勤勉、努力、節約、節制など市民生活の基本的な価値を遵守することを怠ったことへの当然の報いとみなされた。発展期の近代市民社会はいわば自立的な市民を中心とする強者の論理によって支配されていたのである。

しかしながら、現実には、財産権をはじめとする市民権的基本権の恩恵を享受しえたのは、家産や家業に恵まれたほんの一握りの人びとであった。他の大多数の人びとは、市民権的基本権の尊重という名分のもとに、実際には低賃金、不安定就労、苦汗的労働、失業、無業、傷病、老齢などによる困窮を強いられ、生活自己責任原則（自助原則）のもとでそれに甘んじることを求められたのである。しかも、そうした人びとの数は、一九世紀中頃以降の産業構造の変化とともに、確実に増大していった。社会権的基本権の観念とそれを保障するための多様な制度の導入は、そのような状況を改善するために、市民権的基本権の形式的抽象的な適用による弊害を除去し、労働者をはじめとする社会的不利益者集団を、形式的のみならず実質的にも、近代市民社会の主人公としての市民の隊列のなかに組み込んでいこうとする試みであった。

さらに、近代市民社会の実質化を促進していくうえで重要な意味をもったのは、ほかならぬ労働者階級の成長であった。労働者を中心とする社会的不利益者集団は、社会革命によるのではなく選挙権を獲得し、議会を通じてみずからの利益を追求する道を選択し、支配階級の人びともまたその選択を受け入れることになった。こうして、近代市民社会は、発展期から成熟期へ移行する過程において、自由主義の形式的抽象的な適用による弊害を徐々に改め、多数決原理のもとに、市民的自由や平等のみならず、社会的な平等や公正の実現を追求する民主主義の原理を定着させていったのである。

共同体社会の側面は、伝統主義的共同体から利益主義的共同体へ、さらに協同主義的共同体へと変化してきた。共同体社会の変化の第一の局面は、伝統主義から利益主義への変化である。この変化は近代社会の生成期から発展期への展開過程に照応している。この過程は、伝統主義的共同体にとっては、拒否され、浸食され、解体される過程であった。共同体と共同体のあいだに発生した商品経済はやがて共同体の内部に入り込み、血縁や地縁、身分を紐帯とする伝統主義的な人間関係を商品の販売者と購買者という抽象的な人間関係に置き換え、伝統的な共同体社会を蚕食しはじめる。資本主義の発展は商品経済の一層の拡大をもたらし、農業、手工業、商業の発展の基盤となっていた伝統的な共同体は、利潤達成動機の充足を唯一の紐帯とする人為的な利益主義的組織（共同体）に急速に置き換えられる。近代社会の生成期には、中世封建社会の権力的身分的な支配服従関係や家父長主義原理の遺産を継承する伝統主義的共同体社会は、近代市民社会や資本主義社会の発展を抑制するものとみなされ、批判と解体の対象とされた。

こうして、近代社会の発展期においては、社会のなかで共同体社会的な要素の占める比重は著しく縮小する。しかしながら、やがて近代社会が発展期から成熟期に移行する時期になると、共同体社会的な要素の占める比重は再び増大することになる。ただし、ここで増大しはじめるのは、伝統主義的共同体や利益主義的共同体の比重ではない。成熟期以降の近代社会において重要な意味をもつのは、協同主義的な共同体、あるいは組織である。それを象徴するものが、一方においては労働組合であり、他方においては生活協同組合である。友愛組合その他の共済組織の発展もまた同様に協同主義的共同体（組織）の拡大を物語っている。これらの協同主義的な共同体（組織）の性格は、それが血縁、地縁、あるいは身分などの伝統主義的な紐帯を前提にしていないという意味では、利益主義的共同体に近い。けれども、これらの共同体（組織）は、それらが利益の追求を第一義的な目的とせず、構成員の生活の協同性やそれを維持し、発展させる協同的行動を重視するという意味においては、伝統主義的共同体に近い。協同主義的共同体は、いわば、伝統主義的共同体を利益主義的共同体を媒介として換骨奪胎し、新たに生活と行動の協同性を軸芯として意図的に再構成したものとみなすことができる。成熟期の近代社会において再び拡大し、その発展の方向に重要な意味をもったのは、このような意味での協同主義的共同体であった。

以上、近代社会を構成する三通りの位相である資本主義社会、近代市民社会、共同体社会について、それぞれの位相の内部にみられる変化の方向と内容について検討してきた。それぞれの位相における変化は、資本主義社会においては市場資本主義から組織資本主義へ、近代市民社会においては自由主義から民主主義へ、そして共同体社会については伝統主義的共同体から利益主義的共同体へ、さらには協同主義的共同体への変化として、定式化された。これらの変化は、資本主義社会、近代市民社会、共同体社会という三通りの位相の内部における変化であると同時に、それぞれの位相が一定のしかたで相互に規定し合うなかからうみだされてきた変化であった。これらの変化は、その生成、発展、成熟というそれぞれの時期において、総体としての近代社会のありようを規定し、同時に、その総体としての近代社会のありようがそれぞれの位相のありようを規定してきたのである。

社会福祉が歴史的、社会的所産であるというとき、社会福祉をうみだし、同時にその展開の場となる社会は、このような歴史的な特質を備えた三相構造社会としての近代社会にほかならない。これまで、わが国においては、社会福祉は資本主義社会や近代市民社会との関連において論じられることが多かった。しかしながら、現代、さらには来るべき二十一世紀の社会を展望しつつ社会福祉の特質を探ろうとすれば、その基本的な起点はむしろわれわれのいう近代社会の三相構造に、なかでも共同体社会としての位相に設定されなければならない。その根拠を示すにはさらに立ち入った議論が必要である。

第2節　近代社会の社会システムと生活世界

1　起点としての生活システム――社会福祉固有の視座

そこで、つぎには三相構造社会としての近代社会を社会システムとその位相という観点から捉え直してみたい。この観点からみれば、資本主義社会は近代社会を経済システムという視角から照射したときに結像してくる社会像である。近代市民社会は、近代社会を政治システムという視角から照射したところに結像してくる社会像である。ここまでは容易である。経済システムに照応するのは資本主義社会である。資本主義社会は、自由な市場、商品、貨幣、資本、労働力、生産手段、生産関係、生産過程、流通過程などの諸要素から構成される特有の経済システムの総体である。政治システムに照応するのは近代市民社会である。近代市民社会は、国家、法律、議会、政府、裁判所、地方自治体、選挙、行政などの諸要素から構成される政治システムの総体である。それでは、共同体社会に照応する社会システムはどのようなものであろうか。われわれは、ここで、共同体社会に照応する社会システムとして、生活システムという概念を導入することにしたい。ここで生活システムというのは、とりあえずは労働、所得、家事、家族、親族、隣人、教育、保健医療、所得保障などの諸要素から構成される特有の社会システムを指している。

図4は以上の議論を前提に、近代社会を社会システムという観点から把握し直した概念図である。すなわち、近代社会は、経済システム、政治システム、そして生活システムという三通りの社会システムから構成された社会である。あるいは、近代社会は、それ自体が、経済システム、政治システム、そして生活システムという三通りのサブシステムから構成されるひとつの社会システムである。それぞれのシステムには、それを構成するさまざまの要素と、それらの要素を相互に結びつけ、それらの全体を一定のしかたで運動に導くための原理や原則が組み込まれている。経済システムを制御する基本的な原理は、マルクス経済学的にいえば価値法則であろうし、経済システムのなかに一定の運動を惹起しているもの

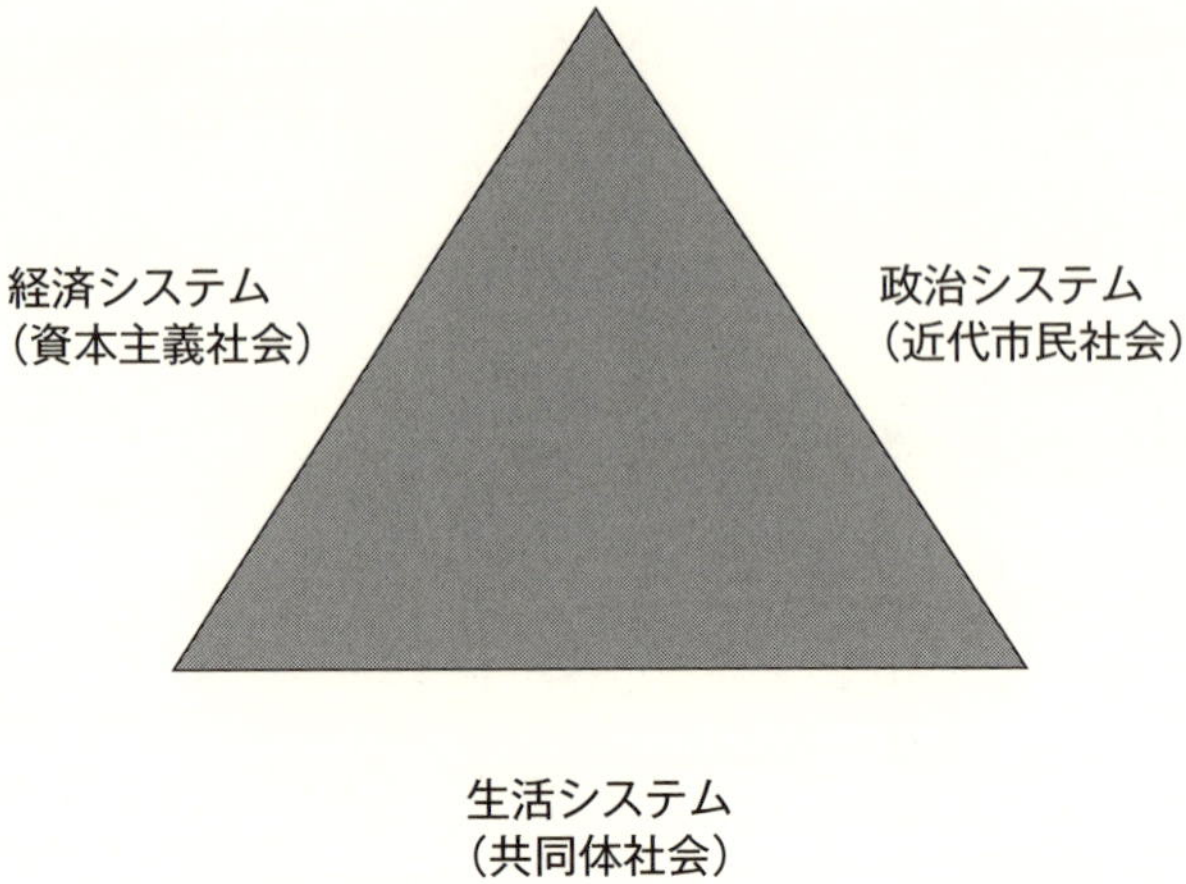

図４　近代社会の社会システム　　古川孝順　作成

はとどまるところを知らない利潤達成動機、あるいは自己増殖を繰り返す資本の本性ということになろうか。政治システムを制御する基本原理となっているのは、自由、平等、公正、公平、安定などの諸価値である。政治システムのなかに一定の運動を惹起しているのは、権力、支配、権威にたいする欲望、あるいは逆に政治的公正や政治的安定にたいする希求ということになろうか。生活システムを制御するにあたってその基本的な原理となっているものは、生活の協同性と自助原則である。そして、生活システムを起動し、方向づけているもの、それは人びとの生命（活力）の保全と自己実現にたいする希求であり、また愛他（利他）主義的メンタリティであろう。

　周知のように、このような社会システムとそのありようについては、それぞれのシステムを研究の対象として措定する科学が成立している。経済システムを研究の対象とする科学は経済学であり、政治システムを研究の対象とするそれは政治学（や法律学）である。近代社会の総体をひとつの社会システムとして研究の対象としているのは社会学であろう。生活システムを研究の対象とする領域については多様な科学の関与が考えられる。たとえば、まず生活学や家政学がそうである。生活システムに生命システムを含めて考えれば、医学、保健学、看護学なども生活システムを研究の対象とする科学である。そして、ほかならぬわれわれの社会福祉学もまた生活システムにかかわる科学である。社会福祉学は、生活システムとそこに包摂されている生活者にかかわり、同時に、やがて行論のなかで徐々に明らかにされるように、その分析対象のもつ特有の性格のゆえに、経済システムや政治システムとも接点をもつ科学である。そして、そのことのゆえに、社会福祉学は、生活システムに関わる諸科学のひとつであると同時に、生活システムにかかわる諸科学を組織し、総括するべき位置にある総合の科学であるといわなければならない。

さて、しかしながら、戦後日本の社会福祉研究のなかで、社会福祉の、したがって社会福祉学の起点を明瞭に生活システムに求め、そこから社会福祉の総体を把握し、分析しようとする研究は、必ずしも十分に発展させられてきたとはいえない。そのなかでは、それぞれに基本的な視点や分析の手法に違いは認められるものの、岡村重夫や一番ヶ瀬康子のすぐれた業績は、われわれのいう生活システムを起点とする社会福祉学研究の端緒として重要な意味をもっている。

戦後日本における社会福祉の研究は、このような岡村重夫や一番ヶ瀬康子の研究を除けば、社会福祉をもっぱら経済システムや政治システムと結びつけて分析し、意味づけることに向けられてきた。そして、それらの研究は、戦後日本の社会福祉研究の主流を形成し、それなりの成果をあげてきたのである。一番ヶ瀬にしても、生活システムを起点とする研究に道を開いたとはいえ、戦後社会福祉研究の系譜のなかに位置づけてみれば、基本的には社会福祉を経済システムや政治システムと結びつけて研究する政策論の潮流に属している。むしろ、その中心的な存在の一人である。その点では、岡村が社会福祉を経済システムや政治システムと結びつけることを意識的に避け、もっぱら生活システムと生活者の内側にその固有性を求めようとしてきたのとは明確に異なっている。

たしかに、こんにちの社会福祉は、生活システムを起点とする施策と活動、あるいは生活システムのなかに包摂されている施策と活動である。しかしながら、社会福祉は生活システムの内側において、経済システムや政治システムとの接点をもつことなしに、独自に形成されてきたものではない。また、社会福祉は生活システムの内部で自己完結的に運動を繰り返しているわけでもない。社会福祉は、淵源的、基本的には、生活システムを起点とする方策施設と活動である。しかしながら、社会福祉がこんにちにおけるような、政府による、社会的、公共的な性格をもつ方策施設と活動としての発展をなしとげうるためには、経済システムや政治システムとの接点をもつことが必要であった。たとえば、こんにちの社会福祉は、失業者、貧困者、高齢者、障害者、母子、児童などを援助することを通じて、健康かつ良質な労働力を育成確保し、国民に購買力を賦与し、階級や階層のあいだの緊張や摩擦を回避し、ひいては資本主義の体制的秩序の維持に寄与するなど、経済システム、すなわち資本主義社会の維持、発展に貢献してきている。経済システムとの関連でいえば、社会福祉は、このような機能をもつことによってはじめて、その存在の経済的合理性が承認され、経済的正統性を獲得しえたのである。

同様に、社会福祉は、その存在の政治的合理性が承認され、政治的正統性にたいする保証を確保するためには、政治システムとのあいだに接点をもつことが必要であった。こんにちの社会福祉は、政治システムとのかかわりでいえば、近代市民社会の根幹である市民権的自由権的基本権に限界のあることが認識され、社会権的基本権、なかでも失業者、貧困者、高齢者、障害者、母子、児童などに社会権的生存権を保障することの必要性が承認されることによってはじめて、政府による公的な方策施設として発展する契機をつかむことができたのである。逆にいえば、近代社会の政治システムは、社会福祉、すなわち失業者、貧困者、高齢者、障害者、母子、児童などの社会的弱者にたいする援助を政府による公的な方策施設および活動として位置づけ、発展させることを通じて、その統治の機構としての正統性を主張しているのである。

このように、社会福祉と経済システムや政治システムとのあいだには緊密なかかわりが認められる。しかし、それらの接点にのみ着目するのみでは、社会福祉の全体像をその十全なかたちにおいて把握することは不可能である。すなわち、社会福祉の利用者である生活者――生活の主体が経済システムと接点をもつのは、かれが労働力の所有者（販売者）であるという側面において、市場にたいする商品の供給者であるという側面において、あるいは購買者（消費者）であるという側面において、である。けれども、これらの側面は、生活者の側からいえば、かれらのもつ多様な側面のひとつであるにすぎない。この接点のみを起点として生活者の生活の全体像に及ぶことはよくなしうるものではない。経済システムは、もともと生活者という存在をその全体像において把握し、支配しうるものではないからである。政治システムが生活者とのあいだに接点をもつのは、生活者が市民権的な、あるいは社会権的な諸権利の主体として登場してきたときである。ここでも、生活者が諸権利の主体であるというのは、生活者の側からいえば、かれらのもつ多様な側面の一部であるにすぎない。政治システムもまた、生活者という存在をその全体像において把握し、掌握しうるものではない。

われわれは、生活者を生活システム、換言すれば、近代社会の共同体社会としての位相を基盤とし、そこに生活展開の基本的な場――生活世界をもつ主体的、自立的な存在として把握し、そのことを起点としながら社会福祉を考えていかなければならないのである。

2　生活世界の構成――生活の主体と生活の場

われわれがここに生活者というのは、一般的な意味での消費者ではない。生活者とは、経済システムとの関連においては生産者、労働者としての接点をもち、政治的システムとの関連においては諸権利の主体、被統治者、あるいは被援助者(受益者)としての接点をもちつつ、しかもそれらの接点のなかに埋没し支配されることなく、生活システムを基盤としながら、全的な生活の主体として、主体的、自立的に自己の生活を組織し、展開しようとする、社会システム総体の主人公として行動する人間、これである。

人びとは、その長い人類史的な過程のなかで、それぞれの時代と社会による規定のもとにおいて、あるいは経済システムに従属させられ、あるいは政治システムに従属させられてきた。奴隷制度の時代はいうまでもなく、中世封建社会においても、庶民階級に属する人びとは、自給自足的な経済システムのもとに隷属的で過酷な労働に従事させられ、支配階級の収奪の網の目から漏れ残ったわずかばかりの生産物によって生命を維持してきた。また、かれらは身分的強権的な政治システムのもとにおいて、言論、信教、行動、交通を抑制され、ときにはその生命さえ意のままに支配されてきた。このような状況のもとにおいては、庶民階級に属する人びとの生活は、多くの場合文字通り「手から口への生活」であり、また身分的抑圧のもとでの忍従の生活であった。みずからの生活をみずから支配することなど思いもよらないことであった。たとえ偶発的に自我に目覚め、みずからの状況を客観的、批判的に認識しうる人びとがうまれでてきたとしても、その主体的で自立的な生活を求める行動の多くは、一揆的な反抗やサボタージュ、逃散などの消極的なものにとどまらざるをえなかったのである。

しかしながら、そのような生活も近代社会の到来とともに変化しはじめる。市民革命を経過して確立された近代市民社会という政治システムは、すべての市民にたいして財産、自由、平等などの市民権的諸権利の主体であることを保証するものであり、庶民階級にも貧困と抑圧からの解放が約束されたかにみえた。けれども、すべての市民にたいして保証されたはずの財産、自由、平等などの市民権的諸権利は、庶民階級にとっては抽象的建前的なものにすぎなかった。それらの諸権利を享受しえたのは家業と家産をもつ有産市民階級のみであった。やがて、産業革命の到来とともに、一般の庶民階級に属する人びとは労働者として資本主義的生産関係のなかに組み込まれ、低賃金と苦汗的で低劣な労働条件に苛まれる時期を迎えることになる。

だが、状況はもう一度変化する。たしかに、労働者たちの賃金や労働条件は容易には改善されえなかった。それでも十九世紀の後半になると、資本主義的な生産力の飛躍的な発展は、徐々に労働者をはじめとする庶民階級の生活水準を押し上げ、公衆衛生や教育制度も拡充される。そうしたなかで、工場制度のもとに蝟集《いしゅう》させられた労働者たちは、みずからのおかれた状況について客観的に分析し、その背景や原因について認識する力量を獲得しはじめる。労働者を中心とする庶民階級は、積極的に労働組合運動や社会主義運動を展開し、あるいは生活協同組合その他の互助団体を組織化して、さらには議会活動を通じて、みずからの労働と生活の主人公となり、その改善と向上を追求しはじめるのである。

一九世紀後半から二〇世紀の初頭にかけて、その長い歴史を困窮と忍従とともに過ごしてきた庶民階級が、いまや社会変革の重要な推進力の源泉として社会と歴史のなかに登場してきたのである。以後、二〇世紀の七〇年間を通じて、庶民階級は、さまざまな曲折を経験しながらも、社会変革の重要な推進力であり続けた。しかしながら、七〇年代後半から八

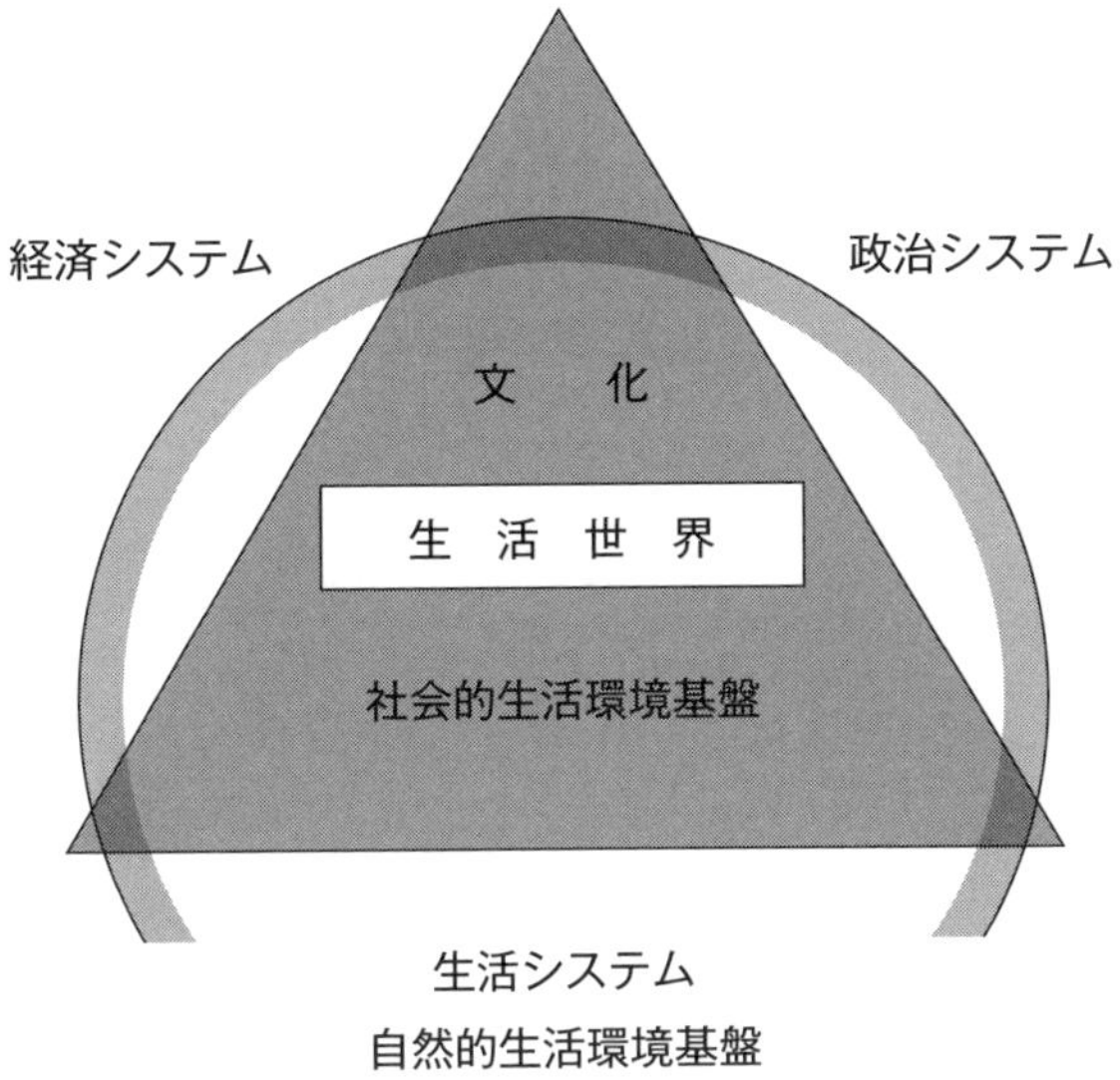

図５　生活世界の構成　　古川孝順　作成

〇年代にかけて、一方においては資本主義のケインズ主義的な繁栄が終りを告げ、新自由主義や新保守主義の影響力が拡大し、他方においては東欧・ソ連の社会主義体制もまた崩壊に向かう。世界史的な転換期を迎えた現代社会は、労働者を中心とする庶民階級という伝統的な変革の主体にとってかわるべき新しい変革の主体を要求しはじめた。

八〇年代以降、社会福祉の世界を超えて影響力をもちはじめた生活者の概念には、このような時代と社会の要請と期待が込められている。われわれのいう生活者は、一九世紀後半以来、労働者を中心とする庶民階級の経験してきた歴史的、社会的な役割を踏まえつつ、現代社会の経済システムや政治システムによる一方向的で一面的な支配から自己を取り戻し、総体としての社会システムの主人公として、主体的で自立的な生活を確立し、その自己実現をめざそうとする人びとを意味している。

生活世界とは、そのような生活者が日常的に居住し、生活を営む、その生活の場、空間にほかならない。われわれのいう生活世界は、生活システムとしての共同体社会を基盤としつつ、個人、家族、あるいは近隣社会を単位として展開される生活にかかわる世界である。生活システムは、その内部に生命システムと行動システムとを包摂し、その外延には文化や社会的、自然的な生活環境基盤が位置している。ここでいう生活世界は、これら生活システム、文化、そして生活環境基盤の総体のなかに形成される。**図5**はそのような生活世界の概念を図示したものである。

従来は、生活の主体、すなわち生活者は、経済システムとのかかわりにおいて、なによりも労働力の所有者として把握されてきた。生活者が労働力（労働能力）の所有者であることに間違いはない。しかし、生活者の労働能力は、かれのもつ多様な能力（活力）のうちでも、モノを生産するという目的のために充当される能力（活力）である。生活者は、生理的、人格的、社会的などの多様な生活ニーズと多様な能力（活力）をもち、それゆえにかれの生活は、かれの多様な生活ニーズを充足し、その生命と多様な能力（活力）を維持、再生産するものとして営まれなければならない。生活ニーズの一部分は、生理的ニーズにみられるように生活者のうちなる自然（ヒューマン・ネイチャー）にかかわるものであり、別の一部分は経済・政治システムにかかわっている。それゆえに、生活ニーズの充足のありようは、生活者のうちなる自然と経済・政治システムの両面にかかわる諸条件によって規制される。

生活者は、その成長の過程において、それぞれに固有の人格（パーソナリティ）を発達させ、家族や近隣社会とかかわりつつ、かれに特有の行動システムをつくりあげる。行動システムは、生命システムと経済・政治システムの双方によって規定される。行動システムは、まず何よりも、生命システムに奉仕するものでなければならない。行動システムは、経済・政治システムと接触し、その規定をうけながら、この目的を達成しようとする。同時に、行動システムは生命システムのありようを規定し、経済・政治システムにはたらきかけ、それを変革しようとする。そして、このような行動システムの一部分は外部化され、それぞれの社会と時代を特徴づける文化として、人びとのあいだに共有されることになる。逆にいえば、生活者の行動システムのありよう、なかでもその中心的な部位に位置する人格（パーソナリティ）のありようのなかには、そのような文化の一部が摂取され、内面化されている。行動システム、さらには生活システムの全体をより十全に分析し、把握するためには、道徳、宗教、法、芸術、民俗、風土、イデオロギーなどの文化を構成する諸要素の影響を考慮に入れておかなければならないのである。

社会的生活環境基盤は、生活者の生命を維持・再生産し、健康を保持し、主体的で自立的な生活の質を維持・向上させるために、社会的に整備され、共同での利用に供されている方策、施設、設備である。それは、経済学にいう、いわゆる社会的共同消費手段に近い。以下、宮本憲一の社会資本論から社会的共同消費手段論の一部を引用する。宮本によれば社会的共同消費手段はつぎのように類型化が可能である。(2)

(1) 労働者の都市における集団生活様式が一般化したために必要とされるようになった共同消費手段――共同住宅、エネルギー施設（ガス、電気）、上水道、清掃施設、下水道。

(2) 労働力の保全のための手段。労働者の健康の保全という日常的保全、および失業者の保護のための施設と施策――病院、保健所、衛生設備、失業救済事業、職業訓練事業。

(3) 労働力の資質や技術の向上の基礎をつくる手段――教育（幼児教育、普通教育、高等教育）、科学・技術研究。

(4) 労働者が個人的消費を行うために共同利用する交通・通信手段――街路、鉄道の一部、電信・電話施設の一部。

(5) 労働力の価値の上昇にともなって発達した共同利用の大衆文化・娯楽施設――図書館、音楽堂、劇場、公園、緑地帯、体育館、運動場。

もとより、このような宮本の社会的共同消費手段の類型を、われわれのいう社会的生活環境基盤の類型としてそのまま流用するには難点が多い。まず、宮本が労働者と記述している部分を生活者に読み替えなければならない。労働力とされている部分にも留意が必要である。生活者のなかには、経済システムによって労働力として期待され難い、あるいは労働力市場への参入をまだ認められていない、高齢者、障害者、傷病者、児童、母子などが含まれているからである。社会的生活環境基盤はかれらにも利用され、かつ有用なものとして整備されていなければならないのである。そして、さらに重要なことには、宮本の社会的共同消費手段のリストには失業者保護施策を除けば、社会保障や社会福祉が含まれていない。社会保障や社会福祉は、労働者やその家族にとっても不可欠の社会的共同消費手段であるはずである。それにもかかわらず、社会保障や社会福祉は含まれていない。もっとも、これらの難点は必ずしも宮本の責任ではない。宮本の議論の焦点は社会資本の必要性を説き、その理論化を図ることにある。宮本の趣旨は、資本主義的な生産関係を維持するに必要な労働力を確保するには、労働力の消費過程やその再生産過程にたいする労働政策的な配慮のみならず、その外側で労働者たちによって共同で利用される社会的な消費手段が整備されていなければならない、と主張することにある。この指摘の妥当性はすでに広く承認されており、そこに異を唱えるものではない。

しかしながら、ここでつぎのように指摘することは許されるであろう。すなわち、宮本による社会的共同消費手段論の関心は労働者やその労働力の維持・向上・保全、そのことのために必要とされる諸条件の解明にある。そのような関心からすれば、高齢者、障害者、傷病者、児童、母子などの労働力範疇の外側にいる人びとやかれらの社会保障や社会福祉の問題は視野に入り難い。われわれの関心からいえば、生活者が経済システムとの接点においてとる労働者という役割は、生活者のもつ多様な社会的役割のひとつであり、労働力もまたかれのもつ多様な能力のひとつであるにすぎない。われわれは、宮本の社会的共同消費手段論を援用しつつ、しかし生活者のための社会的生活環境基盤という観点から、その内容を再整理する必要があろう。

つぎに、自然的生活環境基盤についてとりあげる。簡略にいえば、ここでいう自然的生活環境基盤とは、大気、水、森林、河川、海、土地、山岳、気候など、社会的生活環境基盤のさらに外側に広がる自然的環境世界である。従来、このような自然的環境基盤は、大気汚染、水質汚濁、樹木の過剰伐採による砂漠化の進展、河川、海、土地への有害物質の沈澱などの、いわゆる公害問題と結びつけてとりあげられることが多かった。こんにちでは、その公害問題や近年話題になることの多い地球温暖化問題などを契機に、自然の温存、自然と人間との共存、自然的資源と経済開発との調和や均衡の必要性が強調されている。われわれは、生活世界のもっとも根源的根底的な部分に自然的な環境基盤が広がり、その自然的な環境基盤によって生活世界が規定されている事実に注意を喚起しておかなければならない。

人びとの生活そのもの――生命と活力の維持・再生産を可能としているものは、根源的には、ほかならぬ人間と自然とのあいだの代謝関係である。人びとの生活は、風土という概念にも象徴されるように、その拠点としている土地、地域の自然的環境基盤を構成する諸条件による強い規定のもとに営まれている。都市化、人口流動化が進み、自然や土地との結びつきが希薄化している現代社会においても、人びとの生活は根源的基底的には自然的環境基盤のなかで営まれている。この事実は、これからの社会福祉を展望するうえで一層重要な意味をもつことになろう。

第3節 生活維持システム——生活構造と生活問題

1 生活構造の理論

さて、以上の議論を前提にしながら、つぎは生活維持システムと生活保障システムについて検討する。これまで、われわれは、生活システムを構成する要素としての生命システムや行動システムについて、そしてその周辺に位置して生活システムを規定しつつ、同時にともに生活世界を構成している文化、社会的生活環境基盤、自然的生活環境基盤の内容や特質について論じてきた。ここに生活維持システムおよび生活保障システムというのは、そのような生活システムが、それを包摂する生活世界の内部的諸条件のみならず、経済システムや政治システムとのあいだに接点をもちつつ、いかにして維持・展開されていくかを分析、把握するために導入された概念装置である。

われわれのいう生活維持システムについての分析には、社会学にいう生活構造論の蓄積を援用するのが効果的である。社会学の生活構造論には幾通りか試みがあるが、ここではもっとも行き届いた議論になっている副田義也の生活構造論を援用する。(3)

副田の生活構造論は、生活を生命の生産として把握するところから出発する。生命の生産は衣食住——生活手段の消費を前提とする。生活手段は原初的には自然界から採取されるが、やがて自然にはたらきかけて生産されるようになる。自然へのはたらきかけは、生命（活力）を消費することによって行われる。こうして、生活の、すなわち生命（活力）の維

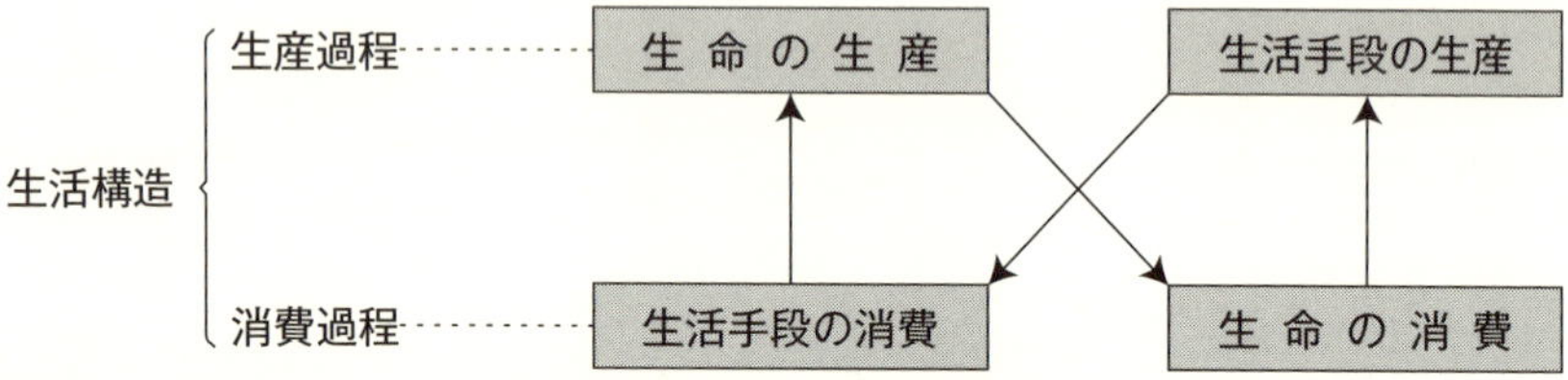

図６　生活構造――あらゆる社会形態にかかわらない場合
（副田義也「生活構造の基礎理論」青井和夫他編『生活構造の理論』有斐閣，1971 年）

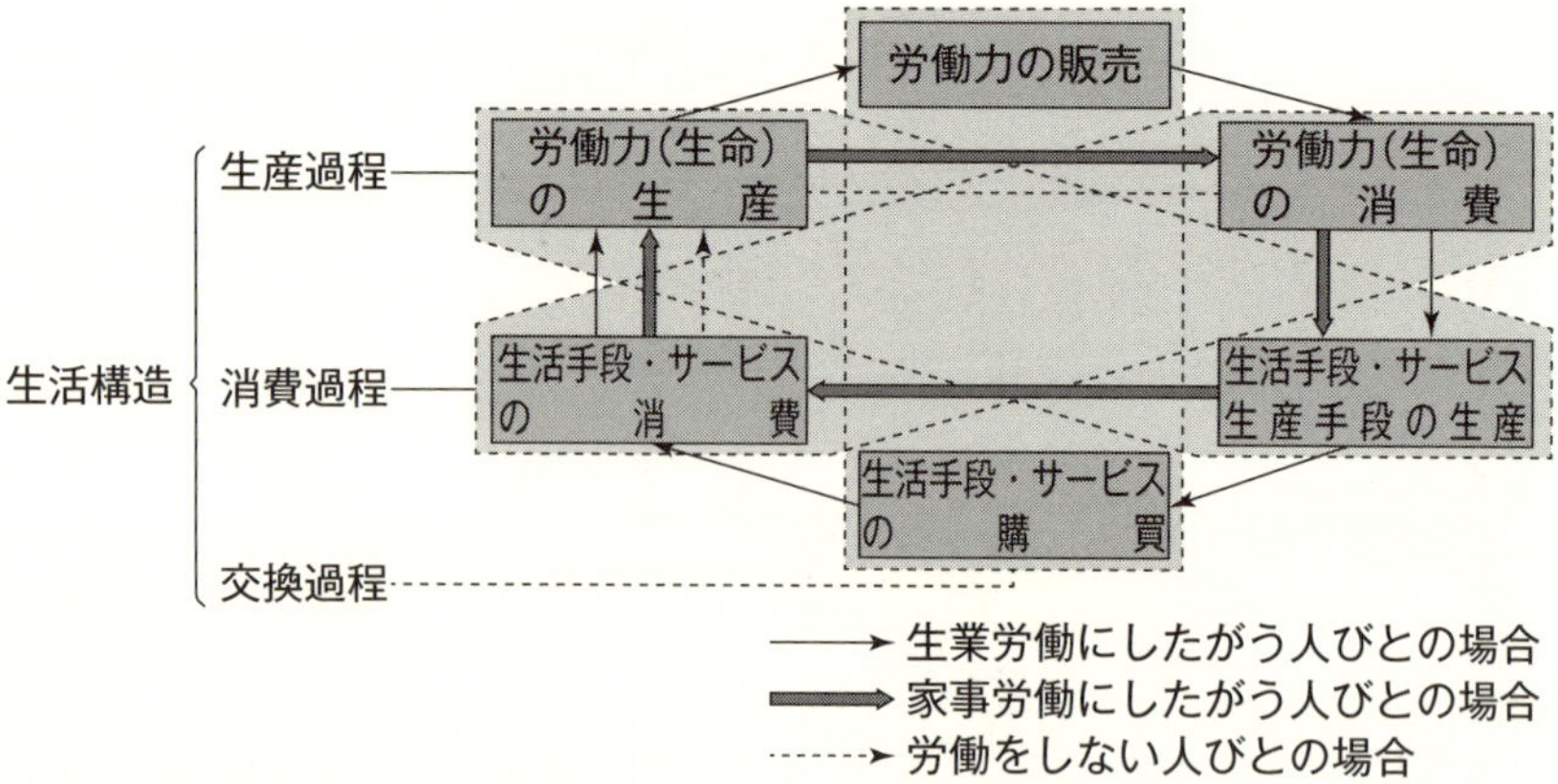

図７　生活構造――資本主義社会の場合
（副田義也「生活構造の基礎理論」青井和夫他編『生活構造の理論』有斐閣，1971 年）

持・再生産は、生命の生産→生命の消費→生活手段の生産→生活手段の消費→再び生命の生産→……という循環式のなかで繰り返されることになる。この循環式が副田のいう生活構造、われわれのタームでいえば生活維持システムのプロトタイプ――あらゆる社会形態に通有されている、通歴史的な生活構造、すなわち生活維持システムである。つぎに、われわれの生活する近代社会の社会システム、なかでも経済システムの位相を介在させていえば、資本主義社会における生活構造はいま少し複雑である。資本主義社会においては、生命（活力）の一部分としての労働力――人間のもつ諸能力のうち、モノの生産という目的のために充当される能力は、完全に商品化される。大多数の人びとは労働力商品の販売者として資本主義的な生産関係のなかに組み込まれ、生活手段もまた商品の生産として社会的に行われる。すなわち、人びとの生活（生命）の維持・再生産のシステムとしての生活維持システム、あるいは生活構造は、通歴史的な規定と歴史的社会としての資本主義社会による規定――歴史的な規定という二重の規定をうけている。副田は、この二重の規定のもとにある生活構造を、**図6**、**図7**のように図式化している。**図6**は、通歴史的な、社会形態の違いを越えて普遍的にみられる生活構造である。そして、**図7**は資本主義社会にみられる特殊歴史的な生活構造である。

図7にみられるように、資本主義社会における生活構造は、労働力（生命）の生産と生活手段の消費、労働力（生命）の消費と生活手段の生産という要素の組み合わせの中間部分に、労働力の販売、生活手段・サービスの購買という交換過程が介在させられることによって、より複雑なものとなっている。さらに、それは生活者のもつ属性の違いによっても異なってくる。副田の整理にしたがえば、生活者のうちでも生業労働に従事する者の循環式は、労働力の生産→労働力の販売→労働力の消費→生活手段・サービスの生産→生活手段・サービスの購買→生活手段・サービスの消費→再び、労働力の生産→……ということになる。家事労働の場合には、循環式は、労働力の生産→労働力の消費→生活手段・サービスの生産→生活手段・サービスの消費→再び、労働力の生産→……である。

さらに、労働に従事しない児童、高齢者、傷病者などの循環式は、生活手段・サービスの消費→生命の生産→生命の消費、ということになる。この場合、連環はそれ自体としては循環せず、児童、高齢者、傷病者などの生活は、生業労働や家事労働を通じて生活手段・サービスが日々提供されることによってはじめて、その維持・存続が可能となる。

2　生活問題と生活保障ニーズ

このような現代社会に特有な生活維持システムが平常に機能していれば、生活の単位が個人の場合であれ、あるいは家族の場合であれ、その生活は維持されうることになる。しかしながら、人びとの生活はいつでも平穏だというわけではない。労働力の販売の失敗、低価格（低賃金）、労働市場からの引退などにともなう所得の欠落、中断や低水準、児童、高齢者、障害者、傷病者、母子などにみられる生活維持能力の欠落や不足、生活資料やサービスを提供する家族の不在、生活環境の不備などによって、人びとの生活は困難や危機的な状況に直面することが少なくない。生活の困難や危機の一部は、老化（加齢）、出産や育児などのように、ある程度予測しうる要因によって起こってくる。他の部分は、傷病、傷病や事故にともなう障害、家族の死亡などの要因によって、突発的に起こってくる。いずれにせよ、こうした生活の困難や危機が生起すれば、なんらかの対応が必要となる。対応は、当面は困難や危機に直面した当事者の自助努力によって行われる、あるいはそうすることが期待される。しかしながら、困難や危機の程度が自助努力の範囲を超えることになれば、親族や近隣社会による相互支援・相互扶助活動、共済活動、民間非営利団体、公益団体、さらには政府（国・地方自治体）による組織的な活動やそれらを制御する方策施設が形成され、動員されることにならざるをえない。そのような活動や施策の総体が、われわれのいう生活保障システムである。

人びとの生活上におこる困難や危機は、一般に生活問題とよばれ、社会問題の一部分を構成するものとして理解されてきた。生活問題は、当初のうちは、労働力の販売や消費の過程という、人びと（生業労働者）と経済システムとの接点において生起する労働問題の一部分、あるいはそこから派生してきた問題状況として捉えられてきた。このような問題状況の把握のしかたは、生業労働者の場合には、労働力の販売や消費過程のありかたが問題状況をうみだすもっとも基本的で普遍的な規定要因となっているという事実に着目すれば、十分に理解しうるものである。けれども、人びとの生活上におこる障害や危機は、そのような一般的普遍的な側面とともに、生活者の側の性別、年齢、健康状態、生活維持能力などの個別的な属性、かれの居住する社会を特徴づける文化的、社会的ならびに自然的な生活環境基盤、すなわちわれわれのいう生活者の生活世界を構成している諸要因によって規定されている。むしろ、人びとの生活におこる困難や危機の個別性、多様性、一回性などに着目すれば、われわれはそのような要因による規定を重視しなければならない。生活問題という把握方法の特徴は、このような観点から、人びとの生活におこる困難や危機を、その普遍的な側面に留意しつつ、しかも個別性、多様性、一回性という側面に強調点を置いて把握し、分析しようとするところに求められる。

生活問題は、一定の社会的な背景のもとに、一定の規模と深さをもちながら形成され、社会的にその解決、緩和、あるいは改善が必要であると認められた問題状況であり、ひとつの客観的な状況である。けれども、そのような問題状況もその渦中にある人びとにとっては、かれらの生活の外側に位置する客観的な事象ではない。生活問題は、問題状況の担い手にとっては、その生活（生命と活力）の維持・再生産を可能にするには当然に充足されていなければならない生活ニーズ——ニーズのうちでも直接的基本的に生活（生命と活力）の維持・再生産にかかわるニーズ——が不充足の状態にある状況として認識されることになる。すなわち、生活問題は、生活者のレベルに置き直していえば、すなわち生活ニーズの不充足状態にほかならない。そして、いま一度換言するならば、われわれが生活保障ニーズとよぶものの内実は、この意味での生活ニーズの不充足状態にほかならないのである。

さて、すでに明らかなように、社会的ニーズは生活ニーズそのものではない。いわんや、一部で混同されているような、心理学や社会心理学にいう生理的、人格的、あるいは社会的などのニーズそのものではない。人びとの生活ニーズは、前述のように、通常は、生活者個人や家族成員の生業労働と家事労働による生活資料・サービスの取得および加工、そして消費を通じて充足されるが、その過程はしばしば生活者やその家族を取り巻く経済的、政治的あるいは文化的な諸条件、自然的、社会的生活環境基盤の荒廃や不備、欠落などの諸要因によって阻害され、不充足の状態がうまれてくる。また、不充足は生活者の個別的な状況によってもおこるが、その一定の部分は当事者や家族の自助努力による処理の能力を超え、社会的な対応が必要となってくる。そこに、そのような状態を放置することによる社会的な影響についての配慮がはたらいていることはいうまでもない。生活ニーズの不充足には、直接的にか、あるいは間接的にか、社会的な諸要因の関与が認められる。生活ニーズの不充足状態が生活保障ニーズとよばれ、またその総体が生活問題とよばれるゆえんは、こうして、まずその形成の過程において社会的な諸要因が深く関与しているという事実に求められる。

しかしながら、他方、社会的な背景をもつ不充足生活ニーズのすべてが生活保障ニーズとみなされるというわけではない。生活ニーズの不充足状態が生活保障ニーズとみなされるには、いまひとつの要件を満たしていなければならない。すなわち、不充足生活ニーズが生活保障ニーズとみなされうるためには、その不充足状態が一定の社会的な方策施設や活動、すなわちわれわれのいう生活保障システムによって充足が可能なものでなければならない、ということである。もとより、生活保障システムの形成やその内容を規定する要因は、第一義的には、不充足生活ニーズの存在とその内容である。けれども、不充足生活ニーズのなかには、たとえば性的ニーズのように、その充足が個々の生活者にとっていかに重要な意味をもっていても、本来的に社会的なかたちでの充足になじみえないものが存在する。また、不充足生活ニーズのなかには、生活保障システムというよりは、労働政策や教育政策による充足が優先されるべきものも含まれている。そうした不充足生活ニーズは生活保障ニーズとはみなされ難い。

さらにいえば、不充足生活ニーズのどの部分が生活保障ニーズとして認定されるかは、最終的にはそれぞれの生活保障システムに設定されている基準や尺度に依存することになる。その限りでは、生活保障ニーズの範囲は、不充足生活ニーズの状況と生活保障システムの側の諸条件によって規定され、合成されることになる。ただし、生活保障システムの側の諸条件のひとつであるニーズ認定の基準は固定的なものではない。それは、生活保障ニーズとしての認定の範囲を拡大させようとする人びとの社会的な影響力と生活保障システムを創設し、運営する政府その他の供給組織の側の諸条件とのせめぎあいによって流動化する。そのことは、たとえば、ホームヘルパーの派遣基準が冠婚葬祭や出産・入院などの社会的な理由のみならず、介護者の休養、旅行などの私的な理由をも許容する方向に緩和、改善されてきた事実をみればおのずから明らかである。

生活保障ニーズは、その内容とそれに対応する生活保障システムの特性を基準にすれば、所得ニーズ、医療ニーズ、福祉ニーズに分類することが可能である。

所得は、労働力を販売することによって、もしくは自営による利益のなかから確保されるが、失業、退職、障害、傷病などによって、しばしばその中断、喪失、部分的欠損がうまれる。所得の中断や喪失は、生活資料・サービスの購買を困難もしくは不十分なものとし、そこに所得ニーズが形成されることになる。所得ニーズは、さらに従前生活水準維持ニーズと最低生活水準維持ニーズとに分類されうる。従前生活水準維持ニーズは、それまで一定の水準によって維持されてきた生活が所得の中断、喪失などにより、従前の水準を維持することが困難となり、その低下があやぶまれるような危機的な状態にあることを意味している。最低生活水準ニーズは、所得の中断や喪失により、最低生活の水準を維持することすらも困難な状態、もしくは不可能な状態にあることを意味している。最低生活水準維持ニーズの一部は、明らかに、従前生活水準維持ニーズへの対応が不十分であることによってうまれる。しかしながら、たとえば重度障害者のように稼得能力をもちえない場合には、最低生活水準維持ニーズそれ自体が、即自的な生活保障ニーズとして形成されることになる。

生活ニーズのなかには、人びとが傷病に直面した場合の医療にたいするニーズが含まれている。医療ニーズは、そのような生命と活力の維持・再生産に直接的にかかわるような生活ニーズの不充足を意味している。傷病は、二重の意味で人びとの生活を脅かす要因となる。第一に、傷病は、受診や入院、労働力の低下や喪失にともなう就労不能などによる所得の中断や喪失というかたちで生活を脅かすことになる。この側面は、一般的には、所得ニーズの問題として扱われる。第二に、最終的には生活（生命と活力）の維持・再生産そのものを脅かすようなことにもなりうる傷病の治療は、開業医制度をとる社会においては医療費の支出をともない、そのことが生活を脅かす要因となる。傷病にたいする医療は、傷病の治癒、慢性化、あるいは死亡というういずれかの事態に立ちいたるまで継続されなければならず、また医療の内容もそれぞれの社会や時代のもつ医療技術に照らして適切なものでなければならない。しかしながら、生活者が自己の傷病について受診加療の必要性やその期間、さらには内容について予測し、判断することは著しく困難である。傷病にかかわる不充足生活ニーズは、その意味では、即自的な生活保障ニーズであるといってよい。なお、医療ニーズは、医師による治療や薬剤にたいするニーズに限定されえない。傷病の生活や社会にもたらす影響を軽減するためには、予防のみならず日常的な健康の維持・増進、さらには社会復帰のためのアフターケアが不可欠である。医療ニーズの内容は、保健やリハビリテーションを含む包括医療にたいするニーズとして理解される必要がある。

福祉ニーズは、生活者の自立をそこない依存を余儀なくさせている、あるいはその可能性を潜在させている生活ニーズの不充足状態のうちから、所得ニーズと医療ニーズとを除外した残りの部分である。福祉ニーズはさらに、生活基盤（住環境）の領域、生活維持機能の領域、生活関係の領域、生活環境の領域に分類することが可能である。生活基盤、すなわち住環境にかかわる福祉ニーズは、住宅がストックの所得として所得の一部を構成することからいえば、所得ニーズの問題として捉えることも可能である。しかしながら、所得ニーズの主要な関心は、従前生活水準維持ニーズであれ最低生活水準維持ニーズであれ、むしろ所得のフローの側面にかかわるニーズであり、住居を含むストックの側面には及んでいない。まして、住宅の質的な側面は所得ニーズの関心から除外されがちである。けれども、住環境のありようは、個々の生活者の生活をよりよく理解し、福祉ニーズの解決・緩和をはかるためには、最初に考慮されるべき重要な要素のひとつである。なかでも、在宅福祉サービスを中心にする援助ということになれば、まず第一に整備されなければならないのは住環境である。住居内のバリアフリー化、浴槽、台所などの水回りの改造は、重要な福祉ニーズである。

生活維持機能の領域では、障害や傷病にともなう身辺処理能力や移動能力の不足や喪失、また家事処理能力の不足や喪失が多様な福祉ニーズをうみだしてきている。この領域における福祉ニーズの内容は、生活者の年齢、性別、障害や傷病の種類・程度などによって異なってくる。ちなみに、ＷＨＯの障害概念を援用していえば、ここでいう福祉ニーズは、社会的障害（ハンディキャップ）と能力障害（ディスアビリティ）にかかわるニーズであり、インペアメント（機能障害）そのものは医療ニーズに含まれる。

生活関係にかかわる福祉ニーズは、家族の不在、家族や近隣社会、学校社会、さらには職場における人間関係のありように関連して生起する生活ニーズの不充足状態である。日々の生活の維持・再生産に必要な生活資料・サービスの取得や加工を家族に依存するほかない児童、高齢者、障害者、傷病者にとって親、配偶者などの不在にともなう福祉ニーズの形成は、生活（生命）の維持そのものにかかわる事態である。夫婦や親子関係の緊張、虐待、不登校などは、この領域における生活ニーズ不充足の原因であり、またその結果である。

生活環境の領域における福祉ニーズは、第一には、子どもの遊び場や自然とのふれあいの場の減少、大気や水質の汚染などの自然的・地理的生活環境基盤にかかわる福祉ニーズである。第二には、道路、公園、電気、鉄道、衛生施設、保健医療施設、さらには社会福祉施設などの不備にともなう社会的生活環境基盤にかかわる福祉ニーズである。そして第三には、スラム、被差別部落や少数者集団にたいする偏見や差別、暴力や薬物嗜癖の拡大などにともなってうみだされてくる社会的・文化的生活環境にかかわる福祉ニーズである。

第4節　生活保障システムの形成と類型

1　生活保障システムの歴史的規定

さて、このような生活維持システムのなかからうみだされてくる生活問題（＝生活保障ニーズ）に対処すべく形成されてくるのが、所得保障システム、医療保障システム、福祉サービス保障システムから構成される生活保障システム（＝福祉システム）にほかならない。

生活保障システムは歴史的な所産であるが、人びとの労働がそうであるように、それは二重の意味において歴史的な規定をうけている。まず、生活保障システムの発展は、その原初的な形態にまで遡及すれば、人類の歴史とともにはじまっている。生活保障システムの原初的な形態、あるいは淵源は伝統的な共同体社会にみられる相互支援や相互扶助である。生活保障システムの原初的形態は、他の動物に比較して自己保存の能力に劣る人間にとって必然的な性向とならざるをえなかった生活の協同性や愛他主義を基盤とする相互支援や相互扶助の活動にほかならず、そしてその限りにおいて、生活保障システムは通歴史的な存在である。

しかしながら、それがこんにちのように組織的で目的的な方策施設や活動として展開されるようになるには、ひとつの歴史的社会としての近代社会、われわれのいわゆる三相構造社会のなかに組み込まれる必要があった。近代社会はその生成期から発展期にかけて、市場的商品経済や資本主義的生産関係の発展を通じて、相互支援や相互扶助の受け皿である共同体社会を揺り動かし、利益主義的な社会的結合によって伝統主義的な要素を洗い流してしまうのであるが、つぎには逆にそのなかから近代的な生活保障システムの基盤となる新しいかたちの相互支援や相互扶助が形成されてくる。そして、この新しいかたちの相互支援や相互扶助の基底にあるものは、かつての伝統主義的な、共同体のなかに埋没して生活した人びとのあいだの相互支援や相互扶助ではない。それは、自立した個々人とそのあいだの明示的、黙示的な契約を前提とする、新しい協同主義の原理を基盤とする相互支援や相互扶助である。生活保障システムは、そこにその本格的な展開の契機をつかみとることになる。

こうして、生活保障システムは、近代社会の成熟期前期（帝国主義期）に端緒的な発展をみせ、成熟期後期（現代資本主義期）において本格的な発展の途をたどることになるのであるが、もとよりその基盤にあるものは協同主義的な相互支援や相互扶助の単純な水平的、同心円的な発展ではない。生活保障システムがこんにちのような組織的、体系的な社会的方策施設とそのもとに包摂される援助活動として発展していく前提には、近代社会の経済システムとしての資本主義社会の市場資本主義から組織資本主義への移行、政治システムとしての近代市民社会の自由主義から民主主義への移行がある。生活保障システムは、伝統主義から利益主義へ、そして協同主義へと変化してきた共同体社会を基盤とする生活システムを起点とし、そのような経済システムや政治システムの展開と連動しつつ、総体としての社会システムのなかに組み込まれることによってはじめて、その発展が可能であった。

さて、生活保障システムの発展は、近代社会の生成期から発展期までをその第一の段階、成熟期前期を第二の段階、そして成熟期後期を第三の段階として位置づけることができる。R・M・ティトマスの残余的福祉モデル、産業的業績達成モデル、制度的再分配モデル、という社会福祉政策の発展過程に関する概念モデル[(4)]を援用して整理すれば、それぞれの時期における生活保障システムの特徴はおよそつぎのようなものとなろう。すなわち、近代社会の生成・発展期における生活保障システムに照応するのは、残余的福祉モデルである。典型的には、一八三四年の抑制的な救貧法や慈善事業がこれに該当する。H・L・ウィレンスキーとC・H・ルボーの規定を借用すれば、残余的福祉モデルとは、生活の単位としての家族と市場が適切に機能しえない時期に社会の前面に登場し、家族と市場がその機能を回復すると背景に後退するような制限的抑制的な方策施設と活動のありかたを意味している。[(5)] 成熟期前期における生活保障システムに照応するのは、産業的業績達成モデルである。産業的業績達成モデルは、端的にいえば、たとえば高齢者に所得保障を提供するにあたって、それをそれぞれの高齢者の過去における国家、社会、企業などにたいする貢献度に応じて配分しようとする制度である。官吏や軍人にたいする恩給、社会的功労者にたいする年金、企業による功労者年金がそうである。一九〇八年の無拠出老齢年金の制度には、そのような思想が含まれていた。一九一一年の国民保険制度の前提にある国民的効率の思想もまたこれに近い。産業的業績達成モデルの根底にあるものは、明らかに資本主義に底流するメリットシステムの思想である。つぎに、成熟期後期における生活保障システムに照応するのは、制度的再分配モデルである。制度的再分配モデルは、第一次的分配にともなう社会的富の偏在を社会的平等や社会的公平の見地から再分配し、その均等化、平準化をはかろうとする思想と制度を意味している。ティトマスによれば、制度的再分配モデルは社会的統合を志向するモデルであり、「資源の支配のなかに再分配のシステムを組み込む」モデルである。第二次世界大戦後の福祉国家成立以降におけるイギリスの生活保障システムは、このような意味での制度的再分配モデルを志向したものといってよいであろう。

しかしながら、この制度的再分配モデルも、それが第二次的な、再分配の思想と制度である限りにおいては、近代社会に特有の生活原理である生活自己責任原則（自助原則）の部分的な修正を意味する追加的で副次的な制度にとどまらざるをえない。こんにちの生活保障システムは、より積極的に、社会を構成するすべての人びとにたいして、かれらの自立的な生活を確保するとともに、社会生活への統合を目指して、そこに必要とされる所得保障、医療保障、福祉サービス保障を総合的に提供する社会的な方策施設と活動の一大体系として、その新たな発展の方向を模索しつつある。われわれは、ここで、そのような新しい生活保障システムのありかたを制度的再分配モデルにつぐ第四の概念モデルとして設定し、生活環境基盤モデルあるいは生活インフラストラクチャーモデルとよぶこととしよう。

生活インフラストラクチャーとしての生活保障システムは、普遍的一般的な生活保障システムであり、八〇年代以降、転型期にさしかかっている近代社会に照応するモデルである。生活環境基盤モデルは、ティトマスの制度的再分配モデルを継承し、それをさらに一歩発展させた形態である。したがって、普遍的一般的生活保障システムといっても、それは決して生活保障システムのもつ制度的再分配モデルとしての意義を解除しようとするものではない。生活環境基盤としての生活保障システムは、むしろ制度的再分配モデルの同心円的、外延的な拡大を意図しつつ、その延長線上において新たな段階として展開することが期待されるのである。

2　所得保障・医療保障・福祉サービス保障

最後に、ここでは事柄をわが国の場合に限定したうえで、生活保障システムを構成する諸制度とその特徴について若干の整理を試みておきたい。わが国では、社会保障、社会保険、公的扶助、社会福祉、公衆衛生、保健サービスなど、生活保障にかかわって多様な概念と制度が存在し、しかもその概念と制度も相互に的確に照応し合っているというわけではない。そのため、概念の整理も制度の分類も困難な作業にならざるをえない。**図8**は、そうした複雑な概念や制度間の違いに配慮しつつ、戦後日本における生活保障システムの構成とその歴史的推移の概略を示したものである。

図8では、つぎのことが前提となっている。まず、社会保障と社会福祉との関連については、社会保障を上位概念とし、

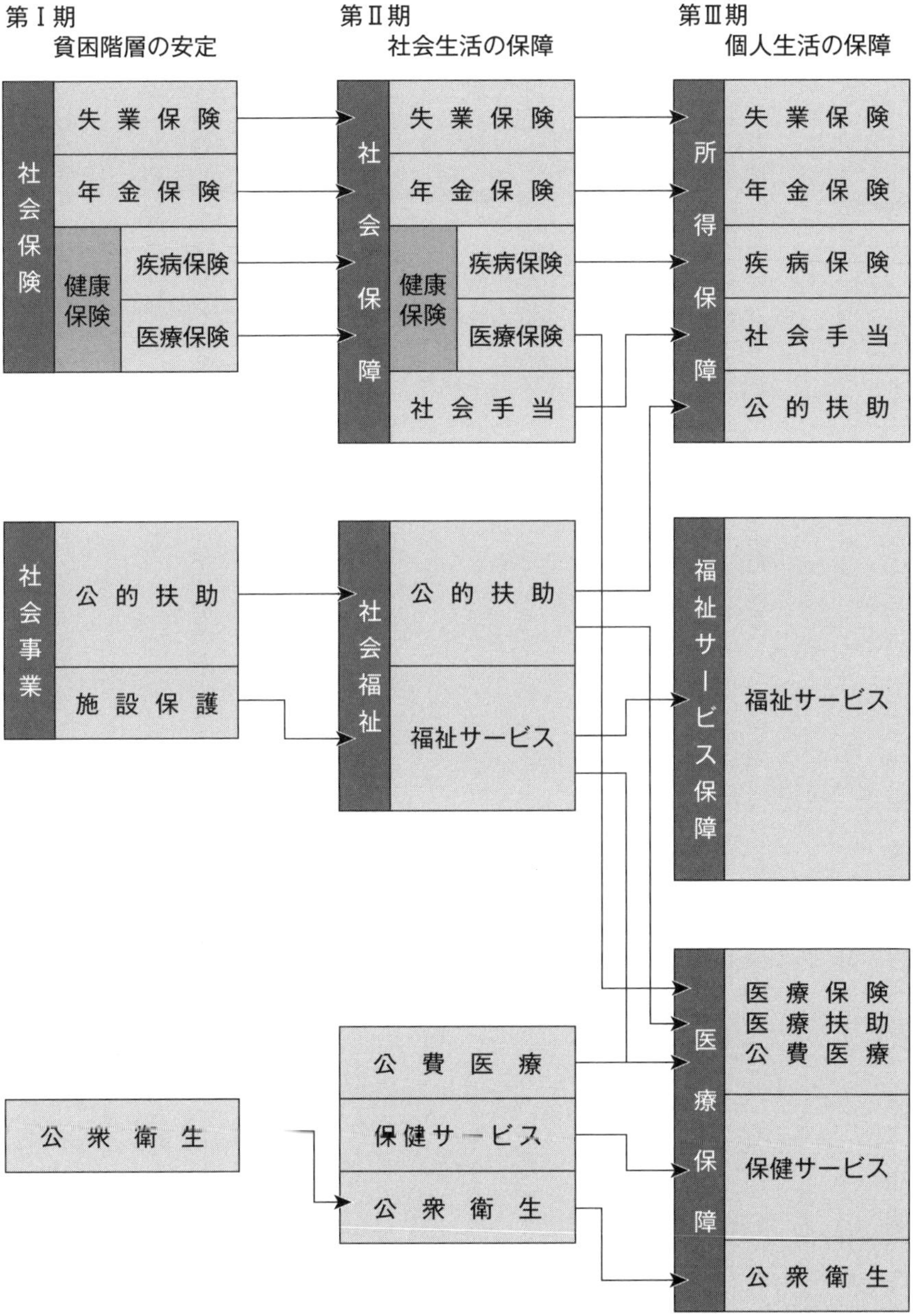

図８　生活保障システムの位置関係

古川孝順　作成

社会福祉は社会保険、社会手当などとともに、社会保障を構成する制度のひとつとして位置づけられている。すなわち、ここでは社会保障が広義に理解され、われわれのいう生活保障システムとほぼ同義の扱いになっている。一部には、これとは別に、社会保障と社会福祉との関連については、それぞれ社会保障を社会保険の、社会福祉を社会事業の発展形態とみなし、沿革や制度の性格から両者を相互に独立した別の制度として位置づけるような見解も存在している。しかしながら、ここではむしろ近年の動向に留意し、社会保障概念のもとに社会福祉を位置づけることにした。時期区分については、およそ、第Ⅰ期は戦後福祉改革の時期から一九五〇年代までに、第Ⅱ期は一九六〇年代から七〇年代までに、第Ⅲ期は一九八〇年代以降に、それぞれ照応している。

戦後のわが国の生活保障システムは、貧困低所得階層の生活の安定が課題となった第Ⅰ期において、社会福祉のなかでも公的扶助（生活保護）を中心に、その周辺に萌芽的な社会保険や公衆衛生を配置するというかたちをとりながら再出発した。国民の社会的範疇的な生活の保障が課題となった第Ⅱ期には、社会保険が生活保障システムの基幹的な制度としての発展を示し、新たに社会手当（児童扶養手当、特別児童扶養手当、児童手当）や保健サービス（母子保健サービス）が登場してきた。社会福祉のなかでは公的扶助の受給者が大幅な減少から横這い状態に転じ、逆に福祉サービスの範囲と比重が拡大しはじめた。

第Ⅲ期になると、生活保障システムの課題は階層的範疇的な社会生活の保障から個人生活の保障に移行し、それに対応するかたちでの社会保険、保健サービス、福祉サービスの質量両面にわたる発展がみられた。それと同時に、そのような発展を反映するかたちで、生活保障システムの構成についての考え方にも変化がみられ、それぞれに淵源や制度的枠組に違いをもつ各種の制度を、その機能によって所得保障、医療保障、福祉サービス保障の三部門に整理して把握しようとする傾向が一般化してきた。かつては社会福祉の主要な構成要素であった公的扶助は、少なくともその機能の側面においては、この時期以降失業保険、年金保険、疾病保険からなる社会保険、さらには社会手当とともに、所得保障制度の一環をなすものとして位置づけられるようになってきている。こんにちでは、社会福祉という概念はもっぱら福祉サービス保障を意味する状況にある。戦後五〇年の歴史を通じて生活保障システムを構成してきた多様な制度は、所得保障、医療保障、福祉サービス保障という三通りの制度に収斂しつつある。

所得保障、医療保障、福祉サービス保障という生活保障システムの三通りの部門は、それぞれ生活問題あるいは生活保障ニーズとしての所得ニーズ、医療ニーズ、福祉ニーズに対応している。所得保障のうち社会保険は、従前生活水準維持ニーズに対応し、公的扶助は最低生活水準維持ニーズに対応している。所得給付は、従前生活水準保障の場合には、あらかじめ設定された基準にもとづいて定額的になされる。最低生活水準を保障する場合には、あらかじめ設定された保護の基準（最低生活の基準）と所得との差額である。いずれの場合においても、給付の内容は定量的、貨幣的に捕捉されることになる。

これにたいして、医療保障による給付は、定性的になされる。傷病の治療、健康の増進や予防には最低限度の保障ということはありえない。保障の内容はそのときどきにおいて可能な最高限度のものでなければならない。むしろ、重要なのは保障の内容が医療ニーズの内容――たとえば、傷病の種類や程度に応じて適正なものとなっているかどうかである。治療の内容が過少になることは許されないが、しかし他方において、過剰な、あるいは不適切な診療も排除されなければならない。

福祉サービス保障は、その内容が定性的であるということでは医療保障に近い。福祉サービス保障は福祉ニーズの内容にたいして適正なものでなければならない。個々の福祉サービスについて定量的な意味での最低限を設定することは困難である。ただし、そのことは、福祉サービスの総量が一定の人口範疇や地域にたいして必要とされる最低限度を充足しうる状態にあるかどうかを問題にすることをいささかも妨げるものではない。

福祉サービスの種類は多様であり、福祉ニーズの変動とともに改変され、新しいサービスが追加されるという状況にある。福祉サービスの類型化は、利用者の属性、利用の場所、供給の手段などを基準にして可能である。たとえば、福祉サービスは、児童福祉サービス、母子・寡婦福祉サービス、高齢者福祉サービス、身体障害者福祉サービス、精神薄弱者福祉サービスに分類される。それはまた、入所型福祉サービス、通所型福祉サービス、在宅型福祉サービス（訪問型福祉サービスおよび宅配型福祉サービス）に分類することができる。福祉サービスは、医療保健サービスと同様に、最終的には専門的従事者のサービス労働に依存している。専門的従事者の資質と量の確保が福祉サービスの質を規定することになる。

notes

(1) 古川孝順『社会福祉学序説』有斐閣、一九九四年。

(2) 宮本憲一『社会資本論』有斐閣、一九六七年、三三―三六頁。

(3) 副田義也「生活構造の基礎理論」青井和夫他編『生活構造の理論』有斐閣、一九七一年、五〇―五六頁。

(4) Titmuss, R.M., *Social Policy*, George Allen & Unwin, 1974.（三友雅夫監訳『社会福祉政策』恒星社厚生閣、一九八一年、二六頁）。

(5) Wilensky, H.L. & C.H. Lebeaux, *Industrial Society and Social Welfare*, The Free Press, 1958.（四方寿雄監訳『産業社会と社会福祉〈上巻〉』岩崎学術出版社、一九七一年、一四三頁）。

初出

社会福祉基礎構造改革

—その課題と展望—

発行日：1998 年 11 月 15 日
発行所：誠信書房
判　型：四六判
頁　数：306 頁

はしがき

時代はまさに改革の秋である。

わが国のみならず、世界全体が改革の時代を迎えている。戦後という冷戦構造に支えられてきた一つの時代が終わり、世界中が新しい時代のはじまりの秋を迎えている。しかし、その辿るべき方向はなかなかみえてこない。試行錯誤、暗中模索の時代である。

社会福祉の世界においても、これと相似的な状況が続いている。一九八〇年代なかば以降の福祉改革の歴史は、移行期的、転換期的な状況のなかで、社会の変動に対応しつつ、しかも新しい社会福祉の理念を求めるという、まさに試行錯誤、暗中模索の連続であったといってよい。しかし、そうしたなかにも福祉改革の方向は徐々に明確化してきた。八〇年代なかばの調整改革にはじまる福祉改革は、八〇年代末から九〇年代初頭にかけての機能改革を助走のコーナーとして、こんにちの基礎構造改革にうけつがれてきている。そのような福祉改革の歴史のなかで、こんにち求められている改革が、戦後以来の社会福祉の伝統から離脱し、これまでにない新しい社会福祉のありようを追求するものであることがしだいに明らかになってきている。

本書は、このような時代と福祉改革にたいする認識を前提に、一九九七年秋以来の社会福祉基礎構造改革をめぐる議論を素材にさまざまの機会に執筆してきた福祉改革関係の論稿を中心に、既存の論稿数本といくつかの書き下ろしの論稿を加えて一冊にとりまとめたものである。本書と同様、誠信書房から一九九二年に刊行した拙編『社会福祉供給システムのパラダイム転換』から再録したプロローグ「供給者本位から利用者本位へ」と第5章「オンブズマン制度の意義と機能」

を除けば、およそこの一、二年間に執筆したものであり、筆者の社会福祉に関する思考の一端に触れていただけるものと考えている。この際、快く既出論稿の再録、転載をうけいれていただいた各出版社その他関係者諸氏に厚く御礼申し上げたいと思う。

個人的な事情にわたるが、本書は同じ誠信書房から刊行した『児童福祉改革』（一九九一年）、『社会福祉改革』（一九九五年）に引き続くものであり、本書の刊行でいわば福祉改革シリーズ三部作が誕生したことになる。今後四冊めの福祉改革論が必要になるかどうかは予測のしようもないが、この三部作を通読していただければ福祉改革という観点からみたわが国社会福祉の同時代史が浮きあがってくるはずである。また、筆者の社会福祉研究の一端に触れていただけるものと考える。他の著作とともに、学部、大学院の社会福祉原論や社会福祉運営論に関する演習や各種の研修会などで討論の素材に採用していただき、忌憚のないご批判、ご叱正をお願いできればと期待している。なお、本書に集録した論稿のなかには時論やエッセイ、評論に属するものも含まれており、必ずしも純粋な意味での論文集として構成しているわけではない。また、研究者、社会福祉関係者のみならず、学生や一般の人びとにも幅広く手にとっていただければと考え、引用や参照資料の出所を明示することをしなかった。その点については読者諸氏のご寛恕をお願いしたい。

巻末には本書の内容に関わる関係審議会等の報告書やそれに付属する資料の一部を収録している。いずれも本書の論点に関わるものである。参考にしていただければ幸いである。

最後に、度々、本書のように必ずしも多くの読者をえられるとは考えにくい著作、編著の刊行をお引き受けいただき、なおかつ編集製作の過程における筆者のわがままを受けいれていただいている誠信書房の柴田淑子社長、編集部の長林伸生氏をはじめ、関係者諸氏に厚く御礼申し上げるものである。また、本書編集の過程でワードプロセッサによる原稿の整理に際しては東洋大学大学院社会学研究科社会福祉学専攻博士後期課程の尾里育士氏を煩わせた。記して謝意を表したい。

著者　識す

一九九八年九月　初秋の日に

プロローグ

供給者本位から利用者本位へ

——社会福祉供給システムのパラダイム転換

プロローグとしてここに収録した論稿の初出は、拙編『社会福祉供給システムのパラダイム転換』（誠信書房、一九九二年）の序章（原題は「社会福祉供給システムのパラダイム転換——供給者サイドの社会福祉から利用者サイドの社会福祉へ」）である。文章の一部を修正して再録した。

書き出しの文章としては二度目の登場であるが、わが国の社会福祉は、まさに残すところわずかになったこの一九九〇年代を通じて、未曾有の改革を経験しようとしている。われわれが、その初頭において九〇年代とそこにおける社会福祉の課題をどのようなものとして認識し、把握しようとしていたのか、この文章を通じてそのことを理解していただければ幸いである。われわれは、九〇年代が大がかりな改革の時代になるであろうという予感、またそうなるべきであるという方向性——供給者本位から利用者本位への転換——を提起することはできた。しかし、もとより、その改革の規模や深さがこんにちにいう「基礎構造改革」ほどのものになろうとは予想していなかった。

第1節　社会福祉の八〇年代――戦後の継承と変革

わが国の社会福祉は、一九七〇年代の後半から八〇年代にかけて、二重の課題に直面させられていた。第一の課題は、社会福祉の自己保存に関わる課題であった。一九七〇年代なかばにはじまる外部環境の変化にたいして、社会福祉は、いかにして自己のレーゾンデートルを擁護し、存続への活路をみいだすかという深刻な課題に直面させられていた。

一九七三年の第一次オイルショック以降、資本主義経済の歴史に前例をみないスタグフレーション現象の進行とそれにともなう経済社会の混乱、すなわち、景気の後退、歳入の逓減と国債依存度の拡大による財政事情の悪化、新保守主義あるいは新自由主義とよばれるような保守的政策思潮の浸透、そしてこれらの経済的、社会的、政治的変動の帰結としての行財政改革の推進に象徴されるような外部環境の急激な変化によって、社会福祉はかつて経験したことのないほどの、自己の存在の根幹に関わるような波浪に直面させられることになったのである。福祉見直し論や福祉国家批判の出現は、社会福祉のレーゾンデートルに直接的に関わる外圧として認識された。

第二の課題は、社会福祉の自己変革に関わる課題であった。わが国の社会福祉は、八〇年代を通じて、一九四〇年代後半の戦後福祉改革のなかで形成され、継承発展させられてきた自己の基本的な枠組、すなわち制度の骨格とその運用原理を、現代および将来に予測される福祉ニーズに対応しうるようなものにいかにして変革し、再構成していくかという、これまた深刻な課題に直面させられていた。

敗戦直後に成立したわが国における社会福祉の基本的枠組は、六〇年代にはじまる高度経済成長期およびそれ以後の急激な経済社会的、政治文化的な変動にともなう福祉ニーズの多様化・高度化・複雑化にたいして、すでにその対応の能力を喪失しつつあり、来るべき高齢化社会に備えるためには社会福祉の内部体系に関わる根源的な改革が必要であると指摘され、さまざまに自己変革の方向と課題が提起されていた。

第2節　外部環境の変動と相克の一〇年――自己保存と変革

一般的にいえば、社会福祉の自己保存と自己変革という二重の課題は決して相対立する関係にあるものではない。むしろ、両者は、相互に密接に依存しあう課題である。社会福祉が歴史的社会的な存在である限り、それが維持存続されていくためには、過去の経験の蓄積としての制度やその運用の原理、援助活動の方法や技術をただ継承するだけでなく、現実の社会の要請や福祉ニーズの変化に対応しながら、必要に応じて常に自己を変革していかなければならない。自己変革がなければ、社会福祉の自己保存はありえないのである。逆に、自己保存の傾向があればこそ、社会福祉は現実世界の諸要素にただ引きずられ、流されることなく、まがりなりにも必要とされる自己変革をなしとげてきたのである。

そのことからいえば、八〇年代におけるわが国の社会福祉界の状況は必ずしも幸福なものではなかったといえよう。八〇年代の社会福祉界では、福祉見直し論、福祉国家批判、財政主導の行政改革の推進というかたちで外部環境が激しく変動するなかで、社会福祉の自己保存と自己変革のいずれを重視すべきかについて厳しい対立がうまれ、実りの薄い論争が繰り返されていたからである。

第一の課題、すなわち社会福祉の自己保存を重視する論者たちは、第二の課題である自己変革を重視し社会福祉の内部体系に関わる改革を促進しようとする見解を、もっぱら福祉見直し論、福祉国家批判、行財政改革などの外部環境の圧力に追随し、それを容認しようとするものとして、強く反発していた。逆に、第二の課題、すなわち社会福祉の自己変革を重視する論者たちは、第一の課題すなわち自己保存を重視する見解を、戦後社会福祉の形骸に固執し、内部体系改革の必要性を軽視し、その好機を無にする見解として、これまた強く批判してきた。

行財政改革主導の、経費節減的な福祉見直しが実施され続けた七〇年代末から八〇年代の前半にかけての時期において、自己保存論的福祉改革批判はそれなりの歯止めとして効力をもちえていた。けれども、自己保存論的な福祉改革批判論の貢献は、その水準にとどまることになった。それは歯止めとなる以上に、社会福祉の自己変革に関する積極的な展望と方法論をもちえなかったのである。

これにたいして、自己変革論的福祉改革論は、自己変革の必要性を強調するだけでなく、その構想を提起し、実現のためにはたらきかけた。そして、そのことを通じて、行財政主導型福祉改革の浸透を切り返し、社会福祉の自己保存をはかることにある程度まで成功を収めたとみることができる。八〇年代の末期における福祉改革の展開のなかには、そうした自己変革論的福祉改革論の構想と戦略が部分的にではあれ内在化されてきている。この事実はもっとも直視されなければならない。

もとより、それにもかかわらず、こんにちの福祉改革は、明らかに第二次臨時調査会の設置にはじまる行財政改革の潮流を契機として実現したものである。それゆえに、福祉改革の性格は、基本的には新自由主義的保守主義的改革である。福祉改革は、行財政改革のなかに切り込んだ、逆にいえばそのなかに部分的に包摂され、取り込まれた社会福祉の自己変革であった。その意味では、自己保存論的福祉改革の批判は、こんにちにおいてもなお一定の歯止めとしての意味をもち続けているのである。

第3節　八〇年代福祉改革——調整改革

しかし、八〇年代福祉改革は既定の路線に組み込まれた。

福祉改革についての議論は、その要否や理念のあり方を一般的に論じる段階から、改革の展開過程をきめ細かく、客観的に検証し、その直接的な利用者や国民生活にたいする効果や影響を批判的に評価し、そのことを通じてさらなる改革の方向を論じる段階に入ったといってよい。

八〇年代福祉改革の過程を通じて強調されてきたことは、社会福祉の伝統的なパラダイムの構造を現実の要請と将来の高齢化社会に適合しうるものに早急に転換する必要があるということであった。これまで折にふれてもちいられてきた「普遍化」ないしは「一般化」「自助化」「多元化」「分権化」「自由化」(脱規制)「地域化」「計画化」「総合化」、さらには「専門職化」などのタームは、いずれもそのようなパラダイム転換の方向や課題を指し示すものであった。

ここでは、そのなかから、八〇年代における福祉改革の課題をもっともよく象徴するタームとして「分権化」と「地域化」をとりあげ、その意味するところについて若干の検討を試みてみよう。社会福祉における(地方)分権化は、以下の三通りの内容をもっている。第一には、社会福祉の実施に関する権限の一部を国から地方自治体に委譲したということである。第二には、社会福祉の実施に関する地方自治体の権限を部分的により住民に近い基礎自治体である市町村に委譲したということである。第三には、社会福祉の措置や社会福祉施設の設置に関わる基準の緩和である。

第一の分権化は、機関委任事務の団体委任事務化によって具体化された。第二の分権化は、一部措置(利用決定)権限の都道府県から市町村への委譲によって実現された。第三の分権化は、施設規模の最低限の緩和、措置(入所)基準のガイドライン化などによって実現された。

社会福祉の地域化は、社会福祉の施設福祉型から在宅福祉型へ、さらには地域福祉型への移行ないし転型として理解することができる。六〇年代までのわが国の社会福祉は、社会福祉施設への入所措置を処遇の中心的な方法としてきた。しかしながら、七〇年代になると、わが国の社会福祉は、コミュニティ形成論とも接点をもちつつ、障害者福祉や高齢者福祉の領域を中心に在宅福祉サービスを導入し、徐々にそれを拡大してきた。そしてさらに、八〇年代には、地域社会を基盤に、入所施設サービスと在宅福祉サービスとを再統合する新しい社会福祉の体系としての地域福祉型社会福祉の実現がはかられてきたといってよい。

このような社会福祉の分権化や地域化は、社会福祉の利用者を尊重し、その生活実態を重視しようとする姿勢を示すものとされてきた。社会福祉をめぐる権限の国から都道府県への、さらには市町村への委譲は、社会福祉をその利用者の生活に近い、その実情をもっともよく理解することのできる、したがってもっともよく対応しうる基礎自治体の水準において実施しようとする改革として広く歓迎されてきた。また、社会福祉の地域化は、利用者の社会的な隔離や差別を避け、生活の継続性、全体性を維持し、かれらの自立的な生活を確保しようとする改革として歓迎されてきた。

しかしながら、一方においては、このような分権化や地域化の必要性や重要性に理解を示しながらも、財政基盤に不均衡のみられる市町村による施策の運用を危ぶみ、地域間格差の醸成につながることを危惧する見解も数多くみうけられる。分権化の反面に国庫負担率の引き下げがあり、地域福祉型社会福祉の背景に経費節減と家族や地域社会への依存志向が散見される事実を考えれば、この地域間格差にたいする危惧の念は決して理由のないことではない。たしかに、社会福祉の分権化や地域化には、地方自治体や地域社会への安易な依存や責任の転嫁になりかねないような要因が多分に内包されているのである。

社会福祉の分権化や地域化の今後の展開は、はたしてこれらの疑問を氷解させるような方向にむかうのか、あるいは一部の危惧を現実化するようなものとなるのであろうか。その分岐は、これからの福祉改革の具体化がどれだけ住民（市民）と利用者を重視し、その利益を擁護する観点から実施されていくのか、その一点にかかっているといって過言ではない。

第4節　供給者本位の社会福祉から利用者本位の社会福祉へ
——機能改革

すなわち、九〇年代の社会福祉を展望し、社会福祉におけるパラダイム転換を象徴する分権化と地域化をさらに一歩前進させるためには、「供給者サイドの社会福祉から利用者サイドの社会福祉へ」の転換、あるいは社会福祉の「供給者本位」から「利用者本位」への思い切った観点の転換とそのことを前提とする供給システムの組み換えが必要である。九〇年代を迎えて、社会福祉はいわば第二のパラダイム転換を必要としているのである。

これまで、社会福祉は、それを供給するサイドから、すなわち国や地方自治体、社会福祉の機関や施設の側から論じられてきた。従来、社会福祉は、一定の権限のもとにそのような「主体」の側から一方的に供給されるものとして論じられ、利用者である「対象（者）」は国や地方自治体の提供する恩恵の単なる「受益者」、「享受者」として位置づけられることが多かった。社会福祉の伝統的な枠組のなかでは、社会福祉の権限は援助する側の決定（行政処分）に依存していた。利用者はあくまでもその対象、客体であり、援助を与えられ、その恩恵を享受するだけの存在であった。

社会福祉が国民のための社会福祉として議論される場合にも、そこで主体として構想されているのは、社会福祉のいわば潜在的利用者としての「国民一般」であるか、あるいは生活困窮者、高齢者、児童、単親家族などの「社会的不利益者集団」であり、社会福祉の政策や制度が策定される過程において、利用者たちが、その一人びとりが、個別具体的な履歴、それにもとづく生活と人格をもつ自立的な（あるいは自立可能な）生活者＝生活主体として、換言すれば社会福祉がそのような個別具体的な生活の背景と諸条件をもつ生活者＝生活主体にたいする個別的な援助として、認識されることはまれであった。

これからの社会福祉を展望するうえで重要なことは、社会福祉をそのような利用者＝生活者＝生活主体の視点から、それぞれに個別具体的な内容をもつ生活問題（福祉ニーズの集積）を解決・緩和し、その多様な生活ニーズの充足に貢献するような政策制度、そしてそのもとで展開される援助活動として位置づけ、評価し、改善を積み重ねていくことである。

もとより、利用者のサイドから社会福祉の改革を求めるという観点は決して目新しいものではない。それはすでに七〇年代において提起されはじめている。障害者たちが地域社会のなかでの生活の自立を求める運動を展開しはじめたのは、七〇年代のことであった。国立施設を含めてコロニー（障害者のための総合施設）建設の波が全国に波及しようとするなかで、障害者やその保護者、教育・福祉施設関係者などを中心とする支援者たちは、居住（生活）型施設の建設を障害者を社会から隔離するものとして批判し、施設にたいする入所拒否の意思を表明した。このような障害者たちによる収容施設批判は、部分的にはアメリカの脱施設化運動やメインストリーム思想の影響を受けていた。しかし、やがて国際障害者年を契機に、北欧諸国にはじまるインテグレーション（統合化）やノーマライゼーション（常態化）の思想が障害者福祉の新しい理念として受容されていった。そして、周知のように、こんにちでは、このインテグレーションやノーマライゼーションの思想が、障害者福祉の範囲を越え、社会福祉に共通する新しい理念として定着している。

このような事実からすれば、ここでいう「供給者本位から利用者本位へ」の社会福祉のパラダイム転換は、すでに七〇年代にはその端緒がみられ、八〇年代の福祉改革、すなわち分権化と地域化が推進されるなかで一層の前進がもたらされたとみることも可能であろう。けれども、現在および今後に展開が予定されている社会福祉の供給システムを、①利用者＝生活者＝生活主体による福祉サービス利用権の内容的、手続的保障、②利用過程における権利と便益の保障、③利用にともなうスティグマからの解放、④費用の負担の程度や方法、などの観点からあらためて捉え直してみるならば、そこにはなお改革され、改善されるべき課題が数多く残されているのである。

第5節　利用者本位の供給システムの確立——構造改革へ

たとえば、こんにち、社会福祉サービスにたいする利用者の接近の経路と方法は、実態的には申請主義を契機にしつつ、職権主義による措置を基準に、その外側に住民や学校、警察その他の機関からの通告を認めるというかたちで制度化されている。この制度は、国民にたいしひたすら座して恩恵享受の機会を待つことを求めた戦前とは異なり、実態的にではあれ国民による申請を第一契機として設定しているという意味では相当の改善を示している。

けれども、そのシステムとて万全ではない。申請を契機とする供給システムは、①福祉ニーズをもつ地域住民がそのことを十分自覚的に認識していること、②その福祉ニーズがなんらかの福祉サービスによって解決、あるいは緩和の可能性があることを理解していること、③必要とされる福祉サービスの内容、手続きの窓口や方法、費用負担の程度などについて相当の情報をもち、しかも理解していること、④福祉サービスの利用にともないがちなスティグマから解放されているか、あるいはそれを無視せざるをえないほどの状況におかれていること、⑤利用の申請に必要な判断能力や移動の能力をもっていること、⑥利用にともなって必要とされる費用を負担する能力をもっていること、⑦利用の可否についての判断が示されるまでもちこたえるためのインフォーマルな、あるいはフォーマルな社会資源が身近にあること、などを前提的な条件としているからである。

しかしながら、実際問題として、社会福祉の潜在的な利用者のなかには、福祉ニーズを抱えていることを自覚していない人びと、有効な福祉サービスについての情報を欠いている人びと、気後れや疾病その他の身体的事情で申請ができない人びとなど、現行の申請措置制度に適合しえない人びとが多数存在している。こうした人びとにとって、社会福祉の窓口は閉ざされているに等しいのである。しかも、このような人びとの存在は、社会経済の変化にともない今後ますます増大するものと予想されている。

このような利用者および利用の過程をめぐる問題が存在している事実は、さきにみたインテグレーション（統合化）やノーマライゼーション（常態化）の理念の具体化の状況、そして分権化と地域化の状況を含めて、社会福祉の供給システムの全体を、利用者の側に立って、利用者側の論理や心情を前提に、あらためて、しかも根源的な水準に立ち戻って、点検しなおしてみる必要性のあることを物語っている。

たとえば、みずから自己の福祉ニーズを自覚しえていない人びと、福祉サービスについての情報や判断の能力に欠ける人びと、申請に気後れを感じ、あるいは身体的その他の事情で直接申請窓口に来られない人びとにたいしては、社会福祉の供給システムは、戦後福祉改革以来の申請主義を便宜的に前置する「待ちの姿勢」を乗り越え、福祉ニーズを掘り起こし、積極的に社会福祉の利用を促進する「攻めの姿勢」、すなわち「リーチアウト活動」（福祉サービス利用促進活動）に転換させられなければならない。

さらに、社会福祉を供給者サイドに立つものから利用者サイドに立つそれに変革するためには、社会福祉の供給システムそれ自体が、利用者の不満や制度改善要求を汲み上げ、それを自己変革の手掛かりとしていくための評価と勧告の機構（たとえばオンブズマン制度）を、自己自身の機構の一部分として組み込み、確立していくことが必要である。

伝統的に供給者サイドから構想されてきた社会福祉は、いまや利用者サイドに立つ社会福祉として再構成されなければならない。八〇年代にはじまる福祉改革が来るべき九〇年代の展開のなかで新たなる成果を結実することができるためには、これまで普遍化、分権化、地域化、多元化、総合化、計画化さらには専門職化などとして推進されてきたわが国社会福祉の供給システムのパラダイムを、ここでもう一度「供給者本位の社会福祉から利用者本位の社会福祉へ」と、大きく、明確に、そして根源的に転換していかなければならない。

それは、九〇年代、さらには二一世紀を展望する時期にあたって、わが国の社会福祉が避けて通ることのできない喫緊の課題なのである。

第1章

社会福祉改革の現在

——戦後福祉改革から基礎構造改革まで

こんにちの「基礎構造改革」は時間的な軸でとらえれば、一九八〇年代なかばの改革——国による補助金の削減と機関委任事務の団体委任事務化——、そして九〇年代初頭における改革——社会福祉関係八法改正——につぐ改革である。この章のねらいは、第一には、「基礎構造改革」を規定する外在的な要因として「冷戦構造の終焉」、「グローバルスタンダード」、「グロバリゼーションとコミュナリゼーション」、「不況による財政逼迫」をあげ、その関わりについて明らかにすることにある。第二に、そのような「基礎構造改革」を戦後福祉改革——戦後改革の一環としての社会福祉の再編成——以来のわが国における社会福祉の発展の過程に位置づけ、さらには「基礎構造改革」を八〇年代なかばの福祉改革——「調整改革」——、九〇年代初頭の福祉改革——「機能改革」——につぐ「構造改革」として把握することによって、その基本的な性格を鮮明にすることにある。

はじめに

歴史が改革の積み重ねであるという事実は、ことあらためて指摘するまでもないことであろう。しかし、それにしても、八〇年代のなかば、わが国において社会福祉の制度改革の必要性が指摘されはじめてすでに一五年に近い歳月が経過している。この間、わが国の社会福祉はまさに改革につぐ改革を経験してきたといっても過言ではない。

そうしたなかで、一九九七年の初秋、わが国の社会福祉はその基礎構造にかかわる改革を必要としていることがあらためて指摘され、こんにちまで社会福祉事業等の在り方に関する検討会や中央社会福祉審議会社会福祉構造改革分科会において緊迫した議論が展開されてきた。

この際、基礎構造改革の意義と課題について論じるにあたり、われわれはその議論を、まず基礎構造改革を①八〇年代から九〇年代にかけてはじまる世界史的、地球社会的な転換期的状況のなかに位置づけ、その意義について検討すること、つぎに基礎構造改革を②戦後改革のなかで推進された社会事業の再編成を起点とする戦後社会福祉史のなかに位置づけ、その意義について検討することからはじめようと思う。

第1節　時代状況と福祉改革

一九九七年一一月二五日に提出された社会福祉事業等の在り方に関する検討会の報告書「社会福祉の基礎構造改革について（主要な論点）」（以下、検討会報告）は、わが国社会福祉の基礎構造改革が必要とされる理由を「社会福祉を取り巻く状況」と「社会福祉制度」に大別している。

前者「社会福祉を取り巻く状況」に属する理由は、より具体的にいえば、①少子・高齢化社会、家庭機能の変化、低成長経済への移行、②社会福祉に対する国民の意識の変化、③国民全体の生活の安定を支える社会福祉制度への期待、である。後者「社会福祉制度」に属する理由は、①現行の基本的枠組みは、終戦直後の生活困窮者対策を前提としたものであり、今日まで五〇年間維持（されてきていること）、②現状のままでは増大、多様化する福祉需要に十分に対応していくことは困難（であること）、③この間、児童福祉法の改正、介護保険法の制定を実施（したこと）、である。

われわれは、このような「検討会報告」による背景説明それ自体にたいして特に異論はない。むしろ、ここではさらに一歩を踏み込み、こんにちの、さらに二一世紀における社会福祉にとっての前提的な環境条件となる時代と社会がいかなる状況にあるのか、そのことに言及しておきたいと思う。

こんにちの時代と社会の状況を規定し、方向づけている諸要因をマクロのレベルにおいて整理すれば、それらはつぎの四点になろう。第一には、こんにちの時代がまさに世界史的な転換期、過渡期的状況にあるという事実である。第二には、八〇年代以降における世界史的なグローバリゼーションとコミュナリゼーションの進展である。第三には、グローバルスタンダードの拡大である。第四には、アメリカを除く資本主義諸国に共通にみられる長期的な経済的不況とそれにともなう財政事情の逼迫である。

これらの諸要因は、一見する限りにおいては、社会福祉と直接の関わりをもたないように受けとめられるかもしれない。しかし、社会福祉もまたそれが社会システムの一つである限り、このようなマクロ的要因の影響を免れえない。免れえないどころか、こんにち社会福祉の基礎構造にかかわる根源的な改革の必要性が強調される奥底には、明らかにこのようなマクロ的な諸要因が横たわっているのである。

その事実を確認し、そのことを前提とすることなしには、こんにちのわが国の社会福祉がおかれている状況を適切に認識し、その将来を的確に展望することは不可能であろう。

1　世界史的転換期

一九八〇年代から九〇年代にかけて、世界社会は四～五百年に一度といわれるような大規模かつ根源的な社会変動の初期に直面することになった。その直接的な契機は、八〇年代末における東欧社会主義体制の崩壊、そして九一年におけるソビエト・ロシア連邦の崩壊とそれにともなう戦後冷戦構造の終焉である。このようなドラスティックな社会変動の出来事は、あたかも社会主義体制にたいする資本主義体制の優越と勝利を物語るように喧伝される。たしかに、資本主義経済は戦後の冷戦構造の枠組とケインズ主義的な経済運用を梃子に、西ヨーロッパ、北アメリカ諸国、ついでわが国において高度の経済成長を実現させた。しかしながら、資本主義経済の繁栄は、六〇年代をピークに減速傾向に転じ、七三年のオイルショックはその傾向にたいして一層の拍車をかけるところとなった。

以後、一時期のわが国におけるバブル経済的繁栄とその後のアメリカにおける一国限定型好況の長期的持続を例外として、先進資本主義諸国における経済不況はもはや長期的な傾向性として定着してしまったようにみえる。端的にいえば、資本主義経済と資本主義的政治体制の流動化、弱体化の傾向は、明らかに社会主義経済と社会主義的政治体制の崩落に先行していたのである。七〇年代後半以降、資本主義体制もまた存続の危機に直面させられているといって過言ではない。

すなわち、七〇年代後半以来の資本主義経済の低迷と八〇年代末以来の社会主義体制の崩落による冷戦構造の終焉は、まさにこんにち、世界社会が数百年に一度という頻度で経験する世界史的な転換期、あるいは過渡期的な状況にあるという歴史的事実を象徴するものであるといえよう。いまや、時代がすでに新しい段階にはいっていることは明らかである。しかしながら、それにもかかわらず、その新しい時代がどのようなものになるのか、先行きは不透明なままである。

これからの、二一世紀に向けての社会福祉は、基底的、根源的には、このような世界史的な経済、政治、社会、そしてそれらに連動する文化のドラスティックな変動というコンテクストのなかで展望されなければならない。こんにち、われわれが直面させられている福祉改革は、まさに過渡期的状況、不確実な時代における改革だということである。それだけに、社会福祉の基礎構造改革には鋭い分析力と論理による現状と将来にたいする透徹した洞察が不可欠とされる。

2　グローバリゼーションとコミュナリゼーション

こんにちが世界史的な転換期にあるということと関連することであるが、戦後なかでも六〇年代以降の世界社会は、基本的には一九世紀において確立されたといわれる国民国家の境界（ボーダー）を超えて発展する企業活動を通じて世界的な規模で市場経済が形成されるとともに、資本、商品、そして人間が自由に交流する時代、ボーダーレスの時代を迎えている。こんにちの時代と社会を特徴づけるいま一つの要素は、この国民国家的境界のもつ比重が相対的に縮小化してきたことにともなって顕在化してきた一方におけるグローバリゼーション＝地球社会化の傾向と他方におけるコミュナリゼーション＝地域化の傾向である。

このグローバリゼーションとコミュナリゼーションという傾向は、これを政治の世界に置き直していえば、国政府の役割機能の相対的減少と国際政府機関および地方政府の役割機能の相対的拡大として捉えることができる。戦後の冷戦構造のなかで、資本主義諸国は、国内外の社会主義勢力と対抗するためそれぞれに福祉国家理念のもとに民主主義的政治体制、完全雇用政策、公教育制度を整備推進するとともに、各種の社会保険や社会福祉の充実を図るなど、福祉国家政策の拡充に努めてきた。

このような福祉国家政策の追求は各国それぞれに一定の成果をあげることになるが、しかしその基本的な性格は一国福祉国家体制ともいうべきものでボーダレスの時代に対応するものではなかった。これからの社会福祉には、ますます拡大すると考えられるこのグローバリゼーションの傾向に適切に対応しうるような、そのあり方が問われることになる。

また、これからの社会福祉には、グローバリゼーションへの対応と同時に、コミュナリゼーション、すなわち地域化、分権化への対応が求められることになる。戦後の福祉国家体制は国民にたいして最低限度の生活を保障するという側面においては一定の成果をあげることに成功したといってよい。しかし、同時に、その福祉国家体制において中央集権的な福祉行政とそれを支える官僚制度の肥大化、すなわち福祉集権主義をうみ、一部においてはありうべからざる腐敗をもたらすことになった。このような戦後福祉国家体制のもたらした負の遺産を克服するためには、分権化や地域化を通じて社会福祉を市民の手に取り戻すことが必要とされる。自治型、地域型の社会福祉がこれからの、二一世紀をめざす社会福祉のあり方として追求されなければならないのである。

3　グローバルスタンダード

グローバルスタンダードは世界標準と訳されることが多い。周知のようにバブル崩壊以後低迷を続けるわが国の経済と政治は、欧米諸国やいわゆる市場から、いうところのグローバルスタンダードの受容ないし実現を強く求められてきた。バブル経済の一時期、わが国の経済力を下支えするシステムとしての日本型経営が国際的な毀誉褒貶《きよほうへん》の的となった。しかしながら、こんにちではその日本型経営こそが日本経済の長期的低迷の原因であるとして欧米諸国や市場から強く指弾されている。

グローバルスタンダードの意味するところは、簡略にいえば脱規制化と市場における自由な競争の実現ということであろう。ムラ的な政治手法や伝統的な人間関係のあり方が深く経済活動に浸透し、そのような独特のシステムによって支えられてきた日本の経済システムにとってグローバルスタンダードの受容は大きな苦痛をともなわざるをえない。しかし、こんにちではグローバルスタンダードの受容、換言すればその基底にある市場原理の導入活性化を唯一の問題解決の方策とみなすような状況がうみだされてきている。

もとより、経済システムのありようと社会福祉とでは、レベルも違えばその内容も異なっている。社会福祉は経済システムによる規定をうけるとはいえ、ある意味ではそれからもっとも遠い領域にあるといってよい。社会福祉は社会のなかでもっとも非生産的な領域であり、また経済の世界から脱落したり、そこに参入できない人びとのための施策であると考えられてきている。

しかし、社会福祉はある意味ではわが国の経済システムのおかれた状況と似通う共通する部分をもっている。それは、社会福祉が社会全体のシステムのなかでは独特の理念や行動原理に支配された特殊な領域、ある種の聖域とみなされていることである。あたかもわが国の経済システムが欧米の視点からみて特殊なシステムとして、ある種理解を超えた世界とみられているように、社会福祉の世界も一般の社会に通用する論理を超えた社会、サブシステムであると考えられてきたといって必ずしも過言ではない。

しかし、こんにちの社会福祉は、わが国の経済システムがそうであるように、市場原理というグローバルスタンダードを受け入れることを強く求められている。社会福祉が貧困低所得対策であった時代はいざ知らず、市民のあいだに福祉ニーズが広く浸透拡大し、社会福祉に一般的普遍的施策としてのありようが期待されるようになったこんにちにおいて、社会福祉もまたみずからを特殊なサブシステムとみなす自己認識のありようを改め、社会一般に通用する理念と行動原理を受け入れることを強く求められているのである。

現に、基礎構造改革は、社会福祉においても、一般の商品の購買・利用の過程がそうであるように、市民によるサービスの選択と自己決定をともなう利用の方式が認められるべきであるし、サービスを提供する側もそれに応えるようなサービス提供の工夫があってよい、と主張している。そのためには、従来の措置という行政処分による利用に代えてサービス提供者間、利用者間、そして提供者と利用者の自由な契約による利用の方式を導入する必要があり、またその前提として供給者側には利用者の選択を可能にするような情報の開示が求められる。

たしかに、社会福祉といえども社会を構成する施策・制度の一つである。社会福祉は、社会的な使命感を行動原理とする相対的にみて独自の事業であるとしても、これを「聖域」として維持することは適切ではない。社会福祉の利用にあたっては、選択や自己決定など利用者の市民的な権利は十分に尊重されなければならないし、サービス供給者にも措置費依存の体質を改め、相互に競い合ってサービス内容の品質を高めるように努力することが求められてしかるべきであろう。その意味では、社会福祉もまたグローバルスタンダードを受け入れていかなければならない。しかしながら、社会福祉の領域のすべてにグローバルスタンダードの、さらにいえばその前提にある市場原理の適用が可能かどうか、そこには慎重な検討にもとづく適用の方法と範囲の切り分けが必要とされる。

4　経済的不況

わが国では、九〇年代初頭のバブル崩壊以後、景気の低迷が続いており、九八年夏現在、景気のさらなる低下すら予想されるという状況にある。もとより、こうした景気の低迷はわが国だけの現象ではない。周知のように、世界経済はアメリカを例外におしなべて慢性的不況のさなかにあり、世界恐慌の再来すら危惧されている。

そうした状況のなかで、社会福祉は、国際的にも国内的にも、二重の意味において苦衷にたたされている。第一には、福祉国家政策の重視が経済低迷を招いたとしてこれを批判する新保守主義の思想が政策運用の基調となり、それに追い打ちをかけるように景気の低迷による歳入減が続くという事態のなかで、社会福祉は必要なだけの財源を確保することが一層困難になってきているということである。第二には、そのように社会福祉にたいして逆風が吹くという状況のなかで、人口の高齢化と少子化が急速に進行し、社会福祉の必要性はむしろ拡大する傾向にあり、それを支えるには多大の財源が必要になってきているということである。

七〇年代末に成立したイギリスのサッチャー政権、八〇年代初頭のアメリカのレーガン政権、そしてわが国の中曽根政権による社会福祉予算の削減や各種の制度改革をうみだしてきた新保守主義改革の基調は、社会福祉の財政という観点からみるかぎり、こんにちにおいても着実に継承されているのである。そして、八〇年代以来の経済不況と人口の少子高齢化は、むしろそれを強化する方向に作用してきている。そうしたなかで、イギリスはコミュニティケア改革を、アメリカは高齢者医療保健・福祉制度の改革やＡＦＤＣ改革を、そしてドイツは介護保険制度の導入を実施してきた。わが国における八〇年代以来の改革、なかでも介護保険制度の導入や今回の基礎構造改革もまた同じ文脈のなかにある。

現在わが国が直面している経済不況は、おそらく今後さらに長期化するであろうし、景気が回復したとしてもかつての高度経済成長期のような右肩上がりの景気の拡大やその結果としての歳入の増加を期待することは困難であろう。しかも、他方において、二一世紀の二〇年代にむけて少子高齢化の傾向には一層の拍車がかかることが予想されている。

そうしたなかで、われわれは、今後ますますその必要性と重要性が拡大すると予想される社会福祉を支えるためにどのような財源確保の手段が妥当かつ有効であるのか、現実的に、実際的に検討していかなければならない。同時に、社会福祉をもって非生産的支出とする伝統的な思考にかわるような新しい社会福祉の理念とそれにもとづく自立支援の施策・制度、そして援助活動のありようを構想し、定着させるための理論的、実践的な営為が必要とされている。

第２節　戦後社会福祉史のなかの福祉改革

さて、以上は八〇年代、九〇年代を世界史的、世界社会的な水準で捉えた場合の基礎構造改革の背景ならびに位置づけに関する議論である。しかし、基礎構造改革の問題はすぐれてこんにち的な問題であると同時に、わが国の社会福祉史にかかわる問題である。

わが国の社会福祉の歴史的な起点をどこに求めるかはそれ自体として議論のあるところであるが、われわれはこれまで一貫してわが国における社会福祉の成立の契機を第二次世界大戦後の戦後改革に求める立場を採用してきた。すなわち、われわれは、戦後改革の一環として実施された社会事業の再編成をもってわが国における社会福祉成立の契機として位置づけてきた。つぎには、この立場を基本にすえながら、基礎構造改革問題の歴史的な位置づけと意義の探究を試みることにしよう。

1 時期区分

さて、わが国における社会福祉の歴史を戦後改革以来の改革の歴史として把握する視点から簡略に整理すると、それはおよそ四通りの時期に区分することが可能である。

（1） **第Ⅰ期＝社会福祉定礎期**
①第Ⅰ期前期＝社会福祉の構造形成（一九四五〜一九五一年）
②第Ⅰ期後期＝社会福祉の機能限定（一九五二〜一九五九年）
（2） **第Ⅱ期＝社会福祉発展期**
①第Ⅱ期前期＝社会福祉の基盤整備（一九六〇〜一九六四年）
②第Ⅱ期後期＝社会福祉の拡充発展（一九六五〜一九七三年）
（3） **第Ⅲ期＝社会福祉調整期**
①第Ⅲ期前期＝社会福祉の費用抑制（一九七四〜一九八〇年）
②第Ⅲ期後期＝社会福祉の調整改革（一九八一〜一九八八年）
（4） **第Ⅳ期＝社会福祉転型期**
①第Ⅳ期前期＝社会福祉の機能改革（一九八九〜一九九六年）
②第Ⅳ期後期＝社会福祉の構造改革（一九九七〜　　　　　）

まずは、各時期の概略を示しておこう。

第Ⅰ期は社会福祉の定礎期であり、一九四五〜五一年までの構造形成期と五二〜五九年までの機能限定期に区分することができる。こんにちの社会福祉の骨格、すなわち基礎構造と機能が確定された時期である。

第Ⅱ期は社会福祉の発展期である。一九六〇〜六四年までの基盤整備期と六五〜七三年までの拡充発展期に区分することが可能である。第Ⅰ期において確定された基礎構造と機能を前提に、社会福祉の量的な拡充発展がはかられた時期である。

第Ⅲ期は社会福祉の調整期であり、一九七四〜八〇年までの抑制改革期と八一年から八八年までの調整改革期に区分することができる。第Ⅱ期における社会福祉の量的な拡大によってもたらされた諸問題を費用支出の抑制と第Ⅰ期以来の基礎構造と機能の微調整というかたちで解決しようとした時期にあたる。

第Ⅳ期は社会福祉の転型期である。一九八九〜九六年までの機能改革期と九七年以降の構造改革期に区分することができる。世界史的な転換期的状況、財政逼迫、少子高齢社会化などの新しい状況のなかで第Ⅰ期以来の社会福祉の基礎構造や機能を全面的に再検討し、再編成してきた時期であり、現在進行中である。

2　社会福祉定礎期

戦後社会福祉の第Ⅰ期は定礎期であり、こんにちの社会福祉の骨格が形成された。第Ⅰ期の前期においては、戦後改革の一環として戦前以来の社会事業の再編成が実施され、こんにちの社会福祉の成立および発展の起点となった。より具体的には、生活保護法、児童福祉法、身体障害者福祉法からなるいわゆる福祉三法と社会福祉事業法の制定である。第Ⅰ期後期においては、一方において社会保険制度の拡充がはかられるのにともない、公的扶助（生活保護）の役割が縮小させられ、その補充的な機能が確定されることになった。また、社会福祉の目標として自立助長が強調され、そのための具体的な方策として保護の適正化がはかられるとともに、生活保護にケースワークの導入が試みられた。加えて、それまで戦後処理的な機能を中心に運営されてきた福祉サービス（児童福祉と身体障害者福祉）の領域に、利用者に自活能力を獲得させることをめざして更生医療や育成医療などの各種の施策が導入されることになった。

①第Ⅰ期前期〈戦後改革〉

一九四五（昭和二〇）年・生活困窮者緊急生活援護要綱

一九四六（昭和二一）年・（旧）生活保護法

一九四七（昭和二二）年・児童福祉法

一九四八（昭和二三）年・民生委員法

一九四九（昭和二四）年・身体障害者福祉法

一九五〇（昭和二五）年・生活保護法

・社会福祉主事の設置に関する法律

一九五一（昭和二六）年・社会福祉事業法

②第Ⅰ期後期〈機能限定〉

一九五二（昭和二七）年・戦傷病者戦没者遺族等援護法

・母子福祉資金の貸付等に関する法律

一九五三（昭和二八）年・未帰還者留守家族等援護法

・社会福祉事業振興会法

一九五四（昭和二九）年・更生医療・育成医療制度

一九五八（昭和三三）年・国民健康保険法

一九五九（昭和三四）年・国民年金法

略年表にみる通り、第I期はまさにわが国の社会福祉の骨格＝構造が形成された時期である。実際、無差別平等、公的責任（国家責任と公私分離）、最低生活保障、有給専門職員制度、措置制度、措置委託費制度、社会福祉施設最低基準、受益者負担主義、福祉事務所、児童相談所、社会福祉法人、共同募金、社会福祉協議会など、こんにちの社会福祉を構成する原理と諸制度は、ほとんどこの時期に確定されている。そして、八〇年代以降の福祉改革、なかでもこんにちの基礎構造改革によって改革の対象として措定されているもの、それはほかならぬこれら第I期に形成された原理と諸制度にほかならない。

このような第I期とそこで形成された戦後社会福祉の構造をどのように評価するのか、いままさに見解の分かれるところである。これまでにもしばしば、改革の必要性を説くにあたって、その根拠として、このような戦後社会福祉の構造が形成された第I期を取り巻く戦後の混乱と窮乏という政治的、社会経済的、文化的な状況の特殊性とこんにち的状況との違いが指摘されてきた。たとえば、中央社会福祉審議会社会福祉基礎構造分科会における討議資料のなかで、戦後社会福祉の骨格中の骨格ともいえる措置制度を改革する必要性を説く根拠として、われわれのいう第I期を「第二次世界大戦直後の経済復興期」として位置づけるとともに、その特徴として、（ア）社会制度、社会資本が未整理、（イ）社会福祉関係の予算、事業量がともに不足、（ウ）戦災孤児や戦争で受傷した身体障害者の存在が社会問題化、をあげ、こうした状況のもとにおいては、（a）行政庁が、申し出を待つまでもなく、必要なサービスを提供する必要があり、（b）行政庁が、要件に合致すると判断する者を対象に、必要なサービスの提供を決定する仕組み、すなわち措置（行政処分）という制度が必要であったと指摘している。

いまここはこのような指摘の妥当性について論じる場所ではないが、当時の状況に関する分析の部分についてはおおむね妥当であろう。また、措置制度を必要とした事情の第二の点（b）についても事実としては妥当といってよいであろう。しかしながら、第一の点（a）についてはどうであろうか。たしかに、第一の点は戦後復興期という状況に対応する側面も認められよう。しかし同時に、当時の状況としてGHQによるいわゆる三原則（ないし四原則）の提示があり、そのなかで国家責任原則の社会福祉制度への組み込みが求められていたという事実、さらに憲法二十五条の規定によってそれが裏打ちされたという事実を直視する必要があろう。

実際に、わが国の社会福祉に国家責任原則が組み込まれる端緒は、GHQの三原則の提示によって開かれている。しかし、それは単に敗戦直後の政治的、社会経済的な混乱期、しかも被占領期という特殊な状況の産物として位置づけられるべきものではない。社会福祉における国家責任は、明らかに、世界史的な観点でいえば長きにわたって社会福祉の近代化をめざしてきた苦難の歴史の所産であり、そのようなものとして理解されなければならないのである。

社会制度はそれが社会制度であるかぎり、社会の変化に対応して更新され、あるいは変革されていかなければならない。しかし、その際に必要なことは、後世に残すべき、継承されるべき部分と変革されるべき部分を的確に認識し、切り分けたうえで改革を推進するということであろう。その意味では、基礎構造改革の推進にあたっては、われわれのいう第Ｉ期における社会事業の再編成、すなわち戦後社会福祉の骨格形成を規定した背景、諸要因とその意義についての透徹した分析と的確な認識が不可欠とされる。そのことをあらためて強調しておかなければならない。

3　社会福祉発展期

つぎに、わが国の高度成長期にあたる第Ⅱ期は、社会福祉にとっても拡充発展の時期となった。この時期、高度成長によって農村型社会が都市型社会に転換したことにともない、第Ｉ期に形成された骨格を前提に社会福祉の拡大発展がみられた。第Ⅱ期前期には精神薄弱者福祉法、老人福祉法、母子福祉法（八一年に母子及び寡婦福祉法に改称）が制定されるなど、社会福祉の基盤が整備された。いわゆる福祉六法体制の完成である。第Ⅱ期後期には、障害児・者施策の拡充、革新自治体による社会福祉単独事業の拡大を契機とする児童手当法の制定や老人医療費支給制度の創設（老人福祉法改正）、社会福祉施設緊急整備五か年計画が実施されるなど社会福祉の著しい拡充と発展がみられた。

①　第Ⅱ期前期〈基盤整備〉

一九六〇（昭和三五）年・精神薄弱者福祉法

一九六一（昭和三六）年・児童扶養手当法

一九六三（昭和三八）年・老人福祉法

一九六四（昭和三九）年・母子福祉法

②　第Ⅱ期後期〈拡充発展〉

一九六四（昭和三九）年・重度精神薄弱児扶養手当

一九六六（昭和四一）年・特別児童扶養手当法

一九七〇（昭和四五）年・社会福祉施設緊急整備五か年計画

一九七一（昭和四六）年・児童手当法

一九七三（昭和四八）年・老人医療費支給制度

福祉改革という観点から第Ⅱ期を捉えるとすれば、その特徴は第Ⅱ期後期における自治体単独事業の発展ということになろう。あたかもわが国の高度成長の時期にあたる第Ⅱ期後期には、経済の高度成長によって飛躍的に増大した歳入を財源として革新自治体を先頭に都道府県を中心とする各自治体が競い合うようにして自治体単独の費用によって運用する社会福祉施策、いわゆる社会福祉単独事業を展開した。自治体による社会福祉単独事業は、当初のうちは国の実施する社会福祉事業に上乗せや横だしというかたちで付加的な事業を実施するという方式をとった。しかし、やがて自治体は国の施策を先取りし、あるいは先導するかたちで、国の施策にはない新しい施策を独自に実施するようになっていった。

しかも、各自治体は事業の開始当初こそは単独の費用を投入したものの、やがて国にたいして補助金の交付を求め、さらには独自施策の国施策化を求めることになった。武蔵野市や久慈市を嚆矢とする児童手当制度や東京都にはじまる老人医療費支給制度（いわゆる老人医療の無料化）はそのようにしてはじまっている。ちなみに、児童手当制度は、こんにちにおいては、諸外国の類似の施策に比べて、きわめて形式的な意味合いの強い施策になっている。老人医療費支給制度は医療費の高騰を招き、老人保健制度を媒介にこんにちの介護保険制度をうみだすことになる。

このような第Ⅱ期後期における社会福祉単独事業の展開は、第Ⅰ期において形成された社会福祉の構造を前提にしながら、その周辺に夥しい数の新しいタイプの施策を追加し、あるいはそのことを通じて国による施策の発展を先導するなど、その後の社会福祉の発展に大きく寄与することになった。しかしながら、同時に、社会福祉単独事業は数多くの課題をうみだすことにもなった。こんにちにおける福祉改革の課題は、このような第Ⅱ期における社会福祉の拡大発展のありようと深く結びついているのである。

関連する論点をいくつかあげておきたい。第一に、自治体による社会福祉単独事業は、自治体が独自の費用によって先導的に実施するというその性格上、法改正を必要とするような施策ではありえず、結果的にはのちの在宅福祉サービスに属するようなサービスの提供を中心に展開されることになった。こんにち、わが国の社会福祉は居住施設中心の福祉施設型社会福祉から在宅福祉サービスを中心とする地域福祉型の社会福祉に転換してきているが、その契機の一つは明らかに第Ⅱ期後期における社会福祉単独事業の発展に求めることができる。この側面は社会福祉単独事業について肯定的に評価しうる点である。

しかし、その半面において、社会福祉単独事業のその後の経過は、社会福祉における新中央集権主義の形成に道を開いたものとして批判の対象になる。すなわち、先にもみたように、各自治体は在宅福祉サービスを自治体による単独事業として実施に踏み切ったものの、やがて国にたいして補助金の交付を求めるようになる。国もまたこれに対応して、一定のガイドラインを充足した自治体の単独事業についてはその三分の一について費用の負担を行うという事業形態＝予算措置事業を新たに導入することになる。しかも、この補助金事業としての在宅福祉サービスは、一九九〇年の福祉関係八法改正によっていわゆる法律措置事業に引き上げられ、市町村にたいして実施努力が課せられることになる。このような社会福祉単独事業のたどった経過は、一面においては市町村にはじまる単独事業の国施策化として肯定的に評価されるが、別の側面からは在宅福祉サービスの中央集権化を意味するものとして厳しい批判をうけることになる。

第二に、社会福祉単独事業は、明らかに、オイルショック後に一挙に吹き出すことになるバラマキ福祉批判の直接的な対象となった。再三みたように、社会福祉単独事業は、その発足の当初は自治体単独の費用によって賄われたものの、やがては国にたいして補助金の交付を求め、さらには国施策化が求められることになる。高度成長期においては、自治体においても国においても、社会福祉施策の拡大に必要とされる費用は増加を続ける税収によって賄われ、いわば増大するパイの争奪合戦という状況がうみだされた。いわゆるパイの論理である。しかし、このような状況は、オイルショックにはじまる低成長経済による歳入減が明らかになるとともに一転する。社会福祉単独事業は、大蔵省をはじめとする経済官庁、自治省、さらには財界をあげてのバラマキ福祉批判に恰好の口実を与えることになった。たしかに、自治体による社会福祉単独事業には選挙目当ての思いつき的な施策や断片的、単品的な施策も少なくなく、お世辞にも体系的とは言い難いものであった。その限りではバラマキ福祉批判にもそれなりに耳を貸すべき部分が含まれていたのである。

第三に、社会福祉単独事業の実施は自治体が自らの自治能力、自己管理能力を開発する好機であったが、多くの自治体はその好機をいかすことができなかった。その原因の一つは、社会福祉単独事業を先導した革新自治体はもとより、その施策を先導する状況にあった社会福祉研究者たちを含めて、当時は社会福祉は国がその責任において、すなわち国の制度として実施すべきものというとらえ方が一般的であったということにある。自治体を中心に社会福祉を運営管理するという発想は存在しなかったのである。自治体がその社会福祉単独事業について国に補助金を求め、国施策化を追求したことはある意味では当然のことであったといえよう。

いま一つの原因は、自治体のなかに政策の企画立案、そして運用管理の知識や技術に精通し、熟達した人びとが不足していたということにある。そのことが社会福祉の自主的な運営管理の実現とそのための知識技術の蓄積というせっかくの好機を押しつぶしてしまったということである。ちなみに、この自治体における政策の企画立案・運用管理の知識や技術の不足という隘路は、福祉八法改革による高齢者保健福祉計画の策定という課題に直面してもう一度露呈される。全国少なからぬ市町村がその計画をシンクタンク任せにせざるをえなかったのである。

社会福祉の基礎構造改革が推進されようとしている現在、第Ⅱ期後期における社会福祉単独事業がどのようにして形成され、変質することになったのか改めて検討してみなければならない。

4 社会福祉調整期

オイルショック以降の低成長期である第Ⅲ期は社会福祉の調整期である。

まず、第Ⅲ期前期には、第Ⅱ期における社会福祉の拡大にたいするバラマキ福祉批判、さらには福祉見直し論の高まるなかで、ヨーロッパなみの福祉国家の建設という戦後以来の路線が明確に放棄され、イギリスやドイツにみられるような福祉国家政策による経済の低迷という前車の轍に陥ることのないように、わが国独自の日本型福祉社会の建設を目指すことが宣言された。

日本型福祉社会のイメージは、家族と地域社会というわが国に伝統的な「福祉の含み資産」を最大限に活用し、それを中福祉中負担を基調とする国の施策によって補完するというものであった。こうしたイメージによって先導される引き締め政策のなかで、社会福祉に関わる費用の抑制が求められ、政府予算の削減、自治体による超過負担の抑制、受益者負担の引き上げが行われた。同時に、この時期には日本型福祉社会イメージの発展と呼応するように、在宅福祉サービスへの転換が政策的に実施される。居住施設による施設型社会福祉よりも在宅福祉サービス中心の社会福祉のほうが安上がりであるという判断に依拠するものであった。

このような時代の趨勢のなかで、第Ⅲ期の後期には一部、戦後以来のわが国の社会福祉の構造に触れるような改革が実施されることになる。すなわち、第二次臨時行政調査会報告を契機とする行財政改革路線が推進されるなかで、八五年には国の地方自治体にたいする補助金の一律削減がはじまり、翌八六年にはそれに平仄《ひょうそく》をあわせるかたちで戦後以来の機関委任事務が団体委任事務に改められることになった。また、シルバー産業の振興に象徴されるように、社会福祉における民営化も同時に促進された。こんにちにおよぶ福祉改革のはじまりである。

① 第Ⅲ期前期〈費用抑制〉

一九七六(昭和五一)年・在宅老人福祉対策制度
・身体障害者雇用促進法改正
一九七七(昭和五二)年・在宅障害者社会適応訓練事業
一九七八(昭和五三)年・障害者住宅整備資金貸付制度
一九七九(昭和五四)年・障害者社会参加促進事業
・新経済社会七か年計画
一九八〇(昭和五五)年・武蔵野福祉公社
・在宅障害者デイ・サービス事業

② 第Ⅲ期後期〈調整改革〉

一九八一(昭和五六)年・第二次臨時行政調査会(第二臨調)〈八三年　最終答申〉
・母子及び寡婦福祉法
一九八二(昭和五七)年・身体障害者家庭奉仕員派遣事業

・老人保健法
一九八三（昭和五八）年・臨時行政改革推進審議会（旧行革審）〈八六年　最終答申〉
一九八五（昭和六〇）年・国の補助金等の整理及び合理化並びに臨時特例等に関する法律
一九八六（昭和六一）年・国の補助金等の臨時特例等に関する法律
・地方公共団体の執行機関が国の機関として行う事務の整理及び合理化に関する法律
一九八七（昭和六二）年・社会福祉士及び介護福祉士法
・臨時行政改革推進審議会（新行革審）〈九〇年　最終答申〉
・精神保健法

第Ⅲ期、なかでもその後期における特徴はなんといっても戦後福祉改革以来はじめて補助金の負担率に変更がもたらされるとともに、機関委任事務が団体委任事務に改められたことである。戦後福祉改革のなかで社会事業が再編成されて以後、生活保護の実施や保護委託の措置をとった場合に行政庁の負担すべき費用の比率は、一貫して、国が一〇分の八、都道府県が一〇分の二（あるいは措置権の帰属によって、都道府県が一〇分の一、市町村が一〇分の一）として運用されてきた。この比率が最終的には、生活保護については国が一〇分の七・五、都道府県・市が一〇分の二・五に、福祉サービスについては国が一〇分の五、都道府県が一〇分の五（あるいは措置権の帰属によって、都道府県が一〇分の二・五、市町村が一〇分の二・五）にあらためられたのである。

この改革によって、国の負担は従来の一〇分の八から一〇分の五に減少することになったが、その反面、都道府県や市町村の負担は一挙に二・五倍に増加することになった。この都道府県や市町村による費用負担の増加は、少なからぬ自治体において社会福祉施策の抑制的な運用をもたらすことになったといわれる。

機関委任事務の団体委任事務への変更も大きな議論を呼び起こすものであった。機関委任事務とは簡潔にいえば社会福祉の事務の執行について厚生大臣が自治体の首長にたいしてその権限の実施を委任するということを意味し、当該する事務に関しては自治体の首長は国の機関として機能する、すなわち厚生大臣として機能することになる。これにたいして、団体委任事務は社会福祉に関する事務の執行を自治体そのものに委任することである。この場合、都道府県知事や市町村長は自治体の首長として当該事務の執行に関わるほか、条例の制定等を通じて自治体議会の関与する余地がうまれてくる。

この改革は、一方の側面からみれば国の責任および権限の縮小を意味し、他の側面からみれば分権化の促進、自治体の権限の強化を意味することになる。もとより、改革の建前は後者の側面を追求することにむけられていた。しかし、結果的にいえば分権化は実質的な意味をもたなかった。たとえば、この改革によって保育所その他の施設の利用に関わる基準、いわゆる措置基準は国がガイドラインを設定し、自治体がそれを参考に独自の条例を制定し、利用の手続きを実施することが可能になった。ところが、自治体が国のガイドラインに含まれない利用希望者について入所の措置を行った場合には、その部分については国の補助金の交付対象から除外されてしまう。自治体は当該利用者について全面的に自己負担を行うということでなければガイドラインの外に出られないということである。機関委任事務の団体委任事務への移行は必ずしも実質的な意味をもたなかったのである。この点、分権型・自治型の社会福祉の実現を求めるという立場からいえば、今後の改革のなかでさらに分権と自治の実質化が期待されるところである。

第Ⅲ期は、社会福祉供給システムの多様化・多元化がはじまった時期としても、重要な意味をもっている。たとえば、福祉公社方式の嚆矢となった武蔵野福祉公社が設置され、有料老人ホームに代表される福祉産業について一定の規制を含む振興策が導入されはじめている。いずれも、この時期を特徴づける臨時行政調査会の民活化、民営化の推進という行革路線の機軸に符合するものである。基礎構造改革にいう多様な供給主体の導入という方針は、このような第Ⅲ期にはじまる社会福祉供給組織の多様化・多元化の傾向をさらに組織的に推進しようとするものといってよい。

周知のように、当初、このような社会福祉供給組織の多様化・多元化は必ずしも高い評価をえていたわけではない。福祉関係者のあいだではむしろ危惧の念をもって捉えられていたといってよいであろう。たとえば、武蔵野福祉公社は、金持ち福祉を推進するものとして一部の関係者から強い批判を浴びつつ発足している。しかしこんにちでは、福祉公社方式はむしろ社会福祉行政の枠組を超える一般階層にたいして福祉サービスを提供するための有力な手段として広く受け入れられている。そこには福祉ニーズの一般化・普遍化、さらには社会福祉にたいする市民意識の変化が介在しているといえようが、その意図や成果についての、さらにはこんにちおよび将来の社会福祉の全体系における位置づけや意義についての的確な再評価が求められている。

いずれにせよ、これまでみてきたように、第Ⅲ期における社会福祉の展開、なかでもその後期における改革はこんにちの基礎構造改革につながる最初の試みであった。しかも、補助金の交付率の変更、機関委任事務の団体委任事務化は明らかに戦後福祉改革以来のわが国の社会福祉の構造の一部に関わる福祉改革であった。また、武蔵野福祉公社の設立も、間接的にではあれ、国・自治体と社会福祉法人を中心とする戦後の社会福祉供給システムに風穴を開けたという意味で社会福祉の構造に関わる福祉改革であったといえよう。

しかし、こんにちの観点からいえば、第Ⅲ期における福祉改革は臨時行政調査会の指針にもとづく行財政改革に平仄をあわせて戦後以来の制度構造に微調整を加えるという範囲にとどまっていた。その意味で、調整改革というに相応しいものであったというべきであろう。

5　社会福祉転型期

第Ⅳ期はこんにちにつながる社会福祉の転型期である。

第Ⅳ期の前期は、八九年の福祉関係三審議会合同企画委員会の「今後の社会福祉のあり方について」(意見具申)、さらには「高齢者保健福祉十か年戦略」(ゴールドプラン)を踏まえて実施された九〇年の老人福祉法等の一部を改正する法律（社会福祉関係八法改正）の制定によって特徴づけられる。社会福祉関係八法改正は、老人福祉法、身体障害者福祉法、精神薄弱者福祉法、児童福祉法、母子及び寡婦福祉法、社会福祉事業法、老人保健法、社会福祉・医療事業団法という八つの福祉関係法の改正を内容とする大がかりなものであり、形式的にみれば八〇年代のなかばにはじまる福祉改革＝調整改革の延長線上に位置づけられるとはいえ、内容的にはわが国における福祉改革が本格化する重要な契機になるものであったといわなければならないであろう。

実際、社会福祉八法改正によって高齢者福祉、身体障害者福祉に関して福祉行政の実施責任が基礎自治体である市町村に委譲され、社会福祉における分権化が一層拡大された。それまでの都道府県を中心とする社会福祉の実施体制は、この改革によって、市町村を中心とするそれに大きく切り換えられることになった。また、八法改正は、都道府県や市町村に老人保健福祉計画の策定を求めていた。すなわち、それまで伝統的に事後対策的、弥縫的な施策として実施されてきた社会福祉に予防的、計画的な視点を導入することが求められることになったのである。さらに、老人保健福祉計画の策定にあたっては、地域社会における在宅福祉サービス中心の社会福祉の充実、保健医療その他の関連領域との連携や総合化が求められるなど、従来の居住施設中心の社会福祉は在宅福祉中心の地域福祉型社会福祉に大きく転換することになった。社会福祉の施設福祉型から地域福祉型への転換ということでは、社会福祉事業法第三条が改正されたこと、また関係法令の改正によってそれまで自治体の単独事業として実施されてきたホームヘルプサービス、デイサービス、ショートステイサービスのいわゆる在宅福祉サービスの三本柱が従来の予算措置事業から法律措置事業に改められるとともに、市町村に実施の努力義務が課せられたことが重要である。

社会福祉事業法第三条の改正については、煩瑣になるが新旧の規定を紹介しておきたい。社会福祉事業法第三条の旧規定（社会福祉事業の趣旨）はつぎのとおりである。すなわち、「社会福祉事業は、援護、育成又は更生の措置を要する者に対し、その独立心をそこなうことなく、正常な社会人として生活することができるように援助することを趣旨として経営されなければならない」。この規定は新規定（基本理念）では、「国、地方自治体、社会福祉法人その他社会福祉事業を経営する者は、福祉サービスを必要とする者が、心身ともに健やかに育成され、又は社会、経済、文化その他あらゆる分野の活動に参加する機会を与えられるとともに、その環境、年齢及び心身の状況に応じ、地域において必要な福祉サービスを総合的に提供されるように、社会福祉事業その他の社会福祉を目的とする事業の広範かつ計画的な実施に努めなければならない」と改められた。

社会福祉事業法第三条の新旧の規定を比較対照しておこう。まず、社会福祉の利用者についての規定が旧規定の「援護、育成又は更生の措置を要する者」から新規定の「福祉サービスを必要とする者」に改められている。社会福祉の目標については、旧規定の「正常な社会人として生活することができるように援助すること」から新規定の「心身ともに健やかに育成」すること、「社会、経済、文化その他あらゆる分野の活動に参加する機会を与え」ること、そしてそのために利用者の「環境、年齢及び心身の状況に応じ、地域において必要な福祉サービスを総合的に提供」することに改定されている。

このような新旧規定の内容の違いは、社会福祉事業法が制定された一九五一年当時と九〇年代初頭における社会福祉の利用者や目標に関する考え方の違いを示していて興味深い。旧規定は明らかに社会福祉の利用者を「正常な社会人としての生活を営むことのできない者」として捉えたうえで彼らを「正常な社会人としての生活」に復帰させることをもって社会福祉の目標としている。これにたいして新規定は社会福祉の利用者をあるがままに「福祉サービスを必要とする者」として捉え、その育成、社会参加を促進するために必要な福祉サービスを提供することをもって社会福祉の目標としているのである。戦後四十余年間における社会福祉についての考え方の変化を物語るものといえよう。

しかし、その新規定の内容もまた、こんにちの観点からいえば不十分である。新規定においても社会福祉の提供者と利用者の関係は提供者の側に比重がかけられている。利用者の立場は受け身的である。基礎構造改革において提供者と利用者の対等な関係の構築が主張される所以であろう。さらに、ちなみにいえば、在宅福祉サービスの三本柱の法律措置事業化については、社会福祉における中央集権主義化を物語るものという指摘のあることにも留意しておきたい。

このように、第Ⅳ期前期における福祉改革は、いくつかの難点を残しながらも、総じていえばわが国の社会福祉に新しい段階を開くものであったといって差し支えないであろう。たしかに、第Ⅳ期前期における改革は第Ⅲ期後期における改革の延長線上にありながらも質的、内容的にはそれを凌駕するものといってよい。しかし、その改革は、社会福祉における分権化の推進という課題を第Ⅲ期後期から継承しつつも、戦後以来の社会福祉の制度構造に直接手を着けるというよりは、その地域化、計画化、総合化の推進という社会福祉の機能的な再編成と拡充をめざしたものであった。われわれがこの第Ⅳ期前期における改革を社会福祉の機能改革とよぶ理由である。

① 第Ⅳ期前期〈機能改革〉

一九八九（平成元）年・福祉関係三審議会合同企画分科会「今後の社会福祉のあり方について」（意見具申）
・高齢者保健福祉推進十か年戦略（ゴールドプラン）
一九九〇（平成二）年・老人福祉法等の一部を改正する法律（社会福祉八法改正）
一九九一（平成三）年・育児休業等に関する法律
一九九二（平成四）年・新・社会福祉協議会基本要項
・福祉人材確保法
一九九三（平成五）年・社会保障制度審議会社会保障将来像委員会第一次報告
・障害者基本法
一九九四（平成六）年・社会保障制度審議会社会保障将来像委員会第二次報告
・児童権利条約批准
・エンゼルプラン策定
・新ゴールドプラン

一九九五（平成七）年・精神保健及び精神障害者福祉に関する法律
・社会保障制度審議会「社会保障制度の再構築に関する勧告」
・老人保健福祉審議会「新たな高齢者介護システムの確立について」（中間報告）
・障害者プラン

② 第Ⅳ期後期〈構造改革〉

一九九七（平成九）年・児童福祉法改正法
・社会福祉事業等の在り方に関する検討会「社会福祉の基礎構造改革について（主要な論点）」
・介護保険法

一九九八（平成一〇）年・中央社会福祉審議会社会福祉構造改革分科会「社会福祉基礎構造改革について（中間まとめ）」

われわれの時期区分でいえば、現在は第Ⅳ期の後期にあたる。そして、その特徴は戦後福祉改革以来の基礎構造改革が意図されていることにある。

第Ⅳ期後期における福祉改革は、目下、九七年六月の児童福祉法の改正、同八月に設置された社会福祉事業等の在り方に関する検討会による一一月の「社会福祉の基礎構造改革について（主要な論点）」、同一二月の介護保険法の制定、九八年六月の中央社会福祉審議会社会福祉構造改革分科会による「社会福祉基礎構造改革について（中間まとめ）」という手順で展開されつつある。

期日のみをみると、基礎構造改革についての議論と児童福祉法の改正、介護保険法の制定とが交錯するかたちで行われているようにみえるが、内容的には両者は密接に関連しあっている。実際、基礎構造改革についての議論には、たとえば契約利用方式のように、すでに介護保険法において制度化された改革の方向を再確認し、それを社会福祉の全領域に拡大し、適用することをめざしている部分と、介護保険法の実施のために事前に整備されていなければならない諸条件について論じる部分とが同時に含まれている。

基礎構造改革の課題は、中央社会福祉審議会社会福祉構造改革分科会の中間報告があらためて整理しているように、（A）社会福祉事業の推進──①社会福祉事業、②社会福祉法人、③サービスの利用、④権利擁護、⑤施設整備、（B）質と効率性の確保──①サービスの質、②効率性、③人材養成・確保、（C）地域福祉の確立──①地域福祉計画、②福祉事務所等行政実施体制、③社会福祉協議会、④民生委員・児童委員、⑤共同募金、と文字通り社会福祉の基礎的構造の全般に関わっている。そして、こうした基礎構造改革の羅針盤になる改革の理念および方向については、①対等な関係の確立、②地域での総合的な支援、③多様な主体の参入促進、④質と効率性の向上、⑤透明性の確保、⑥公平かつ公正な負担、⑦福祉の文化の創造、があげられている。

このように、われわれがこんにち直面させられている基礎構造改革の議論は、実に社会福祉の戦後福祉改革以来の伝統、理念、施策体系、運営のシステム、サービスの質、援助活動など社会福祉全般のありようを俎上にのせるものになっている。その意味で、第Ⅳ期の後期における改革は、まさに社会福祉の基礎構造改革というに相応しいものといってよいであろう。

こんにち、基礎構造改革の議論は中間報告の公表がすんだばかりであり、いまだ途なかばというところであろう。これから議論はまとめの段階にはいり、年末の最終報告を経て九九年二月には社会福祉事業法の改正案というかたちにとりまとめられると聞いている。

第3節　基礎構造改革の歴史的位置

さて、これまでの議論を通じて、われわれは、社会福祉の基礎構造改革に関連してつぎのことを確認してきた。第一に、われわれは、われわれがこんにち直面させられている社会福祉の基礎構造改革の問題を、わが国の社会福祉という小宇宙に閉じ込め、内部的、局所的な問題として限定的に捉えてはならないということである。世界史的、世界社会的なレベルでいえば、基礎構造改革の問題はまず、①こんにちの時代がまさに世界史的な転換期、過渡期的な状況にあるという事実と関わっており、また②八〇年代以降における世界社会的な規模でのグローバリゼーションやコミュナリゼーションの波と関わっている。さらに、基礎構造改革の問題は、③世界市場的なグローバルスタンダードの拡大と適用という問題に関わり、④アメリカを除く資本主義諸国に共通にみられる長期的な経済的不況とそれにともなう財政事情の逼迫という問題に深く関わっている。基礎構造改革に関する議論を過不足なく行うためには、その前提として、このようなマクロの観点に立つことが求められる。

第二に、基礎構造改革の問題が顕在化してきたのはここ数年のことであるが、それは議論が表面化したのがここ数年ということである。基礎構造改革の議論を的確に行うためには、それを歴史的な文脈において捉えることが必要である。なかでも、基礎構造改革が改革の対象にしている制度構造やそれを支える理念や原理がどのような状況のなかで成立し推移してきたのか、そのことを知らなければならない。

こんにちの基礎構造改革は、それをすでにみてきたような戦後社会福祉の発展過程の時間軸に沿って捉えるという立場からいえば、直接的には八〇年代にはじまる福祉改革のいわば第三のステージ、すなわち第一のステージとしての「調整改革」、第二のステージとしての「機能改革」に引き続き、第三のステージを構成する改革、すなわち「構造改革」とみなすことが可能である。しかし、長期的、歴史的な観点に立てば、それはわが国の社会福祉に再出発を画期した戦後福祉改革につぐ第二の改革として捉えることが可能である。そして、基本的には、おそらくは理論的にも、基礎構造改革の問題は、時間軸上の流れを尊重しつつも、この後者の観点において論じられるべきものであろう。

すなわち、基礎構造改革は、八〇年代にはじまる福祉改革の第三のステージであると同時に、戦後福祉改革のなかで形成され、その後五〇数年にわたって継承発展させられてきたわが国の社会福祉の基礎構造をどのように批判しつつ継承し、二一世紀における社会福祉の展望につなげるのかという問題関心から取り組まれるべき改革であろう。

こんにちの基礎構造改革に関わる議論はやがて社会福祉事業法改正案にとりまとめられ、議会による審議を経て実施されることになろう。しかし、現時点（一九九八年一〇月）においては、議論として途なかばというところである。基礎構造改革をめぐる議論のなかには、さまざまな論点が含まれている。しかし、そうした内容にわたる議論はここでの直接的な課題としなかった。内容にわたる議論には別の稿が必要となる。ここではそのための前提、出発点として議論の外枠についての整理を試みたのである。

第2章

基礎構造改革の論点

――社会福祉事業等の在り方に関する検討会報告

この章のねらいは「基礎構造改革」の論点を整理するとともに、そのいくつかについてやや詳しく考察し、われわれ自身の見解を明らかにすることにある。執筆の時期は一九九八年五月である。したがって、議論の素材となっているのは、前年秋の九七年一一月に公表された「社会福祉事業等の在り方に関する検討会」の報告書、および五月時点までに明らかにされていた「中央社会福祉審議会社会福祉構造改革分科会」の議事録ならびに討議資料である。同分科会による「中間まとめ」が発表されるのは六月一七日のことである。

ただし、分科会における議論は検討会の報告をたたき台にするものであり、内容的には連続している。その意味ではこの章と「中間まとめ」以後に執筆した第6章のあいだには重複する部分がある。同一の素材を扱っており避けがたい重複であるが、同時にそこには執筆時の状況を反映する相違点も含まれている。比較照応していただければ幸いである。

はじめに

一九九八年五月現在、中央社会福祉審議会社会福祉構造改革分科会において社会福祉の基礎構造改革をめぐる議論が活発に展開されている。そこでは、昨九七年の秋にとりまとめられた社会福祉事業等の在り方に関する検討会の意見「社会福祉の基礎構造改革について（主要な論点）」をたたき台に、各界を代表する委員による議論が月二回という頻度で重ねられており、近々中間報告のとりまとめが行われるとのことである。他方、社会福祉の現場では、そうした推移を窺いながら基礎構造改革の方向と内容について期待と不安のこもごもに入りまじった議論が取り交わされている。

議論は現在進行中であり、字義通りその帰趨は明らかではない。ここでは、そのことを前提にしつつ、現時点で可能な範囲において今回の社会福祉基礎構造改革のもつ全般的な意義や課題に関して検討を試みることにする。

第1節　「社会福祉事業等の在り方に関する検討会」報告

さて、こんにち提起されている基礎構造改革の方向と課題であるが、その詳細は検討会の報告書にゆずるとして、行論に必要な最小限度のことを紹介することから議論をはじめることにしよう。社会福祉の基礎構造改革に関する議論は、一九九七年八月に厚生省社会・援護局長のもとに「社会福祉事業等の在り方に関する検討会」が設置されたことを契機としている。以後、議論は驚くほどの急ピッチで進められ、同検討会は早くも同年一一月二五日には「社会福祉の基礎構造改革について（主要な論点）」――以下、「検討会報告」という――を公にする。そして、三日後の一一月二八日には、この検討会報告をたたき台として中央社会福祉審議会社会福祉構造改革分科会における議論が開始され、九八年四月末現在ですでに九回の議論が積み重ねられている。

「検討会報告」は、まず、これからの社会福祉が追求すべき基本理念を「個人の自己責任による解決に委ねることが適当でない生活上の問題に関し社会連帯の考え方に立った支援を行うことにより個人の自己実現と社会的公正を図ること」であると規定したうえで、具体的な社会福祉サービスの提供にあたっては利用者の選択を尊重し、その福祉ニーズとサービス提供者の都合とを調整する手段として市場原理を幅広く活用していく必要があると指摘している。

「検討会報告」は、このような社会福祉の基本理念を前提に、改革の方向を大きく以下の六点に整理している。すなわち、①対等な関係の確立、②個人の多様な需要への総合的支援、③信頼と納得が得られる質と効率性、④多様な主体による参入促進、⑤住民参加による福祉文化の土壌の形成、⑥事業運営の透明性の確保、である。

①は、社会福祉を社会的弱者のための施策から国民一般のための施策に転換し、サービスの利用者と提供者との関係を対等なものにするということであり、そのことは従来の措置制度を契約制度に転換することによって可能になるとされる。②は、利用者のもつ多様なニーズにたいして保健医療や福祉サービスなど各種のサービスを動員して総合的に支援する体制を整えるということを意味している。③は、より高い質をもった福祉サービスを効率的に提供しうるような体制をつくりだすということである。従来の措置費に依存する供給体制のもとではこうした方向へのインセンティブが働き難いため、提供者間の競争を促進するような方策が必要だとされる。④は、そのためには、従来国、地方自治体、社会福祉法人に限定されてきたサービス提供にたいする多様な主体、民間非営利組織のみならず営利組織の参入を可能にするべきであるという趣旨である。⑤は、広く住民による主体的積極的な参加を求め、人びとの自立を支援する社会を下支えする福祉文化の土壌を形成するということである。⑥は、一部の社会福祉法人にみられたような不祥事を排除するためには、説明責任や情報開示の推進によって事業経営の透明性を確保することが必要であるという意味である。

このように、「検討会報告」の「改革の方向」は、従来の社会福祉のあり方に根源的な部分からの問い直しを求める内容になっている。「検討会報告」はさらに具体的に議論を進め、主要な検討事項として、以下の一一点をあげる。すなわち、①社会福祉事業の範囲、区分、規制、助成等、②措置制度、③サービスの質、④効率化、⑤施設整備、⑥社会福祉法人、⑦社会福祉協議会、ボランティア団体等、⑧共同募金、⑨人材養成・確保、⑩地域福祉計画、⑪福祉事務所、である。

ここでは個々の事項について示されている議論の課題なり方向なりについての紹介は割愛せざるをえないが、取りあげられている事項は広く社会福祉の理念、概念、制度的枠組などその全般に及んでいる。周知のように、こんにちの社会福祉の制度的枠組は、第二次世界大戦後の一九四六年から五一年にかけて制定された旧生活保護法、児童福祉法、身体障害者福祉法からなるいわゆる福祉三法ならびに社会福祉事業法によって構成され、八〇年代なかばの調整改革、九〇年の機能改革によって部分的に修正されてきたとはいえ、社会福祉事業の範囲、措置制度、社会福祉法人、福祉事務所、社会福祉協議会など基本的な部分はそのまま維持されてきた。

一九九七年の児童福祉法の改正、そして介護保険法の制定と並行する基礎構造改革の議論とそれを具体化するものとして予定されている社会福祉事業法の改正は、そのような戦後福祉改革以来の基本的な社会福祉の枠組に積極的に切り込もうとするものである。それだけに、今回の改革は、従来の対症療法的ともいえる調整改革、機能改革の域を超え、すぐれて根源的かつ構造的な改革として構想されているといってよい。その意味で、基礎構造改革というにふさわしいであろう。

このような基礎構造改革がこれからの、二一世紀におけるわが国の社会福祉のありようを方向づけるものとなることは確実である。それだけ重要な意味をもつ改革だということである。しかし、改革は大胆に進められなければならないとしても、同時に注意深くかつ慎重でなければならない。たしかに「検討会報告」の内容には斬新な視点や思い切った提案が含まれている。けれども、以下にその一部について論じるように、そこに多数の懸念すべき論点が含まれていることも否定し難い事実である。

第２節　中央社会福祉審議会社会福祉構造改革分科会の検討

一九九八年五月現在、このような「検討会報告」をたたき台にしながら、中央社会福祉審議会に設置された社会福祉構造改革分科会による審議が進行中である。

分科会の開催ごとに開示されている議事録にみるかぎり、分科会では「検討会報告」によって整理された検討事項の順序にしたがいながら熱心な審議が積み重ねられているようである。議論の内容は審議の対象となる事項によって賛否多様であり、部分的には基本的な視点や発想を異にするような応酬もみうけられる。しかし、総じていえば、議論は、大筋としては「検討会報告」の改革の方向を受け入れつつ、個別の事項についてはそれぞれの委員が持論を展開しているという印象が強い。「改革の方向」に異議申し立てを試みるような議論はほとんどみられない。

したがって、分科会の議論の流れは、「検討会報告」の設定する文脈通りに、「利用者を弱者保護の対象としてとらえるサービスから個人の自立と自己実現を支援するサービスへの転換」「利用者による選択」「措置から契約への転換」「サービス提供にたいする民間事業者（営利組織）参入の促進とそれによる適正な競争の導入」「施設経営の透明性の確保」、そして「施設整備の方策」という手順で進行しつつある。議論の根底にある支配的な思想は、キーワード的にいえば、社会福祉の普遍化、自己責任、契約、競争、説明責任、情報の開示、サービスの質の向上ということであろうか。ひとことでいえば、一部規制つきの市場原理にもとづいて社会福祉供給システムを再構築するということであろう。

このような、「検討会報告」とそれに引き続いて展開されてきた構造改革分科会の議論をみるかぎり、今回の基礎構造改革にたいして、われわれは期待と懸念の両面を表明せざるをえない。まずは期待できそうな側面について言及してみたい。

第一に、これまで社会福祉の世界でいわば当然のこととみなされ、容易に解決の見通しの立たなかった諸問題に風穴をあけるまたとない機会になるのではないかという期待がある。たとえば、利用者が法的な権利の行使としてサービスの利用を申請することができない、いわゆる反射的利益論の克服である。この四月から保育所に認められるようになった利用者による施設選択・申請権の他の施設への原則的適用ということである。第二に、それを可能にするような後見制度の創設、情報開示の促進、サービスの内容にたいする苦情処理方策の導入に期待したい。第三に、社会福祉施設の施設整備方策の導入や社会福祉法人の設立にかかわる規制の緩和が期待できそうである。第四に、一定の規制を設けてのことであるが、サービス提供組織の多様化、そして競争によるサービス内容の質的な向上ということもあるいは期待できるかもしれない。また、第五に、社会福祉専門職の質的向上と量の確保という課題にも前進を期待できるかもしれない。これらは今回の改革を通じて期待がもてそうなことの一部である。

しかしながら、基礎構造改革の方向や検討事項、それらにかんするこれまでの議論の推移をみれば、期待しうる側面だけが論じられているわけではない。ほとんどの場合、それらは懸念せざるをえない側面と表裏の関係にある。

これまでの基礎構造改革の議論を通じてもっとも懸念されるのは、基礎構造改革の理念の一部、すなわち自己責任、分権化、脱規制化、競争、民営化などのキーワードに象徴される改革の方向や契機が社会福祉の外側から、いわば外在的に与えられているということである。

たとえば、検討会における議論は社会福祉を従来の社会的弱者にたいする施策から市民一般にたいする普遍的な施策に組み換えることの必要性を強調し、構造改革分科会における議論もその延長線上において展開されている。たしかに、こんにちの社会福祉はすでにその対象を社会的弱者に限定する施策ではありえず、市民一般の利害関心やニーズを視野に入れなければならなくなっている。また、社会福祉といえどもそれが広く社会を構成するシステムの一つである限り、特殊な、その内部においてのみ通用する行動原理に固執することは適切ではない。社会福祉もまた、一般社会に適用される論理がそのまま通用する普通の世界であることが求められるのである。これからの社会福祉は、外側に向かっても内側に向かっても、普通一般の世界であることに努め、そのことを明らかにしなければならない。

その意味では、こんにち、社会福祉は、その規模も意味するところも大きく異なるとはいえ、わが国の経済システムがそうであるように、いわばグローバルスタンダードに沿って行動することを要請されているのである。われわれはそのことのもつ一般的な意義はこれを認めなければならない。しかし、他方において、社会福祉はその内部においてそれに固有の論理、行動原理をうみだし、それを発展させてきている。明らかにその一部は守られ、維持されなければならない。

今回の構造改革における懸念の最たるものは、公的介護保険法の制定に関わって一度ならず指摘してきたことであるが、社会福祉が社会的弱者にたいする施策であることをやめ、一般化、普遍化を目指すことによって、その本来の対象である社会的弱者が切り捨てられたり、不利益を被るようなことにならないかということである。これからの社会福祉がグローバルスタンダードを受容しつつその発展を図るとしても、そのことによって逆に伝統的に社会福祉が担ってきた社会的弱者の保護や支援という本来的な課題が放棄されたり、軽視されたりするようなことになってはならないであろう。社会福祉はいまこそ、理論的な観点からも、また制度的、実践的な観点からも、そのありようについての明確な行動原理とそれを前提とする制度的な枠組の再構築を急がなければならない。

第3節　基礎構造改革の論点その1——利用者の多様性

以下、このような観点から基礎構造改革をめぐる多様な論点のいくつかについてさらに検討を加えていきたい。まず、最初に取りあげる論点は、社会福祉における利用者とはどのような属性をもつ人びとであるかという問題である。

「検討会報告」が社会福祉サービスを弱者保護的なサービスから個人の自立と自己実現を支援するサービスに転換するというとき、そこで想定されているサービスの利用者と提供者はおよそつぎのような人びとである。すなわち、福祉サービスの利用者は、自己の責任において利用すべきサービスを選択し、決定することのできる、そして当然のこととしてその結果についても責任を負うことのできる人びとであろう。そして、そのような自己決定・自己責任の能力をもつ利用者に対応するのは、その求めに応じて多様なサービスのメニューを準備し、利用者によって選択されたサービスを効果的・効率的に提供することを通じて適正な利益を追求するサービス提供者であろう。

「検討会報告」が想定する新しい社会福祉のありようは、このような利用者と提供者のあいだで繰り広げられる自由な交渉と契約にもとづくサービスの利用と提供として実現されることになる。そして、そのようなサービスの利用と提供が実現するためには、一方においては利用者による提供組織およびその提供するサービスについての自由意思にもとづく選択が保証されていなければならず、他方においては提供者の提供サービスにたいする自由な参入と提供者相互の自由な競争が保証されていなければならない。これらの条件が確保されていてはじめて、「検討会報告」の構想する契約による利用者と提供者の対等な関係が実現することになる。

このような契約による福祉サービス配分の方式は一見するとサービスの利用者と提供者の双方にとって好都合であるようにみえる。しかし、現実はそれほど単純ではない。「検討会報告」の想定する利用者や提供者は、理念型的に導き出された一つの抽象であるにすぎない。利用者と提供者が居住し交渉を行うのは、理論的に仮構された世界（市場）においてであって、現実の世界ではない。

たとえば、検討会や分科会における議論においては、社会的弱者はもっぱら低所得・貧困者の意味でもちいられている。しかし、低所得・貧困者の支援と同様に、あるいはそれ以上に留意されるべきは、福祉サービスの利用者は「検討会報告」が契約による利用という方式において想定しているような自己決定・自己責任の能力——当事者能力の持ち主であるとは限らないということである。むしろそうでない場合のほうが多いという現実である。児童や障害者の多くはそうした意味での当事者能力をもっていない。高齢者の場合にも、痴呆や寝たきりの高齢者に自己決定・自己責任の能力を期待することは現実的だとはいえないであろう。

検討会や分科会における議論のなかでは、そうした場合には、親権者や扶養義務者が利用者の意思を代行すればよいという見解が示されている。しかし、残念なことではあるが、保護者や扶養義務者がつねに利用者本人にとって最善の判断を行うという保証は必ずしも存在しない。保護者や扶養義務者は当事者能力をもたない人びとにとって保護者や権利の擁護者であると同時に、ときとしてその資産を意のままにしようとする存在であり、あるいは児童虐待や高齢者虐待のケースのように、その心身を侵害する存在でもある。社会福祉の利用者は、現実にはしばしばその保護者や扶養義務者から保護されなければならない人びとなのである。

たしかに、検討会や分科会のいう消費者保護施策や後見制度も一定の効果をもちうるであろうし、また必要である。しかし、社会福祉の利用者は市場を前提とする消費者としてこれを保護すればよいというわけではない。利用者たちは、市場における消費者であると同時に、あるいはそれ以上に、市民としての固有の権利である人格的尊厳の保持、自己決定・自己実現、そして健康で文化的な最低限度の生活の実現を全体社会にたいして、その意思の執行機関である政府（国・地方自治体）の実施する社会福祉という社会的施策による対応に信託している、そのような存在である。利用者の権利はサービスの直接的提供者にたいする権利である以前に、あるいはそれ以上に、市民としての固有の権能の一部を信託する政府（国・地方自治体）にたいする権利である。そのことに深く留意しておかなければならない。

ほとんど当事者能力をもたない利用者やそれが必要でありながら進んで社会福祉を利用しようとしない利用者にたいしては、消費者としての保護という市場原理的な保護施策だけでは十分ではない。また、後見制度といっても利用者のなかには財産の保護管理を行うだけでは不十分な人びとが存在する。財産の保護管理だけでなく全人的、身上的な保護を必要とする人びとが存在する。さらには、社会福祉の利用者のなかには親権者や扶養義務者の、事情によっては利用者本人の、意思にさからっても保護を必要とする人びとも存在する。そういう場合には、法的な強制力を行使するまではいかないとしても、親権者や扶養義務者にたいして強力に社会福祉の利用を説得、勧奨するということも必要となる。

こうした現実からすれば、たとえば、社会福祉の利用者を以下のような四通りの範疇に分類し、それぞれの範疇にもっとも適した対応策を講じることは考慮に値するであろう。第一の範疇は、社会福祉を利用しようとする意思と当事者としての能力をそなえている利用者（一般利用者）群である。第二の範疇は、社会福祉についての情報をもたない人びと、周囲にたいする気兼ねや気後れから社会福祉を利用しようとしない人びと、また社会福祉の利用にともないがちなスティグマにたいする恐れから利用にためらいをもつ人びとなど（消極的利用者）である。第三の範疇は、高齢者や障害者のうち当事者能力の低い人びと、児童や当事者能力の低い保護者、さらに身体的その他の理由により社会福祉へのアクセスの能力を欠いている人びと（要援助利用者）、第四の範疇は、社会福祉を積極的に利用しようとする意思や意欲をもっていないが、しかし社会的には社会福祉の利用が必要であると考えられ、あるいは利用の効果が期待できるとみなされる人びと（要介入利用者）である。

第一の範疇に該当するのは、介護サービスの利用を希望する比較的健康な高齢者、自己の意思によって社会福祉の利用を求める障害者、勤務を継続するために保育所の利用を希望する乳幼児の保護者などである。この場合には、利用者の自由意思を積極的に尊重する契約という利用方式の導入は有効かつ有益であろう。

第二の範疇に該当するのは、社会福祉の利用によってよりよい生活が期待しうるのにそれを実現していない潜在的な利用者である。この場合には、そうした潜在的なニーズを発掘し、社会福祉の利用に結びつける積極的な働きかけ、いわゆるリーチアウト活動を含む積極的な利用の支援が必要となる。

第三の範疇に該当するのは、当事者としての判断能力を十分にもちあわせていない高齢者や障害者、保育や養護が必要でありながらそのことを十分に理解していない児童の保護者などである。これまで措置の対象とされてきた人びとの多くは、この範疇に属する人びとである。これらの人びとによる社会福祉の利用を促進し、実現するためには、それを措置とよぶかどうかは別として、従来と同様に提供者側の積極的な利用の勧奨や支援が必要となろう。

第四の範疇に該当するのは、典型的には非行児童や更生指導を必要とする人びと、児童を虐待する保護者などである。このような場合には、時によっては、公的な専門的機関による職権にもとづく専門的な介入やサービス利用の勧奨が求められることになろう。従来の措置制度によっても十分に効果的な対応がなされえなかった範疇であり、法的介入などさらに積極的な方向での改革の提案があってもよい分野であろう。

このように、社会福祉を従来の弱者保護的な施策から一般市民を対象とする一般的、普遍的な施策に脱皮させ、利用者の選択と申請を前提とする利用の方式を導入するという方向は基本的には歓迎されるべきことであるとしても、社会福祉を利用する人びとのタイプはさまざまである。社会福祉は、そのような利用者のもつ多様性にもっとも適切に対応しうるような、複線型のサービス利用の方式を内包する体系として再構成されなければならない。なかでも、措置制度から契約(選択利用)制度に移行することによって、第三、第四の範疇に属する社会的弱者が取り残されるようなことがあってはならないのである。社会福祉は社会的弱者にたいする最終的かつ最低限保障のセーフティネットであることを原点、起点とし、そこから一般市民のニーズについても適切に対応しうるようなシステムとして構成されていなければならない。

第4節　基礎構造改革の論点その2——提供組織の多様・多元化

「検討会報告」においても分科会の議論においても、サービス提供における競争とそれによるサービスの質的向上の必要性が説かれている。たしかに、従来のシステムのもとにおいては、福祉サービスの提供について国、地方自治体、社会福祉法人によるある種の供給独占の体制が成立しているといってよい。しかし、独占体制の成立は意図的に追求された結果ではない。それは、一つには戦後社会福祉が再編成される時期において国、地方自治体、社会福祉法人以外の提供者による参入が期待できなかったからである。また、同時にそれは、日本国憲法による生活権の承認、戦後福祉改革による社会福祉の近代化に関わって社会福祉の供給について、国、地方自治体、社会福祉法人による公的な提供が必要不可欠であると考えられたからである。

このようなサービス提供のシステムは、周知のように、公的責任にもとづくサービス提供の安定性とともに社会福祉法人の経営基盤の安定化に貢献することになった。しかし、他面において、そのような方式が中央集権主義や福祉官僚制度の形成にみられるようにサービス提供体制の硬直化、非効率やサービス内容の低位傾向をもたらしてきたこともまた否定しがたい事実である。

その意味では、基礎構造改革の一環として民間非営利組織や民間営利組織の参入による競争とそれによる福祉サービス提供の効率化と質の向上が図られようとしていることは理解しえないことではない。しかし、提供主体の多様・多元化、なかでも営利組織の参入が必ず効率性や質の向上をもたらす保証があるわけではない。また、すでに指摘したように、福祉サービスの利用者は、消費者一般と同一視することのできる人びとばかりではない。自己決定や自己責任の能力に乏しい、あるいはそれに欠ける人びとを均しなみに利用者とする市場に、利用者と提供者の、また利用者のあいだの、また提供者のあいだの、自由な競争によるサービスの効率や質の向上を期待することは適切ではない。たとえ、長期的にみれば提供者間の競争と淘汰によって効率や質の向上が期待されうるとしても、その間に予想される利用者の不利益を一時的な摩擦として看過するようなことがあってはならないであろう。それは、利用者の権利保障を課題とする社会福祉関係者のとるべき発想ではない。

また、競争の結果として起こりうる福祉サービス提供者の破産や事業撤退は、利用者にたいして生活の維持そのものにかかわるような致命的な影響を及ぼす危険性をもっている。そのことは、一部の有料老人ホームの例をもちだすまでもなく理解されうることであろう。非営利、営利を問わず、民間組織による居住型の福祉サービス、あるいはそれに類する生活サービスの提供を容認する場合には、利用者の自発的な退去、事業者側の破産や事業撤退に際して、利用者の資産や身上の保護をなしうるようなセーフティシステムの創設が必要である。

より一般的にいえば、提供主体の多様・多元化を促進し、供給の効率化とサービスの質の向上という所期の目的を達成するためには、原則自由化例外禁止をその基本原理とするにしても、利用者の属性やサービスの内容に応じて参入を認めうる社会福祉事業の範囲について、あらかじめいくつかの階層や領域を設定しておくことが必要である。そうした必要な規制をともなわない分権化・自由化・脱規制化、さらに市場原理の導入は、利用者の利益を損ねるだけでなく、健全な社会福祉の、ひいては社会の健全な発展を阻害するという結果を導きかねないであろう。

提供主体の多様・多元化を論じるにあたって最後に行き着くところは、それぞれの主体のもつ行動原理の違いである。国や地方自治体が社会福祉に関与する動機は基本的には政治的理念というよりも現実的な利害損得によるものであろうが、社会福祉法人や民間非営利組織の場合には宗教的なあるいは人道的愛他主義的なフォーミッション（使命追求）であろう。社会福祉法人や民間非営利組織はミッションオリエンテッド（使命志向的）であることが、自己を規制し、また自己を鼓舞するような行動の継続を可能にしているといってよい。これにたいして、営利組織の行動原理は明らかにフォープロフィット（利益追求）である。資本主義経済システムのもとにおいてはフォープロフィットであること以外に営利組織の存在理由はありえない。

いま多くを論じる余裕はないが、営利組織がその行動原理をそのままに社会福祉の基幹部門――とりあえず、基本的には生活の全体に関わるサービスであり、運営のありようによって利用者の人格の尊厳や心身の保全や発達、資産にたいする侵害が起こりやすい領域、と考えておきたい――に参入することには問題が多い。また、社会福祉の外周部門――社会福祉のうち部分的、個別的なサービスで生活の一部分のニーズに自己完結的に対応する領域――への参入にしても、長期的継続的に利用者のニーズを充足し、社会的な評価を獲得し、同時に所期の収益をあげつづけることは容易なことではない。そうした困難をともなうサービス提供事業に参入し、適正な利益で事業活動を継続していくためには、営利組織といえども一定のミッションが必要であり、それに裏打ちされた禁欲、自己抑制が不可欠の要件となろう。

第5節　基礎構造改革の論点その3——社会福祉法人の改革

社会福祉法人の制度が創設されて以来五〇年弱、不祥事がなくともすでに再検討の時期にあることは疑いを入れない。周知のように、社会福祉法人の経営はその発足時の本来の趣旨とは異なり、措置委託費に依存し、その基本的な特質である主体性、自主性、民間性はすっかり影を潜めてしまっている。社会福祉法人によるサービスの提供が創造性に欠け、質が低位安定の傾向にあることを否定することは難しいであろう。こうした社会福祉法人の現状については、補助金行政を通じて社会福祉法人を規制してきた国や都道府県の責任とともに、社会福祉法人それ自体の責任もまた問われなければならない。

しかし、そうした状況が民間非営利組織や営利組織に社会福祉法人と同等の資格において参入しうる条件を与えるならば、すなわち競争的条件が準備されるならば、それで解決されるかといえばそうではない。すでにみてきたように、社会福祉を利用する人びとのもつ属性やサービスの特性を考えれば、そのようなかたちでの対処ではこれまでにない新たな問題をうみだすことにもなりかねないからである。むしろ、現実的なのは、営利組織を直接的に社会福祉の中核部分に提供者として参入させるのではなく、社会福祉法人の設立条件の緩和をはかり、民間非営利組織や営利組織による社会福祉法人の設立をより容易にすることを通じて、多様な基盤、背景をもつ社会福祉法人のあいだでのミッションオリエンテッド（使命志向的）な競争を奨励することであろう。

このような社会福祉法人間の競争を促進するには、「検討会報告」にもあるように、公益事業や収益事業の実施をより容易にするとともに、措置（委託）費の運用余剰金による土地や建物、施設設備の減価償却を認めるなど、法人・施設の経営にインセンティブをはたらかせる方策の導入が必要であろう。また、措置（委託）費のうち事務費部分については一定の条件にもとづいて定額とし、事業費部分についてはサービスの実績にもとづいて支弁するという方法も一考に値しよう。この方法を効果的に活用するためには、従来の措置制度を改め利用者にサービスや施設の選択を認め、部分的に契約利用方式的な要素を導入することが必要となる。

その場合、現実的な方式として可能性をもつのは、この四月から保育所で実施されている、行政と利用者との行政契約というかたちで利用者による保育所の選択と申請を認めるとともに、他方で実施主体（行政）にたいして応諾と利用勧奨義務を付与するという選択申請利用方式を広く適用することである。この選択申請利用方式は、伝統的な措置方式と市場的な契約利用方式の中間に位置するものといえようが、公的責任体制を前提としながら契約利用と競争の利点を追求する方式として評価することができる。

しかし、社会福祉法人・施設の経営にインセンティブをはたらかせ、その自由度を高めるためには、他方において情報開示を積極的に行うなど経営に透明性をもたせ、説明責任を全うすることが前提条件となる。伝統的に社会福祉法人・施設の経営は透明度が低いが、社会的にはそれでよしとされてきたきらいがある。社会福祉がミッションオリエンテッドな事業であると看做されることから経営内容にたいする社会的なチェック機構がはたらきにくく、かえって問題が見過ごされるということもあったように思われる。社会福祉法人・施設の経営に競争を導入し、その自由度を増大させるということになれば、情報の開示と説明責任による透明性の確保は不可欠の前提要件である。

経営に関する説明責任という側面についてさらにいえば、社会福祉法人・施設は従来から措置委託費の支弁者である行政にたいしては、財務・事業監査というかたちでこれを受け入れてきている。しかし、措置費に限らず、租税や寄付金という社会的な費用に依存するところの多い社会福祉法人・施設は、今後、行政にたいしてのみならず、社会的費用の負担者である地域住民や一般市民にたいしても、積極的に必要とされる情報を開示し、説明責任を果たすことが求められることになろう。また、情報の開示や説明責任は社会福祉法人・施設の提供するサービスの直接的な利用者（顧客）にたいしても実施されなければならない。この場合、情報の開示や説明責任の範囲は経営面のみならず、サービスの内容やその社会的な評価にも及ぶことになろう。いずれにせよ、社会福祉法人・施設にとって情報の開示や説明責任は外圧的に求められて行うというものではない。むしろ、それは社会福祉法人・施設が社会に理解を求め、利用者（顧客）を確保するために積極的に取り組むべき課題である。

検討会や分科会の議論のなかには、社会福祉法人の多くが一法人一施設で経営されていることについて事業の拡大や法人自体の整理統合を求めるような発言も含まれている。一定の条件のもとにという条件つきであっても、社会福祉の世界に競争の時代が訪れるとすれば、社会福祉法人の足腰を強化するという意味で法人の事業の拡大や整理統合ということは十分に現実的な課題となりえよう。事業拡大や整理統合の意義がまずは規模の経済性（スケールメリット）の追求にあることは間違いない。それは、職員の人事管理、経験の蓄積、部門間の競争によるサービスの質の向上という観点からも考慮に値する方向であろう。しかしながら、その反面、大規模法人による能率や効率、それによる余剰金の拡大を重視する企業的経営が社会福祉というミッションオリエンテッドで利用者や社会の満足を第一義的な課題とする領域にどこまで適合的かということも考えてみる必要がある。

たとえば、保育事業のように、社会福祉の領域によっては、小規模な、地域と密着した手作りのサービスの提供とその利用というかたちがむしろ望ましいという考え方も十分ありうるであろう。こうした領域で求められるのは、大規模化による経済性の追求というよりは、利用者や地域のニーズに密着した小回りの利く、木目の細かいサービスであり、それを可能にするような社会福祉法人・施設の経営のあり方であろう。社会福祉法人のありようを考えるうえで忘れられてはならない部分である。

ここまで社会福祉法人・施設の課題を論じてきたが、そのほとんどは公立施設の経営にもあてはまることである。むしろ、一般的には、施設の経営が硬直化しサービスの質が低位にあるのは公立施設であろう。その点、分科会の議論のなかで公設公営型施設の公設民営型施設への転換、さらには民間施設についても敷地や建造物の公有化を推進し、公設民営化を志向すべきであるという指摘があることに留意しておきたい。なかでも、公設公営型施設の公設民営型施設への転換は、児童自立支援施設などの一部の領域を別にして、現実的な検討課題というべきであろう。民間施設の公設民営化という論点は、直接的には社会福祉法人の解散にともなう資産の帰属の問題に関わって提起されているが、さきに指摘しておいた措置委託費の事務費部分と事業費部分との分離、事務費部分の定額助成化という観点とも接点をもちうる議論として興味深い。

第6節　社会福祉改革への期待

以上、社会福祉の基礎構造改革をめぐる議論の一端にふれてきたが、みられるように基礎構造改革をめぐる議論には問題点が少なくない。しかし、もとより、これまでの行論からも明らかなように、社会福祉のありようが現状のままでよいというわけではない。

たしかに、社会福祉の現状は利用の手続きをはじめとしてさまざまな問題をかかえている。そして、それらは早急に改善され、あるいは解決されなければならない。そのことは誰しも異議のないところであろう。しかし、さりとて市場原理の導入にすべての問題の解決をゆだねることは非現実的であり、不可能なことである。基礎構造改革が市場原理至上主義へ傾斜するようなことになれば、問題の解決どころか所得階層による利用者の分離、低所得・貧困階層にたいする選別主義的処遇という旧来の弊害を復活させるようなことにもなりかねないのである。

最後に、これまでの議論を踏まえて結論めいた期待を箇条書的に示しておきたい。

第一に、二一世紀を展望するこれからの社会福祉に求められることは、一定の範囲については選択申請利用制度を導入し、また後見制度、苦情処理制度などを創設することによって、社会福祉における利用者民主主義の一層の促進をはかる必要がある。

第二に、これからの社会福祉は、一定の条件のもとに、提供組織の多様・多元化、分権化、脱規制化、そして市民参加を促進するとともに、高度の資質をもつ社会福祉専門職の養成と適正な品質競争を通じてサービスの量と質の向上をはかることが必要である。

第三に、これからの社会福祉は、第一義的には市町村の責任において、各種の民間非営利組織、ボランティア、一般市民の参加、そして一定の条件のもとに実施される営利組織の参加をえて、新しい公的責任体制のもとに自主的、自律的に運営される自治型の社会福祉として推進されなければならない。

第四に、これからの社会福祉においても国や都道府県は重要な責任と役割をもつことが期待される。その場合、都道府県や国に期待される役割と機能は、社会福祉にたいする集権的官僚主義的な監督や規制ではない。求められるべき役割と機能は、以上の三点に整理する社会福祉のありようを可能にするためのハード、ソフト両面における環境的諸条件の整備に努めるということである。

第3章

児童福祉改革の展開

——措置から選択的利用へ

この章は、「児童福祉法改正と残された課題」と「児童養護施設改革の課題」の二つの節から構成されている。前者の初出は、『世界の児童と母性』第四四巻（資生堂社会福祉事業財団、一九九八年四月、所収）である。後者の初出は、「現実改革へ求められる大胆さと慎重さ」『養護施設の半世紀と新たな飛翔』（全国児童養護施設協議会、一九九六年一一月、所収）であり、再録にあたって改題した。いずれも一部加筆している。

第1節は、一九九七年六月の児童福祉法改正を論じたものである。改正には賛否両論あって当然のことであるが、ここでは多数の難点を含みながらも基本的にはこれを評価するという観点から児童福祉法改正の概要、意義、そして残された課題について論じている。第2節は、執筆の時点が九六年秋とやや古いが内容的にはこんにちの課題に連続するものである。「基礎構造改革」をめぐる議論の一環として意味ある小品と考え、再録することにした。

第1節　児童福祉法改正と残された課題

周知のように、一九九七年六月、法制定五〇年を期すかのように児童福祉法の大幅な改正が行われ、九八年四月から施行されている。この際、今回の児童福祉法の改正がどのような意義をもち、さらにいかなる課題を残しているのか、若干の検討を試みることにしたい。

1　転型期福祉改革

今回の児童福祉法改正は、直接的には、児童福祉法やそれに依拠する児童福祉の個別の施策や制度、そして援助活動のあり方にかかわる改革課題がその契機になっていることはいうまでもない。そして、その背景には、少子化や晩婚化の傾向、女性の就労の一般化、虐待の増加など児童の生活と成長にかかわる状況の変化があった。

しかしながら、今回の児童福祉法の改正は同時に、八〇年代にはじまる福祉改革の一環として実施されたものである。ここでは、その視点から改正問題をとりあげることにしたい。まず、八〇年代以降における福祉改革の内容と意義について、簡単に整理しておこう。

⑴　戦後福祉改革と八〇年代福祉改革

八〇年代のなかばにはじまる福祉改革、いわゆる「八〇年代福祉改革」は、当初はわが国の経済が高度成長から低成長に移行したことを背景とする行財政改革の一部として推進された。しかし同時に、それは、敗戦直後に戦後改革の一部として実施された「戦後福祉改革」のなかで形成された戦後社会福祉の骨格が、戦後四〇年を経過するなかで社会経済の変化に適合しえなくなっているという時代認識を背景とするものであった。

かつてわれわれは、八〇年代福祉改革の内容について、これを①普遍化、②多元化、③分権化、④自由化、⑤計画化、⑥総合化、⑦専門職化、⑧自助化、⑨主体化、⑩地域化として整理したことがある。ここでその詳細について論じるゆとりはないが、八〇年代福祉改革は六〇年代以降における社会経済の変化とそれに対応する社会福祉の展開が明らかにしてきた改革課題を指摘し、必要とされる対応策を提起するものであった。そのようなものとしての八〇年代福祉改革は、それが行財政改革の一環として実施され、改革の必要性を説くことに急なあまり、社会福祉における人権思想、公的責任主義、ナショナルミニマムの思想の定着など戦後福祉改革がもたらした成果を適切に評価し、継承するという姿勢に乏しいという側面をもってはいたが、総体としてみるとわが国の社会福祉に転型を画期する最初の重要な契機となった。

実際、八〇年代にはじまる福祉改革は、八〇年代にとどまらず、九〇年代に引き継がれ、そこでより広く、深い改革、すなわち「転型期福祉改革」ともいうべき波動をうみだすことになったのである。

(2) 転型期福祉改革前期

その意味では、八〇年代福祉改革は転型期福祉改革のいわば前哨戦としての意味をもっていたのである。転型期福祉改革の最初の波は、一九九〇年の「福祉関係八法改正」によってうみだされた。すなわち転型期福祉改革前期のキーワードは、さらなる①分権化と②地域化、そして③総合化であった。

これら三通りの改革課題は、八〇年代福祉改革の課題を継承するものではあるが、そこには明らかに質的な転換がみられた。転型期福祉改革前期における分権化は、機関委任事務の団体委任事務化という八〇年代福祉改革の課題を超えて、高齢者福祉と身体障害者福祉の領域を中心に、市町村を社会福祉供給の第一線の組織として明確に位置づけるものであった。それは、従来の国中心の社会福祉運営・供給からの脱皮を意味していた。地域化についていえば、施設福祉型社会福祉から在宅福祉型社会福祉への移行が八〇年代福祉改革の課題であったとすれば、転型期福祉改革前期における地域化の課題は在宅福祉サービスを中心とする地域福祉型社会福祉の構築であった。八〇年代福祉改革における総合化が保健、医療と福祉という各制度間の連絡・調整・連携を意味していたとすれば、転型期福祉改革前期における総合化は、個別の制度を超えた、相互浸透的な保健と医療と福祉の統合化を意味していた。

このような転型期福祉改革前期における改革は、福祉改革の動因としても八〇年代福祉改革とは異なるところがあった。転型期福祉改革前期の改革においても底流に行財政改革があることはもとよりであるが、そこではむしろ少子高齢社会の到来を目前にそれにたいしていかに対処すべきかという危機意識が主要な動因として位置づけられていた。その限りにおいて、この時期、福祉改革はわが国の社会福祉のなかに一層内在化されたのである。

(3) 転型期福祉改革後期

転型期福祉改革後期を象徴するもの、それはここでの課題である児童福祉法の改正であり、また介護保険法の制定である。そして、一九九八年の春現在、議論が深められつつある基礎構造改革の問題である。

このような転型期福祉改革後期が少子高齢社会の到来という危機意識を動因として改革を内在化させた転型期福祉改革前期の延長線上にあることは言をまたない。しかし、同時に、そこには新しい側面が色濃く現れている。それは、転型期福祉改革後期が、①利用者主権化＝利用者民主主義の導入と②脱規制化＝市場原理の導入を重要な動因として推進されてきているという事実である。しかも、重要なことには、この二つの動因は、背中あわせの関係にあるものとして、両者ないまぜるかたちで、福祉改革の動因として位置づけられてきている。さらにいえば、これら二つの動因は、功罪合わせもちつつも戦後社会福祉の強力な支柱となってきた措置（委託費）制度や中央集権的官僚主義的な社会福祉行政にたいするアンチテーゼとして提起されているのである。

ここでの課題である児童福祉法改正、さらには介護保険法の制定を、どのように読み解き、評価するのか。そのことは、以上のような戦後福祉改革、八〇年代福祉改革、転型期福祉改革という改革の流れと密接に関連している。

2　児童福祉法改正の内容

さて、それでは今回の児童福祉法改正はどのようなものであったか。議論に必要な範囲で簡潔に要約しておこう。法改正は、主要には、以下の七点にわたって行われた。

(1) 保育所に関する事項

保育所は従来の措置制度から児童の保護者による保育所の選択を含む利用の申請にもとづいて実施されることになった。保育サービスの実施機関である市町村は、保護者の申請に応じることが義務づけられる（応諾義務）とともに、新たに保育を必要とする児童の保護者にたいして保育の申し込みを勧奨し、保護者による保育所の選択と保育所の適正な運営を確保するために保育所の設備や運営等に関する情報を提供することが義務づけられた。

他方、保育所には地域の住民にたいして保育に関する情報を提供するとともに、乳幼児の保育に関する相談に応じ、助言を行う努力義務が課せられることになった。さらに、保育料の徴収については、児童の年齢等に応じて定める額を徴収することが可能となった。この改正は、将来における保育料の応能負担主義による徴収から応益的な均一料金制への移行を予定したものと理解されている。

(2) 放課後児童健全育成事業に関する事項

放課後児童健全育成事業とは保護者が労働等により昼間家庭にいない小学校低学年児童にたいして授業の終了後、児童厚生施設等を利用して遊びや生活の場を与え、その健全な育成を図る事業、いわゆる学童保育を意味しており、市町村は対象となる児童の同事業の利用について相談、助言を行うとともに、地域の実情に応じて同事業を実施し、利用の促進に努めることになった。同時に、放課後児童健全育成事業は社会福祉事業法の改正によって同法にいう第二種社会福祉事業として位置づけられることになった。

周知のように、この放課後児童健全育成事業、いわゆる学童保育は実態的にはすでに予算措置事業として広く実施されてきた実績をもつものであるが、今回の法改正によってそれが法律措置事業として承認されたことになった。

(3) 児童相談所に関する事項

児童相談所長は、都道府県知事にたいする報告書のなかに、子どもの家庭環境と措置にたいする児童及びその保護者の意向について記載することが義務づけられた。他方、都道府県知事は、施設入所等の措置の決定や解除等にあたって、必要に応じて、都道府県児童福祉審議会の意見を聴くことが義務づけられた。

(4) 児童自立生活援助事業に関する事項

今回の法改正によって児童福祉施設を退所した児童の自立を促進する目的で日常生活上の援助や生活支援を行う事業、すなわち従来法外施設として運営されてきたいわゆる自立援助ホーム事業が児童自立生活援助事業として児童居宅生活支援事業の一部に位置づけられた。この事業を実施する権限は都道府県に属するが、都道府県はこの事業をみずから行い、あるいは委託して行うことができるとされた。適用されるのは満二〇歳までの者である。

(5) 児童福祉施設の名称及び機能に関する事項

以下の児童福祉施設について、その名称や機能の改正が行われた。すなわち、①乳児院について、おおむね二歳未満の幼児を入院させることが認められた。②母子寮について、その目的のなかに入所者の自立促進のための生活支援が追加され、児童の年齢が満二〇歳に達するまで在所することが認められるとともに、その名称が母子生活支援施設に改められた。③養護施設について、その目的が児童の自立の支援にあることが明確化されるとともに、その名称が児童養護施設に改称された。④虚弱児施設が廃止され、九八年四月から児童養護施設として運営されることになった。⑤情緒障害児短期治療施設について対象児童の年齢要件を改め、満二〇歳までの在所が認められることになった。⑥教護院については施設長に入所児童を就学させる（正規の学校教育を受けさせる）義務を課すとともに、その名称が入所児童の自立の支援という趣旨を加味して児童自立支援施設に改められることになった。

(6) 児童家庭支援センターに関する事項

地域の児童の福祉に関する各般の問題について相談や助言、要保護児童の指導や関係機関との連絡調整を総合的に行うことを目的に、児童福祉施設の一つとして児童家庭支援センターが設置されることになった。ただし、同センターは独立した児童福祉施設ではなく、既存の児童養護施設等の児童福祉施設に付設されることになっている。

(7) 関係地方公共団体等の連携等に関する事項

地方公共団体について保育の実施に関して相互間の連絡調整を強化すること、また児童居宅生活支援事業の事業者や児童福祉施設の設置者について相互に連携し、地域の実情に応じた児童及び家庭にたいする積極的な支援に努めることが求められることになった。

3 総合的評価

このような児童福祉法の改正については多様なスタンスと視点による分析と評価がなされているが、以下ここでは総合的な見地から評価を試みておこう。

(1) 理念改革の不徹底

まず、今回の改正についてよく指摘されることは、その内容が児童権利条約にいう「子どもの最善の利益」の実現という視点からみてきわめて不十分だということである。なかでも、児童福祉法の総則部分の改正が行われなかったことにたいする批判が強い。「子どもの意見表明権」に関しても同様の批判がみられる。

多少具体的にみてみると、児童相談所長の報告書に子どもの意向について記載することとされている部分、児童福祉審議会の意見の聴取等の規定、さらには子どもの自立やそのための支援を強化する方向での各種制度の新設や改革には、子どもの権利を重視しようという姿勢が認められる。しかし、全体としてみると、たしかにいま一歩の踏み込みが不足しているといわざるをえないであろう。

児童養護施設等の現場でしばしば話題となり、善後策の必要性が強調される「子権と親権の調整」、「施設長の権限」等についても、措置に関連して児童相談所長による児童及び保護者の意向の聴取や児童福祉審議会による意見の聴取が規定されたとはいえ、大きな前進があったとはいえないであろう。

(2) 利用者民主主義の前進と不徹底

法改正のなかでもっとも注目すべきは、保育所制度の改革であろう。保育所の入所方式については従来から措置制度か契約制度かというかたちで論争が行われてきたところであるが、今回の法改正の内容はおおむね落としどころとして妥当な内容になっているといえよう。保育関連の条項から措置という語句が消え、保育所の選択を含む保育サービス利用の申請とそれに対応する保育の実施という枠組みが導入された。この改正は、保育に限定してのことであるが「福祉サービス請求権」の承認を意味するものと解され、福祉サービスの利用を「法の反射的利益」とみる解釈から一歩前進した改正としてそれなりに評価してよい。ただし、市町村の決定に不満があった場合の上級行政庁による再審査の制度は組み込まれておらず、「福祉サービス請求権」の明確な承認という尺度からみれば不徹底といわざるをえないであろう。

このような限界をもつとはいえ、今回の保育所制度の改革は前述の転換期福祉改革後期の課題である利用者主権化＝利用者民主主義の具体化であることはたしかであり、歓迎に値するものといえよう。もっとも、逆に脱規制化＝市場原理の導入という尺度からみれば今回の保育所制度の改革は不十分、不徹底なものとみなされることになろう。保育料の均一化が達成されえなかったことについても同様の評価になろう。

(3) 分権化・地域化の不徹底

今回の法改正では、支援センターなどいくつかの点で地域化の強化につながる制度の新設が行われ、遅ればせながら児童福祉の領域においても転型期福祉改革前期の課題の一つであった地域化が推進されることになった。そのことは歓迎に値することである。しかし、分権化という課題については、今回の法改正においてもみるべきところはなかった。児童福祉のみならず、この点については、精神薄弱者福祉や母子及び寡婦福祉の領域においても、一層の改革が必要である。二十一世紀に向けて市町村を中心とする自治型社会福祉の時代を展望する立場からいえば、はなはだ残念なことといわなければならない。

4 残された課題

最後に、残された課題について一言しておきたい。

(1) 理念改革の推進

まず、児童福祉法の総則部分の改正である。総則、なかでもその第一条における理念規定が児童を保護と愛護の客体とみなし、権利の主体として位置づけていないことについては、これまで多くの批判がなされてきた。前述のように、今回の改正においてもこの部分は手つかずのままに残された。しかしながら、児童福祉法を児童を権利の主体として明確に承認し、その「最善の利益」を追求する法制度として確立するには、総則部分の「理念改革」が不可欠である。

(2) 利用者民主主義の確立

今回の法改正によって児童福祉は利用者民主主義の実現に向けて踏みだしたことになるが、その確立のためには、さらに利用資格要件の弾力化、審査過程への利用者参加、説明と選択、再審査制度の導入、利用過程における苦情処理制度やサービス忌避権の導入、人権擁護機関とオンブズマン制度の導入など各種の改革が必要とされる。また、児童福祉サービスの利用者のなかには、利用者による選択と申請という方式に馴染まない児童や保護者が存在しており、そのような利用者についてはただ選択や申請を待つというのでは不十分である。より積極的に支援の手を差し延べるリーチアウト活動が必要とされる。さらに、虐待のように公権力を前提とする直接的な介入を必要とする事例も認められるところであり、こうした利用者の利益を確保するための適切な制度の改善や新設が必要であろう。

(3) 公的責任体制の再編成

このような利用者民主主義を確立するには、新しいかたちでの公的責任体制の確立が不可欠である。児童福祉に限らず社会福祉の全般にわたってその最終的な責任が国に帰属することはいうまでもない。一方において、中央集権主義や官僚主義の批判、他方における福祉サービスの地域化、供給組織の多様化や多元化、規制緩和の推進、効果的効率的なサービスの提供という課題に対応するためには、従来とは異なる新しい公的責任の体制を確立する必要がある。その新しい公的責任体制は、市町村をベースに市民の参加と参画を最大限に組み込んだシステムとして構成されなければならず、それを可能にするような法的枠組みと支援が可及的速やかに導入、整備されなければならない。

(4) 個別サービスの質と量の確保

一九九八年四月からの改正法の施行にあたって何よりも重要なのは、当然のことではあるが、個別サービスの質と量を確保するということである。保育制度の改革も、乳児保育を実施する保育所の絶対的な不足を前にしては、画に描いた餅にすぎないという指摘はよく耳にするところである。事柄は保育基盤の整備にとどまらない。今回の法改正を画餅に終わらせないために、最低基準の見直しを含めて、個別サービスの質と量を確保するための関係者による一層の努力を期待してやまない。

第2節　児童養護施設改革の課題

児童養護施設に限らず、児童福祉施設のあり方が本格的に問われるようなったのは一九九一年ごろからといってよいであろうが、いまでは改革案もほぼ出揃い、すでに状況は改革案を構想する段階からそれをいかにして実現するのかという次の段階に移ってきているというべきであろう。この間の児童福祉施設改革論の経緯については、よく目配りされた山縣文治大阪市立大学助教授の論稿「児童福祉施設改革の潮流」（別冊〔発達〕二一『子ども家庭施策の動向』、ミネルヴァ書房、一九九六年）に譲り、ここでは改革案の構想からその具体化へという状況の推移を念頭におきつつ、これからの児童養護施設に期待されるいくつかの課題について言及しておきたい。

1　状況認識の現実化・深化

ここ一〇年ほどの児童福祉施設改革をめぐる論義、より直接的には「養護施設の近未来像」にかかわる議論を見聞きしていて考えさせられることの一つは、関係者の現状維持への期待が思いのほかに強いという事実である。戦後に限っても五〇年に及ぶ児童養護施設のあり方を大幅に変更するということになれば、大きな抵抗がでてくるのはある意味では当然であろう。

一つの体制が形成され、それが長期にわたって維持されてきたということになれば、改革を受け入れることは容易なことではない。改革が外圧的に外側からもちこまれたという受けとめ方がなされる場合にはなおのことである。なかには、改革といっても結局は何も変わらない、一時的な議論のための議論にすぎない、という冷めた受けとめ方も少なからず存在しているようである。

他方、改革にたいする抵抗のなかには、改革案のもつ方向性にたいする批判が含まれている。改革案は現実に児童養護施設が抱えている諸問題、たとえば職員の慢性的不足や労働過重という問題の解決に取り組むことをせず、施設体系の再編成というような現実性の乏しい課題にエネルギーを費やしているとする批判などがそうである。このような批判のもつ意味は重要である。

しかし、残念なことに、こうした批判のなかに児童養護施設が直面している諸問題の解決について確実な糸口が用意されているわけではない。率直にいって、職員問題の解決は急がれるべき深刻な課題である。しかしながら、その解決によって児童養護施設の直面する諸問題のすべてがクリアされるということにはならないであろう。

これまで児童養護施設の直面する課題としてしばしば指摘されてきたことは、①児童人口の絶対的減少、②養護ニーズの多様化・高度化・複雑化、③社会福祉の分権化・多元化・地域化にどのように対応するかということである。さらに、これに加えてこんにちでは、④施設生活のノーマライゼーション、⑤施設運営におけるアカウンタビリティの確立ということが強く求められるようになってきている。

2 施設生活のノーマライゼーション

従来、社会福祉の新しい理念としてのノーマライゼーションやその過程としてのインテグレーションが語られるとき、それは福祉サービスを居住型施設によるサービスから在宅型あるいは地域型のサービスに転換することによって実現されると考えられてきた。端的にいえば、ノーマライゼーションは居住型施設による福祉サービスの廃止によって実現すると考えられてきたといってよい。したがって、居住型施設の内部における生活や援助のあり方は否定の対象として捉えられることはあっても、それ自体がノーマライゼーションの課題として議論の対象になることはなかったといってよい。

しかしながら、今後さらに在宅型福祉サービスへの移行が拡大するとしても居住型施設による福祉サービスの必要性がなくなるわけではない。児童であれ、障害者、高齢者であれ、生活管理能力に乏しい、あるいはそれを欠落させている人びとにたいする福祉サービスは居住型施設によらざるをえない。また、医学的な治療、リハビリテーション、生活指導、再教育、職業指導など福祉サービスの目的と手段のいかんによっては、むしろ居住型施設によるサービスの提供は積極的な意味をもつことになる。

ノーマライゼーションの原則は、施設居住者を地域に戻し、差別的・隔離的な扱いを受けてきた人々を通常な生活に統合するという側面のみならず、こうした居住型施設の内部における生活や援助のあり方にも適用されなければならないであろう。近年ようやく、児童を含めて、施設居住者たちのプライバシー権、個室の確保、意見表明権、通信の自由、信教の自由、金銭をはじめとする私物の管理権などが尊重されるようになってきたが、これらの権利を保障するということは施設居住者たちに特別の恩恵を与えることを意味するものではない。施設居住者たちの市民的諸権利を保障するということは、居住型施設における生活や援助のあり方をノーマライズするという視点からいえば、ごく当然のことといわなければならない。

児童養護施設の場合も含めて、これからの社会福祉施設の運営においては、施設生活のノーマライゼーションという観点に立ち、施設の選択権にはじまり、プライバシー、個室、通信、信教など施設生活においても認められるべき市民としての権利、利用している福祉サービスに対する不服申立て権・忌避権・再選択権などの諸権利を尊重し、オンブズマン制度などその保障・実現を図るための施策を確立する必要があろう。

3 施設運営におけるアカウンタビリティ

アカウンタビリティという言葉の原型はアカウントであり、辞書をみると計算、勘定、会計、評価、報告、説明、弁明などの訳語が与えられている。このアカウントがアカウンタブルと形容詞になると責任がある、責任を負っている、説明できるなどという意味をもつようになり、アカウンタビリティはその名詞形である。このように、アカウンタビリティという言葉は、その語源からも明らかなように、もともとは一定の費用が支出されたとき、その費用が適正かつ効果的に使用され、所定の目的を達成しえているかどうかを、費用を支出した組織ないし人にたいして説明する責任という意味でもちいられてきた。少し語義の範囲を広げれば、与えられた費用や権限を行使することによって所定の効果をあげえているかどうかを関係者に説明する責任ということになろう。

もとより、アカウンタビリティという言葉を使うかどうかを別にすれば、児童養護施設は従来からこの種の責任を負ってきた。たとえば、上級官庁や監督官庁による監査は、それを受ける側からいえば、まさにアカウンタビリティを問われることを意味していた。監査は経費の使途やその運用の仕方という事務の側面のみならず、ことの濃淡を別にすれば児童の生活や援助という事業の側面についても実施されてきた。

ただし、このような監査においては、説明責任はもっぱら上級官庁や監督官庁などのように組織の上級者に対するものとして捉えられてきているのにたいして、近年におけるアカウンタビリティに関する議論には上級者のみならず、下級者、納税者、利用者、さらには一般市民や地域住民に対する説明責任が含まれている。また、説明責任の範囲も、費用の伴う活動のみならず、一定の資格や権限にもとづいて行われる活動にまで拡大され、その正当性やそれによって所定の目的が達成されたかどうかが問われるようになってきている。

事柄を児童養護施設に引きつけていえば、それぞれの児童養護施設は監督官庁のみならず、利用者である児童と保護者、地域住民、さらには納税者たる一般市民にたいして、どのような権限と費用によって、いかなる理念を掲げ、どのような手段と手続きにもとづいて、いかなる特徴をもつ児童の養護を行い、そこにどのような成果が得られているのか、つねに説明しうるように準備を整えておく責任があるということである。

このようなアカウンタビリティの観念は、施設の外側にたいしてはもとより、施設の内側においても求められる。施設の職員は、その職責上の上級者にたいしても下級者にたいしても、さらには福祉サービスの利用者である児童や保護者にたいしても、その具体的な方法の違いはあっても、一定の資格や権限にもとづいて行う自己の活動について説明責任を負わなければならない。これからの児童養護施設は、現在以上に、だれがみてもきちんとそれと確認しうるような成果を上げ、その経緯を明確に説明する責任を求められることになろう。

先ほどのノーマライゼーションに関連づけていえば、いわば施設運営のノーマライゼーションが求められているのである。

4　種別を超えた施設体系の再編成

さて、ここで最後に「児童養護施設の近未来像」に戻っておきたい。「近未来像」は先にあげた児童養護施設の直面する課題のうち、主要には①児童人口の絶対的減少、②養護ニーズの多様化・高度化・複雑化、③社会福祉の分権化・多元化・地域化という要因を念頭においたものである。しかし、これら三通りの要因のその後の推移、さらには今回やや詳しく論じた④施設生活のノーマライゼーションの推進、⑤施設におけるアカウンタビリティの確立という二通りの要因を加味していえば、「近未来像」の射程はこんにちすでに短かすぎるというべき状況にあるといってよい。

もとより、「近未来像」は「近未来」という射程において児童養護施設の将来像を描こうとしたものであり、射程の短さをいうのは筋違いというものであろう。「近未来像」は「近未来」という射程のなかで、養護施設体系の再編成を模索したものであり、しかも手続き的には機能的再編成を中心に養護施設改革の第一段階を設定している。しかしながら、児童養護施設をとりまく環境の変化は、「近未来像」が構想された時代よりも著しくその速度を速めている。

そのことを考えれば、児童養護施設という種別の内部において改革を完結させようとする期待があるとすれば、それはすでに現実性に欠けるというべきであろう。かつてわれわれは児童福祉施設を育成系、養護系、療育系の三通りに分類したことがあるが、今後の児童福祉の展開を考えれば、地域における子育て相談や家庭支援については育成系の施設である保育所や児童厚生施設との連携・調整が不可欠であろう。

地域におけるショートステイサービスやトワイライトサービス、あるいはショートタームケアという観点からいえば、乳児院、情緒障害児短期治療施設との連携・調整が必要であろうし、知的障害のある児童についていえば、療育系施設との連携・調整もありうるであろう。ショートタームケアという前提であれば、われわれのいう小規模総合施設としてのコミュニティホームの構想も、あるいは現実性をもちうるかもしれない。他方、ロングタームケアということになれば、伝統を継承する長期滞在型の児童養護施設に加えて高校生を含めた思春期や青年期にある児童のためのケア付きアパート的な自立支援施設などを新たに構想することも有意義であろう。

いずれにせよ、児童養護施設には、いたずらに福祉改革の波に流れることなく熟慮を重ねる慎重さと、伝統の枠と安定を乗り越えて時機を失することなく果敢に現実を変革する大胆さとが同時的に求められているように思われる。

二一世紀に向けて大きな飛躍を期待したいものである。

第4章

社会福祉改革と民生委員・児童委員

——地域福祉の先端を担う

この章も、「民生委員・児童委員制度改革の展望」「地域福祉の変革と民生委員・児童委員」の二つの節から構成されている。前者の初出は、「地域福祉の推進と民生委員・児童委員活動への期待」『月刊福祉』（全国社会福祉協議会、一九九七年一二月、所収）である。後者の初出は、「地球福祉の現状と民生委員・民児協」『民児協運営の手引き』（神奈川県民生委員児童委員協議会、一九九八年三月、所収）である。いずれも、改題、一部修正のうえ再録している。

第1節は、民生委員制度創設八〇周年とそれを機会に刷新された新「活動強化方策」を記念する『月刊福祉』の特集号に執筆したものである。民生委員・児重委員を地域住民サイドに立って社会福祉の利用過程を支援する利用支援機関として位置づけるという観点から、民生委員・児童委員制度の将来を論じている。第2節は、当初、民生委員児童委員協議会の運営マニュアルの一章として執筆したものである。実践的な視点から、近年における地域福祉の変革を前提に民生委員・児童委員の機能や民生委員児童委員協議会のあり方を論じる。

第1節　民生委員・児童委員制度改革の展望

一九九七年は、一九一七（大正六）年、岡山県に済世顧問制度が創設されて八〇周年を迎える。また、九八年は一九四八（昭和二三）年に民生委員法が制定されて五〇周年にあたる。全国民生委員児童委員連合会は、こうした事実に言及しつつ、この四月に新しい「活動強化方策」として「地域福祉の時代に求められる民生委員・児童委員活動」（以下、新「活動強化方策」とする）を策定した。

周知のように、わが国の社会福祉は、八〇年の以前とは言うまでもなく、五〇年前と比較しても、大きく変化している。なかでも一九八〇年代以降の福祉改革はわが国の社会福祉を一変させつつあるといっても過言ではない。この際、そうした事実を踏まえ、民生委員・児童委員の制度や活動のあり方について若干の検討を試みたいと思う。

1　社会福祉の変化と今後の課題

さて、全国民生委員児童委員連合会による新「活動強化方策」は、近年におけるわが国の社会福祉の変化を「在宅福祉施策の充実と地域における福祉活動の発展」というかたちで総括し、その具体的な指標として以下の諸点を指摘している。

すなわち、一九九〇（平成二）年の福祉関係八法改正を重要なきっかけとして施設福祉サービスと在宅福祉サービスが市町村において一元的・計画的に提供される体制が築かれてきたこと、八九（平成元）年の「ゴールドプラン」、九四（平成六）年の「新ゴールドプラン」と「エンゼルプラン」、九五（平成七）年の「障害者プラン」の策定によって社会福祉の計画的な推進が促進されたこと、地域における社会福祉協議会やボランティアグループによる福祉活動が活発に展開されるようになってきたことである。

さらに、新「活動強化方策」は、このような現状分析を前提に、民生委員・児童委員活動の今後の課題を、社会福祉全体の課題と結びつけながら、以下のように整理する。社会福祉の全体としての課題の第一は、住民が住みなれた地域社会のなかで公的福祉サービスはもとより、地域住民やボランティアグループによる多様なサービスを利用しながら生活することができるように、地域福祉の充実を図ること。第二は、高齢化の進展に対応する公的介護システムを構築すること。そして第三は、少子化、家族や地域社会の子育て機能の低下、児童虐待、不登校、いじめの増加などの児童・家族問題に対応することである。

つぎに、新「活動強化方策」はこれらの課題に対応して民生委員・児童委員に期待される活動の「視点」として、①基本的人権の尊重、②住民の福祉需要の把握、③自らの活動の点検・評価、④地域を基盤とした活動の展開、⑤先見的活動の展開、⑥関係機関・施設・団体との連携・協働活動の推進、をあげている。

このような新「活動強化方策」の現状分析や民生委員・児童委員に期待される活動の整理は、われわれとしても十分同意しうるものである。新「活動強化方策」全体としてはよく現状を把握し、今後を展望した内容になっているといってよい。しかしながら、議論として不十分に思われる部分がないわけではない。

かねてわれわれは、八〇年代のなかばからこんにちにかけて展開されてきた福祉改革の内容を、①普遍化、②多元化、③分権化、④自由化、⑤計画化、⑥総合化、⑦専門職化、⑧自助化、⑨主体化、⑩地域化、という側面に整理し、それぞれの側面から改革のあり方について論じ、評価を試みてきた経緯がある。その経験に照らしても新「活動強化方策」の現状分析においては、八〇年代以降の福祉改革の諸側面についてほぼ満遍なく目配りがなされているといってよい。しかし、前述のように、議論として不十分な点も残されている。それは社会福祉の主体化という側面である。新「活動強化方策」は住民参加やボランティアグループの発展というかたちで主体化の一部に言及している。けれども、新「活動強化方策」は社会福祉の利用者における主体化、あるいはごく最近一般化してきた用語法でいえば、社会福祉の利用者主権化という視点がいささか弱いという印象がある。もう少し、社会福祉の利用者主体化＝利用者主権化という視点を重視して民生委員・児童委員活動の今後を展望するということがあってもよかったのではなかろうか。

つぎに、民生委員・児童委員活動の今後の課題であるが、これについてもわれわれは大筋において同意することができる。設定されている課題の内容はいずれも、先行する『強化方策』のなかで整理されてきた、①社会調査のはたらき、②相談のはたらき、③情報提供のはたらき、④連絡通報のはたらき、⑤調整のはたらき、⑥生活支援のはたらき、⑦意見具申のはたらき、という「民生委員・児童委員活動の七つのはたらき」に沿ったものであり、その限りにおいて妥当なものといえよう。

ただし、設定されている活動を全体としてみると、やや並列的という印象を受けるのはわれわれだけであろうか。われわれはかねてから「民生委員・児童委員活動の七つのはたらき」にたいして、並列的・例示的な整理にとどまっているという印象を抱いてきた。今回の新「活動強化方策」は「展開のための視点」や、「基本的姿勢」を追加するなど、民生委員・児童委員活動をさらに明確化し、構造化しようという工夫がなされている。しかし、いま一歩の踏み込みがあればという感が強いのである。

しかしながら、もとよりこのような懸念の原因を新「活動強化方策」にのみ求めるのは適切ではない。その根幹は、社会福祉の供給システムにおける民生委員・児童委員の位置づけの不十分さ、あいまいさに関わっているように思われるからである。

2　社会福祉の供給システムと民生委員・児童委員

社会福祉の供給システムにおける民生委員・児童委員の位置づけということになれば、いうまでもなく、その法的な根拠は民生委員法の第一四条一項四号ということになろう。そこには、民生委員・児童委員の職務の一つとして、「社会福祉事業法に定める福祉に関する事務所その他の行政機関の業務に協力すること」と規定している。民生委員・児童委員を「協力機関」として特徴づける根拠は、この規定である。それでは、協力機関とはどのようなものであろうか。

六〇周年の『強化方策』は、この協力機関について、その意味を「民生委員は、住民の立場から公の職務に協力するという、いわば『社会福祉行政にたいする住民参加の制度化された一つの形態』としてとらえ、新しい意味での行政協力活動をつよめる」ことを提案している。六〇周年といえば、一九七七（昭和五二）年のことであり、わが国の社会福祉において住民参加の必要性と重要性が強調されはじめた時期である。当時の新しい社会福祉の考え方を反映するものといえよう。

この協力機関の意味を「住民の立場から公の職務に協力する」機関としてとらえる視点はこんにちからみても斬新な印象を受ける。すでに二〇年以上前から民生委員・児童委員による協力の意味は住民の立場による協力として位置づけられていたのである。それにもかかわらず、残念なことに、この間の民生委員活動の実態は、住民の立場に立った自覚的なはたらきかけは必ずしも強いものではなかったといわざるをえないであろう。そのことは、一部の民生委員・児童委員にみられるような「行政から協力を求められればそれなりに協力する」という活動の姿勢に如実に示されているといえよう。

民生委員・児童委員の位置づけについてのこのような行政サイド寄りの理解の仕方や活動の姿勢は、その淵源を民生委員法以前に遡ることができる。戦後の混乱期に成立した旧生活保護法は、民生委員（方面委員）を生活保護を実施するにあたって市町村長を補助する機関として位置づけていた。民生委員は市町村長の指揮命令の下に置かれ、事実上独立して生活保護の事務に携わったという経緯が存在する。これがいわゆる「補助機関」としての民生委員の位置づけである。

この補助機関としての位置づけは、新生活保護法（現行の生活保護法）が制定され、有給の専門職員として社会福祉主事制度が導入されることによって終了し、それとともに民生委員・児童委員は協力機関としての位置づけに移されることになった。しかしながら、協力機関としての位置づけに移行したのちにおいても、気分としては、民生委員・児童委員や関係者のなかに、補助機関の時代、さらには戦前の済世顧問、方面委員時代以来の地域社会の名望家、有力者、官業協力者としての認識が継承されてきたと言って必ずしも過言ではないであろう。しかも、この気分はこんにちにおいてもなお関係者のなかに、顕在的にか潜在的にか、「よき時代」として継承されているように思われる。

八〇年代福祉改革以来の改革は、戦後福祉改革の時代に構築されたわが国社会福祉の骨格をほとんどその根底から変革しようとしてきた。しかし、民生委員・児童委員制度は、そのような潮流の外側に置かれてきた。そして、新「活動強化方策」もまた、「福祉サービスを受ける」高齢者・障害者という用語法の多用に象徴されるように、新しい時代の社会福祉を住民の立場から、さらには利用者主体・利用者主権という立場からとらえ、それに相応しい制度や活動のあり方を模索するという時代の潮流に積極的に与しえないでいる。

すでに保育所の利用が利用者による施設選択を前提とする申請主義に改められ、また利用者による選択を前提とする介護保険制度が導入されようとしているこんにち、民生委員・児童委員の制度や活動においても名望家的、家父長主義的な気分を払拭するような思い切った改革が必要とされている。

3　利用支援機関としての民生委員・児童委員

近年における社会福祉研究の特徴の一つは、社会福祉を伝統的な政策論や技術論という枠組みのなかで論じるのではなく、政策と技術とを結びつける中間部門——すなわち社会福祉の供給システムないし運営システム——に焦点をあてた社会福祉運営論や経営論とよばれる領域の目ざましい発展である。

われわれもかねがねそのような領域について若干の議論を試みているが、その過程において社会福祉の利用システムあるいは利用支援システムとよぶ部門に着目することの必要性とその重要性を指摘してきた。

われわれの言う利用支援システムは、広い意味では供給システムの一部分として位置づけられうるものである。しかしながら、利用支援システムは、社会福祉の供給に関与すると同時に、社会福祉の利用者サイドに立つことが求められる部門でもある。利用支援システムは、福祉サービスの実施・提供機関と利用者との中間に位置する、いわばインターフェイスにあたる部門（福祉サービスの実施・提供機関と利用者を媒介し、調整する役割を担う部門）といえばよいであろうか。この部門は、媒介・調整だけでなく福祉サービスの内容やその提供のしかた、さらには担当者に関する利用者サイドの苦情の処理にもあたらなければならない。その意味では、利用支援システムには福祉サービスの実施・提供機関からも利用者からも独立した第三者機関的な性格が期待される。

具体的な制度のレベルでいえば、こんにちのところこの利用支援システムに該当するものは、一つには在宅介護支援センターであり、いま一つには民生委員・児童委員である。

もとより、在宅介護支援センターと民生委員・児童委員とを同列において論じようというものではない。その基本的な性格は明らかに異なっている。しかしながら、民生委員・児童委員もまたその役割を明確化することによって、福祉サービスの実施・提供機関と利用者のインターフェイスの一部を担う機関として、重要な役割を演じることが可能である。さらに言えば、民生委員・児童委員は、そのような位置づけと役割を確立することによって、その機能・活動のあり方も明確化し、これからの社会福祉において固有の存在としてその意義を主張することが可能となるのである。

かつてわれわれは、社会福祉の供給におけるインターフェイス部門のあり方を以下のように類型Ⅰから類型Ⅳの四通りに分類したことがある。

すなわち、類型Ⅰは個別対応型である。この類型では、福祉サービスは福祉事務所、児童相談所、あるいは市町村の窓口を通じて、個々の利用申請者（地域住民）にたいして個別的に供給される。

類型Ⅱは窓口集中型である。この類型では、個別対応型の弊害——ニーズとサービスの不適合（ミスマッチ）、すなわち選択的不適合やそれにともなう窓口のたらいまわし——を避けるために、いくつかの相談＝措置（決定）の窓口を一箇所に集中させる方式である。

類型Ⅲは、供給体制の一部に在宅介護支援センター等の媒介＝調整機関を専門に担う機関を組み込む方式である。すなわち、類型Ⅱに媒介＝調整機能を付加した方式である。この方式によって選択的不適合の回避はある程度期待しうる。しかし、それでも申請主義の限界は十全には克服され難い。

類型Ⅳは、類型Ⅲの限界を克服するために、さらに、専門的媒介＝調整と初期的媒介＝調整という二段階の媒介＝調整機能を想定したものである。この類型のもとで、初期段階における媒介＝調整を担当するのが民生委員・児童委員である。

この民生委員・児童委員の関与する類型Ⅳ、すなわち二段階媒介型は以下のような特徴をもっている。

(i) 申請主義に利用促進のためのリーチアウト活動（担当者が利用者側に出向き要望等を聴きだす手法）を加味した供給＝利用システムである。

(ii) リーチアウト活動の意図は、①潜在化している福祉ニーズにたいする住民の自覚を促し、②福祉サービスの利用を動機づけ、③福祉サービスの申請行動を助長し、④利用の過程および⑤予後を見守り、総じて福祉サービスの利用を積極的に促進することにある。

(iii) 類型Ⅳは、類型Ⅲの福祉ニーズ＝サービス媒介機関に、さらにこのようなリーチアウト活動を担う初期媒介＝調整機関を加え、二段階の媒介＝調整システムとしたものである。

(iv) 初期媒介＝調整機関には民生委員・児童委員をあて、①住民の潜在的な福祉ニーズを掘り起こし、②住民がその必要とする福祉サービスを選択する過程を側面から援助し、③福祉サービス供給機関と連携しながら住民の福祉サービス利用過程を見守るとともに、④さらに予後について事後指導や調査を行うことを期待する。

(v) より具体的には、初期媒介＝調整機関としての民生委員・児童委員の課題は、地域住民の福祉ニーズを掘り起こすとともに、福祉ニーズを再構成し、その解決ないし緩和にもっとも効果的と考えられる福祉サービスの供給窓口（個別的な窓口あるいは専門媒介＝調整機関）を紹介すること、さらには電話連絡、面会予約の取りつけ、同道、経過の確認など側面的な支援の方法を通じて、福祉サービス利用の拡大、具体化をはかることにある。

(vi) これにたいして、専門媒介＝調整機関に期待される固有な機能は、福祉サービスの利用を申請した個々の地域住民について、彼らが多様な福祉サービスのなかからその福祉ニーズを充足するに必要な福祉サービスを選択する過程を、より個別的、専門的に支援するとともに、ケアプランを作成するなど利用の段取りをつけ、利用の申請から福祉ニーズの充足にいたる全過程に介入し、これを援助することである。

(vii) すなわち、第一段階の初期媒介＝調整機関の課題は、地域住民の福祉ニーズについて自覚することから、申請、福祉サービス利用の開始にいたる過程、および福祉サービス利用後の予後の過程に関して地域住民の福祉サービス利用の促進と利用の過程を側面的に援助することである。

第二段階の専門媒介＝調整機関に期待される機能は、利用に供されるべき福祉サービスその他の社会サービスを媒介＝調整し、提供の手順を設定し、さらに具体的な提供の過程に直接間接に関与し、住民の福祉ニーズの充足をより専門的に援助することにある。

(viii) このように、初期媒介＝調整と専門媒介＝調整は、その機能の内容を異にする。そのことを前提にしていえば、すなわち第一段階の初期媒介＝調整機能を担う民生委員・児童委員の役割は、第二段階の専門媒介＝調整機関と連携し、直接専門媒介＝調整機関に福祉サービスの利用を申請した地域住民にたいして専門的媒介＝調整に至るまでの事前の援助を提供することにある。

4　民生委員・児童委員制度改革の課題

このような二段階の媒介＝調整の過程を含む利用支援システムが確立され、適切に機能するようになれば、地域住民の福祉ニーズの充足度と福祉サービス供給の効果は飛躍的に増大するものと考えられる。しかし、このようなシステム、なかでも民生委員・児童委員による初期媒介＝調整の機能が適切に機能しうるかどうかの過半は、いうまでもなく、民生委員・児童委員の意識や能力に関わっている。

民生委員・児童委員は、六〇周年の『強化方策』の提言するように、住民の立場から公の職務に協力する立場にあることを再確認する必要がある。そしてこんにちでは、さらにこれに、社会福祉の範囲が行政のみならず、住民相互の支援活動や民間非営利団体による活動までを含むようになり、利用者主体、利用者主権の理念が強調されるようになっていることを認識すべきであろう。

また、民生委員・児童委員は選任された時点においては社会福祉にたいしては一般人＝素人であることを自覚し、初期的な利用支援活動（媒介＝調整）に必要な知識や技術を習得し、それを改善する研修や自己学習の機会を大いに活用することが求められる。

加えて、民生委員・児童委員がその能力を発揮しうるか否かは、ここでいう専門媒介＝調整機関が、さらにはその設置者（都道府県や市町村）が民生委員・児童委員を初期媒介＝調整機関として活用する視点と力量をもちえているか否かにかかっている。また、地域住民が民生委員・児童委員を初期媒介＝調整機関として認識し、積極的に活用するかどうかにかかっている。この側面では、市町村や民生委員・児童委員自身による初期媒介＝調整機能についての広報・教育活動が広く展開されなければならないであろう。

最後に、民生委員法の改正をも視野に入れ、制度的な側面からみて改革の必要があると考えられる課題を整理しておきたい。

(i) まず、従来の福祉行政に対する協力機関という漠然とした位置づけのあり方を規定のうえにおいてもより明確なものに改めることが必要である。すなわち、ややもすれば社会福祉供給システムの末端に位置する補助機関として理解されるような位置づけのあり方を再検討し、地域社会のなかで住民サイドに立つ独自の立場から、社会福祉供給機関と地域住民を媒介する相対的に独立した機関としての性格と機能を明確化することが必要である。

(ii) そして、(i)を前提にその職務の実態に見合う報酬を定額において支給するとともに、交通費・電話料金などの活動に要する費用についても別途支出する必要がある。

(iii) さらに、民生委員・児童委員の選任や活動の場についても、社会福祉の分権化＝自治型社会福祉への転換を見すえながら、徐々に市町村を単位とするものに改めていく必要がある。

以上、社会福祉の利用者主体化＝利用者主権化を重視する視点から、民生委員・児童委員の機能を中心に、新「活動強化方策」に若干の議論を付け加えてみた。民生委員・児童委員の制度や活動については、他にも民児協や研修のあり方、社会福祉協議会活動との連携のあり方など論じるべき課題は多いが、すでに紙幅も尽きたところであり、他日を期すことにしたい。

第2節　地域福祉の変革と民生委員・児童委員

1　社会福祉の構造改革とその意義

(1) 構造改革と民生委員・児童委員

一九八〇年代からこんにちまで、わが国の社会福祉は、戦後福祉改革以来の理念、施策、制度、そして援助方法の根幹にかかわるような改革を推進してきた。老人保健施設の新設、国による補助金の削減、機関委任事務の団体委任事務化、社会福祉運営理念の改革、在宅福祉サービスの法定化、保健医療と福祉の連携、保健医療・福祉の計画化、精神障害者保健福祉施策の拡充、児童福祉法の改正、そして介護保険制度の導入等々、主要なものだけとりあげてみても改革は広い範囲に及び、戦後福祉改革以来の社会福祉の基本的な枠組みは大きく組み換えられてきている。

現代の、さらには二一世紀における民生委員・児童委員制度とその活動のあり方を検討するということになれば、当然のことながら、このような社会福祉の全体にかかわる改革の広がりを前提とした議論が必要になってくる。

こんにちの民生委員・児童委員の制度は、戦前の済世顧問制度から数えると八〇年、戦後の民生委員法の制定から数えてもすでに五〇年に及ぶという貴重な伝統をもっている。民生委員・児童委員制度のさらなる発展を期するためには、温故知新、過去の豊かな経験に学びつつも、刻々と変化する社会とそれに対応する社会福祉の状況を的確に把握し、理解するとともに、その変化に即応する新しい制度の運営や活動のあり方を探究するという姿勢が求められる。

さて、八〇年代以降、福祉改革はさまざまな側面をもちながら展開されてきたが、そこにはおのずと一定の方向性がみいだされる。それは、社会福祉の①普遍化、②多元化、③分権化、④自由化、⑤計画化、⑥総合化、⑦専門職化、⑧自助化、⑨主体化、⑩地域化として把握することができる。なかでも、これからの民生委員・児童委員の制度と活動を考えるうえで特に重視するべきは、分権化、地域化、そして主体化という側面である。

社会福祉の分権化は、市民の生活に密接な関係をもつ基礎自治体（市町村）を中心とした社会福祉のあり方を実現するということである。また、この分権化には脱規制化という側面も含まれている。社会福祉の地域化は、社会福祉をかつてのような居住型施設中心のあり方から、在宅福祉サービスを中心に居住型施設もその一部に組み込んだ地域福祉型に転換するということである。社会福祉の主体化には、利用者民主主義の促進と市民の参加・参画による社会福祉の実現という二つの側面が含まれている。

こんにち、民生委員・児童委員は、このような社会福祉をめぐる状況のなかで、その活動に新たなあり方を確立することが求められている。その意味では、民生委員・児童委員は戦後の制度再発足以来の試練に立たされているといって過言ではない。しかし、同時に、そこには、民生委員・児童委員活動に大きな飛躍をもたらす好機が含まれている。

(2) 地域福祉の新たな展開

こんにちは地域福祉の時代、あるいは地域福祉型社会福祉の時代ともいわれている。それは、すでにふれた分権化、地域化、主体化を中心とする八〇年代福祉改革の結果である。しかし、よく知られているように、地域福祉という言葉は福祉改革以前から存在し、いろいろな意味でもちいられてきた。

まず、地域福祉は、社会福祉協議会を中心に公私の社会福祉施設の団体や民生委員協議会、ボランティア団体等の連絡調整のための組織を構築し、会員相互の利害の調整や補助金陳情などの活動をおこない、あるいは地域社会における福祉ニーズを掘り起こすとともに、その充足をはかることをめざして地域住民を組織化し、さらには社会資源の開発などをめざす組織的な活動として理解されてきた。また、地域福祉についてこれを法律に依拠して実施される社会福祉（法律による社会福祉）以前において、あるいはその外側において、地域の住民が自発的自主的に自らの生活課題を発見し、解決しようとする個別的、集団的、組織的な活動として理解しようとする見解も存在する。さらには、地域福祉を地域における福祉ニーズを発見し、その充足を国や地方自治体に要求する社会福祉運動の一形態として理解するような見解もみうけられる。

こうした見解はいずれも国や自治体による福祉サービスの実施・提供というしくみにたいして、ある種の共通した姿勢をもっている。それは、地域福祉を基本的には国や自治体による福祉サービスの実施・提供のしくみの外側にある、民間の活動として考えようとするという姿勢にほかならない。社会福祉協議会や共同募金会は社会福祉事業法に根拠をもっており、組織の性格としては必ずしも純粋に民間性をもった組織とは言えない部分が含まれている。しかし、それでも、その活動は地域社会と民間性に立脚する活動であると考えられてきた。

しかし、七〇年代後半ころから少しずつ事情が変化しはじめる。市町村による公的在宅福祉サービスが徐々に拡大し、わが国の社会福祉は施設福祉型の社会福祉から地域社会において実施される在宅福祉型の社会福祉に変化してきた。そうしたなかで、民間を中心とする地域福祉と市町村による公的在宅福祉サービスとが地域社会という舞台で接点をもつことになる。そして、この接点は、九〇年の福祉関係八法改正によって市町村社会福祉協議会が市町村の委託を受けて公的在宅福祉サービスを提供することが認められるようになったことで一層拡大する。さらに、地域社会を活動の場とする互助団体その他の民間非営利団体が登場し、自主的な援助活動のみならず公的在宅福祉サービスの提供にも関与するようになってきた。

他方、市町村を中心とする公的社会福祉もその立場を変化させることになる。地域社会を基盤とする福祉サービスの提供を効果的効率的に実施するためには、地域住民団体や当事者団体、それらが提供している民間福祉サービスとの調整・連携・協働を深めなければならないからである。

こうして、市町村による社会福祉を重視するか、民間による社会福祉を重視するかの違いはあっても、両者を結びつける地域福祉の新しい考え方が形成されてきた。これからの民生委員・児童委員活動は、このような新しい意味での地域福祉が前提となる。

2 民生委員・児童委員の新たな位置づけ

⑴ 八〇周年「活動強化方策」

一九九七年は、一九一七（大正六）年に岡山県に済世顧問制度が創設されてから八〇周年にあたり、一九九八年は、一九四八（昭和二三）年に民生委員法が制定されてから五〇周年にあたる。全国民生委員・児童委員連合会は、これを契機に新「活動強化方策」として『地域福祉の時代に求められる民生委員・児童委員活動』を策定した。

新「活動強化方策」は、先に見たような最近の社会福祉の変化を「在宅福祉施策の充実と地域における福祉活動の発展」として総括し、その具体的な指標に一九九〇（平成二）年の福祉関係八法改正をきっかけに施設サービスと在宅福祉サービスを市町村において一元的・計画的に提供する体制が構築されてきたこと、一九八九（平成元）年の「ゴールドプラン」の策定、一九九四（平成六）年の「新ゴールドプラン」と「エンゼルプラン」の策定、さらには一九九五（平成七）年の「障害者プラン」の策定によって社会福祉の計画的な推進が促進されてきたこと、地域における社会福祉協議会やボランティアグループによる福祉活動が活発に展開されるようになってきたことをあげている。

加えて、新「活動強化方策」は、このような現状分析を前提に、民生委員・児童委員活動の今後の課題をつぎのように整理している。課題の第一は、住民が住み慣れた地域社会のなかで、公的福祉サービスはもとより地域住民やボランティアグループによる多様なサービスを利用しながら生活できるように、地域福祉の充実を図るということである。第二は、高齢化の進展に対応する公的介護システムを構築するということである。第三は、少子化、家族や地域社会の子育て機能の低下、児童虐待、不登校、いじめの増加などの児童・家族問題に対応するということである。そして、これらの課題に対応して民生委員・児童委員に期待される活動として、①在宅の高齢者や障害者が適切な福祉サービスを受けられるように取り組むこと、②地域社会において住民を支援すること、③地域に生活する要介護者の実態を把握すること、④友愛訪問や安否確認活動を充実すること、⑤主任児童委員と協力して子どもや子育て家庭に対する支援活動を充実することをあげている。

このような新「活動強化方策」の現状分析や民生委員・児童委員に期待される活動の整理は、現状を適切に把握し、今後を展望した内容になっているといってよい。しかし、不十分と思われるところがないわけではない。新「活動強化方策」の現状分析は八〇年代以来の福祉改革の諸側面についてよく配慮しているが、社会福祉における主体化の重要な一側面、すなわち利用者民主主義の促進という側面ではやや不十分である。もう少し、利用者の立場に立って、その権利保障をめざす視点を重視する必要があったように思われる。

新「活動強化方策」は、従来の「活動強化方策」にいう、①社会調査のはたらき、②相談のはたらき、③情報提供のはたらき、④連絡通報のはたらき、⑤調整のはたらき、⑥生活支援のはたらき、⑦意見具申のはたらき、という「民生委員・児童委員活動の七つのはたらき」をそのまま継承している。「七つのはたらき」は今後とも民生委員・児童委員活動のあり方を考えるうえで重要な意味をもっている。ただし、この「七つのはたらき」は民生委員・児童委員に期待されている機能の羅列的な整理のレベルにとどまっているという印象が強い。以下、ここでは、社会福祉の利用者民主主義の促進という視点を重視する立場から、民生委員・児童委員をあらためて地域住民の「自立生活支援機関」として位置づけ、その「はたらき」をもう少し構造的に捉え直しておきたい。

(2) 自立生活支援機関としての民生委員・児童委員

社会福祉は援助の提供者（公的福祉サービスの場合は都道府県・市町村、民間福祉サービスの場合は互助組織・福祉公社などの民間非営利組織。より具体的にはそれぞれの機関・組織に属するソーシャル・ワーカーその他の職員）、社会福祉の援助（生活保護と福祉サービス）、社会福祉の利用者（社会福祉の利用を希望する国民あるいは市民）という三通りの要素から構成されている。このような社会福祉援助の提供と利用というしくみのなかで、利用者は一体どのような位置に置かれているのであろうか。

社会福祉のなかでも、生活保護については、利用者は援助の提供者（保護の実施機関）にその利用を国民に固有の権利として申請することができるとされている。それに比べて、福祉サービスについては、保育サービスや二〇〇〇年度から実施される予定の介護保険制度による介護サービスの場合を除いて、援助の提供者（措置権者）が援助の利用を認める決定をおこなった結果として、援助の利用による利益を享受することが可能になるとされている。これがいわゆる「措置制度」である。

ただし、福祉サービスの提供者は積極的に利用者を掘り起こし、利用を認める決定を行うわけではない。提供者は福祉サービスについての広報活動は実施するが、福祉サービスの利用に関する手続きについてはあくまでも福祉サービスの利用希望者による利用の申請を契機として開始されることになっている。結果的には、福祉サービスの提供者は援助利用の申請がなければ、人びとには利用の意思や必要性がないものと考えてしまう傾向が認められる。これが福祉サービスの提供者にしばしば見られる「待ちの姿勢」である。

福祉サービスを必要としている人びとと現実の福祉サービスの利用者とは必ずしも一致しているわけではない。福祉サービス利用の必要があっても申請がなければ福祉サービスの利用はまず実現しない。提供者の側にこの「待ちの姿勢」が広がると、それだけ福祉サービスの需要者と福祉サービスの利用者との格差は拡大することになる。そこで、提供者の側には、積極的に福祉サービスの利用希望者を発掘し、申請を勧め、福祉サービスの利用を促進することが求められることになる。いわゆる「リーチアウト活動」である。

これからの民生委員・児童委員に期待されることは、この「リーチアウト活動」に積極的に取り組むということである。民生委員・児童委員は、民生委員法や福祉関係法令によって福祉事務所その他の機関による社会福祉の運営に協力することが求められている。民生委員・児童委員のいわゆる「協力機関」としての位置づけである。この協力機関としての位置づけには、福祉事務所その他の行政機関が中心に位置し、それに民生委員・児童委員が協力するという関係が想定されているように思われる。しかし、これからの民生委員・児童委員に期待されることは、地域住民による社会福祉の利用を積極的に推進し、そのことを通じて彼らの自立的な生活を援助し、支えるという活動のしかたである。そして、そうした活動を円滑かつ効果的にすすめていくためには、民生委員・児童委員はむしろ地域住民の側に一歩寄ったところに身を置く必要があるように思われる。そうでないと、どうしても援助を提供する側が高い立場に立つことになり、利用者に卑屈な思いをさせるということがあるからである。世のなかには、ちょっとした援助で自立的な生活が可能であるにもかかわらず、お上の世話になりたくないという思いを捨てきれない人びとが少なくないのである。

(3) 地域生活サポーター――日常生活支援・見守りネットワーキング

このように、民生委員・児童委員の活動を利用者の支援という視点を軸に考えると、民生委員・児童委員の中心的な課題はおのずと「個別的生活支援活動」ということになろう。そして、そのことに関連して、ここで二つのことを強調しておきたい。まず第一に強調しておきたいことは、「個別的生活支援活動」といっても、民生委員・児童委員はその直接的な提供者ではないということである。しばしば、民生委員・児童委員が熱心なあまり利用者（ケース）を抱え込んでしまうという例がみられる。しかし、民生委員・児童委員に求められることは、むしろできるだけ早い時期に、そしてもっとも適切な援助を提供する機関や団体に利用者をつなげていく、橋渡しをしていくという姿勢である。民生委員・児童委員による「個別的生活支援活動」の内容は、援助利用のお膳立てをきちんとすることだといえばよいであろうか。お膳立てという表現のしかたが適切でなければ、サービスコーディネーターあるいはサービスマネージャーとしての仕事と言ってもよい。

第二に強調しておきたいことは、「個別的生活支援活動」はお膳立てだけでは終わらない、あるいはそれだけでは成り立たないということである。「個別的生活支援活動」を効果的に推進するためには、他方において地域における利用者の日常生活を支援し、あるいは福祉サービス利用の過程を見守るという仕事が重要になってくる。社会福祉の援助がもっぱら施設への入所措置を意味していた時代にはあまり問題にならなかったことであるが、在宅福祉サービスを中心にするということになると利用者の地域における日常生活を支援し、福祉サービス利用の過程を見守るということが非常に大切な意味をもつことになる。

もちろん、日常生活の支持や援助利用過程の見守りを民生委員・児童委員だけでおこなうというわけではない。緊急の場合や生活支援が軌道に乗るまでのあいだは、民生委員・児童委員が直接支援活動や見守り活動にあたるということも必要である。しかし、やがては、利用者の家族や親族、友人、隣近所の住人、さらには専門的な援助提供者による活動が中心になり、民生委員・児童委員はそれらの人びとや専門的な援助提供者との連絡や調整という一歩引いた役割を引き受けることになる。民生委員・児童委員には新たに利用者の家族・親族や友人、隣近所の住人などによる日常生活の支援や、福祉サービス利用過程の見守りをおこなうための体制あるいは組織をつくりあげるという任務が課せられるのである。

このような、利用者の日常生活の支援や福祉サービス利用過程の見守りをおこなうために親族や友人、隣近所の住人などが中心になってつくりあげられる体制あるいは組織がインフォーマルサポートネットワークである。インフォーマルサポートネットワークという言葉は、ソーシャルサポートネットワークと対になる言葉であり、利用者の親族や友人、隣近所の住人など身近な人びとによる非制度的（インフォーマル）なサポートネットワーク、つまり日常生活を支える安全網（セーフティネット）を意味している。これにたいして、ここでは、ソーシャルサポートネットワークを、行政や民間非営利組織などのように、社会的に制度化された安全網として位置づけることにしよう。地域に居住しながらさまざまな生活上の困難や障害をもつ人びとにとって最後に頼りになるのは、ソーシャルサポートネットワークである。しかし、それだけでは不十分である。親族、友人、隣近所による日常的な相互支持・相互扶助の組織としてのインフォーマルサポートネットワークがかけがえのない存在になる。

つまり、民生委員・児童委員が自立生活支援機関としての機能を十分な形で発揮していくためには、個別生活支援活動に加えて、必要に応じてインフォーマルサポートネットワークをつくりあげるネットワーキングという役割を果たすとともに、緊急時には一定の期間、自らが日常的に利用者の生活を支援し、福祉サービス利用過程を見守るということも必要になってくる。民生委員・児童委員は、個別生活支援担当者であるとともに、地域生活サポーターでなければならないというのはその意味である。

(4) まちづくりコーディネーター——生活環境づくり・まちづくりの推進

さらに、民生委員・児童委員にはまちづくりコーディネーターとしての活動が求められる。民生委員・児童委員が日常的な自立生活支援活動を効果的に実施していくためには、それなりの基盤、土壌がなければならない。地域を耕すとでもいえばよいであろうか。何よりも民生委員・児童委員が地域のなかにしっかり根を下ろし、きちんと受け入れられていなければ、自立生活支援活動も福祉サービス利用過程の見守り活動もその効果を上げることは困難であろう。

民生委員・児童委員が民生委員・児童委員としての活動で成果を上げるためには、常日頃地域の生活の中で受け入れられ、何かの時に頼りになる人として認識されていることが何よりも重要である。このことは、直接地域を担当しない主任児童委員についても同様に指摘できることであろう。民生委員・児童委員としての活動は担当する地域を、地域の一住民としてそこに居住しながら、しかも一般の生活者としての視点ではなく、民生委員・児童委員としての視点で、捉えなおし、耕すことからはじまると言っても過言ではない。

もとより、地域を耕し、地域の信頼を勝ち取るということは一夜にしてできることではない。日頃から地域のコーディネーターとして、あるいは一個の住民として、生活環境づくりやまちづくりの活動に参加するという、その積み重ねがものをいってくる。近年大都市部だけでなく、都市周辺の村落地域でも、いわゆる地つきの住民とはその職業も生活の習慣や様式も異なった新しいタイプの住民が増加してきている。そうした地域では、伝統的な地縁、血縁、家柄などに頼る活動のスタイルでは十分な成果を上げることは困難であろう。土地の風習や習慣などの伝統を守っていくことも重要である。しかし、同時に、これからの変化に富んだ時代を担う民生委員・児童委員には新たな課題にたいして果敢にチャレンジし、社会福祉を必要とする人びとの側に立って自立生活支援活動に邁進し、さらには必要があれば社会的にも発言し、行動するバイタリティが求められているのである。

3　民生委員協議会の機能と課題

(1) 連絡調整・情報管理

民生委員協議会が民生委員・児童委員活動の重要な基盤であることは指摘するまでもないことであるが、そのあり方、実態には、相当に多様性が見られる。民生委員協議会は市町村との関係、組織としての規模、活動の状況や内容など、異なっている。したがってこれを一概に論じるわけにはいかないが、以下、一、二の点について言及しておきたい。

民生委員法は、民生委員協議会の任務として、①担当区域・事項の決定、②職務に関する連絡・調整、③関係行政機関との連絡、④資料・情報の収集、⑤研究・修養、⑥意見具申の機能、⑦社会福祉関係団体の組織への参加を規定している。このうち①から⑤までの職務と⑥、⑦では少し違いがある。なかでも、⑦については、社会福祉協議会と民生委員協議会との関係についての重要な論点が含まれているが、しかしそのことについての議論はここでは割愛することにしたい。

さて、民生委員協議会の実態をみると、①から⑤までの職務では一般に③の関係行政機関との連絡がもっとも大きな比重を占めているようである。なかには、関係行政機関との連絡に終始している民生委員協議会も存在する。もとより、民生委員・児童委員活動の内容を考えれば、関係行政機関との関係は重要である。民生委員・児童委員が十分にその活動の成果をあげるためには、関係行政機関との緊密な連絡調整が必要となる。民生委員・児童委員が接触する行政機関は、民生委員協議会の担当部局、福祉事務所、児童相談所、保健所にとどまらない。在宅介護支援センターや地域子育てセンターなど近年地域における各種相談・支援機関の種類と数は一層増加する傾向にある。そうした機関との連絡調整も必要となる。

つぎに、連絡調整の内容をみると、関係行政機関による事務連絡に終始しているという例が珍しくない。民生委員・児童委員のあり方を自立生活支援機関として位置づけるという観点からいえば、この際、連絡調整の流れを行政機関から民生委員・児童委員、そして利用者へという方向から、利用者から民生委員・児童委員、そして行政機関へという方向に改めていくよう努力する必要があろう。意見具申の機能も、文書化などその形式にとらわれることなく、民生委員協議会が実質的な意見具申の場になるような運営のあり方を工夫してみる必要がある。

また、民生委員協議会は資料・情報の収集ということでも積極的な役割を果たすことが求められる。現代はまさに情報化の時代である。福祉情報――援助にかかわる情報と利用者にかかわる情報――をどのように収集し、管理するのか、民生委員協議会としての独自の取り組みが求められるところである。民生委員・児童委員活動においては利用者にかかわる情報——ねたきり高齢者や障害者に関する情報——の提供を行政サイドに期待することが多い。しかし、そのような方法ではきちんとした情報の収集も活用も難しいように思われる。プライバシーの保護ということを考えれば、行政の側も情報の提供が難しいであろうし、提供を受けられたとしても民生委員協議会による情報管理のあり方にも懸念がないわけではない。

民生委員・児童委員活動に必要な情報は民生委員・児童委員自身が日頃の活動のなかから収集していくというのが正道である。日頃の個別的生活支援活動の担当者、地域生活サポーター、さらにはまちづくりコーディネーターとしての活動を通じて、利用者や地域住民の信頼を高めながら、地道に情報を蓄積していくということである。そのような情報だけが民生委員・児童委員活動にとって真に有益な情報になりうるのである。

(2) チームアプローチ

民生委員・児童委員の活動はその担当する区域ごとの展開が基本になっている。担当区域がきちんと決まっているということは、活動する民生委員・児童委員の側からみても、おそらくは利用者や地域住民の側からいっても、プラスの面が多いように思われる。お互いに身近に顔が見えている方が何かと安心で、信頼感も強まるからである。

しかし、次のような場合には地区担当制だけでは不十分である。第一に、民生委員・児童委員にも得手不得手ということがある。個別相談に限っても、生活保護や生活福祉資金などの貧困低所得問題、児童問題、障害者問題、高齢者問題、最近では外国人居住者問題と、その内容はさまざまである。民生委員・児童委員になれば誰でも、これらの問題を一通り担当することが求められる。しかし、それでは誰でもすべての問題について適切に援助ができるかといえば、なかなかそうはいかないというのが実態であろう。また、母子家庭の場合など、男性の民生委員・児童委員が頻繁に訪問して援助するという方法はとり難いという声もしばしば聞かれるところである。第二に、利用者の側にも家庭のなかのことだからかえって近所に住んでいる民生委員・児童委員には相談をもちかけ難いという声もある。第三に、話がこじれたり、膠着状態になって援助活動が滞ってしまうという事態も数多い事例に対応する過程では避けられない。

こういう場合には、地区担当制にこだわり過ぎるとうまくいかなくなる。他の地区を担当する民生委員・児童委員の協力を求め、一緒に訪問したり、そっくり事例を引き受けてもらうということも必要になってくる。いわゆるチームアプローチである。さらにいえば、民生委員法も事項担当制を認めているところであり、思いきって地区担当制と事項担当制を組み合わせるという方法も十分検討に値しよう。

いずれの方法をとるにせよ、こうした状況のなかでは、民生委員協議会をもっぱら事務連絡の場として運営するというわけにはいかなくなってくる。事例の検討会や研修会をきちんと実施し、担当者の選定について協議するとともに、援助活動のすすみ具合についても常に報告しあい、評価しあうという援助活動に従事するセミプロとして求められる人間関係と、それを可能にするような雰囲気が、日頃から民生委員協議会のなかに存在していなければならないのである。

(3) 研修・相互学習・養成

民生委員協議会の職務として研修が重要な意味をもつことは、多少表現は違っているが、民生委員法にも示されている。実際、ほとんどの民生委員協議会が研修をおこなっており、相応の成果をあげているように思われる。八〇年代後半以来、わが国の社会福祉は改革につぐ改革を重ねてきたが、冒頭において言及したように、いまさらに児童福祉法の改正や介護保険法の制定を契機として社会福祉の「基礎構造改革」が推進されようとしている。民生委員・児童委員には、当然こうした制度の改革やその意味について精通していることが期待される。民生委員協議会にとっては、社会福祉の制度や援助方法をめぐる動向についての研修が不可欠となる。

つぎに、相互学習は、チームによるアプローチを推進するうえでなくてはならないものである。チームアプローチをおこなう民生委員・児童委員にはつねに同僚から学びあうという姿勢が必要となる。自分の経験や知識にこだわりチームメイトの発言に耳を貸さないという姿勢では、チームアプローチは成り立ちえない。民生委員・児童委員は職業生活や地域生活のなかでそれなりの職責を果たしてきた経験をもっている。あるいは、現にそうした職責を果たしている。しかし、そうした経験をそのまま民生委員・児童委員としての活動や民生委員協議会に持ち込むことは、決してよい結果をもたらさない。民生委員・児童委員活動のなかでは、お互いに対等な立場で、相互に学習しあうことが重要である。

相互学習という課題は、これをさらに発展させれば、より経験の深い先任民生委員・児童委員による新任民生委員・児童委員の指導――指導という言葉が強すぎるとすれば仕事上のアドバイスといってもよい――という課題につながってくる。民生委員・児童委員は誰であっても、どのような職業経験をもつ人であっても、新任の時期には民生委員・児童委員としては初任者、素人である。一般的にいえば、三期目くらいになると民生委員・児童委員としての経験も知識も増加し、自信をもって活動ができるようになるといわれる。新任の民生委員・児童委員は知識も経験も不足し、それだけに不安も多いはずである。そのような新任の民生委員・児童委員も経験を重ねることによって、いわゆるベテランの民生委員・児童委員に成長するが、その間は見よう見まねと試行錯誤による活動が続くことになる。見よう見まねや試行錯誤がよくないというわけではない。たしかに、見よう見まねや試行錯誤もそれなりに意味をもっている。多かれ少なかれそうしたことがなければ民生委員・児童委員としての成長は期待できないのである。

しかし、利用者や地域住民の立場からいえば、見よう見まねや試行錯誤による民生委員・児童委員活動の期間は短ければ短いほど望ましい。ここに、新任民生委員・児童委員の民生委員・児童委員としての成長を側面から指導し、援助するという仕事が必要になってくる。専門的にはスーパービジョンと呼ばれる援助のしかたである。

もとより、専門的なスーパービジョンは、職務上指導する立場にある専門家と指導を受ける立場にある専門家とのあいだで実施されるものであり、そのまま民生委員・児童委員の世界に持ち込むことには無理があろう。しかし、民生委員協議会においても、先輩の、経験の深いベテランの民生委員・児童委員は、その経験を生かして、後輩の民生委員・児童委員を援助し、逆に後輩の民生委員・児童委員はそれを積極的に受け入れつつ、自己研鑽に努めるような好ましい雰囲気を醸成していかなければならない。

(4) 民主的運営

しかし、それにしても一部の民生委員協議会には民主的な運営に向けて一層の努力が求められるように思われる。そこには、年功序列的な秩序や、女性による発言の機会を封じるような寒々とした雰囲気がないとは言えないようである。年功や性差によって発言の機会均等が損なわれ、自由な議論ができないということでは、チームアプローチや先輩による後輩の指導・援助に成果を期待することは困難であろう。他方では、新任の民生委員・児童委員や女性の民生委員・児童委員には、もう少し自主的主体的に発言し、民生委員協議会の運営にも積極的に参加していく姿勢が求められる。

このような問題は、よく指摘されるように、どちらかに一方的に原因があるということではない。ベテランの民生委員・児童委員も新任の民生委員・児童委員も、また女性の民生委員・児童委員も男性の民生委員・児童委員も、相ともに協力しあって民生委員・児童委員活動の発展を目指したいものである。

民生委員協議会の民主的な運営、それは変化してやまない現代社会のなかで、利用者の支援という立場から社会福祉の発展に寄与することを願う民生委員・児童委員が最初に取り組むべき重要な課題といって決して過言ではない。

第5章

オンブズマン制度の意義と機能

——東京都中野区、そして川崎市

この章の初出は、「オンブズマン制度素描」、拙編『社会福祉供給システムのパラダイム転換』（誠信書房、一九九二年、所収）である。こんにちオンブズマンについては『基礎構造改革』にもとりあげられ、また全国各地で制度化されるなど、にわかに関心が高まっている。その初出は九〇年代初頭にさかのぼる。

わが国で最初にオンブズマンを制度化したのは東京都中野区であり、川崎市がそれに続いた。初出論文はその中野区と川崎市のオンブズマン制度を素描したものである。制度が発足したばかりということもあり、内容的にはオンブズマン制度を論じるというよりも制度の紹介にとどまっているが、同制度にたいする関心が高まっている折から、制度発足時点の状況を知るうえで参考になろうかと考え再録することにした。なお、最近、オンブズマンをオンブズパーソンと表記する例がでてきていることを付言しておきたい。

はじめに

ここでとりあげるのは、利用者が福祉サービス供給機関の対応や決定に不満や苦情をもつ場合の救済策の一つ、オンブズマン制度である。

社会福祉の利用者は、供給機関による窓口の対応や決定に不満をもつとき、より一般的にいえば行政庁の対応や決定に不満をもつときは、直接担当窓口や広報・相談窓口に苦情を申しでることができるし、それで埒があかなければ行政不服審査制度、さらには行政訴訟制度に訴えることができる。

しかしながら、行政不服審査制度や行政訴訟制度にもとづく利用者の権利の救済には、訴えることのできる内容や期限に制限があり、複雑な手続きも求められる。救済が実現するまでには、それなりの知識や判断能力が求められ、長期間を要することも少なくないのである。そこで関心をよんでいるのが、スウェーデンにはじまるオンブズマン制度である。

わが国でこの制度を最初に導入したのは、東京都の中野区と神奈川県の川崎市である。中野区のオンブズマン制度は、通称「福祉オンブズマン」とよばれ、一九九〇年一〇月一日に創設された。他方、「市民オンブズマン」とよばれる川崎市のオンブズマン制度は、名称の示すように適用の範囲が市政一般に及ぶ制度として、同年の一一月一日に創設されている。いずれのオンブズマン制度も発足後六か月を経過したところで業務報告を明らかにするなど、精力的な活動を展開しはじめている。それだけに社会福祉の世界に限らず、先行制度にたいする社会的な関心も強く、また期待も大きいようである。しかし、はやくも活動報告が提出されているとはいえ、制度導入後まだ日が浅く、行政学、行政法学その他による専門的な検討もまだこれからというところであろう。

したがって、ここでは、中野区および川崎市の資料によりながら、両地域におけるオンブズマン制度についての紹介という範囲で、制度創設の背景や経緯、制度の構成、運用の手続き、苦情処理の実際例などについて素描的に言及するにとどめざるをえない。多少とも詳細にわたる分析については他日に譲ることになる。

第1節　オンブズマン制度の創設の経緯

オンブズマン（ombudsman）とはスウェーデン語で「代理人」を意味する。オンブズマン制度はスウェーデンにはじまり、隣国のデンマークで採用されたことを契機にヨーロッパ世界を中心に広く伝播していった。以下、中野区と川崎市においてオンブズマン制度を導入する下地を醸成した福祉オンブズマン検討委員会（中野区）の報告「中野区における福祉オンブズマンのあり方について」（一九九〇年三月）および川崎市市民オンブズマン制度研究委員会の提言「川崎市市民オンブズマン制度に関する提言」（一九九〇年五月）によりながら、両地域にオンブズマン制度が導入されるにいたる経緯について簡略に整理することからはじめることにしよう。

1　オンブズマン制度の意義と機能

こんにち国際的にみて各国政府やオンブズマン研究者に広く受け入れられているオンブズマンの概念は、中野区「報告」によればつぎのようなものである。

オンブズマンとは、「憲法又は制定法によって設立され、独立の、立法府又は議会に責任を負う地位の高い公務員を長とする官職であり、国家機関、公務員及び雇用主に対して不服をもつ人々から苦情を受理し、あるいは職権で活動するものであり、調査し、是正措置を勧告し、報告書を発行する権限を有する」ものをいう。

この規定によれば、オンブズマンの基本的な性格は、公務員ではあるが第三者機関として機能し、行政当局に不服をもつ人びとからの苦情の受け付け、調査、是正勧告、そして報告の権限をもつ、というところにあるといえよう。さらに付言すれば、オンブズマンは立法府に置かれる場合と行政府におかれる場合があり、前者を議会オンブズマン、後者を行政オンブズマンという。また、オンブズマンの活動は、苦情の受理によって開始されるだけでなく、職権によって自発的にも開始されうるものである。

オンブズマンの機能については、中野区「報告」も川崎市「提言」も、その序列は異なるが、いずれも①市民の苦情を処理すること、②行政をコントロールすること、③行政の改善を勧告すること、の三通りの機能をあげている。すなわち、オンブズマンの第一の機能は、市民から不服や苦情を受理し、処理する機能である。オンブズマン制度には、行政機構の拡大にともないがちな行政執行上のミス、誤り、不正、遅延などにたいする市民の不満や苦情を的確、迅速に、しかも無料で処理することが期待されている。第二の機能は、行政統制、行政観察の役割である。現代社会の飛躍的に拡大した行政機能は議会による統制の範囲を越える傾向にあり、これを補う仕組みとしてオンブズマン制度が関心を集めるようになってきている。第三の機能は、行政手続きの欠陥や法令、条例、規則などに問題点を発見した場合に、その改善を勧告する機能である。オンブズマン制度には、個々の苦情を処理するだけでなく、その効果を一般化し、行政の改善に大きく貢献することが期待されているのである。第二、第三の機能はひとまとめにして考えることもできる。

2　国際的な発展

オンブズマン制度の先駆的な試みは一八世紀のスウェーデンにはじまる。しかし、こんにちのように憲法にもとづく制度としてその形式が整えられたのは一九〇九年のことであった。スウェーデンでこのような制度が発展した背景には、政府各省が大臣の管轄下になく独立した地位をもち、公務員も強い身分上の独立性をもち、そのため行政を監視し、公務員の行為を監督するという独特の役割をもつ機関の設置が求められるようになったという経緯があった。つづいて、オンブズマン制度を導入したのはデンマークであった。デンマークでこの制度が採用されたのは一九五五年のことであった。スウェーデンとは異なりイギリス型の議院内閣制をとるこの国においても、オンブズマン制度は有効に機能することが明らかになった。その後、一九六二年になると、ニュージーランドが英語圏諸国としては最初に、この制度を導入した。そして、そのことが直接的な契機となり、オンブズマン制度は、イギリス、カナダ、アメリカ、オーストラリアをはじめとして、世界各地に拡大していくことになった。

一九六〇年代には、ノルウェー、タンザニア、イギリスなど八か国で、(国、州および都市の各水準を合わせると)一一のオンブズマン制度が設置された。一九七〇年代には、約一八か国において、六二以上の制度が発足した。そしてこんにち、これらの制度は「現代国家における行政統制や市民による行政苦情を取り扱うためのなくてはならないシステムに発展している」といわれている。

3　国内における発展

わが国においてオンブズマン制度にたいする関心が拡大してきた経過は、これまた主要には中野区「報告」および川崎市「提言」を頼りに年譜的に整理すれば、およそつぎのようなものとなる。

一九七九年　内閣総理大臣の私的諮問機関である「航空機疑惑問題等防止対策に関する協議会」がその提言のなかで長期的な課題としてわが国の風土に適合したオンブズマン制度のあり方について検討すべきであるとする指摘のあったことを明示。

一九八一年　行政管理庁「オンブズマン制度研究会」の中間報告が国に三ないし四名のオンブズマンを任命することが

適当であると指摘。

一九八三年　第二次臨時行政調査会最終答申が「オンブズマン制度の意義、重要性を考えて、わが国に積極的にオンブズマン制度を導入すべきである」と提言。

一九八六年「オンブズマン制度研究会」が「国民的立場に立って簡易・迅速に国民の権利・利益の救済を図るオンブズマン制度が、公正で民主的な行政を実現し、行政と国民との信頼関係をより一層高めるための方策として有効であると判断し、わが国においても、既成諸機能を活性化するとともに、基本的には、オンブズマン的機能の導入を図るべきである」とする報告書を公表。

一九八八年（一一月）東京都中野区福祉審議会が「中野区におけるこれからの在宅福祉サービスのシステム化とその具体的供給方式について」（答申）において「福祉オンブズマン制度」の創設を提案。

一九八九年（七月）東京都地域福祉計画等検討委員会が報告書「東京都における地域福祉推進計画の基本的あり方について」のなかで痴呆性の高齢者、精神薄弱者等、自らの権利を守り主張できない人の権利を守る「社会的擁護機関」やオンブズマン制度の設置を検討すべきであると指摘。

一九八九年（一一月）東京都痴呆性老人対策検討委員会が報告書「東京都における痴呆性高齢者対策の総合的推進について」のなかで痴呆性老人の人権を守るためにオンブズマン制度のような機関の設置を検討する必要があると指摘。

一九八九年（一一月）リクルート疑惑など一連の不祥事発生後の川崎市市長選挙のなかでオンブズマン制度の導入が争点化。

一九九〇年（三月）東京都中野区福祉オンブズマン検討委員会が「中野区における福祉オンブズマンのあり方について」（報告）を公表。

一九九〇年（五月）川崎市市民オンブズマン制度研究委員会が「川崎市市民オンブズマン制度に関する提言」を公表。

一九九〇年（一〇月）　東京都中野区福祉オンブズマン制度発足。
一九九〇年（一一月）　川崎市市民オンブズマン制度発足。

わが国において公的なかたちで、あるいは半公的なかたちでオンブズマン制度が検討の課題になったのは、どちらかといえば最近のことに属する。直接オンブズマン制度の創設につながるようなかたちでの議論については、八〇年代後半以来のことである。中野区や川崎市におけるオンブズマン制度は、時間的には比較的短い期間のあいだに実現させられたことになる。

オンブズマン制度の年譜をみてすぐ推測がつくことは、国や川崎市の場合、航空機疑惑やリクルート疑惑という政治・行政絡みの不祥事件の発生と政治・行政のあり方にたいする国民や市民の疑心や不信感の拡大に対応するようなかたちで、オンブズマン制度の検討がはじまっているということである。このような経緯は、オンブズマン制度の基本的な性格や機能がいかなるものであるかを、きわめて端的、かつ象徴的に物語っている。オンブズマン制度の本質は、まさに、国民や市民の所在から遠い、みえにくい場所で、権力をともなって行われ、それだけになにかと疑惑をうみやすい行政や公務員の監視・監督にあるということであろう。

さて、現行のオンブズマン制度、中野区と川崎市のオンブズマン制度をその成立の経緯という観点から特徴づければ、つぎのようになろうか。

まず、中野区の場合には、資料などでみるかぎり、疑惑や不祥事との直接的な関連はないようである。したがって、中野区のオンブズマン制度の特徴は、第一に、その目的が、行政の作為・不作為にともなう日常的な苦情や不服を予防的、積極的にすくいあげ、区民の基本的諸権利を擁護し、同時にそのことを通じて行政のあり方を自ら規制することにむけられているということである。第二には、オンブズマン制度が社会福祉行政という、行政の全体からいえばその一部にあたる領域のなかで発議され、その効力の及ぶ範囲もそこに限定されているということである。

これにたいして、川崎市で具体化されたオンブズマン制度は、明らかに、行政の中枢におけるその基本的なあり方にかかわる疑惑とそれへの対応や予防ということが直接的な創設の契機となっている。その限りでは、事後処理的、再発防止的な措置として設置されたものである。しかしながら、その半面、川崎市のオンブズマン制度の効力の及ぶ範囲は市行政の全体となっており、そのことでは制度の創設で先行した中野区よりも一歩先を行くことになっている。

第2節　オンブズマン制度の概要

つぎに、中野区「福祉オンブズマン制度」と「川崎市市民オンブズマン制度」のそれぞれについて、制度の概要および運用のあり方について整理しておこう。

1　中野区「福祉オンブズマン制度」

中野区の福祉オンブズマン制度は、より直接的には、一九八八年一一月の中野区福祉審議会答申「中野区におけるこれからの在宅福祉サービスのシステム化とその具体的供給方式について」による福祉オンブズマン制度創設の提案を承け、翌八九年九月に設置された福祉オンブズマン検討委員会によって創設の準備が進められた。

検討委員会は、オンブズマン制度の国内外における発展の動向を整理するとともに、現行の行政にたいする苦情・不服処理にかかわる諸制度について逐一検討し、その結果として苦情処理に関する新制度「福祉サービス苦情調整委員制度」の設置を提言した。検討委員会によって検討された苦情処理にかかわる現行諸制度は、①行政訴訟・行政不服申立て、②監査委員、③民生委員・児童委員、④行政相談員と人権擁護委員、⑤行政監察、⑥区各所管部課・広聴課による苦情処理のしくみ、である。検討委員会は、各制度について、区民の福祉サービスに関する不服や苦情に関与しうるとしても、またそれぞれにそれなりの解決をうみだしうるとしても、その本来の目的や機能の違いから区民の福祉サービスに関する不服や苦情に十分に対応しえていないとして、残された問題点を指摘し、それをもって新制度提言の根拠としている。すなわち、現行の苦情処理制度から取り残されているのは、以下のような問題であった。

① 福祉サービス利用者は立場的に発言力が弱く、自らに権利行使を十分行えない場合があったり、行政に対する不信感をぬぐいえない人がおり、苦情が潜在化している。

② 昨今の福祉サービスには、司法や法令による救済措置が及ばない行政の裁量行為が拡大しており、苦情があっても法的に救済を申し立てる手立てがない。

中野区「福祉サービス苦情調整委員制度」の法的な根拠になっているのは、「中野区福祉サービスの適用に係る苦情の処理に関する条例」（平成二年中野区条例第三五号・平成二年一〇月一日施行）および同施行規則（平成二年一〇月一日施行）である。以下、これによって制度の概要をみておこう。

A　総則

(1)　制度の名称

福祉サービス苦情調整委員制度。通称、福祉オンブズマン。

(2)　目的

福祉サービスの適用に係る区民の苦情を、実施機関（——福祉サービスを行う中野区の機関）以外の公平な機関を通して処理することにより、区民の権利及び利益を擁護し、もって公正で信頼される区政の推進に資することを目的とする。

(3) 中立ての範囲

実施機関が行う福祉サービスの適用に関するもの。ただし、裁判所において係争中の事項および判決のあった事項、行政不服審査法によって不服申立てを行っている事項および不服申立てにたいする採決または決定を経て確定している事項、この条例により既に苦情の処理が終了している事項を除く。

(4) 申立ての資格

① 現に福祉サービスの適用を受け、もしくは取り消され、またはその申請を却下された者（以下、本人）。

② 本人の配偶者または三親等以内の親族。

③ 中野区規則で定める者（――本人と同居している者、区内の民生委員、身体障害者相談員、精神薄弱者相談員、その他区長が特に必要と認める者）。

B 福祉サービス苦情調整委員

(5) 設置

区長の付属機関として中野区福祉サービス苦情調整委員（以下、委員）を置く。

(6) 委嘱等

① 定員四人以内とし、人格が高潔で、福祉、法律等に関し優れた識見を有する者のうちから区長が委嘱。

② 任期は二年、ただし再任を妨げない。

(7) 職務の内容

① 福祉サービスに関する申立てを受け付けること。

② 調査、審査、通知および意見の表明を行うこと。

③ 実施機関からの報告を受けること。

④　中立ての処理状況について、毎年度区長に報告すること。

C　申立ての手続及び処理

(8)　申立ての方法

申立ては、つぎの事項を記載した書類（点字可）を提出して行う。やむを得ない事情があると委員が認めるときは口頭による申立ても認められる。

①　申立人の氏名および住所

②　苦情に係る事実のあった日

③　苦情の内容

(9)　申立ての期間

原則として、当該苦情に係る事実のあった日の翌日から起算して二年以内。

(10)　調査

①　委員は、実施機関にたいし、関係書類の提出および事情の説明を求めるなど、必要な調査を行うことができる。

②　実施機関は、委員が行う調査に積極的に協力しなければならない。

(11)　審査および是正を求める意見の表明

①　委員は、調査に基づき、申立ての内容の適否について審査しなければならない。

②　委員は、審査の結果申立てに理由があると認めるときは、申立てを受け付けた日の翌日から起算して四五日以内に、実施機関にたいして適用について是正を求める意見を表明するとともに、その旨を申立人に通知しなければならない。

③　委員は、申立てに理由がないと認めるときは、申立てを受け付けた日の翌日から起算して四五日以内に、その旨を申立人に通知しなければならない。

⑿　制度の改善を求める意見の表明
委員は、申立てに係る苦情の原因が福祉サービスの制度に起因し、その改善が必要と判断したときには、実施機関にたいして、当該制度の改善を求める意見を表明することができる。

D　実施機関の措置

⒀　実施機関の責務
実施機関は、委員から意見の表明を受けたときは、これを尊重し、誠実に対応しなければならない。

⒁　是正措置
実施機関は、委員から意見の表明を受けたときは、必要な是正措置を講じるとともに、意見の表明を受けた翌日から起算して三〇日以内に、その内容を委員に報告しなければならない。ただし、是正措置を講じることができない特別の理由があるときは、理由を付して、意見の表明を受けた日の翌日から起算して三〇日以内に、その旨を委員に報告するとともに、申立人に通知しなければならない。

⒂　制度の改善
実施機関は、委員から制度の改善に係る意見の表明を受けた場合において、意見の表明を受けた日の翌日から九〇日以内に、当該福祉サービスの制度を改善することができるときはその旨を、改善することができないときは理由を付してその旨を、委員に報告しなければならない。

以上が、中野区の福祉オンブズマン制度の概要である。その運用については**図1**のフローチャートによってよりよく理解することができる。

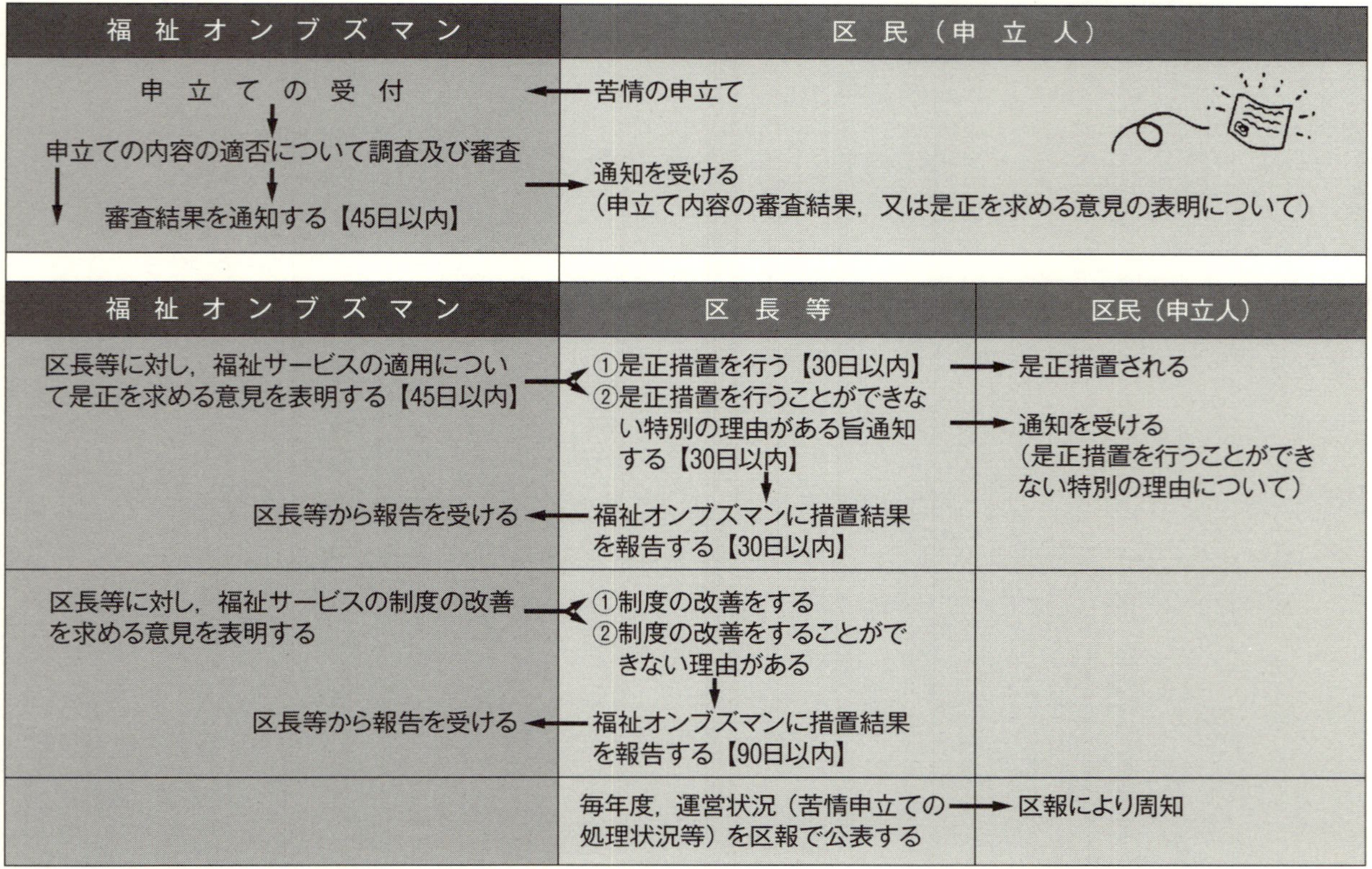
福祉オンブズマン
区民（申立人）
申立ての受付
苦情の申立て
申立ての内容の適否について調査及び審査
審査結果を通知する【45日以内】
通知を受ける
（申立て内容の審査結果，又は是正を求める意見の表明について）
福祉オンブズマン
区長等
区民（申立人）
区長等に対し，福祉サービスの適用について是正を求める意見を表明する【45日以内】
①是正措置を行う【30日以内】
②是正措置を行うことができない特別の理由がある旨通知する【30日以内】
是正措置される
通知を受ける
（是正措置を行うことができない特別の理由について）
区長等から報告を受ける
福祉オンブズマンに措置結果を報告する【30日以内】
区長等に対し，福祉サービスの制度の改善を求める意見を表明する
①制度の改善をする
②制度の改善をすることができない理由がある
区長等から報告を受ける
福祉オンブズマンに措置結果を報告する【90日以内】
毎年度，運営状況（苦情申立ての処理状況等）を区報で公表する
区報により周知

図 1　福祉オンブズマン制度の流れ
（「シルバー新報」1991 年 7 月 15 日号）

2 「川崎市市民オンブズマン」制度

川崎市の場合、不祥事後の市長選挙において争点となったことがオンブズマン制度具体化の直接的な契機となった。そのことはすでに紹介済みであるが、その後一九九〇年二月には「市民オンブズマン制度の実現に向けて」をテーマに市民フォーラムなども開催され、同年の五月に川崎市市民オンブズマン制度研究委員会が市民オンブズマン制度創設を提言するにいたっている。

川崎市市民オンブズマン制度委員会も、中野区の場合と同様に、国外、国内両面におけるオンブズマン制度やそれをめぐる議論にふれたうえで、オンブズマン制度の必要性としてつぎの三点を指摘している。多少煩雑になるが引用しておきたい。

① 行政苦情への対応

行政にたいする区民の苦情は、近年増加する傾向がみられる。……川崎市が基礎的地方公共団体として、二一世紀の情報化・高齢化・国際化社会に適切に対応していくためには、市民の苦情を、市民の立場に立って、簡易・迅速に処理し、市民の便宜に資することが必要である。

② 行政監視の強化

市の行政は……年々量的にも拡大し、質的にも高度化し、行政過程は複雑なものになってきている。……市民一人一人の力に比べて市の行政組織は巨大な力をもつ存在となっているが、このように大規模化・複雑化・専門化した市の機構とそれが実施する行政活動を中立的立場から調査し、監視するシステムとしては、オンブズマン制度が有効である。

③　現行制度の補完としての役割

オンブズマン制度と類似ないし重複する機能を営む現行の制度には、行政不服審査、行政事件訴訟、監査委員、直接請求、苦情処理があるが……オンブズマン制度は、これら既存の制度・手続では、適切に対処することが困難な苦情に対応することを目的として導入される。

さて、「川崎市市民オンブズマン」制度の根拠となる規程は「川崎市市民オンブズマン条例」（平成二年七月一一日制定、同一一月一日施行・条例第二二号）および「川崎市市民オンブズマン条例施行規則」（平成二年一〇月一六日制定、同一一月一日施行）である。以下、それによって制度の概要をみる。

A　総則

(1)　制度の名称

川崎市市民オンブズマン。通称、市民オンブズマン。

(2)　目的

市民主権の理念に基づき、市民の市政に関する苦情を簡易迅速に処理し、市政を監視し非違の是正等の措置を講ずるよう勧告するとともに、制度の改善を求めるための意見を表明することにより、市民の権利利益の保護を図り、もって開かれた市政の一層の進展と市政に対する市民の信頼の確保に資することを目的とする。

(3)　管轄の範囲

市の機関の業務の執行に関する事項及び当該業務に関する職員の行為。ただし判決、裁決等により確定した権利関係に関する事項、議決に関する事項、川崎市個人情報保護条例第二四条に規定する個人情報保護委員の職務に関する事項、職員の自己の勤務内容に関する事項、市民オンブズマンの行為に関する事項を除く。

(4) 中立ての資格

何人も、市民オンブズマンに対し、市の機関の業務の執行に関する事項及び当該業務に関する職員の行為について苦情を申し立てることができる。

B 市民オンブズマン

(5) 設置

明確な規定はないが、管理機関は市長と考えられる。

(6) 委嘱等

① 定数三人とし、人格が高潔で、社会的信望が厚く、地方行政に関し優れた識見を有する者のうちから、市長が議会の同意を得て委嘱する。

② 任期は三年とし、一期に限り再任できる。

(7) 職務の内容

① 市民の市政に関する苦情を調査し、簡易迅速に処理すること。

② 自己の発意に基づき、事案を取り上げ調査すること。

③ 市政を監視し非違の是正等の措置(以下、「是正等の措置」)を講ずるよう勧告すること。

④ 制度の改善を求めるための意見を表明すること。

⑤ 勧告、意見表明等の内容を公表すること。

C 中立ての手続及び処理

(8) 中立ての方法

中立ては、つぎの事項を記載した書類を提出して行う。ただし、書面によりがたいときは口頭による中立てができる。

① 申立人の氏名及び住所（法人その他の団体にあっては、名称、事務所又は事業所の所在地及び代表者の氏名）。
② 苦情の申立ての趣旨及び理由並びに苦情の申立ての原因となった事実のあった年月日。
③ その他規則で定める事項。
④ 苦情の申立ては、代理人により行うことができる。

(9) 申立ての期間

原則として、当該苦情に係る事実のあった日の翌日から起算して一年以内。

(10) 調査

① 市民オンブズマンは、苦情調査のために必要があると認めるときは、関係する市の機関に説明を求め、その保有する帳簿、書類その他の記録を閲覧し、若しくはその提出を要求し、又は実地調査をすることができる。
② 市民オンブズマンは、苦情調査のために必要があると認めるときは、関係人又は関係機関に対し質問し、事情を聴取し、又は実地調査をすることについて協力を求めることができる。
③ 市民オンブズマンは、必要があると認めるときは、専門的技術的事項について、専門的機関に対し、調査、鑑定、分析等の依頼をすることができる。

(11) 勧告および報告

① 市民オンブズマンは、申立てに係る苦情の調査の結果について、苦情申立人に速やかに通知するものとする。
② 市民オンブズマンは、苦情等の調査の結果、必要があると認めるときは、関係する市の機関に対し是正等の措置を講ずるよう勧告し、その結果について報告を求めることができる。
③ 市民オンブズマンは、申立てに係る苦情に関わって勧告し、若しくは意見を表明したとき、又は市の機関から報告があったときは、その旨を苦情申立人に通知しなければならない。

(12) 制度の改善を求める意見の表明

市民オンブズマンは、苦情等の調査の結果、必要があると認めるときは、関係する市の機関に対し制度の改善を求めるための意見を表明することができる。

D　実施機関の措置

⒀　市の機関の責務

①　市の機関は、市民オンブズマンの職務の遂行に関し、その独立性を尊重しなければならない。

②　市の機関は、市民オンブズマンの職務の遂行に関し、積極的な協力援助に務めなければならない。

⒁　是正措置

市の機関は、市民オンブズマンから是正等の勧告を受け、その措置について報告を求められた場合には、当該報告を求められた日から六〇日以内に、市民オンブズマンに対し是正等の措置について報告するものとする。

以上が川崎市の市民オンブズマンの概要である。**図2**は、苦情処理の手続をフローチャート化したものである。

第3節　オンブズマン制度運用の状況

中野区の福祉オンブズマン制度も川崎市の市民オンブズマン制度も、その発足後日はまだ浅い。しかし、すでに中野区については一九九〇年一〇月一日から九一年三月三一日までの処理状況が、川崎市については九〇年一一月一日から九一年四月三〇日までの処理状況が、それぞれ報告されている。

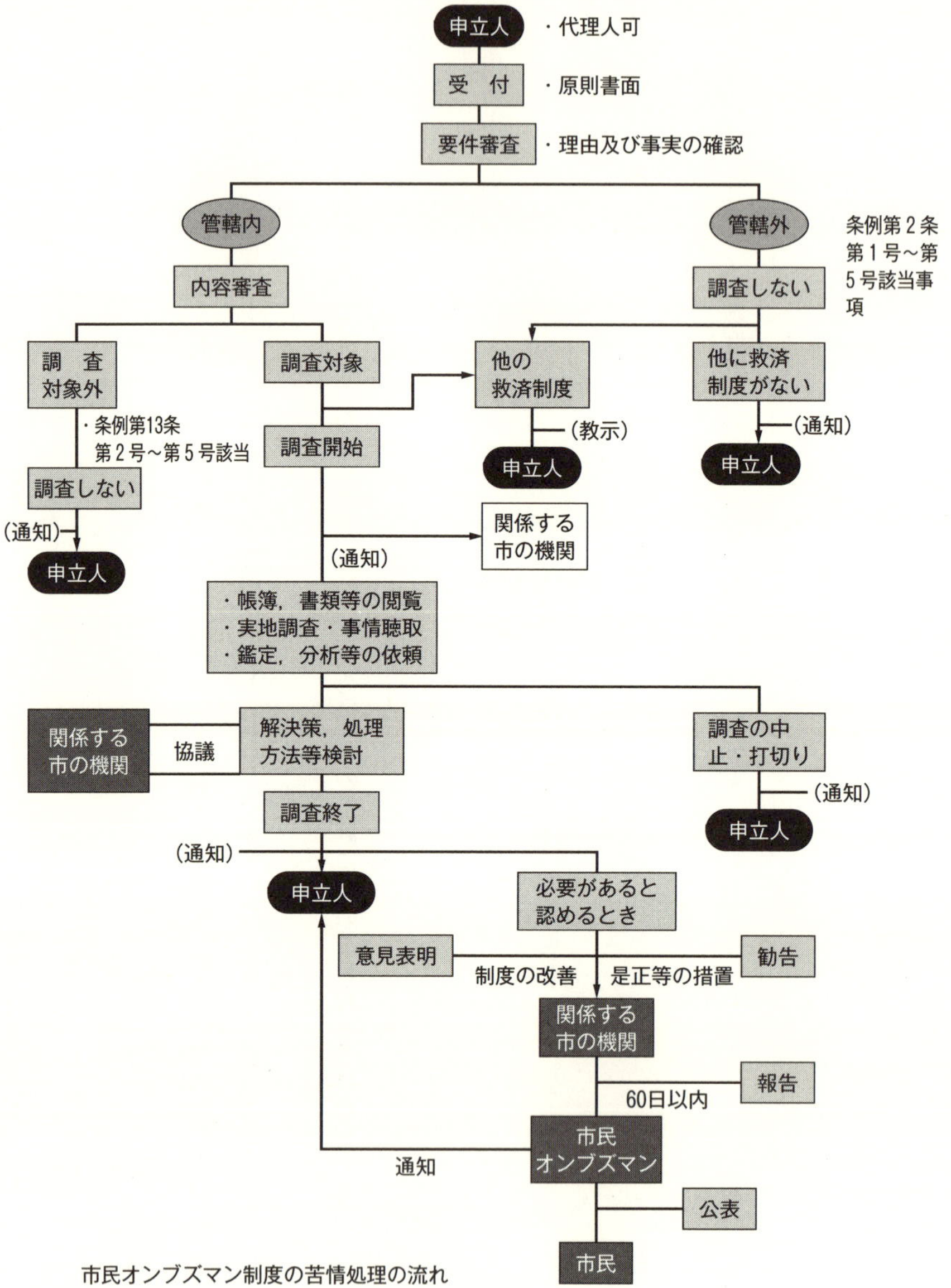

市民オンブズマン制度の苦情処理の流れ

図 2　川崎市市民オンブズマン条例の解釈と運用
(「川崎市市民オンブズマンハンドブック」)

1 中野区福祉サービス苦情申立て処理状況

制度発足後半年間の処理状況はつぎのようであった。福祉オンブズマンは、石川稔（上智大学教授・東京家庭裁判所家事調停委員）、岡田久枝（弁護士・中野区女性会館専門相談員）、二里木孝次郎（中野区個人情報保護審議会会長・現代文化協会専務理事）、山下静平（日本社会事業大学参与・前東京都社会福祉協議会事務局長）の四氏である。

A 受付期間 一九九〇年一〇月一日～一九九一年三月三〇日

B 受付件数 一八件

C 申立て人性別

(1) 男性 六人

(2) 女性 一二

D 申立ての分野別内訳

(1) 生活保護関係 一件

(2) 老人福祉関係 四

(3) 障害者福祉関係 九

(4) 保育関係 一

(5) 保険年金関係 二

(6) 社会教育関係 一

E 処理別内訳

(1) 区長などへ是正を求める意見を表明したもの　三件

(2) 改善等を検討するように区に口頭で申し入れたもの　一〇

(3) 調査中に区の対応方針が決定したため、その内容を確認し、申立人に回答したもの　二

(4) 区の対応について現状ではやむを得ないと判断し、その旨申立人に回答したもの　二

(5) 取り下げられたもの　一

制度発足後半年間の処理状況報告によれば、申立人の性別では女性が男性の二倍にのぼる。苦情の分野では障害者福祉関係が際立って多く、つぎに老人福祉関係となり、両方で申立ての七二%をしめている。地域のなかで在宅福祉サービスに依存しながら生活している人びとであり、それだけに福祉サービスのあり方についての苦情や不満も多く、かつ強いということであろうか。

オンブズマン制度の効果、すなわちそれがうまく機能しているかどうかということは、申立人の申立て内容がリーズナブル（正当な、すじの通った）なものであるということを前提にしていえば、申立人の主張がどれだけ認められたか、オンブズマンの意見表明などが行政に反映させられたかということによって評価されることになろう。まず、前者についていえば、苦情申立て一八件のうち、意見表明三件、改善等の口頭による申し入れ一〇件、調査中に対応二件、合計一五件、八三%については申立人の主張が受け入れられたということになる。処理の内容が申立人の側からみて納得できるものになっているかどうかは、公表された資料からは明らかではない。しかし、福祉オンブズマンの区長にたいする報告書からみるところ、処理は適切、かつ相当程度有効なものとなっているように思われる。その限りでいえば、福祉オンブズマン制度はうまく機能したということになろう。つぎに、行政にたいする効用については、判断の資料に乏しいが、福祉

オンブズマンによる意見表明や申し入れにたいする対応は、迅速、かつ適切なもののように考えられる。福祉オンブズマン制度は、行政にたいしても好ましい効果をもちつつあるようである。ただし、この六か月間についてては制度改善に関わる意見表明はなされていない。行政にたいする効用についての判断は、制度改善意見にたいする対応をみたうえでのことになろう。

2 川崎市市民オンブズマン苦情申立て受付状況

川崎市の苦情申立ての受付状況および処理の状況はつぎのように報告されている。制度発足時の川崎市市民オンブズマンは、杉山克彦（弁護士・元東京高等裁判所長官）、菅野芳彦（教育学博士・中央大学教授）、大西千枝子（弁護士・横浜家庭裁判所川崎支部調停委員）の三氏である。

A　受付期間　一九九〇年一一月一日〜一九九一年四月三〇日

B　受付件数　一二七件

C　申立て人性別

　(1)　男性　八四人

　(2)　女性　四三

D　個人・団体の別

　(1)　個人　一二一件

　(2)　団体　六

E　申立ての分野別内訳

(1) 環境問題関係　三件
(2) 衛生関係　六
(3) 土木関係　三〇
(4) 下水道関係　四
(5) 建築関係　二一
(6) 教育関係　八
(7) 公共施設関係　二六
(8) 職員の対応関係　七
(9) その他　二二

F　処理別内訳

(1) 中立人に結果通知をしたもの　九一件
　i　勧告　二
　ii　意見表明　二
　iii　申立ての趣旨にそったもの　二〇
　iv　管轄外となったもの　一五
　v　調査を打ち切ったもの　五
　vi　行政の不備がなかったもの　四七
(2) 調査を終了し取扱を検討中のもの　六
(3) 調査継続中のもの　二一
(4) 調査未着手のもの　三

(5) 取り下げ

制度発足後六か月間の苦情申立て総件数は一二七件である。中野区の一八件に比較すると圧倒的に多い。行政の全領域に適用されていることからすれば当然のことであろう。適用範囲が異なるとはいえ、社会福祉関係の苦情が抽出されていないのは、われわれの関心からすれば、残念なことである。おそらくは、公共施設関係にでも含まれているのであろうか。

処理の状況についてみてみよう。総件数一二七件のうち、検討中、調査中、未着手を除くと、処理済の件数は、取り下げ六件を含めて九七件となる。さらに、管轄外となったもの一五件と調査を打ち切ったもの五件を除外すると、検討の素材として実質的な意味をもつ件数は七七件である。この七七件のうち、苦情申立人の利益がなんらかの意味において擁護された件数は、勧告二件、意見表明二件、申立ての趣旨にそったもの二〇件の合計二四件、七七件にたいして三一％である。行政に不備がないとするもの四七件、七七件にたいして六一％である。行政に不備なしとする苦情の内容やそのように判断する根拠については明らかではないが、中野区の場合と比較してみると、苦情の三分の二が不備なしというのはいかにも多いようにも思われる。もとより、苦情申立ての領域によっては不備なしが多くなるということもありうるであろう。苦情の内容と判断の根拠をみてみたいものである。

他方、川崎市の場合には、制度改善にかんする意見表明が二件あり、勧告二件も個別の苦情処理ではなく、より一般的な是正措置に関する勧告となっている。行政にたいする姿勢は、それだけ積極的だともみなしうるであろう。いずれにせよ、一応のものであれ結論をだすにはなお時間が必要である。

第4節　若干のまとめ

一九八〇年代の福祉改革は供給者サイドからする福祉改革であった。これを利用者サイドから再点検し、利用者の利益を最優先する供給体制に組み換えていかなければならない。オンブズマン制度は、そのような観点から、すなわち利用者サイドの社会福祉を実現していくうえで、またとない効用をもちうる制度として期待されてきた。

そのオンブズマン制度が、一九九〇年の一〇月と一一月に東京都中野区と川崎市に相次いで創設された。そのねらいは、つぎの二点にあった。第一に、行政の複雑化・専門化、住民ニーズの多様化・高度化にともなう住民の苦情や不満が多くなる傾向にあり、しかも既存の救済制度では住民の権利や利益の保護に限界があって、これを補完する仕組みが必要であると考えられた。第二に、行政の肥大化・複雑化・専門化の弊害にたいして行政や職員を監視し、監督する必要があると考えられた。

こうして、中野区と川崎市にオンブズマン制度が創設された。両方の制度は、同様にオンブズマン制度であるが、福祉オンブズマンと市民オンブズマンというその名称からも推測されるように、そこには基本的に共通する多くの要素とともに大小の違いも認められる。

オンブズマン制度を導入するにあたっての目的、制度の骨格、苦情の申立て、それにともなう勧告や意見表明などの手続きは、ほぼ共通していた。しかしながら、制度の適用される範囲は、大きく異なっていた。中野区の福祉オンブズマン制度は、その名称が示すように適用の範囲は社会福祉行政の領域に限定されている。川崎市の市民オンブズマン制度の場合には、市行政の全体が適用の範囲となっている。

相違点はほかにもみられた。たとえば、中野区の制度は、調査結果や勧告、改善措置の申立人にたいする通知などについて、きめ細かく期日を限定するなど、申立人の利益にたいする配慮に努めている。川崎市の制度は、この点やや大まかである。また、川崎市の制度は、制度改善の意見表明を受けた場合に市機関のとるべき措置についての規定が欠けている。しかし、条例のなかにオンブズマン制度の運営にかかわって市民の負うべき責務に関する規定が挿入されているのは、川崎市市民オンブズマン制度の重要な特徴の一つであろう。

オンブズマン制度の評価は、制度創設のねらいとの関連でいえば、住民の苦情ないし利益が充足された程度、および行政にたいする影響の程度を尺度にして行う、ということになろう。前者の観点でいえば、中野区福祉オンブズマン制度は住民の福祉サービスに関する苦情処理制度としてはかなりの効果をうみだしているようにみえる。川崎市市民オンブズマン制度については、資料から推測されうるかぎりでは、苦情の充足度が低くなっているようにもみうけられる。ただし、川崎市の場合、適用範囲は行政全体におよび、利用した資料にみる限り苦情の内容についての情報も乏しい。処理結果のみから速断するわけにはいかないであろう。

行政にたいする影響という観点でいえば、中野区、川崎市とも迅速かつ誠意ある対応のしかたをしているようにみえる。中野区の福祉オンブズマンによる苦情処理結果についての報告をみると、オンブズマン制度がなければ改善は相当に困難であったと思われるような事例もいくつか含まれている。その限りでいえば、オンブズマン制度は有効に機能しているということになろう。ただし、それは制度の運用、しかも区の裁量の及ぶ範囲においてという印象が強い。中野区の場合、一九九一年三月現在、制度改善に関する意見表明はまだなされていない。川崎市では意見表明が行われている。しかし、それがどのような結果をもたらしたかは、われわれの利用しえた資料からは明らかではない。

中野区や川崎市の裁量権の範囲を越えた制度の改善が争点になったとき、オンブズマン制度がどこまで有効性をもちうるのかを判断することは容易ではないが、その後、各地にオンブズマン制度が誕生していることもあり、今後、制度についての評価を行っていく必要があろう。

総体としてみれば、一九九〇年の秋、中野区と川崎市に相次いで制度化されたオンブズマン制度は、どうやら順調にすべりだしているといっていいように思われる。とりわけ、中野区の福祉オンブズマン制度の運用状況をみれば、オンブズマン制度は、われわれのいう利用者サイドの社会福祉を実現していくうえで重要な役割を発揮しうるものと考えられる。中野区福祉オンブズマン制度および川崎市市民オンブズマン制度のより一層の発展を期待するとともに、今後さらに多くの自治体がこれに続いていくことを願うものである。

第6章

基礎構造改革の意義と課題

——中社審社会福祉構造改革分科会中間報告

この章は、一九九八年六月一七日に中央社会福祉審議会社会福祉構造改革分科会の「中間報告」が公表されたのちに執筆したものであり、われわれの現時点における「基礎構造改革」に関する見解をあらためて提示したものである。

この章でとりあげる論点は、基礎構造改革の意義、社会福祉の意義と範囲、措置制度の改革、供給組織の多元化、社会福祉法人・施設、サービスの質と効率、地域福祉の推進などの諸問題である。基礎構造改革に関する議論は、ある意味でこんにちの社会福祉研究にたいする挑戦ともいえるものであり、いわばそのことを意識しつつ「基礎構造改革」の全般について論じたものである。

はじめに

周知のように、一九九七年八月二八日に第一回の社会福祉事業等の在り方に関する検討会が開催されてからすでに一年の歳月が経過しようとしている。この一年間、社会福祉の基礎構造改革に関する議論は、短期間のあいだに盛り沢山の議論を積み重ねて二種類の報告書を世に問い、広く関係者による議論を喚起してきた。

一九九七年一一月二五日には社会福祉事業等の在り方に関する検討会が「社会福祉の基礎構造について（主要な論点）」（以下、「検討会報告」）を提出するや同二八日には中央社会福祉審議会に社会福祉構造改革分科会が開設され、直ちに審議に入り、翌九八年の六月一七日には同分科会の中間報告「社会福祉基礎構造改革について（中間まとめ）」（以下、「中間報告」）が公刊されるという慌ただしさである。二〇〇〇年四月に介護保険法の施行を控えていることによるものであろうが、率直にいって議論すべき課題の内容と意義に照らしていささか時間を急ぎ過ぎるという印象を拭えない。しかし、議論の進め方についての個人的な感慨とは別に、事態は着実に進行しつつある。

ここで、「中間報告」が提出された状況を前提に、改めて基礎構造改革に関わる諸問題について論じてみたい。ただし、基礎構造改革問題についてはすでにこれまでさまざまな機会を通じて論じてきたところであり、多少とも視点を変えながらいくつかの論点を抜粋し、実際的というよりも理論的な立場から、若干の考察を加えることにしたい。取りあげる論点は、基礎構造改革の意義、社会福祉の意義と範囲、措置制度の改革、供給組織の多元化、社会福祉法人・施設、サービスの質と効率、地域福祉の推進に関わる諸問題である。

第1節　基礎構造改革の意義

こんにちの基礎構造改革は戦後福祉改革につぐ福祉改革だというのが、われわれの基礎構造改革問題に関する基本的な立場である。しかし、福祉改革に関する議論の直接的な系譜関係という水準で捉えれば、昨八月以来の基礎構造改革に関する議論ならびにその成果としての「検討会報告」および「中間報告」は八九年三月の福祉関係三審議会合同企画分科会による「今後の社会福祉の在り方について（意見具申）」（以下、「合同分科会報告」）を継承するものとみるのが妥当であろう。

そこで、ここでは、基礎構造改革問題のこんにち的な位置と意義を尋ねるために、まず「合同分科会報告」と「検討会報告」および「中間報告」を比較対照し、若干の検討を加えることからはじめることにしよう。ただし、比較対照は「合同分科会報告」と「中間報告」とのあいだで試みることになる。「検討会報告」と「中間報告」は、時間的にみても内容的にみても、前者が後者のいわばたたき台になるという位置関係にあるからである。

1　福祉関係三審議会合同企画分科会報告

まず、「合同分科会報告」をとりあげる。周知のように、八〇年代末に提出され九〇年の社会福祉関係八法改正の出発点となった「合同分科会報告」は、八〇年代における社会福祉の環境としての社会経済の動向を要約し、社会福祉の今後を展望するうえで留意すべき観点として、（a）ノーマライゼーションの理念の浸透、（b）福祉サービスの一般化・普遍化、（c）施策の総合化・体系化、（d）サービス利用者の選択の幅の拡大をあげ、「社会福祉の新たな展開を図るための基本的考え方」をつぎの六点に整理している。すなわち、①市町村の役割重視、②在宅福祉の充実、③民間福祉サービスの健全育成、④福祉と保健・医療の連携強化・総合化、⑤福祉の担い手の要請と確保、⑥サービスの総合化・効率化を推進するための福祉情報提供体制の整備、である。以上は総論であるが、「合同分科会報告」はさらに、社会福祉の見直しの具体的方策として（a）社会福祉事業の範囲の見直し、（b）福祉サービス供給主体のあり方、（c）在宅福祉の充実と施設福祉の連携強化、（d）施設福祉の充実、に言及している。

2　中央社会福祉審議会社会福祉構造改革分科会中間報告

つぎに、「中間報告」である。中央社会福祉審議会社会福祉構造改革分科会の「中間報告」は、社会福祉基礎構造改革の羅針盤となるべき改革の理念および改革の方向としてつぎの七点をあげている。すなわち、①対等な関係の確立、②地域での総合的な支援、③多様な主体の参入促進、④質と効率性の向上、⑤透明性の確保、⑥公平かつ公正な負担、⑦福祉の文化の創造、である。さらに「中間報告」は構造改革の具体的な課題を以下のように整理している。

（A）社会福祉事業の推進
①社会福祉事業、②社会福祉法人、③サービスの利用、④権利擁護、⑤施設整備
（B）質と効率性の確保
①サービスの質、②効率性、③人材養成・確保
（C）地域福祉の確立
①地域福祉計画、②福祉事務所等行政実施体制、③社会福祉協議会、④民生委員・児童委員、⑤共同募金

このような「合同分科会報告」と前出の「中間報告」との違いは、基本的な考え方、改革の理念、その方向や課題など

として示された項目を一覧しただけでもおのずと明らかである。「中間報告」のとりあげている課題の範囲は「合同分科会報告」のそれよりもはるかに広く、「中間報告」では「合同分科会報告」でとりあげられていないような課題が論じられている。議論の深みも異なっている。たとえば、サービスの提供者と利用者の関係（措置制度）、権利擁護制度、競争原理の導入によるサービスの質と効率の向上、社会福祉法人・施設経営の透明性の確保、情報の開示などに関する議論は新しい論点である。

「合同分科会報告」と「中間報告」との違いは、明らかに量的というよりも質的なものである。「合同分科会報告」と「中間報告」を比較対照した者であれば、そのことについては誰しも否定しないであろう。しかしもとより、そのような違いは当然といえば当然のことである。「中間報告」における議論は、「合同分科会報告」によって提起された改革課題が、老人福祉法をはじめとする九〇年の社会福祉関係八法改正によっておおかた実現されたことを前提に、改革をさらにステップアップさせようとするものである。その意味では、「合同分科会報告」と「中間報告」は違っていなければならないし、むしろ違ったところがなければおかしいのである。

3　基礎構造改革の歴史的意義

このようないわば自明の事柄を強調するのは、その理念や方向に同意するかどうかは別にして、今回の基礎構造改革が八〇年以来の福祉改革の系譜にありながらも、明らかにそれまでの改革とは質的に異なる、わが国における社会福祉に新しい時代を画期するような改革として提起されているということを再確認しておきたいからである。

「合同分科会報告」の性格は、八〇年代なかばの福祉改革を継承するものであるが、その内容は社会福祉の構造それ自体というよりもむしろ機能的な側面に関わる改革であった。もとより、「合同分科会報告」による改革のなかには、高齢者福祉や身体障害者福祉に関する事務の実施権限を福祉事務所を設置しない町村にも委譲し、在宅福祉サービスを市町村の事務とするなど、社会福祉の構造に関わる部分が含まれている。しかし、その焦点はむしろ地域福祉の充実、福祉と医療保健サービスとの連携の強化、施策の計画化、民間サービスの位置づけ、など機能的な側面の改革におかれているといってよいのである。

われわれが「合同分科会報告」にはじまる改革を機能改革とよんで児童福祉法改正以降の基礎構造改革と区別するゆえんである。たしかに、内容的にみれば、「中間報告」で提起されている基礎構造改革のなかには同意できない部分や不十分と考えられる部分が少なからず含まれている。しかしながら、基礎構造改革にたいする最終的な評価がどのようなものになるとしても、それが戦後福祉改革につぐ重要な改革として提起されていることは現実である。われわれは、そのことのもつ意味の重要性を確認しておかなければならない。

第2節　社会福祉事業の意義と範囲

1　社会福祉事業の区分

多少具体的に議論を進めることにしたい。最初にとりあげるのは社会福祉事業の範囲に関する議論である。「中間報告」によれば、現行の社会福祉事業法による社会福祉事業の範囲と位置づけはおよそ**図1**のように整理することができる。

社会福祉事業に関わる概念のうちもっともその範囲が広いのは「社会福祉を目的とする事業」である。この概念はきわめて包括的であり、「個人の自立した生活を支える福祉サービス」と同義である。ただし、この場合にいう「社会福祉を目的とする事業」は広義のそれであり、狭義にはその「社会福祉を目的とする事業」から「社会福祉事業」を減算したものである。ここでいう「社会福祉事業」は「社会福祉を目的とする事業」のうち、事業や利用者の性格から公的な規制や

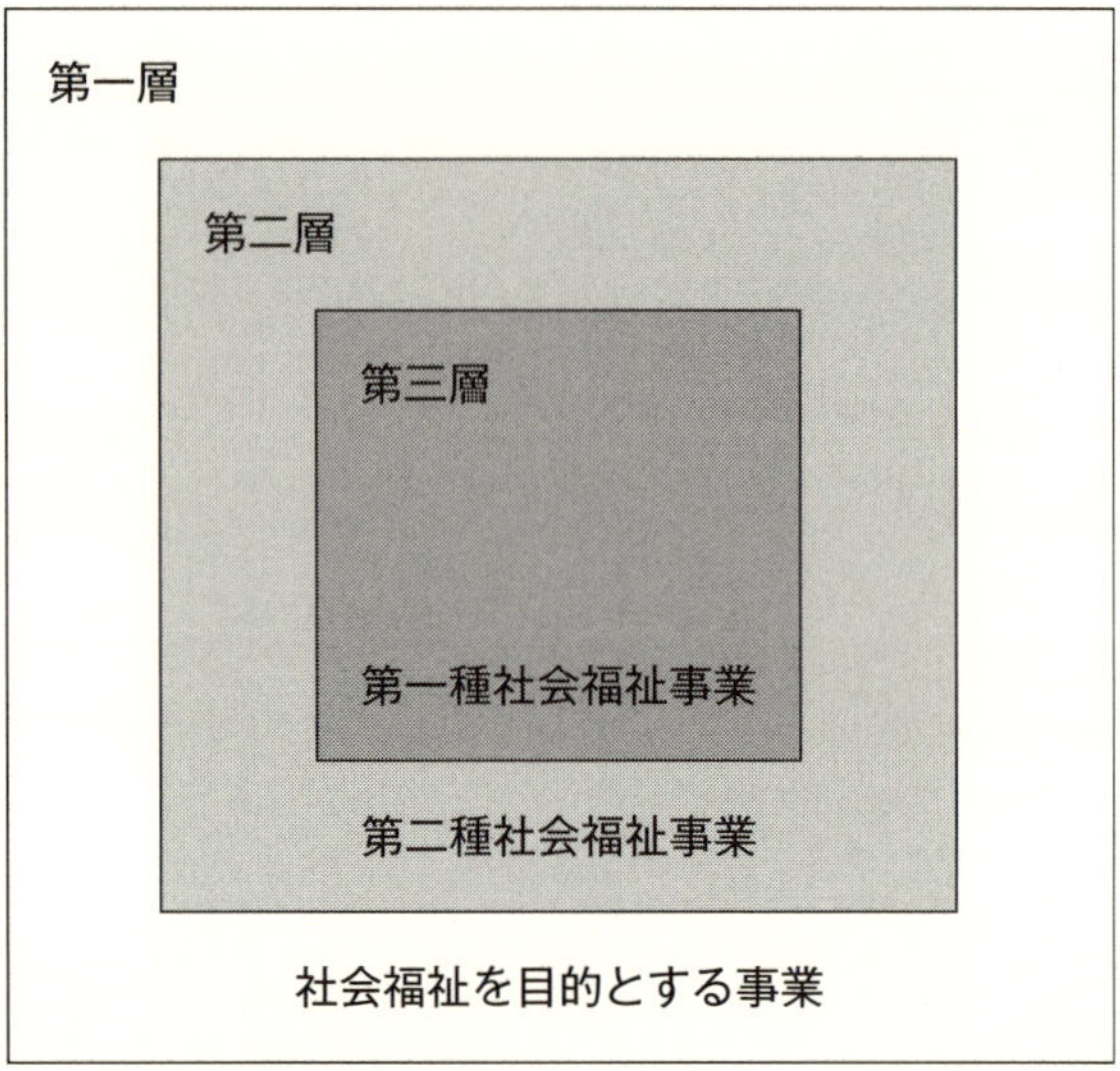

図１　社会福祉事業の概念イメージ　　古川孝順　作成

助成の対象になる事業を意味している。さらに、その「社会福祉事業」は規制の程度や種類によって「第一種社会福祉事業」と「第二種社会福祉事業」に分類される。こうして、広義の「社会福祉を目的とする事業」は狭義の「社会福祉を目的とする事業」＝第一層、「第二種社会福祉事業」＝第二層、「第一種社会福祉事業」＝第三層という三通りの階層から構成される。これら三通りの階層は規制と助成の有無や程度によって区分されているが、そのことを前提にしていえば、広義の「社会福祉を目的とする事業」は、第三層を中核に第二層、さらには第一層を外延的に包括する重層構造をもつものとして理解されうるのである。

2　区分の意義

もう少し詳細にみてみよう。中央社会福祉審議会社会福祉構造改革分科会（以下、分科会）の議論の過程で事務局から提出された資料によれば、それぞれの領域はつぎのような特徴をもっているとされる。第一層＝狭義の「社会福祉を目的とする事業」は、①社会福祉協議会による連絡、調整、助成等の対象になる、②実施主体に制限はない（民間ボランティア団体も含む)、③共同募金の寄付金配分先となる、という特徴をもっている。第二層＝「第二種社会福祉事業」と第三層＝「第一種社会福祉事業」についていえば、第一層の特徴に加えて、いずれについても、①社会福祉法人の設立の目的となる、②知事の指導監督を受ける、③税制上の優遇措置の対象となる、という特徴をもつが、実施主体の制限に関しては第二層と第三層では異なっている。第二層については、主体の種類を問わないものの都道府県知事への届出が必要である。第三層については、その経営は国・地方公共団体と社会福祉法人を原則とし、その他については都道府県知事の許可が必要となる。第一層、第二層、第三層という三通りの階層構造をもつという意味は了解されるであろう。

さて、これら三通りの階層を総括する位置にあるのが広義の「社会福祉を目的とする事業」であり、参考資料にみるところ、その意義は「福祉サービス」と同義的な概念として扱われている。それでは、そこでいう「福祉サービス」とはどのようなものであろうか。残念ながら、その意味内容は必ずしも明示されていない。その利用者(対象)も、主体も、また方法も明確に規定されているわけではない。前後の文脈からすれば、「個人の自立した生活を支える」サービス一般を「福祉サービス」とよんでいるようにも思われる。これはこれで理解しえないではない。しかし、「福祉サービス」を科学的な用語としてもちいるのであればその利用者(対象)、主体、方法についての厳密な規定が必要であろう。

もとより、審議会や法・行政領域における議論は、学問論ではない。最終的には実際的、実践的な議論である。実際、現行の社会福祉事業法が社会福祉事業を科学的に正面から規定することを避け、制限列挙主義によってその内容を規定しているという事実がその間の事情を物語っている。

3 「福祉サービス」と「社会福祉を目的とする事業」

このように、ここでの議論が実際的、実践的な水準におけるそれであることを前提に、「福祉サービス」のこれに類する使用例を求めるとすれば、その初出は前出の「合同分科会報告」に認められる。そこでは、「福祉サービス」という概念は、公的扶助（生活保護）とともに社会福祉を構成する福祉サービスという意味とは異なり、ここでいう広義の「社会福祉を目的とする事業」という意味でもちいられている。すなわち、審議会関係の文書のなかで「福祉サービス」という概念を社会福祉事業を含む最上位の概念としてもちいるという用語法を最初に提案したのは「合同分科会報告」であった。この「福祉サービス」は、福祉関係八法改正の一部分として社会福祉事業法が改正されるなかで、既存の社会福祉事業に関する規定と平仄《ひょうそく》をあわせるということもあってか、社会福祉事業法第七十四条の市町村社会福祉協議会の事業の一つに「社会福祉を目的とする事業」として位置づけられている。

もとより、この七十四条にいう「社会福祉を目的とする事業」は「合同分科会報告」の参考資料にいう「福祉サービス」そのものではない。われわれのいう狭義の「社会福祉を目的とする事業」である。「中間報告」の議論の過程では、この狭義の「社会福祉を目的とする事業」が第一種、第二種の社会福祉事業を含むものとして広義に再定義されたうえで、議論の出発点として位置づけられているのである。

4　供給主体の多元化との関連

さて、繰り返しになるが、このように、「合同分科会報告」やそれを継承する「中間報告」が社会福祉事業の概念を検討するのは学問的関心によるものではない。あらためて指摘するまでもないことであるが、それは実際的に社会福祉事業にたいする規制緩和や供給主体の多様化・多元化の要請をどこまで、どのようなかたちで容認するかという問題に関わっている。もっとも単純にいえば、社会福祉事業の概念を問題にするのは、規制緩和や供給主体の多様化・多元化をどの範囲まで、どのように推進するかについて議論するための前提的な作業である。

基礎構造改革についての議論を進めるには、まず、社会福祉事業の内容、範囲、区分等についての議論が必要だということである。ただし、「中間報告」は、見直しの内容については、一部の例示的な言及を別にすれば、規模に関する規制の緩和、区分の見直し、多様な供給主体の参入の促進などについて抽象的に示唆するのみであり、それぞれの内容や供給主体と社会福祉事業の区分との対応関係について具体的な考え方を示しているわけではない。見直しの内容、なかでも供給主体の多元化については種々議論のあるところであり、節をあらためて論じることにしたい。

第3節　供給組織の多元化

1　多元化論の経緯

周知のように、供給主体の多様化・多元化に関する議論は今回の基礎構造改革にはじまるものではない。それはもともと八〇年代改革にいう民間活力の活用、民営化の路線以来のものである。当初、それが登場してきたときには、民間による福祉関連サービスは社会福祉事業法にいう社会福祉事業の枠外にあるものとして扱われ、ときには社会福祉事業とは似て非なるものとして強い批判の的とされてきた。八〇年代福祉改革を受け継ぐ八〇年代末から九〇年代初頭にかけての改革においては、民間の福祉関連サービスにたいする姿勢は、当時ようやく増加しはじめていた福祉公社、相互扶助組織によるものも、また営利組織によるものについても、行政による規制というよりも民間の自由な活動を振興するとともに業界の自己規制に期待するというものであった。

しかし、近年、規制緩和を求める要求が強まり、そのような自己規制ですら自由な参入を妨害する要因として批判の対象になるという状況がうまれている。同時に、その一方において、介護保険制度の導入を控えて介護サービスの供給量を一挙に拡大させる必要性が生じてきた。したがって、現時点における供給主体多元化の提案は「合同分科会報告」よりも一層踏み込んだ内容にならざるをえない。「中間報告」の多元化論はそのことを物語っている。

2　多元化の実態

論点を整理してみよう。まず原理的な問題として、営利組織によって市場レベルの商品として提供される福祉関連サービスと国・自治体、社会福祉法人、公益法人、さらには生活協同組合や農業協同組合などの中間法人、当事者組織や互助組織などの民間非営利組織によって供給される福祉サービスとを同列に扱うことができるかという疑問が存在する。その点についていえば、利益の追求を行動原理とする営利組織によるサービスと多かれ少なかれ社会的使命の追求を行動原理とする後者のグループによるサービスとを等置することは原理的には不可能というほかはないであろう。

他方、実態的にいえば、すでにこんにちの社会福祉事業はそのかなりの部分を営利組織に依存して運営されている。たとえば、社会福祉施設における寝具、洗濯、清掃、給食、警備に関する業務は、一部の例外を除いてほとんど営利組織に外部委託されている。在宅型の福祉関連サービスについても、営利組織にたいする事業委託や営利組織によるサービスの購入による提供というかたちで営利組織の参入を容認しているのである。分科会の討議資料に紹介されている調査結果によれば、一九九三年現在、福祉関連サービス提供事業所の五七・二%は株式会社、一三・〇%は有限会社、一七・七%は個人経営となっている。こうした現実に着目していえば、供給主体のもつ特性、すなわちその公共性、公益性、営利性の有無や程度によって社会福祉事業の範囲を決定することには無理があるということになろう。単純にサービスの内容、そのはたらき（機能）という側面からいえば、供給主体の違いによる区別はほとんど意味をなさないということになりかねないのである。

3　供給の枠組みによる整理

こんにちにおけるこうした状況を参酌していえば、社会福祉事業としての福祉サービスとそれ以外の生活関連（福祉関連）サービスとを区別する基準は、それが誰によって生産（創出）されているのかということではなく、それがどのような枠組みのなかで提供され、利用されているかということを基準として区別するのが妥当であろう。この場合にいう枠組みとは、①人びとの自立生活と社会参加の実現さらには社会的統合の増進というサービス提供の目的、②公共的必要性、緊急性、特殊性、低廉性といったサービス提供の性格、③貧困・低所得、判断能力の低下ないし未成熟、社会的要保護性などのサービス利用者の属性、そして④これらの要素から導き出される特有の方策から構成され、法的にであれ民間自発的にであれ、社会的な組織と資金によって維持されるべきものとして社会的に認知され維持されている固有のシステムである。すなわち、そのような枠組みのもとにおいて実施・提供されているサービス、これを広義の社会福祉事業（社会福祉）として捉えるということである。

このような観点をとれば、伝統的な社会福祉事業や民間非営利組織によるサービスはもとより、営利組織の提供するサービスであっても、それが社会福祉行政による事業委託やサービス購入の対象、あるいは保険給付の対象となっている場合には社会福祉事業の範囲内にあるものとして位置づけられることになる。そして、この議論をさらに進めれば、広義の社会福祉事業はそれがさきに言及したような枠組みのなかで行われていれば供給主体の性格は問わないということになろう。また、有料老人ホームのように社会福祉事業の枠外において行われている事業についても、その全体を社会福祉事業とすることは適切ではないとしても、その一部が行政によるサービス購入や保険給付の対象となっている場合には、その部分についてはこれを社会福祉事業として認めるということになる。

4　社会福祉事業の区分と供給主体

しかし、そうではあっても社会福祉の原点に立ち戻って考えれば、多様な福祉関連サービスの供給主体を完全に同列に位置づけるというわけにはいかないであろう。「検討会報告」「中間報告」のいうように規制緩和や区分の再検討というかたちでの多様な供給主体の社会福祉への参入を促進しつつも、社会福祉事業の区分や種別による一定の規制は必要である。

ここで、前節で試みた社会福祉事業の階層区分に戻って社会福祉事業の階層区分と供給主体の多元化とを結びつけるとすれば、とりあえず考えられるのはつぎのような対応関係であろう。すなわち、社会福祉事業の第一層については社会福祉法人以外の公益法人、中間法人、互助組織、当事者組織等の民間非営利組織、さらには営利組織を含め、その性格を問わずすべての供給主体に参入を認めることができる。第二層については、経営組織の安定性、継続性や品質維持のための一定の規制を設けることを前提条件として、同様にすべての供給主体に参入を認める。第三層については、経営組織の安定性、継続性や品質維持、利用者の人権の保障、資産の保全を確実にするための規制を設けることを前提に、国・自治体、社会福祉法人、公益法人、中間法人による経営を原則とする、という考え方である。例外的にであれ営利組織の参入を認めるとすれば、利益追求原理の抑制策や第三者機関による特別の事業評価などの導入が前提となろう。

第４節　社会福祉法人・施設

1　社会福祉法人制度改革の必要性

周知のように、社会福祉法人制度は戦後福祉改革の最後の総仕上げとして社会福祉事業法のなかで創設された。民間社会福祉は戦前においては財団法人として経営されることが多かったが、戦後福祉改革の一環として実現が求められた公私分離原則、より具体的には憲法八九条のいわゆる慈善博愛の事業にたいする公金支出禁止の原則をクリアするための方策として公益法人の一つとして社会福祉法人が設立されたのである。この社会福祉法人制度の創設によって、民間社会福祉事業は公の支配に属することになり、そのことによって憲法八九条と抵触せずに措置委託費や補修費・建設費補助金の交付対象としてその地位を保障されることになった。

これらの措置を講じることによって、政府は民間社会福祉に依存しつつ戦後の混乱期を乗り切ることに成功した。逆に、民間社会福祉は戦争による被害を回復するとともに、経営の安定を確保することが可能となった。そして、貧困者、戦災孤児・浮浪児、身体障害者に代表されるような困窮者たちは何とか最低限度の生活を確保することができたのである。しかし、その後の五〇年に及ぶ歴史のなかで民間社会福祉事業の主要な担い手である社会福祉法人は、措置委託費の交付とそれにともなう行政監査が繰り返されるなかで、その本来の性格である民間団体としての自主性、主体性、先駆性を喪失するにいたり、いわば第二行政ともいうべきものに変質してしまった。

また、社会福祉事業法が第一種社会福祉事業の経営を原則として国、地方公共団体、社会福祉法人に限定したこと、また社会福祉法人以外に福祉サービスに参入しようとする民間組織が存在しなかったこともあり、社会福祉法人は国、地方公共団体とともに、事実上社会福祉事業の独占的供給体制の一角を構成することになった。そして、そうした状況のなかで、社会福祉法人による活動が活性を喪失するとともに、一部であるとはいえ、福祉サービスの品質の低下、利用者への虐待、さらには汚職などの事態がうみだされてきたことは、周知の通りである。

こうした歴史的経緯と事実からすれば、その原因のすべてを社会福祉法人に帰すことの誤りはいうまでもないとしても、「中間報告」が社会福祉法人に改革を促し、その活性化を求めているととはそれなりに理由のあることとしなければならないであろう。しかし、一方、その「中間報告」の提案する改革案にも少なからず難点が含まれている。

2　規制緩和と競争条件の整備

「中間報告」は福祉サービスの供給量を拡大し選択による利用を実現するという観点から、このような社会福祉法人制度の問題点を解決するためのいくつかの方策を提案しているが、その第一は社会福祉法人の提供するサービスの対価（現行制度でいえば、措置(委託費）を施設整備に関わる借入金の償還にあてることを可能にするしくみを導入するということである。社会福祉法人の経営基盤を安定化するための措置であり、実現すれば従来寄付金や助成金、補助金に依存してきた施設の改修や拡大のための設備投資を促進することになろう。

第二の方策は、社会福祉法人以外の民間非営利組織や営利組織の社会福祉事業への参入を促進するということである。まず、社会福祉事業の規模に関する規制、たとえば定員規模を縮小するとともに、経営の安定性や継続性を担保する条件を整えることを条件に社会福祉法人以外の民間非営利組織にたいしても補助金をともなう社会福祉事業への参入を認めるという提案がなされている。同様に、営利組織についても社会福祉事業に直接的に参入する途が開かれようとしている。経営の継続性やサービスの品質の保障、第三者的評価機関による監査とその結果の公表などの規制が条件になろうが、そのことを前提にすれば現実的には営利組織の部分的参入も容認されざるをえないであろう。

これら第一、第二の方策は社会福祉法人ならびに社会福祉事業の経営に関わる規制を緩和してサービス供給量の拡大をはかろうとする方策である。これにたいして、第三の方策は、社会福祉法人と新しく参入してくる民間非営利組織や営利組織との競争条件を対等かつ公平なものにすることによって後者、なかでも営利組織の参入の拡大をはかろうというものである。周知のように、社会福祉法人については、その経営する事業の特性に鑑み、すなわち社会福祉法人の経営の安定性、健全性を確保し、利用者の搾取などの不適切な経営に陥ることのないように、法人税、登録免許税、地価税などの国税、ならびに住民税、事業税、不動産取得税、固定資産税などの地方税を非課税とする優遇措置が講じられている。第三の方策は、社会福祉事業に参入する組織の負担を公平化し、対等な競争条件をつくりだすために、この優遇措置を見直そうというわけである。

社会福祉事業の経営にあたるすべての組織について対等な競争条件をつくりだそうという意図は理解できないわけではない。しかし、そのために社会福祉法人の非課税扱いという優遇措置を見直すというのでは本末転倒というべきであろう。対等な競争条件をつくるというのであれば、むしろ新しく参入する非営利組織や営利組織の経営する社会福祉事業の部分について一部非課税の扱いにするなどの優遇措置を講じるという方向で改革をはかるべきであろう。

ことあらためて指摘するまでもないことであるが、社会福祉法人の非課税扱いを見直すということになれば、こんにち以上に社会福祉法人設立にたいするインセンティブが低下することは避けられないであろう。「中間報告」に社会福祉事業の経営を将来的には社会福祉法人以外の民間非営利組織や営利組織を中心とするかたちに切り換えようという意図があるのであれば、ことは別である。しかし、そうでなければ、非課税扱いの見直しはサービス供給量の拡大という意図に反した結果をもたらすことになろう。

むしろ、サービスの供給量を拡大するために必要な措置は、社会福祉法人の設立をより容易にするような方策を講じることである。たとえば、「中間報告」も指摘しているように、社会福祉法人の設立に必要な基本財産の額を思い切って引き下げることも有効であろう。経営の安定性や健全性の確保も重要であるが、それは準備された金額によらずとも過去における実績によって確認されうることである。また、社会福祉法人の利用する土地について、一定の条件をつけて設立者にその所有権を認めることやあるいは国や都道府県が土地を買い上げるという方式も有効であろう。前者の方式を導入すれば、社会福祉法人の設立にたいするインセンティブはより拡大するであろう。社会福祉事業に参入する民間非営利組織や営利組織による社会福祉法人の設立も期待しやすくなろう。後者の方式をとれば、設立者は施設の建物や設備にたいする投資がより容易になり、社会福祉法人の増加が期待しうるであろう。

3　経営規模の拡大強化

「中間報告」は社会福祉法人の経営基盤を強化するために、複数施設の経営などによる社会福祉法人の規模の拡大を求めている。

一九九六年三月現在、全国の社会福祉法人の数は一五、二一〇法人である。前年一〇月現在における社会福祉法人経営の社会福祉施設数は二四、一五三施設、一法人当たり施設数は一・五九施設となる。全法人のうち四、七八〇法人が加入する全国社会福祉施設経営者協議会の九七年一月の調査（回収率五九・九％）によれば、一法人の経営する社会福祉施設は最少で一施設（三九・七％）、最多で一〇施設（〇・二％）となっている。二施設を経営する法人（二一・六％）を加えると六一・三％となり、社会福祉法人の過半が二施設以下の小規模法人ということになろう。全法人の経営する施設数が平均一・五九という数字とも平仄《ひょうそく》があっているといえよう。

これらの結果は、社会福祉法人の経営規模の小ささ、さらには経営基盤の脆弱さを示すものといえよう。社会福祉事業法は、そのような社会福祉法人の経営に資するため、社会福祉事業の経営に支障をきたさない範囲で社会福祉法人が公益事業（老人保健施設、有料老人ホーム、企業委託型保育サービスなど、社会福祉と関係のある公益を目的とする事業）や収益事業（貸しビル経営、駐車場経営、公共的施設内の売店の経営など、その収益を社会福祉事業に充てることを目的として行われる事業）を行うことを認めている。しかし、実際に公益事業や収益所業を実施しているのはほんの一握りの法人である。再び前掲の全国社会福祉施設経営者協議会による調査の結果を引用すれば、調査に回答した社会福祉法人のうち公益事業を実施している法人は二九二法人（一〇・二％）、収益事業を実施している法人はわずかに七法人（三・四％）であった。一つの社会福祉法人が経営する施設数も少なく、公益事業も収益事業も実施していないということは、逆にいえば社会福祉法人はその経営をほとんど措置委託費収入に依存していることを物語っている。このような状況では、社会福祉法人が民間団体としての自主性、主体性、独自性を発揮することは不可能というべきであろう。

社会福祉法人の経営規模の小ささ、経営基盤の脆弱さという問題のもつ意味は、それにとどまるものではない。経営規模の小ささはそのまま職員組織の小ささを意味し、社会福祉の世界に伝統的な家族的経営とも相俟って、人事の停滞、モラールの低下をもたらしやすい。その限りでは、「中間報告」がサービスの対価による借入金の償還、施設会計から法人本部会計への繰り入れを認める措置を講じることに加えて、複数施設の経営による経営規模の拡大を提案していることは評価していいであろう。社会福祉法人の規模の拡大は経営基盤の強化に結びつくだけでなく、人事交流の拡大、家族的経営の縮小、モラールの上昇をもたらす可能性をもっているからである。

しかし、だからといって社会福祉法人のすべてが複数の施設を経営するような大規模法人である必要はないであろう。一法人一施設という経営形態がもっとも多くみられる保育所などの場合は、むしろ小規模である利点をいかして地域に密着した事業展開をはかるということもありうるのである。

施設の多機能化・複合化ということについても一言しておきたい。施設の多機能化というのは、施設がその活動を本来的な機能に限定せず、機能の一部を地域社会のために提供したり、地域社会のニーズに応じて類縁的な機能をもつことを意味している。これにたいして、複合化は一つの社会福祉法人が種別を超えて複数の施設を経営することを意味している。このような多機能化や複合化は、施設本来の機能に支障をきたすことがないように運営されれば、施設の発展を意味するものとして評価されてよい。社会福祉が地域福祉型に転換するなかで、居住型施設には本来的機能に加えて多様な在宅福祉サービスを提供する拠点としての機能が求められている。いわゆる居住型施設の地域拠点施設化である。今後、施設が地域社会のニーズに対応していこうとすれば、多機能化、複合化は避けて通れない途であろう。

4　情報の開示

「中間報告」は社会福祉法人・施設にたいして二つの意味で情報の開示を求めている。第一に、社会福祉法人・施設は説明責任の遂行という意味で情報の開示が求められる。第二に、社会福祉法人・施設は利用者によるサービスや施設の選択を可能にするために情報の開示が求められる。「中間報告」が伝統的に聖域的な小宇宙に閉じこもり内部の情報を外部に公開してこなかった社会福祉法人・施設にたいして情報の開示を求めたことは、「中間報告」の提案のなかでも評価されてよい部分であろう。

わが国の社会福祉において説明責任という概念は比較的新しいものであるが、こんにちでは、通常、社会的な信託と資金によって運営維持されている社会福祉の機関や施設はそれが実施している事業に関わる財政や事業計画の内容、プログラムやその成果などに関して広く社会に情報を開示し、十分に説明を行い、理解を求める責任があるという意味でもちいられる。

説明責任の概念は、アカウンタビリティという英語表記が物語るように、もともとは租税を財源として社会的に設置された組織や機関は納税者（市民）を代表する議会にたいして、その収支、事業の計画、運用、成果などについて説明し、理解を求める責任があるという意味でもちいられている。こんにちでは、説明すべき内容が一層拡大するとともに、説明の対象も議会や行政に加えて近隣社会や利用者、さらには機関や施設の職員にまで拡大してきている。

近年、このような説明責任が強調されるようになった背景にここ十年来の情報公開にたいする社会的な要請が存在することはいうまでもないが、福祉官僚と社会福祉事業経営者の癒着や汚職を示すいくつかの事件の発覚が契機となっていることは否めないであろう。ごく一部であるとはいえ、これらの事件によって社会福祉事業の経営者を人格的に高潔で高い倫理性をもつ人間として捉えるいわゆる社会福祉事業経営者性善説や社会福祉事業を聖域化する社会福祉事業聖域説にたいする社会的な信頼が大きく揺らいだことは事実である。社会福祉事業やその経営者が再び社会的な信頼を確立するためには、説明責任の一環としての情報開示のもつ意味はきわめて重要である。今後、社会福祉法人・施設には、従来の一般的な広報活動や後援会向けの情報の提供を超えた、財務諸表を含む事業全般に及ぶ情報の開示が求められる。

さて、情報の開示が求められるいま一つの理由は、利用者によるサービスや施設の選択をより容易かつ効果的にするためであった。「中間報告」はむしろこの側面を強調している。これまでにも機関・施設による情報の開示がなされなかったというわけではない。機関・施設の概要を示すパンフレットや後援会の機関誌などは、機関・施設による情報の提供、公開に該当するといってよいであろう。しかし、機関・施設概要や機関誌の配布の対象や目的は限定的である。機関・施設概要は施設への来訪者や見学者に施設の目的、事業内容、利用者の定員、施設設備の概要、職員組織などに関する情報を提供しようとするものであり、また機関誌は後援会の会員や寄付提供者に施設の近況、事業内容や収支、人事動向などに関する情報を提供しようとするものである。

このような既存の情報もサービスや施設の選択にそれなりに役立つであろう。しかし、そこに含まれている情報の種類は限定的であり、利用者によるサービスや施設の選択という目的に直接的に貢献することを意図して編集されたものではない。利用者によるサービスや施設の選択という観点からいえば、必要とされるのは、機関・施設の概要もさることながら、機関・施設におけるサービスや生活援助の内容、実績、それを支える職員組織、施設であれば建物や居室の構造や利用の方式、日常生活に関する規則などについての情報であろう。

機関・施設の側には、このような情報の開示がもたらす効用に疑問を呈する議論もみられるようである。しかし、肝心なのはまず十分な質量の情報の開示であって、利用者による情報活用をいかに評価するかはそのつぎの問題であろう。近年強調されてきたインフォームドコンセントやインフォームドチョイスの思想は、十分な情報がまず提供されてはじめて同意（コンセント）や選択（チョイス）が可能になることを物語っている。

情報の開示という問題には、どのような情報を提供すればよいかという情報の内容に関わる側面と、それをどのようなかたちで提供するかという情報の提供媒体に関わる側面が含まれている。これまでの行論では印刷媒体を想定した議論になっている。しかし、情報提供の媒体は多様な属性をもつ利用者に対応するためビデオその他の視覚に訴えるもの、テープその他の音声によるもの、機関・施設の見学、体験利用、電話による問い合わせへの対応など、さまざまな形態が考えられよう。利用者による選択をうける立場にある機関・施設の側の創意工夫が求められるところである。

また、情報の開示には情報へのアクセシビリティ（接近可能性）という側面がある。機関・施設がいかに十分かつ適切な情報を提供していようとも、利用者によるアクセスの機会と方法が十分に保障されていなければ予想された効果は期待できないであろう。この側面についても機関・施設の側の創意工夫が求められる。

第5節　利用の方式

1　提供—利用トライアングル

今回の基礎構造改革のなかでもっとも関心をよんでいる議論の一つは、何といっても戦後福祉改革以来の措置制度を廃止し、利用者による選択を含む契約制度に改めるという提案であろう。この提案については、保育所における措置制度を契約制度に改めるという厚生省の方針が提起されてこのかた、賛否両論かなりの議論が行われてきた。しかし、そうした議論には傾聴すべき見解が多々含まれてはいるものの、論点がかなり錯綜しており、そのことによって議論の無用な混乱がみられるように思われる。ここでもまず論点の整理からはじめなければならない。

措置制度の改革をめぐってさまざまに議論が行われているが、その前提にある状況を構成する各要素とその関係は基本

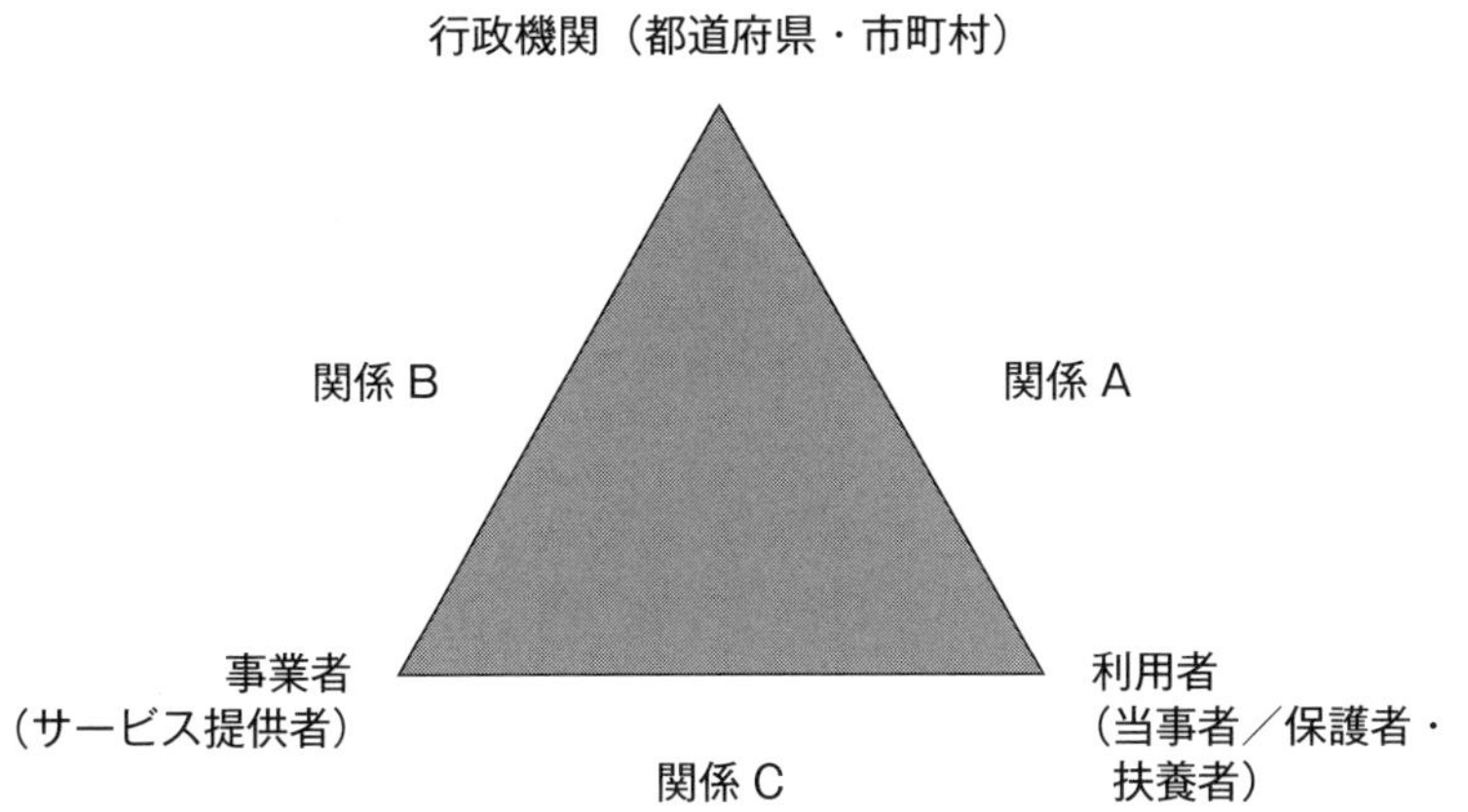

図２　提供—利用トライアングル　　古川孝順　作成

的には**図2**に「提供—利用トライアングル」として示した通りである。現行の措置制度でいえば、このトライアングルのうち、行政機関（措置権者）と利用者との関係、すなわち関係Aは、利用者による利用の申し込み（手続き開始の契機としての申し込みであって申請権を基盤とする行為ではないとされる）と行政機関による措置の実施を内容として成り立っている。行政機関と事業者（サービス提供者）との関係Bは行政機関による保護・養護の委託・委託費の支弁とその事業者による受託を内容としている。これにたいして、事業者と利用者との関係Cは事業者が措置の一環として利用者に必要と認められるサービスの提供を特定の事業者に委託するという手続きを経由して事実上、結果的に成立する関係であって、形式的には両者のあいだに直接的な関係は存在していない。

2　措置制度改革論の陥穽

措置制度の欠陥としてしばしば指摘されるのは、措置は行政処分であり、一方的な決定であって、かつ利用者はサービスの種類やその提供者を選択することができない、ということである。そして、これにたいする処方箋は利用者による選択にもとづく契約方式への転換である。この議論はいかにも明快なようにみえて意外な陥穽が隠されている。

すなわち、措置制度にたいする批判は、さきのトライアングルでいえば関係Aのあり方に向けられている。たしかに、措置という行政行為のなかにはサービスの必要性についての認定、必要なサービスの種類とその提供者（事業者）の決定が含まれており、かつそれが措置権者（行政機関）によって一方的に提示されるということになっている。これをサービスの利用者によるサービス提供者の選択と両者間の直接的な契約によるサービスの提供と利用という方式に改めれば、措置は行政による一方的な決定であって利用者はサービスの種類やその提供者を自由に選択することができないという措置制度の短所は氷解することになる。

しかし、それでは関係Aが不要になるのかといえば実はそうではない。契約制度になっても利用者は行政機関と接点をもたざるをえない。それが公費による費用の支弁（補助金の交付）をともなう限り、サービス利用の必要性の認定は行政によって行われるからである。契約制度を実現したとされる介護保険制度の場合、その認定は介護保険の保険者（市町村）によって行われることになっている。また、一歩先行して改革を経験した保育制度の場合においても、要保育性の認定は市町村（保育の実施主体）によって行われる。

社会福祉事業が公的なセクターを通じて提供される限りにおいて、行政機関の関与は依然として残らざるをえないのである。「中間報告」は、契約制度に移行した後の行政機関と利用者の関係、すなわち関係Aのあり方がどのようなものになるのか、その点について具体的な言及を行っていない。認定を含む利用の申し込み（申請）は利用者の申請権にもとづくものなのか、行政機関による応諾は利用者の申請権に対応する義務なのか、行政機関の認定にたいする再審査の請求が可能なのか、サービスないし提供者の再選択が可能なのか、不服申し立てが可能なのか、そして総じていえば、行政機関に代表される自治体および国の社会福祉にたいする公的責任はどのようなかたちで担保されるのか、そうしたさまざまの重要な論点についての具体的な言及がみられないのである。こうした論点は、たとえ社会福祉事業の利用が関係Cを機軸に行われるようになっても、改善されるべき、あるいは明確にされ、実現されるべき課題として残されることになる。選択契約方式がすべてを解決するわけではないのである。

3　新しい保育所利用方式の意義

その点、関係Aの内容および関係Cのあり方に難点を残しているとはいえ、一つの方向性を示しているのは保育所の利用方式である。保育所の新しい利用方式は、利用者による施設（保育所）の選択を含む保育所利用の申し込み（申請権にもとづく利用の申し込みと解される）とそれに対応する行政（市町村）の応諾義務を機軸として構成されており、再審査請求権や認定過程への利用者参加のあり方などに問題を残しているとはいえ、そこには残された領域における措置制度改革の方向としてみるべきものが含まれているといってよい。従来と変化がないといわれる関係Cについても、利用者による選択という行為のなかに抽象的ではあってもすでに事業者と利用者の契約に結びつく要素が含まれており、さらに新方式で認められている保育所経由の申し込みという経路を拡大させることによって、これを事実上の利用者と事業者との契約関係として発展させることが可能となろう。

基礎構造改革案のなかでは、行政機関と事業者との関係、すなわち関係Bについても、事業者にたいする補助金から利用者にたいする補助金に移行するというかたちで改革の方向が示されている。措置委託費の費目構成や利用者による受益者負担のあり方とも関連する問題であるが、選択利用方式への移行に関連して慎重な論議が必要な論点の一つである。

いずれにせよ、措置制度改革の問題は、単に施設の選択によってサービス事業者と利用者の関係を対等にすればそれでよいということではない。措置制度改革は、関係Aのみならず、関係B、関係Cから構成される、われわれのいう提供―利用トライアングルのすべての側面に関わるものであり、それだけに慎重な議論が必要とされる。

4　誰が利用者か

以上のやや一般的な議論に加えて、措置方式から選択契約制度への転換という課題にはさらに論点が残されている。それはまず、利用者とは誰かという問題である。ここまでの行論においては、社会福祉事業の利用は利用者本人（当事者）によって行われるものと想定してきた。しかし、現実には利用者は高齢者、障害者、児童などの当事者のほかにその保護者や扶養義務者などの家族が含まれている。もとより、一般に当事者と家族の利益が一致する場合には問題はないであろうが、困難な事態が予測されるのは両者の利益が一致しない場合である。たとえば、児童の利益は保護者によって代弁されているというのが一般的な前提であるが、虐待その他のケースのように児童の利益よりも保護者の利益（判断）が優先される場合がある。障害者や高齢者の場合であっても、実際には障害者や高齢者の利益というよりも家族がその利益（都合）を優先させて施設の利用を申請するということが少なくないのである。

こうした場合には、利用者の選択や申請（申し込み）を第一義的に考えるとしても、利用についての決定が下される過程のいずれかの段階において、あるいは第三者的な関わり方において、サービスの提供に関わる専門家や人権擁護の専門家による専門家的な判断や介入とそれを可能にするシステムを設けておくことが必要となる。「中間報告」にも含まれている成年後見制度やオンブズマン制度はそのための装置であろう。

5　利用者の類型と利用方式

誰が社会福祉事業の利用者かという問題をもう少し一般化していえば、そこには契約利用方式を導入するというときそこで利用者としてイメージされている人びとはどのような人びとなのか、また現実の利用者はそのような利用者像とどの程度重なりあっているのかという問題がうかびあがってくる。契約利用というときの一方の当事者である利用者は、当然のことながら、本人の自由意志によって自己決定を行い、かつそれにともなう自己責任を全うしうる人びとということになろう。いわゆる契約自由の原則において理念的ないし理論的に想定されているような人びとである。

一方、現実の利用者はどうか。たしかに、利用者のなかには自由な契約の一方の当事者としての能力を十分にもちあわせている人びとが含まれている。しかし、そのような人びとは必ずしも多数者ではない。むしろ、総じていえば、当事者としての能力に欠ける人びとや当事者になることに消極的な、あるいは拒否的な人びとのほうが多数者であろう。

これらの状況にたいする「中間報告」の処方箋は、そのような場合には保護者や扶養義務者などの家族が契約の当事者になるか、成年後見制度を活用すればよろしい、というものである。しかし、家族がしばしば当事者本人の利益に反する行動をとることはさきに指摘した通りである。また、「中間報告」にいう成年後見制度は財産の保全や契約の管理など経済的側面を重視するものであり、さきのような事例には有効性をもちえないであろう。より身上的な後見を重視し、児童の場合を含めて、手続き的にもより簡便に利用しうるような後見制度の導入が必要である。

このような利用者の状況を参酌すれば、すべての利用者について一般的に選択契約方式を適用しようとすることは適切な判断によるものとは言い難い。利用者のもつ多様な特性に応じた利用方式の開発が必要である。たとえば、利用者をその特性によって類型化するとすれば取りあえず以下の四通りの類型を設定することが可能であろう。

第一の類型は、高齢者、障害者、児童の保護者のなかでも十分な当事者能力をもつ利用者群である。この場合には、選択契約方式がそのまま適用可能であろう。

第二の類型は、社会福祉事業についての情報を十分にもっていない人びとや福祉ニーズの存在を自覚していない人びと、スティグマを恐れて利用を躊躇する人びとなどからなる潜在的利用者群である。この場合には、積極的な情報開示や職権的なリーチアウト活動を前提とする勧奨利用方式が必要となろう。

第三の類型は、福祉ニーズは顕在化しているが必ずしも十分な当事者能力をもたない利用者群であるが、恐らく実態的にはこのタイプがもっとも多いであろう。この場合には、利用者の意思を尊重しながらもその自己決定の過程を専門的に援助することが必要であり、支援利用方式とでもいうべき利用の方式が求められることになろう。最後に、第四の類型は、社会福祉事業の利用に消極的ないし拒否的な利用者群である。この場合には、専門的権威や事情によっては公権力を背景にする専門的介入を媒介にして利用者を社会福祉の利用に結びつけることが求められる。いわば介入利用方式である。

ここでもう一度、保育所の利用方式に立ち戻っておきたい。新保育所利用方式で注目すべきは、保育を必要とする児童について保護者に保育を勧奨する努力義務が保育の実施機関（市町村）に課せられていることである。この「勧奨」という仕組みを整備するとともに、さらに一歩進めて法的な根拠をもつ「介入」の仕組みを組み込むことができれば、契約利用という原則のもとで右のような多様な属性をもつ利用者にも適切に対応することが可能となるはずである。

もとより、このような勧奨つき選択利用の方式がどこまで現実的な妥当性をもちうるのか、そのことについては直接援助に関わっている人びとによる議論にも期待しなければならない。

いずれにせよ、利用方式についての議論は、過度に抽象的な原則論や一般論に流されることのないように、現実的、具体的に詰めることが重要である。

第6節　サービスの質と効率

1　サービスの質の向上

基礎構造改革の提案のなかには数多くの留意すべき論点が含まれているが、サービスの質という社会福祉の内容にわたる提言がなされていることもその一つである。ここまでの議論の基礎構造改革の主要な関心は、供給システムの構造というどちらかといえば外形的な側面にむけられているようにみえるが、その一方において、サービスの質という内在的な課題にも踏み込み、両者を不可分のものとして扱っている。基礎構造改革の評価されてよい点である。

「中間報告」は、サービスの質的向上をはかるための提言として、①保健・医療・福祉サービスの一体的提供と介護支援サービス（ケアマネジメント）のようなサービス提供手法の確立、②介護技術や福祉援助技術などサービスの向上につながる手法の研究・開発、③サービス提供における専門職の役割と位置づけの明確化、施設管理者の養成・確保、④サービスの内容に関する基準の設定、⑤第三者機関による評価、⑥利用者の選択を通じた提供者間の競争による質の向上、⑦利用者や職員による意見の反映と第三者機関による苦情の処理、⑦行政監査の重点化、効率化、などをあげている。

提言の内容は多岐にわたるものであり、おのずと議論は概括的なものにならざるをえないが、まず福祉サービスの全体に関わる論点として①と④について言及しておきたい。①の提言のうち、前半部分の保健・医療・福祉サービスの一体的提供についてはもとより異論はない。積極的に推進されるべき方向であろう。

しかしながら、その後半の部分については少なからず慎重な検討が必要である。まず何よりも、「介護支援サービス」（ケアマネジメント）という表現は、介護支援サービスとケアマネジメントを等置するもののようである。しかし、両者は内容的にみて単純に等置されるべきものではないであろう。ケアマネジメントをどのように理解するかにもよるが、介護支援サービスは福祉ニーズの発掘からサービス利用の終結にいたるまでの全過程を支援することを意味する概念であり、ケアマネジメントはその過程の一部分に適用される方法ないし技術として理解するのが一般的であろう。ケアマネジメントを介護支援サービスと等置することは、かえってケアマネジメントそれ自体の意味を拡散させることになり、適切とはいい難いように思われる。

また、ケアマネジメントは、福祉サービスが、移送サービス、リハビリテーションサービス、給食サービス、入浴サービスなどのように個別的、部分的サービスに細分化されている、あるいはされうる領域においては有効な技術、方法であろう。その点、保育、養護、教護などのようにサービスのもつ全体性や総合性が重視される領域にはそのまま適用することは難しいように思われる。

他方、こんにちの介護サービスの準備作業のなかで推進されようとしているケアマネジメントの理解はかなり限定的である。ケアマネジメントの意義は、理念的には利用者の福祉ニーズを中心に、必要な福祉サービスの開発ということも視野に含みつつ、最適の福祉サービスのバッテリー（＝ケアプラン）を構想するということであろう。

しかし、介護サービスをめぐる議論のなかでは、ケアマネジメントは、介護保険給付の適用対象となりうる一定の種類及び範囲の介護サービス、すなわち所与の介護サービスのメニューと一定の基準によって認定された介護ニーズ（要介護性のレベル）とのあいだの調整・媒介を行うこととして理解されかねないような状況がみられる。そこにあるのはケアマネジメント概念のある種の狭小化である。このような限定された意味でのケアマネジメントを社会福祉の別の領域にも適用するということであれば、その実現には慎重でなければならない。

福祉サービスの全体に関わる問題として言及しておきたいいま一つの論点は、④にいうサービスの内容に関する基準の設定に関する提言である。もとより、われわれも「中間報告」が「サービスの提供過程、評価などサービスの内容に関する基準」を設ける必要があるとしていることに異論を差し挟むものではない。そのような基準を設定し、活用しようという提言は時宜をえたものとして歓迎したい。

しかし、問題は、「中間報告」が続けて「これを踏まえ、施設、設備、人員配置などの外形的な基準については、質の低下を来さないよう留意しつつ、弾力化を図る必要がある」としている部分である。ここでいう外形的基準とは、たとえば各種社会福祉施設の最低基準を意味するものと理解して差し支えないであろう。内容的基準を導入することと引き換えに外形的基準を緩和するということが具体的、実際的にはどのようなかたちになるのか明らかではない。しかし、つぎのことだけには留意しておきたい。

周知のように、社会福祉施設最低基準は児童福祉施設最低基準を嚆矢として各種の社会福祉施設について設定されてきたものである。もともとそれは施設利用者に、生活保護受給者の場合と同様に、最低限度の生活を保障するための基準として設定されたものであり、それはあくまでも最低限を示すものであって個別施設にはその基準を上回るような施設、設備、人員配置を実現することが求められてきたはずである。しかしながら、これまた周知のように、この基準は実際には最低基準としてではなく最高基準として機能してきた。このような経過からすれば、いうところの外形的基準を緩和することには慎重でありたい。もとより、われわれは最低基準の改善によってすべての懸案事項が解消するという主張に与するものではない。しかし、外形的基準の維持改善と内容的基準の設置充実は十分に両立するはずである。すでに一部の福祉サービスにおける看護婦必置規定の廃止や非常勤職員制度の導入などの措置がとられている。このような外形的基準の緩和がどのような結果をもたらすことになるのか慎重に見守っていかなければならない。

2 サービスの評価

「中間報告」においては、利用者による選択、及びそれによる提供者間の競争を通じて、福祉サービスの質的向上と効率化をはかるという観点から評価の必要性が説かれている。総じていえば、われわれはこの提案に同意するものであるが、しかし念のためにいえば、選択や競争の有無にかかわらず、福祉サービスの質の向上はそれ自体が社会福祉の目的として追求されてしかるべきものである。だが、残念なことに、わが国の社会福祉は戦後の混乱のなかで国民の大衆的な飢餓に対処して衣食住をいかに確保するかという水準から再出発したこともあって、関係者たちの関心もなかなか福祉サービス内容の質的な評価にまで及ばなかった。そうしたことからいえば、背景に選択利用方式への移行や競争による効率化の促進という意図があるにせよ、改革課題の一つとして福祉サービスの質的評価と質の向上という課題が提起されたことの意味は重く受けとめられてよい。

さて、福祉サービスの評価ということになれば、そこで問題になる要素は、①評価の対象、②基準、③主体、④方法、そして⑤結果の取り扱いである。まず第一に、評価の対象である。均しなみに福祉サービスの評価といっても、その対象には、①総体としての施設（サービス提供者）、②施設が提供している福祉サービスの全体、③個々の福祉サービス、そして④個別ケースという四通りの水準が考えられる。もとより、これら四通りの水準のうち、どの水準を評価の対象とするかは評価の目的によって異なるが、基礎構造改革という趣旨からすれば、福祉サービスの内容のみならず、その前提、すなわち内容を規定する要素となっている事業運営の理念、事業計画と実績、サービスの運営体制、職員の人数・配置・資格、予算及び決算など、総体としての施設のあり方が評価の対象とされるべきであろう。

第二に評価の基準であるが、基準の取り方も多様に考えられる。たとえば、それは利用者の身辺処理能力の獲得や回復のような比較的個別に判断できる福祉ニーズの場合にはその個別の充足度によって評価することができる。しかし、自立生活の達成というように福祉サービスが利用者の生活のありようの全体に関わるような場合には、おのずと別の総合的な観点による判断が必要となってこよう。

また、福祉サービスの成果は、時間軸によって変化する。身辺処理能力の獲得や回復などのように短期間に成果が確認できる場合もあれば、児童養護施設の処遇のように退所児童が就職し、結婚して家族をもつ段階になってはじめてその評価が可能になるという場合もある。評価することは重要であるが、その基準をどうとるかは領域によって慎重に検討することが必要であろう。評価の結果が利用者による選択の判断材料としての意味をもつということになればなおさらのことである。

第三に評価の主体である。これについては、①施設経営者及びその職員、②利用者、③行政機関、④第三者機関、⑤社会的支援の提供者、さらには⑥地域住民、などが考えられる。各種の主体のうち、これまで行政機関のみが監査という名のある種の評価活動を行ってきた。しかし、行政による監査は福祉サービスの最低限の水準を維持するという効果はもつものの、その半面では施設の経営者を萎縮させるところがあり、今後はむしろ「中間報告」のいうように重点化、効率化が必要であろう。⑤社会的支援の提供者は民間非営利組織を想定したものであるが、行政機関同様、重点的な評価が求められる。

①施設経営者及びその職員による評価はいわば自己点検・自己評価である。経営者や職員がみずからの日常的な経営活動や援助活動をルーティンワーク化させ、マンネリ化させないようにするためには、一定の間隔をおいた自己点検・自己評価とその結果にもとづく改善が求められる。このほか、目的によっては②利用者や⑥地域住民による評価も有効であるが、それぞれの利害による偏りも考えられる。もとより、それぞれの主体による評価には効用とともに弱点が避けられない。その点、「中間報告」もいうように、④第三者機関による評価が重要な意味をもつことになるが、その構成にあたっては施設経営者、職員、行政、各種の専門家とともに、利用者や一般市民の参加が不可欠の要件となろう。

第四に評価の方法である。これについても論点はさまざまに存在する。しかし、「中間報告」はそこまで言及していない。もっとも直截な方法は、利用者の満足度を問うということであろう。あるいは、提供者の満足度を問うということもありうるかもしれない。もとより、主観的な満足度を問うというだけでは不十分であろう。客観的な評価の方法が必要とされる。たとえば、アセスメントリストを準備し、複数の人物に記入を求め、総合的な評価を試みるということも一つの方法である。他方、ケース記録などを丹念に読み込んで質的に評価するという方法も考えられる。いずれにしても、評価の必要性を指摘するだけでは不十分である。あらためて評価の方法についての厳密な議論が必要とされる。

最後に重要な意味をもつのは、⑤の評価結果の取り扱いである。基本的には、すべての評価結果を開示するというのが期待される方向であろう。しかし、どのような情報を誰にたいして開示するかということについては慎重な検討が必要である。プライバシーなど利用者の人権の保護や援助活動の効果などの観点に立てば、開示の客体によって、情報の内容、この場合においては福祉サービスの評価内容に関する情報の内容や範囲は異なってこざるをえないからである。ただし、利用方式のいかんを問わず、福祉サービスの評価に関する情報をもっとも必要としているのは利用者やその家族・保護者である。原則として、可能な限りの評価情報が提供されなければならない。

3 サービスの選択と競争

(1) サービスの質の向上

「中間報告」は措置制度にかえて契約利用方式を導入する目的の一つは、そのことによってもたらされるサービス提供者間の競争をサービスの質的向上に結びつけることであるとしている。契約利用方式の導入に関するわれわれの見解はすでに明らかにした通りであるが、その内容は措置制度を直接契約利用方式に改めるのではなく、利用者によるサービスや施設(提供機関)選択という契機を導入しつつ、利用者と行政機関(サービスの実施機関)との関係改善をはかる保育所利用方式を拡大し、整備するというものであった。

原則的にいって、「中間報告」が指摘するように、措置制度であるために提供機関相互のあいだに競争原理がはたらかず、サービスの質的向上がなおざりにされてきたといえるかどうか、その点についてはなお疑問を残さざるをえない。しかし、数ある社会福祉施設のなかにサービスの質にたいする関心の欠落を疑わざるをえないような施設が少なからず含まれていることもまた周知の事実である。誤解を恐れずにいえば、社会福祉の世界もいわゆる護送船団方式であり、定員を割り込んでいる施設があれば措置の過程で入所者数の調整が行われているというのが実状である。そうした配慮がサービスの改善への関心をなおざりにさせてきたことも否定しがたいであろう。その限りでは、利用者による契約をサービス改善の契機にしたいという「中間報告」の意図は理解しえなくはない。

ただ、問題は利用者の施設選択にもとづく競争が直接的にサービスの質の改善に結びつくかということである。まず、利用者の選択が客観的にみてつねに妥当かつ適切なものでありうるかという懸念がある。経験的にいえば、たとえば、医療機関の選択は専門的な判断というよりはかなり風聞に近い情報によって行われている。そして、風聞に限らず、それに類するインフォーマルな情報による選択がそれなりに的を射ているということがないわけではない。しかし、そうだとしても選択をインフォーマルな情報のみに委ねるわけにはいかないであろう。また、適切な情報が提供されていたとしても、利用者の判断能力にはかなりの幅が存在する。しかも、サービス提供者の側からみれば利用者は顧客である。より多数の顧客を獲得するために過剰な広報活動がなされたり、顧客の関心を引きやすいサービスのみが提供されるという事態も十分に考えられることである。

したがって、選択が適切に行われ、それがサービスの質の向上に結びつくためには、まず一方において、サービスおよびその提供機関についての情報が利用者の選択に資するようなかたちで適切に開示されていることが条件となる。情報には、サービス提供機関の開示する情報のみならず、第三者機関による評価の結果が含まれていなければならない。つぎに、他方において、利用者による選択が適切なものになるように選択の過程を支援するサービスが必要である。より具体的には、「中間報告」も指摘するように在宅介護支援センターの機能をもつ利用者支援機関の拡充が必要である。現在、在宅介護支援センターはサービス提供機関に付設されていることが多い。在宅介護支援センターを提供機関の集客装置にしないためには、提供機関から独立した第三者機関として機能しうる利用支援機関の設置が必要であろう。

(2) サービスの効率化

サービスの効率化については、限られた資源を有効に活用するという意味では、社会福祉の領域においても当然の要請であろう。しかし、社会福祉法人等の提供機関において経営努力の成果が必ずしも経営状態の改善や事業の拡大につながらないために、効率性の向上が経営目標になっていない、という指摘はどうであろうか。たしかに、現行制度のもとでは経営やサービスの質的向上を求める努力が経営状態の改善や事業の拡大につながらず、結果として経営のマンネリ化がみられるということはその通りであろう。そして、経営者の感覚からすれば、日頃の経営努力に経営状態の改善や事業の拡大という経済的なインセンティブが付加されれば、それが効率性の向上に結びつくという判断は十分に予想されるところである。その限りでは、現行措置制度のもとで各施設の定員をめやすに措置人員の調整をはかるという護送船団方式を廃し、経営者のインセンティブを刺激するような何らかの改善策を導入することが必要であろう。
しかし、経営努力を経営状態の改善に結びつけるというのは当然のこととしても、社会福祉事業の本来的な目的や事業としての性格を考えれば、事業の拡大をそのこと自体として目標にするというのはいかがなものであろうか。それでは本末転倒、目標と手段の取り違えというべきであろう。民営の営利的提供機関といえども、社会福祉事業に関与する限り、社会的使命（ミッション）を追求するという姿勢をその行動原理のなかに明確に組み込むことが求められよう。効率性向上の必要性はいうまでもないが、その要請が社会福祉事業の収益事業化を容認するいうことであってはならないのである。

また、サービスの効率化に関しては別の観点からも懸念を指摘することができる。効率化が対費用効果を最大限にするという方向で追求されるということになれば、こんにちの社会福祉事業のかなりの部分は切り落とされるほかはないであろう。効率化という場合、その前提には一定の投下された費用や労力とそこからうみだされてくる成果との比較考量という発想がある。そこで重要なのは、何をもって成果というかである。そして、そのつぎに問題になるのが、いかにして最少の費用や労力においてその成果を達成するかということである。

たとえばもし、かつての社会福祉がそうであったように、利用者の社会福祉事業による自活能力の獲得をもって成果とみなすような尺度が採用されることになれば、重度の障害者にたいする介護サービスは非効率的であるとみなされかねないであろう。あるいはまた、いわゆる老人病院の患者がそうであるように、利用者はサービス提供機関の経営者にとっての収益源としてのみ扱われるということになりかねないであろう。サービスの効率性の追求も、社会福祉事業の目的や性格を前提にしてのことである。もしその枠を超えるようなことになれば、その時点において、社会福祉事業はそれ本来の、人びとの生命と生活を護る最後のセーフティネットとしての機能を放棄することになり、その存在意義を喪失することになろう。

4　専門職の養成・確保

福祉サービスの質を向上させるには、それを担う職員の質と量が問われることになる。こんにちでは社会福祉の分野で働く職員の数は、関連領域の職員まで含むと、優に百万を超す勢いにあるが、その待遇も、求められる専門的知識や技術も、一般に援助専門職として認められている医師や教師、さらには看護婦などと比較してもかなり低位にあるというのが現状である。

「中間報告」は、社会福祉の職員の問題に関連して、さきにみたように、一方において職員の配置や員数などの外形的な基準について緩和するとしながら、他方においては専門職員の養成・確保が必要であると指摘している。その論理に若干の矛盾を感じないわけではないが、福祉サービスの質的向上に社会福祉職員の専門性の向上が不可欠であることは言を俟たないであろう。もとより、社会福祉はその事業の範囲や性格からして民生委員・児童委員やボランティア、ピアグループまで含めて幅広い担い手を必要とするが、しかしその中核部分は専門職としての教育訓練とそれにもとづく資格をもつ職員群であることが求められる。

(1)　未成熟な専門職制度

周知のように、わが国において社会福祉における専門職の養成・確保の必要性が再確認され、資格制度についての議論がはじまるのは一九七〇年代のことである。そして、その後、若干の曲折の末、一九八七年に社会福祉士・介護福祉士の制度が設けられてからすでに一〇年が経過している。しかし、現在なお、社会福祉における職員集団の質の向上と量の確保は十分に果たされていない。しかも、介護保険制度の導入による新しい職員の必要性がその状況に重畳しているのである。

その理由の第一は、社会福祉の領域、なかでも民間の社会福祉事業は、多くの場合、公務員を下回る賃金、労働時間の長さや密度、肉体的な疲労度など労働条件にめぐまれず、魅力のある職場になっていない、ということである。過去においては使命感による奉仕的労働が当然とされた時代もあるが、こんにちの状況からいえば何を措いても使命感をもった職員が多数応募し、定着するような客観的な条件を整備することが職員確保のための不可欠の要件であろう。たしかにそのためには、「中間報告」のいうように社会福祉法人の規模の拡大や法人間の調整によって職場移動や管理職昇進の機会を拡大する方策も必要となろう。

第二の理由は、社会福祉に関する専門資格が創設され、各種の任用資格が設けられていても、それを活用するような制度の整備や人事管理が行われていないということである。たとえば、社会福祉士は資格創設後一〇年を経過する。しかし、その資格制度と社会福祉関連諸制度に組み込まれている任用資格との調整はいまだ行われていない。社会福祉士を業務独占をともなう資格にするということは現実的ではないし、またその必要性もないであろう。だが、社会福祉士の資格を任用資格の第一の優先順位として位置づけることは最低限の措置であろう。そうでなければ、社会福祉士の資格制度を創設した意味がないであろう。

また、このことに関連して「中間報告」において社会福祉主事の任用資格に関する改革が提案されていることに言及しておきたい。一方に社会福祉士の資格制度があり、他方において毎年一万人に近い人びとが社会福祉主事の認定講習会を履修しているという状況のなかで、いわゆる三科目主事制度の存在理由は徐々に希薄化してきている。そのことからいえば、三科目主事という任用資格の取得制度そのものに改善が必要なことはたしかであろう。しかし、社会福祉主事の任用資格の取得を認定講習会の修了者に限定するということでは短絡的措置の誹りを免れないであろう。現在認められている大学等における任用資格の取得を前提にしながら指定科目の範囲を限定するなり、あるいは修得科目の数（単位）を拡大するなりの措置を講じて認定講習会修了者との均衡をはかるのが筋であろう。

その際、可能なことであれば指定科目の範囲を社会福祉士の指定科目を構成する科目を中心にするように制限し、将来的には一定以上の科目数の履修者については一定期間の実務経験によって社会福祉士国家試験の受験資格を認めるなど、社会福祉主事任用資格から社会福祉士資格へのわたりを可能にするような方向での改革が検討されてしかるべきであろう。社会福祉主事の任用資格の認定条件の強化が社会福祉に広く求められている一定の知識なり技術なりを修得した職員のすそ野を広げつつ、かつ社会福祉の中核に位置する専門職の量と質の改善に結びつくことを期待したい。

⑵ 専門職制度の基盤

社会福祉において専門職制度が容易に定着しない理由の第三は、専門職業としての社会福祉に関わる職業活動の専門性を確定することの困難さに求めることができる。この要因は制度的な問題というよりも、むしろ研究や教育に関わる問題である。社会福祉に関わる業務に一定の専門的な知識や技術が必要とされることについては広く関係者の承認するところであるといってよいであろう。しかし、これまでのところ、社会福祉の研究や教育は、その知識や技術の内容をほかの関連する業務、たとえば看護、教育、心理臨床には存在しない固有の特性をもつものとして確認するという作業に、必ずしも十分に成功しているとはいい難いであろう。

しかも、時代の推移とともに社会福祉の専門職に期待される機能の、したがって知識や技術の内容も異なってきている。社会福祉士制度が誕生する時期においては社会福祉専門職に期待される機能は個別的な相談や指導であると考えられてきた。そのため、社会福祉援助の専門科目の内容もケースワークを中心にそこから同心円的にグループワーク、コミュニティワークというかたちで外延的に拡大していくものとして構成されている。しかし、こんにち社会福祉専門職に期待されている機能は、①個別的な相談指導の機能から、②地域住民の福祉ニーズを発掘・発見し、または地域住民の求めに応じて、かれらがみずから必要とする福祉サービスを選択し、利用する過程を側面から支援する機能、さらには③地域住民を組織し、かれらがみずからの福祉ニーズを充足するうえで必要とする社会資源をみずから開発し、利用するための環境を整備する機能を付加したものに、大きく転換しつつある。

こんにち、われわれ社会福祉の研究や教育に携わる者は、このような社会福祉と社会福祉専門職をめぐるさまざまな状況の変化のなかで、その養成に貢献することが期待されている。この期待にどのように対応するかは、制度改革の問題というよりも、すぐれて社会福祉の研究や教育に関わるわれわれ自身の課題であるといわなければならない。

第7節　地域福祉

「中間報告」は「地域福祉の確立」と題する章によって締めくくられている。これからの二一世紀における社会福祉を展望する改革文書のまとめとして、地域福祉への転換という、ここ一〇年来の方向性を確認することを内容にする章が設けられていることは、時宜を得た構成であるといってよい。かねて社会福祉の施設福祉型から地域福祉型への転換、さらにその延長線上に自治型社会福祉を展望してきたものとして歓迎したいと思う。

(1) 地域福祉計画の策定

「中間報告」は最終章のなかでいくつかの論点を取りあげているが、その眼目は地域福祉計画の策定と市町村社会福祉協議会の機能強化ということであろう。まず、地域福祉計画であるが、従来の福祉計画が高齢者、障害者、児童と対象別に策定されてきたものを都道府県および市町村のレベルで統合し、縦割り型の計画を横割りの面としての計画に再構成するということについては誰しも異論はないであろう。また、計画にあたって、保健・医療・福祉の統合はいうまでもなく、教育、就労、住宅、交通などの生活関連分野との連携を重視するという点についても同様であろう。しかしながら、他方、地域福祉において地域住民やその自発的な組織としての当事者組織や互助組織などの民間非営利組織、さらには営利組織をどのように位置づけるかという問題、別の表現をすれば地域福祉活動における公と民との役割分担ということについては多様な異なった見解が予想される。後述するように、慎重な議論が求められる部分である。

(2) 市町村社協の拡充

市町村社会福祉協議会について、「中間報告」は、社会福祉事業の発展に必要とされる調査企画、連絡調整、広報宣伝という社会福祉協議会本来の事業に加えて、住民組織、ボランティア組織の連携強化、日常生活援助、さらには今後期待されるサービス選択に資する情報提供、権利擁護、苦情処理などの役割をあげ、それらの活動が社会福祉協議会活動の中心になるとしている。また、訪問介護（ホームヘルプサービス）にたいする自主的な取り組みも推奨している。こうした提案は、社会福祉協議会を市町村における社会福祉事業経営者や民生委員のみならずボランティア団体や各種の民間非営利組織、地域住民をも含める地域の公益的かつ自律的な組織として位置づけようとする構想を前提とするものである。

こうした提案は将来展望としては理解しうるものであるが、実態論的にいえば、多くの、なかでも町村の社会福祉協議会にとって資金、マンパワー、経験のいずれをとっても過重な期待であろう。他方、現在市町村の社会福祉協議会は多くの行政からの受託事業をかかえ、それが社会福祉協議会活動の中心的な位置を占めるようになっている。しかも、皮肉なことに、そのことによってはじめて社会福祉協議会の存在が地域住民の目にみえるようになってきたというのが現実である。「中間報告」は行政委託事業の取り扱いについて言及していないが、市町村の社会福祉協議会にとって、そのような受託事業をかかえながら、同時に「中間報告」が今後の中心的な活動として期待するような事業展開がはたして可能であろうか。市町村社会福祉協議会への期待とともに大きな懸念でもある。行政の支援を含めて、よほどの財政的、人的な基盤強化の手だてが講じられなければ、市町村社会福祉事業協議会は期待される活動を全うするにあたって多くの困難に直面することになろう。

(3) 公私の役割分担——新しい公的責任体制の確立

ここで問題はもう一度地域福祉を推進するうえでの公私の役割分担、なかでも公としての行政の役割についての議論に戻ることになる。戦後以来の展開のなかで、わが国の社会福祉は、社会福祉にたいする公的責任を公設公営型の社会福祉運営と等置してきたことに起因するさまざまの限界や弊害を経験してきた。分権化や地域化、利用者民主主義、住民参加、民間非営利活動など強化促進はそのような限界や弊害を克服するための処方箋であるといって過言ではない。当然のことながら、この処方箋は社会福祉にたいする公的責任と公設公営型の社会福祉運営との分離を前提として構想されることにならざるをえない。念のためにもう一度確認しておけば、そのような構想のなかで求められることは、公的責任と公設公営型社会福祉運営の分離であって、決して社会福祉にたいする公的責任を解除するということではない。そのことは、「中間報告」それ自体が「国及び地方公共団体に社会福祉を増進する責務があることを前提としつつ」、改革に取り組むと明言していることからも明らかであろう。その限りでは、今回の基礎構造改革のねらいは、公的責任を解除することにあるのではない。そのねらいは、公民の役割分担の再構成を含めて、公的責任の新しいあり方を構想し、追求するということにむけられているはずである。

しかし、残念ながら、肝心の「中間報告」は、そのような新しい公的責任体制のありよう、すなわち国と自治体との役割分担、公と民間非営利組織、さらには営利組織との役割分担のありようを含め、公的責任の範囲やその遂行のしかたについて正面から直接的に論じ、具体的かつ体系的なかたちで構想を提示するという方法をとっていない。改革案の多くの部分は、従来の公営型社会福祉運営のうみだしてきたあれこれの限界や弊害を取り除くための提案を理念論的、原則論的に提起するというかたちにとどまっている。

これからの、二一世紀におけるわが国の社会福祉の帰趨を決める中央社会福祉審議会社会福祉構造改革分科会の基礎構造改革案である「中間報告」を通読しても、市民生活の最後のセーフティネットとしての社会福祉の今後がどのようなものになるのか、そのことがいま一つみえてこないのである。中間報告であり、また全体の方向を示すという文書の性格上やむをえないことだとも考えられるが、今後の議論の展開に期待するとともに、その帰趨を慎重に見守りたいものである。

以上、ここまでかなりの紙幅を投入して基礎構造改革について論じてきた。

昨年秋以来の基礎構造改革の議論には戦後五〇年間における社会福祉の評価と二一世紀における社会福祉の展望に関わる多数の論点が含まれ、提起されている。そこで展開されている議論は、社会福祉の研究者にとってきわめて刺激的であり、その内容はいわばわが国の社会福祉研究ならびに社会福祉研究者にたいする挑戦であるともいえよう。そこには実際的、実践的な改革の課題とともに、その前提となるすぐれて理論的な論点が多数含まれている。賛否の結論は別にして、そのような理論的な課題にたいしてわれわれはどこまで応えうるであろうか。社会福祉の研究者として刺激的というのはこの意味である。

エピローグ

社会福祉　二一世紀への展望

この章の初出は、「社会福祉二十一世紀への展望」、アエラムック『社会福祉学のみかた』（朝日新聞社、一九九七年一月）である。内容的には、世紀末を社会福祉における転換期としてとらえ、グローバリゼーションとコミュナリゼーション、共生社会と自立社会という四通りの概念を採用しつつ来るべき二一世紀の社会と社会福祉を展望した小品である。結びとして社会福祉学の性格について論じた節を付け加えている。本書の終章として位置づけるに相応しい内容をもつものと考え、一部加筆修正のうえ再録することとした。

第1節　ポスト福祉国家の地平

社会福祉という領域を通じて戦後五〇年、さらに二〇世紀一〇〇年の世界を回顧するとすれば、この間に出現し、最も重要な意味をもつことになった歴史的な所産として、何よりも福祉国家の理念とその具体化を意図した一連の政策体系が成立した事実を指摘しなければならないであろう。

福祉国家の理念と政策は、第二次世界大戦直後のイギリスにおいて、一九世紀最後の四半世紀から二〇世紀初頭、第一次世界大戦前夜に至るまでの社会改良の伝統を継承しつつ、戦中期一九四二年のベバリッジ報告を具体化するかたちで誕生した。その限りでは、福祉国家はまぎれもなくイギリスを母国とする特有の理念であり政策の体系であるが、その理念と政策は、第二次世界大戦後、東西両陣営、社会主義陣営と資本主義陣営間の緊張が高まるなかで、冷戦構造をその外枠として、短期間のうちに先進資本主義諸国のあいだに浸透していった。

福祉国家とは何か。これを明確に規定することには困難がつきまとうが、一般的、最大公約数的にいえば、それは、経済的には組織資本主義、政治的には民主主義を基盤とし、完全雇用政策、公教育制度、住宅保障政策、その他関連する諸施策を整備し、所得保障、医療保健保障、福祉サービス保障などの生活保障システムの構築を国政の基幹的な政策として位置づけ、広く国民にたいして生活権をはじめとする基本的な諸権利を保障し、社会的な平等と公正の実現を図る諸政策を国勢の基幹とする特有の国家体制として把握することができる。

わが国を含めて先進資本主義諸国は、個々にみれば理念の内実や政策の形態に少なからぬ違いが認められるとはいえ、ある時期までは一様に、福祉国家の形成を、国政における最重要の課題として位置づけ、その実現を目指してきた。そして、このような努力は、わが国の場合を引き合いにだすまでもなく国民生活と国政の安定をもたらすなど、一定の成果をあげてきたといって決して過言ではない。だが、福祉国家の理念と政策が先進資本主義諸国の政策体系のなかでトッププライオリティを維持しえたのは、資本主義のケインズ主義的な繁栄がその頂点に達した一九六〇年代までのことであった。七〇年代のなかばになると、景気の低迷が長期化するなかで、福祉国家の理念と政策は、新自由主義者や新保守主義者たちによる強い批判に直面させられることになった。さらに、八〇年代後半から九〇年代初頭にかけて東西の冷戦構造が終焉を迎えるとともに、福祉国家はそれを外側から規制し、方向づけてきた枠組みを喪失することになった。

こうして、福祉国家の誕生以来およそ五〇年を経過するなかで、その理念はゆらぎ、すでに当初の熱意は冷却しつつあるかにみえる。しかしながら、福祉国家は、その前史的な過程を含めて二〇世紀一〇〇年間の歴史を通じて人類が手にしえた最大の資産である。いま必要なことは、これを過去の遺物として葬り去ることではない。福祉国家の歴史と現実に学びながら、その理念を二一世紀に発展的に継承する道を探っていかなければならない。

第2節 グローバリゼーションと共生社会

さて、基本的人権としての生活権の保障、社会的な平等と公正の確保という福祉国家の理念を発展的に継承するには、それを二一世紀の、経済、政治、社会、文化のなかで語るにふさわしい新しい視点が必要である。そのようなものとして、まず第一にグローバリゼーションと共生社会の形成という視点を提示しよう。

グローバリゼーションという言葉が聞かれるようになったのは、比較的最近のことに属する。訳語を与えれば「地球社会化」ということになろうが、その意味するところは、人びとや商品、資本などの往来が十九世紀以来の国民国家の国境や資本主義と社会主義という体制の違いを乗り越えて流動化し、すでに国際化、ボーダレス化（脱境界化）という段階から地球全体を一つの社会として捉えなければならないような段階に状況が進行しつつある、ということである。

このような国際化、ボーダレス化、さらにはグローバリゼーションという状況は、社会福祉の領域では、アジア・アフリカに対する国際援助、国際ボランティアなど、社会福祉の関心が国境の外に向かうようになったことや、国内に外国籍の人びとが増加し、そうした人びとにたいする生活支援が社会福祉の新しい課題になってきたというかたちで理解されている。たしかに、こうした状況は今後一層拡大し、二一世紀になれば、そこから多数の社会福祉にとっての新しい課題が生みだされてくることになろう。

しかし、ここでわれわれは、国際化、ボーダレス化、グローバリゼーションという問題について、もう少し深く捉えておかなければならない。先に、福祉国家のゆらぎをうみだした要因として、新自由主義や新保守主義による福祉国家批判と冷戦構造の終焉による外枠的規制の喪失に言及した。さらに踏み込んでいえば、新自由主義や新保守主義の台頭、さらには冷戦構造の終焉の背景にあったものは、市場メカニズムを基盤とする経済が、後発諸国を巻き込みながら、人びとや商品、資本などの国際的な流動化をもたらし、国際化、ボーダレス化、グローバリゼーションを進展させてきたという事実である。二一世紀の社会福祉を展望しようとすれば、こうした傾向が一層増幅されるであろうことを前提にしておかなければならない。

さて、共生社会である。新しい社会のあり方として共生社会という言葉が頻繁に使われはじめたのは、冷戦構造の終焉以後のことであったといって間違いないであろう。共生社会という言葉は、冷戦構造のイデオロギー的な対立が終焉を迎えたのちに到来する、協調的で、思いやりと深い相互理解によって結合された社会を連想させる。しかし実際には、冷戦構造の終焉後に現出した社会は、人種、民族、言語、宗教などの違いによって相互に鋭く対立し合い、武器の行使すら厭わない不寛容な社会であった。

社会福祉の世界では、この三〇年の経験として、障害者の問題を中心に、能力や機能の違いを、障害としてではなく個性として理解し、受容していく社会の実現を目指して、インテグレーションやノーマライゼーションの理念が説かれ、不十分ながらそのような社会の実現が促進されてきた。共生社会という言葉は、しばしばそのようなインテグレーションやノーマライゼーションの実現した社会を示すものとして用いられている。社会福祉は、さまざまの違いをもつ人びとを個性の違いとして受け入れていくということでは、ある意味では時代を先導してきたといえるかもしれない。

しかしながら、その経験を、冷戦構造終焉後の人種、民族、言語、宗教などの違いによって鋭く敵対する社会の現実と重ね合わせるとき、人種、民族、宗教、能力の違い、価値観や文化的伝統の違いを相互の個性として理解し、受け入れることの困難さを改めて思わざるをえない。共生社会を形成するためには、相互の違いを個性として受け入れ、尊敬と寛容を前提とする深い相互理解を築き上げていく、強靭な自制力と努力の積み重ねが不可欠とされるのである。

第3節　コミュナリゼーションと自立社会

二一世紀の社会と福祉を語る上で必要とされる第二の視点は、コミュナリゼーションと自立社会の形成である。二〇世紀の最後の四半世紀を特徴づけた国際化、ボーダレス化、さらにはグローバリゼーションはその対極に、ローカリゼーション（地方化）、ディセントラリゼーション（分権化）を生みだした。一九世紀における国民国家成立以来の国あるいは国政府を中心とする政治は、一方においては国際化、ボーダレス化、そしてグローバル化し、地球社会を基盤とする国際政治機構による政治に移行しつつある。他方において、それは、市町村という基礎自治体を基盤とする政治に移行してきた。コミュナリゼーションは、このようなローカリゼーション、ディセントラリゼーションと同一の方向性を指し示す概念である。しかしながら、ここでいうコミュナリゼーションは、ローカリゼーションやディセントラリゼーションと同一ではない。

わが国の社会福祉は八〇年代以来さまざまな局面において改革を経験してきたが、分権化はその改革に先鞭をつけるものであった。八〇年代なかば、国の地方自治体に対する補助金の削減を嚆矢として、機関委任事務の団体（委任）事務化、高齢者福祉・身体障害者福祉の領域における措置権（サービス提供決定権）の町村委譲、市町村による老人保健福祉計画策定の義務化など、さまざまに分権化が推進されてきた。このような社会福祉における分権化は、あたかも国政全体における分権化を先取りするかの観があった。しかしながら、社会福祉の分権化は、形式的な事務の再配分という水準にとどまり、その内実は「統制のなかでの分権」であった。

戦後五〇年を特徴づけてきた福祉国家は、別の側面からみれば行政国家であり、行政機構の肥大化と官僚主義支配による非効率を生み、市場原理万能主義の新自由主義者や新保守主義者のみならず、福祉国家を支え、それに期待してきた陣営からも「期待されたものを実現しえなかった」として批判を受けてきた。八〇年代以降におけるローカリゼーション、ディセントラリゼーションの推進は、このような批判に答えようとする試みであったといえよう。しかし、それだけでは不十分である。地方化、分権化も、中央＝国政府あっての地方化、分権化だからである。

これに対して、コミュナリゼーション概念の中心にあるものは、政治の自治体化、ここでの文脈でいえば、社会福祉を自治体のものにするという観念である。これは、国政府の権限として設定された社会福祉の事務を自治体において実施するという意味ではない。社会福祉を自治体の自治、自己管理の課題として設定し、そこから出発して国政府に対して施策内容におけるナショナル・ミニマムの設定、それを支える財政的方策の確立を求めるという方向を追求するということである。それが二一世紀のもたらすさまざまな難問に対処する最善の、もっとも有効かつ効率的な処方箋であろう。

しかしながら、このような方向を追求することは決して容易なことではない。コミュナリゼーションの基盤となる社会は、自立した市民を構成の単位として位置づけ、日常的に直面する諸問題を自らの責任において、自主的、自律的に解決することに合意し、そのことに最大限の努力を傾注する自立社会であることが要請される。ポスト福祉国家の時代には、国や国政府に依存する社会から、主体的に自己管理し、行動する、国政府を政治的手段として活用する自立社会への脱皮が求められるのである。

第４節　「生活システムの科学」としての社会福祉学

最後に、社会福祉学の方法と課題について簡潔に言及しておこう。これまでの考察からも明らかなように、社会福祉について多少とも行き届いた議論を試みようとすれば、われわれは、人文・社会諸科学の知識を援用し、その成果を活用しなければならない。しかも、ここでの議論は社会福祉のマクロの水準における議論であるが、社会福祉の利用者と向かい合い、その生活の自立や自己実現を対面的な状況のなかで援助するというミクロの水準を取りあげれば、心理学、医学、看護学、さらには人間工学、建築学などの成果を援用することも必要となってくる。こうしたことから、社会福祉学は、多様な先行諸科学を援用する学際科学、あるいは総合科学の一つとして理解されることがある。

また、社会福祉学は、国際関係学や女性学などのように課題中心的（ミッションオリエンテッド）な研究領域であり、その特性は研究の対象にあり、研究方法は課題解明の必要に応じて多様な科学が援用されうる、という理解もなされている。こうした理解の仕方はそれなりに説得力をもつものであるが、しかしながら社会福祉学は単なる学際科学や課題解決科学（タスクオリエンテッドサイエンス）ではない。

社会福祉学は、端的にいえば、人びとの生活システムに関する科学である。社会福祉学は、社会のなかで人びとの生活が維持されるシステムを解明し、それが社会的ないし個人的な生活上のリスクにより通常に機能しなくなるときに動員される生活保障システムの形成・展開、そしてその運営・適用の過程を解明し、人びとの自立生活の支援と保障、自己実現に寄与することを目指す社会科学の一分野である。

従来、人びとの生活は総体社会を構成する社会システム、経済システムや政治システム、文化システムの一部分、あるいはそれによって規定される二次的、残余的な分野として扱われてきた。これにたいして、社会福祉学は、人びとの生活システムを起点に、社会、経済、政治、文化など総体社会のあらゆる位相を関連づけ、再解釈することを志向し、課題とする科学である。

このようにみれば、社会福祉学は、政治学、経済学、社会学、心理学あるいは医学などの伝統的な諸科学と横並びに位置するものではない。これら伝統的な諸科学の成果を、人びとの生活システムを起点に据えるという新しい視点と方法によって再解釈し、人類と地球社会の発展に寄与しようとする、新しい学際科学、複合科学、そして融合科学の一領域である。

社会福祉学の科学としての方法論は、こんにちのところ十分に確立されているとはいえない。それは、未知数の、解明の困難な課題を多数かかえてはいるが、しかしそれだけにまた魅力的な研究の領域であるといえよう。

索引

■あ行

■か行

■た行

■な行

■は行

■ま行

■や行

■ら行

古川孝順社会福祉学著作選集　第**6**巻

社会福祉改革の構想

二〇一九年二月二五日　発行

編　著　古川　孝順
発行者　荘村　明彦
発行所　中央法規出版株式会社
〒110-0016　東京都台東区台東三-二九-一　中央法規ビル
営　業　TEL　〇三-三八三四-五八一七
FAX　〇三-三八三七-八〇三七
書店窓口　TEL　〇三-三八三四-五八一五
FAX　〇三-三八三七-八〇三五
編　集　TEL　〇三-三八三四-五八一二
FAX　〇三-三八三七-八〇三二
https://www.chuohoki.co.jp/

装幀・本文デザイン　株式会社ジャパンマテリアル
印刷・製本　株式会社アルキャスト

セット定価　本体四六、〇〇〇円（税別）
全七巻　分売不可
落丁本・乱丁本はお取り替えいたします。